SOUS LA DIRECTION DE
David Colon
Professeur agrégé d'histoire, Sciences Po, Paris

AUTEURS

Hélène Becquet
Professeure agrégée d'histoire, Lycée Carnot, Dijon

Aude Chamouard
Professeure agrégée d'histoire, Lycée Henri Martin, Saint-Quentin

David Colon
Professeur agrégé d'histoire, Sciences Po, Paris

Olivier Delmas
IA-IPR, Académie de Créteil

Cédric Perrin
Professeur agrégé d'histoire, Lycée Grandmont, Tours

Sophie Pousset
Professeure agrégée d'histoire, Lycée Lucie Aubrac, Courbevoie

Solange Rameix
Professeure agrégée d'histoire, Lycée Marie Curie, Sceaux

Thomas Rigaud
Professeur agrégé d'histoire, Lycée Jacques Monod, Clamart

Jérémie Tamiatto
Professeur agrégé d'histoire, Lycée Clément Ader, Athis-Mons

Christophe Tarricone
Professeur agrégé d'histoire, Lycée polyvalent du Grésivaudan, Meylan

Sabrina Tricaud-Turpin
Professeure agrégée d'histoire, Lycée du Parc, Lyon

Émeline Vanthuyne
Professeure agrégée d'histoire, Lycée René Descartes, Champs-sur-Marne

Découvrez votre manuel

OUVERTURE DE CHAPITRE
- La question du programme en titre de chapitre
- Une frise générale pour contextualiser le chapitre
- Deux grands documents à confronter
- Un questionnement pour amorcer la réflexion sur le chapitre

GRAND ANGLE
- Un texte introductif présentant les enjeux du chapitre
- Une grande carte pour donner le cadrage spatial du chapitre
- Des documents pour illustrer différents enjeux du chapitre

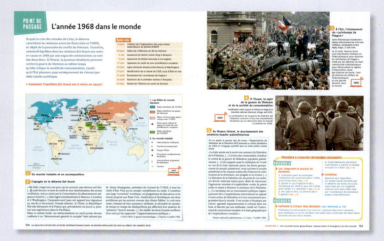

COURS
- La problématique du cours
- Un cours clair et synthétique, structuré et complet
- Des mots expliqués et une biographie pour éclairer le cours
- Des documents pour s'approprier le cours

POINT DE PASSAGE
- La problématique
- Le cadrage chronologique et spatial du point de passage
- Un ensemble documentaire à exploiter
- Des parcours différenciés :
  – un parcours pas à pas
  – un parcours plus autonome

ÉTUDE
- Un dossier court qui traite un point précis du programme
- Un ensemble de documents à questionner
- Une activité qui permet de mettre en parallèle les deux études d'une même double page

© Belin Éducation / Humensis, 2020.
170 bis, boulevard du Montparnasse, 75680 Paris cedex 14

ISBN 979-10-358-0917-1

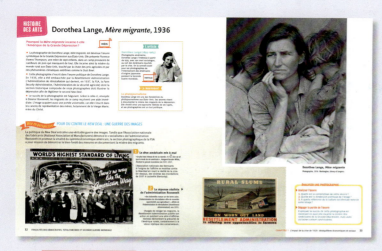

HISTOIRE DES ARTS
- Une œuvre dans le prolongement du chapitre
- Des repères historiques et artistiques
- Une mise en perspective reliant l'œuvre étudiée à d'autres œuvres
- Un questionnement guidé

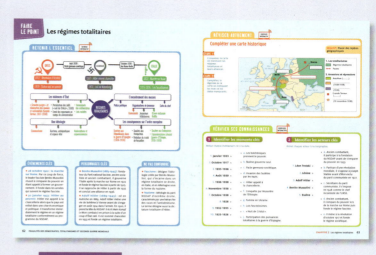

FAIRE LE POINT
- Un schéma de synthèse pour retenir l'essentiel
- Les événements, les notions et les personnages clés
- De brefs exercices de révision qui permettent de s'autoévaluer
- Un exercice plus complexe pour revoir tout le chapitre

BAC MÉTHODE
- Tous les savoir-faire à acquérir pour le bac
- Une fiche méthode guidée, permettant un questionnement organisé
- Un exercice d'entraînement pour s'approprier la méthode

EXERCICES
- Des exercices approfondis mobilisant les acquis et méthodes du chapitre

BAC SUJET
- En fin de thème, des sujets blancs pour préparer les évaluations communes (EC)
- Des aides pour mettre en œuvre les méthodes du bac

Sommaire

Programme officiel 8
Méthodes pour les évaluations communes 10

THÈME 1

Fragilités des démocraties, totalitarismes et Seconde Guerre mondiale (1929-1945) 14

1 L'impact de la crise de 1929 : déséquilibres économiques et sociaux 16

- GRAND ANGLE Le monde dans la crise de 1929 18
- COURS 1 Une crise née des déséquilibres de l'économie mondiale .. 20
- ÉTUDE Les États-Unis, première économie mondiale en 1929 ... 22
- ÉTUDE Jeudi noir : le krach de 1929 23
- COURS 2 Les États face à l'avènement du chômage de masse 24
- POINT DE PASSAGE Les conséquences de la crise de 1929 en Amérique latine 26
- POINT DE PASSAGE 1933 : F. D. Roosevelt lance une nouvelle politique économique, le *New Deal* 28
- POINT DE PASSAGE Juin 1936 : les accords de Matignon 30
- HISTOIRE DES ARTS Dorothea Lange, *Mère migrante*, 1936 32

BAC
- FAIRE LE POINT 34
- MÉTHODE Analyser une série statistique 36
- MÉTHODE Bien comprendre le sujet 38
- MÉTHODE Confronter et critiquer deux documents 39
- EXERCICES 40

2 Les régimes totalitaires 42

- GRAND ANGLE L'Europe des totalitarismes 44
- COURS 1 Le régime soviétique 46
- POINT DE PASSAGE 1937-1938 : la Grande Terreur en URSS 48
- COURS 2 Le fascisme italien 50
- ÉTUDE 27-28 octobre 1922 : la marche sur Rome 52
- ÉTUDE L'embrigadement de la jeunesse sous le fascisme 53
- COURS 3 Le national-socialisme allemand 54
- POINT DE PASSAGE 9-10 novembre 1938 : la « nuit de Cristal » 56
- POINT DE PASSAGE 1936-1938 : les interventions étrangères dans la guerre civile espagnole 58
- HISTOIRE DES ARTS Isaak Brodsky, *Portrait de Joseph Staline*, 1933 60

BAC
- FAIRE LE POINT 62
- MÉTHODE Analyser une affiche 64
- MÉTHODE Définir et délimiter les termes du sujet 66
- MÉTHODE Identifier les ressources et les contraintes d'une situation historique 67
- EXERCICES 68

3 La Seconde Guerre mondiale 70

- GRAND ANGLE Une guerre mondiale 72
- COURS 1 Les grandes phases du conflit 74
- POINT DE PASSAGE Juin 1944 : le débarquement en Normandie et l'opération Bagration 76
- POINT DE PASSAGE 6 et 9 août 1945 : les bombardements nucléaires d'Hiroshima et de Nagasaki 78
- COURS 2 Crimes de guerre, violences de masse et génocides 80
- POINT DE PASSAGE Le front de l'Est et la guerre d'anéantissement 82
- ÉTUDE Auschwitz-Birkenau, camp de concentration et centre de mise à mort 84
- ÉTUDE Treblinka, un centre de mise à mort 85
- HISTOIRE DES ARTS David Olère, *Gazage*, 1947 86
- COURS 3 La France dans la Seconde Guerre mondiale 88
- POINT DE PASSAGE Juin 1940 en France : continuer ou arrêter la guerre 90
- POINT DE PASSAGE De Gaulle et la France Libre 92
- ÉTUDE Charlotte Nadel, membre fondatrice du mouvement Défense de la France 94
- ÉTUDE Hélène Terré, commandant de la France Libre 95

BAC
- FAIRE LE POINT 96
- MÉTHODE Analyser une photographie 98
- MÉTHODE Comprendre les enjeux du sujet 100
- MÉTHODE Procéder à l'analyse critique d'un document 101
- EXERCICES 102

BAC SUJETS ÉVALUATIONS COMMUNES [EC] 104

Question problématisée
AIDE Définir et délimiter le sujet – Comprendre les enjeux du sujet – Élaborer le plan

Analyse de document(s)
AIDE Analyser une photographie – Mettre une figure en perspective – Analyser un discours politique – Mettre en relation un texte et une image – Analyser une affiche – Dégager la portée du document

THÈME 2

La multiplication des acteurs internationaux dans un monde bipolaire (de 1945 au début des années 1970) 108

4 La fin de la Seconde Guerre mondiale et les débuts d'un nouvel ordre mondial 110

- GRAND ANGLE Un nouvel ordre international 112
- COURS 1 Le monde en 1945 114

POINT DE PASSAGE	15 mars 1944 : le programme du Conseil national de la Résistance	116
ÉTUDE	Le procès de Nuremberg	118
ÉTUDE	Le procès de Tokyo	119
ÉTUDE	La création de l'ONU	120
ÉTUDE	Les accords de Bretton Woods	121
COURS 2	De nouvelles tensions	122
POINT DE PASSAGE	1948 : la naissance de l'État d'Israël	124
HISTOIRE DES ARTS	Robert Capa, *Tel Aviv fête la création de l'État d'Israël*, 14 mai 1948	126
POINT DE PASSAGE	25 février 1948 : le « coup de Prague »	128

BAC
FAIRE LE POINT		130
MÉTHODE	Analyser une allégorie	132
MÉTHODE	Reformuler la problématique	134
MÉTHODE	Justifier une interprétation	135
EXERCICES		136

5 Une nouvelle donne géopolitique : bipolarisation et émergence du tiers-monde ... 138

GRAND ANGLE	Un monde divisé	140
COURS 1	Les modèles des superpuissances et la bipolarisation	142
POINT DE PASSAGE	1962 : la crise des missiles de Cuba	144
POINT DE PASSAGE	Les guerres d'Indochine et du Vietnam	146
COURS 2	Décolonisation et émergence du tiers-monde	148
ÉTUDE	1956 : la crise de Suez	150
ÉTUDE	1967 : la guerre des Six-Jours	151
ÉTUDE	La Chine de Mao	152
ÉTUDE	L'Afrique dans la guerre froide	153
POINT DE PASSAGE	L'année 1968 dans le monde	154
HISTOIRE DES ARTS	René Mederos, *Le Triomphe de la Révolution cubaine*, 1969	156

BAC
FAIRE LE POINT		158
MÉTHODE	Analyser une peinture	160
MÉTHODE	Choisir un plan adapté au sujet	162
MÉTHODE	Décrire et mettre en récit une situation historique	163
EXERCICES		164

6 La France, une nouvelle place dans le monde ... 166

GRAND ANGLE	La France face à la décolonisation et à la guerre froide	168
COURS 1	La IVe République, entre décolonisation, guerre froide et construction européenne	170
POINT DE PASSAGE	La guerre d'Algérie (1954-1962)	172
ÉTUDE	Jean Monnet, « père de l'Europe »	174
ÉTUDE	La Communauté européenne de défense (CED)	175
COURS 2	Les débuts de la Ve République	176

POINT DE PASSAGE	Charles de Gaulle et Pierre Mendès France, deux conceptions de la République	178
POINT DE PASSAGE	La Constitution de 1958	180
ÉTUDE	L'élection du président au suffrage universel	182
ÉTUDE	De Gaulle et les médias	183

BAC
FAIRE LE POINT		184
MÉTHODE	Analyser un discours politique	186
MÉTHODE	Élaborer le plan	188
MÉTHODE	Mettre en relation un texte et une image	189
EXERCICES		190

BAC SUJETS ÉVALUATIONS COMMUNES [EC] ... 192
Question problématisée
AIDE Bien comprendre le sujet – Élaborer le plan – Définir et délimiter le sujet – Comprendre les enjeux du sujet – Reformuler la problématique
Analyse de document(s)
AIDE Analyser une photographie – Analyser une affiche – Dégager la portée du document – Analyser une caricature – Construire une argumentation historique

THÈME 3

Les remises en cause économiques, politiques et sociales (des années 1970 à 1991) ... 196

7 La modification des grands équilibres économiques et politiques mondiaux ... 198

GRAND ANGLE	Le monde nouveau dans la crise	200
COURS 1	Les chocs pétroliers et la nouvelle donne économique internationale	202
ÉTUDE	L'OPEP	204
ÉTUDE	Le G6	205
COURS 2	Une nouvelle gouvernance du capitalisme : libéralisation et dérégulation	206
POINT DE PASSAGE	Ronald Reagan et Deng Xiaoping : deux acteurs majeurs d'un nouveau capitalisme	208
COURS 3	De nouveaux équilibres internationaux	210
ÉTUDE	L'adhésion de la Grèce à la CEE	212
ÉTUDE	Mikhaïl Gorbatchev et la fin de l'URSS	213
POINT DE PASSAGE	L'année 1989 dans le monde	214

BAC
FAIRE LE POINT		216
MÉTHODE	Analyser un graphique	218
MÉTHODE	Bâtir un pan détaillé	220
MÉTHODE	Mettre une figure en perspective	221
EXERCICES		222

Sommaire

8 Un tournant social, politique et culturel : la France de 1974 à 1988 224

GRAND ANGLE La France face à la crise 226

COURS 1 La France des années Giscard 228

POINT DE PASSAGE 1975 : la légalisation de l'interruption volontaire de grossesse (IVG) 230

ÉTUDE La fin de l'immigration de travail 232

ÉTUDE La naissance de l'écologie politique 233

COURS 2 La France mitterrandienne 234

POINT DE PASSAGE 1981 : l'abolition de la peine de mort 236

POINT DE PASSAGE L'épidémie du sida en France 238

ÉTUDE Le travail des femmes 240

ÉTUDE Une nouvelle politique culturelle 241

BAC

FAIRE LE POINT 242

MÉTHODE Analyser un témoignage 244

MÉTHODE Rédiger l'introduction 246

MÉTHODE Construire une argumentation historique 247

EXERCICES 248

BAC SUJETS ÉVALUATIONS COMMUNES [EC] 250

Question problématisée
AIDE Bien comprendre le sujet – Comprendre les enjeux du sujet – Élaborer le plan – Reformuler la problématique

Analyse de document(s)
AIDE Analyser un discours politique – Analyser une affiche – Analyser une photographie – Procéder à l'analyse critique d'un document – S'approprier un questionnement historique

THÈME 4

Le monde, l'Europe et la France depuis les années 1990, entre coopérations et conflits 254

9 Nouveaux rapports de puissance et enjeux mondiaux 256

GRAND ANGLE Le monde depuis la fin de la guerre froide 258

COURS 1 De nouvelles formes de conflits 260

POINT DE PASSAGE La fin de l'apartheid en Afrique du Sud 262

ÉTUDE Le siège de Sarajevo 264

ÉTUDE Le génocide des Tutsi 265

POINT DE PASSAGE Le 11 septembre 2001 266

COURS 2 Une nouvelle gouvernance mondiale 268

HISTOIRE DES ARTS Arturo di Modica, *Bund Financial Bull*, 2010 270

BAC

FAIRE LE POINT 272

MÉTHODE Analyser une carte 274

MÉTHODE Organiser et rédiger le développement 276

MÉTHODE S'approprier un questionnement historique 277

EXERCICES 278

10 La construction européenne, entre élargissement, approfondissement et remises en question 280

GRAND ANGLE La construction européenne 282

COURS 1 De la CEE à l'Union européenne 284

POINT DE PASSAGE Le tunnel sous le Manche 286

POINT DE PASSAGE L'euro : genèse, mise en place et débats 288

COURS 2 Europe des États, Europe des citoyens 290

ÉTUDE Le référendum de 2005 292

ÉTUDE Le Brexit 293

BAC

FAIRE LE POINT 294

MÉTHODE Analyser une caricature 296

MÉTHODE Rédiger un paragraphe 298

MÉTHODE Mettre en relation deux images 299

EXERCICES 300

11 La République française 302

GRAND ANGLE Une république décentralisée 304

COURS 1 La Ve République, un régime stable 306

POINT DE PASSAGE L'approfondissement de la décentralisation 308

COURS 2 La République face aux évolutions de la société 310

POINT DE PASSAGE La parité : du principe aux applications 312

ÉTUDE L'interdiction des signes religieux dans les écoles 314

ÉTUDE De l'union civile au mariage pour tous 315

BAC

FAIRE LE POINT 316

MÉTHODE Analyser la Une d'un journal 318

MÉTHODE Rédiger la conclusion 320

MÉTHODE Confronter deux points de vue 321

EXERCICES 322

BAC SUJETS ÉVALUATIONS COMMUNES [EC] 324

Question problématisée
AIDE Définir et délimiter le sujet – Reformuler la problématique – Comprendre les enjeux du sujet

Analyse de document(s)
AIDE Analyser un discours politique – Confronter et critiquer deux documents - Analyser une allégorie – Dégager la portée du document – Analyser un graphique

Biographies 328

Lexique 332

Sommaire des Méthodes Bac

Analyse de document

Analyser une série statistique
L'impact de la crise de 1929 sur la croissance économique 36

Analyser une affiche
Les femmes dans la propagande soviétique 64

Analyser une photographie
La libération de Chartres (1944) 98

Analyser une allégorie
L'allégorie de la République à la fin de la Seconde Guerre mondiale 132

Analyser une peinture
Le bloc occidental vu par un peintre communiste 160

Analyser un discours politique
De Gaulle et l'Algérie 186

Analyser un graphique
La libéralisation du commerce 218

Analyser un témoignage
L'engagement d'une féministe en politique 244

Analyser une carte
La Chine dans le monde au XXIe siècle 274

Analyser une caricature
Le projet de constitution européenne (2005) 296

Analyser la Une d'un journal
L'entre-deux-tours de l'élection présidentielle de 2002 318

Question problématisée

Bien comprendre le sujet
Quelles sont les conséquences de la crise de 1929 sur les sociétés et la vie politique ? 38

Définir et délimiter les termes du sujet
Les totalitarismes dans les années 1930 : des régimes d'un type nouveau ? 66

Comprendre les enjeux du sujet
Comment se manifeste la violence pendant la Seconde Guerre mondiale ? ... 100

Reformuler la problématique
Quelles sont les conséquences géopolitiques de la Seconde Guerre mondiale ? 134

Choisir un plan adapté au sujet
Dans quelle mesure peut-on parler d'un monde bipolaire de 1947 à la fin des années 1960 ? 162

Élaborer le plan
La France de l'après-guerre est-elle une grande puissance ? 188

Bâtir un plan détaillé
En quoi la période des années 1970 et 1980 marque-t-elle un tournant ? 220

Rédiger l'introduction
Quels changements connaît la société française de 1974 à 1988 ? 246

Organiser et rédiger le développement
Pourquoi peut-on parler d'un nouvel ordre mondial après 1989 ? 276

Rédiger un paragraphe
Comment l'Europe s'est-elle élargie depuis 1989 ? 298

Rédiger la conclusion
Comment évolue la vie politique en France depuis 1988 ? 320

Capacités et méthodes

Confronter et critiquer deux documents
La semaine de 40 heures (1936) 39

Identifier les ressources et les contraintes d'une situation historique
Les femmes sous le Troisième Reich 67

Procéder à l'analyse critique d'un document
La « solution finale » 101

Justifier une interprétation
La France de la reconstruction 135

Décrire et mettre en récit une situation historique
L'équilibre de la terreur 163

Mettre en relation un texte et une image
Le retour au pouvoir du général de Gaulle (mai 1958) 189

Mettre une figure en perspective
Margaret Thatcher face à l'Europe 221

Construire une argumentation historique
Jacques Chirac et les mutations de la société française 247

S'approprier un questionnement historique
Le G20, reflet des hiérarchies économiques mondiales 277

Mettre en relation deux images
L'Union européenne et la crise des migrants 299

Confronter deux points de vue
La cohabitation 321

Sommaire Histoire des arts

HISTOIRE DES ARTS Dorothea Lange, *Mère migrante*, 1936 32

HISTOIRE DES ARTS Isaak Brodsky, *Portrait de Joseph Staline*, 1933 60

HISTOIRE DES ARTS David Olère, *Gazage*, 1947 86

HISTOIRE DES ARTS Robert Capa, *Tel Aviv fête la création de l'État d'Israël*, 14 mai 1948 126

HISTOIRE DES ARTS René Mederos, *Le Triomphe de la Révolution cubaine*, 1969 156

HISTOIRE DES ARTS Arturo di Modica, *Bund Financial Bull*, 2010 270

Sommaire Grand Angle

GRAND ANGLE Le monde dans la crise de 1929 18

GRAND ANGLE L'Europe des totalitarismes ... 44

GRAND ANGLE Une guerre mondiale 72

GRAND ANGLE Un nouvel ordre international 112

GRAND ANGLE Un monde divisé 140

GRAND ANGLE La France face à la décolonisation et à la guerre froide 168

GRAND ANGLE Le monde nouveau dans la crise 200

GRAND ANGLE La France face à la crise 226

GRAND ANGLE Le monde depuis la fin de la guerre froide 258

GRAND ANGLE La construction européenne 282

GRAND ANGLE Une république décentralisée 304

Programme

T^{le}

BO spécial du 25 juillet 2019

Les relations entre les puissances et l'opposition des modèles politiques, des années 1930 à nos jours (48 h)

THÈME 1   Fragilités des démocraties, totalitarismes et Seconde Guerre mondiale (1929-1945) (13-15 h)

L'impact de la crise de 1929 : déséquilibres économiques et sociaux [CHAPITRE 1 p. 16]

OBJECTIFS Ce chapitre vise à montrer l'impact de la crise économique mondiale sur les sociétés et les équilibres politiques, à court, moyen et long terme. On peut mettre en avant :
– les causes de la crise ;
– le passage d'une crise américaine à une crise mondiale ;
– l'émergence d'un chômage de masse.

POINTS DE PASSAGE ET D'OUVERTURE	POINT DE PASSAGE
• Les conséquences de la crise de 1929 en Amérique latine	p. 26
• 1933 : un nouveau président des États-Unis, F. D. Roosevelt, pour une nouvelle politique économique, le *New Deal*	p. 28
• Juin 1936 : les accords de Matignon	p. 40
ÉTUDES	ÉTUDE
• Les États-Unis, première économie mondiale en 1929	p. 22
• Jeudi noir : le krach de 1929	p. 23

Les régimes totalitaires [CHAPITRE 2 p. 42]

OBJECTIFS Ce chapitre vise à mettre en évidence les caractéristiques des régimes totalitaires (idéologie, formes et degrés d'adhésion, usage de la violence et de la terreur) et leurs conséquences sur l'ordre européen.
On peut mettre en avant les caractéristiques :
– du régime soviétique ;
– du fascisme italien ;
– du national-socialisme allemand.

POINTS DE PASSAGE ET D'OUVERTURE	POINT DE PASSAGE
• 1937-1938 : la Grande Terreur en URSS	p. 48
• 9-10 novembre 1938 : la nuit de Cristal	p. 56
• 1936-1939 : les interventions étrangères dans la guerre civile espagnole : géopolitique des totalitarismes	p. 58
ÉTUDES	ÉTUDE
• 27-28 octobre 1922 : la marche sur Rome	p. 52
• L'embrigadement de la jeunesse sous le fascisme	p. 53

La Seconde Guerre mondiale [CHAPITRE 3 p. 70]

OBJECTIFS Ce chapitre vise à montrer l'étendue et la violence du conflit mondial, à montrer le processus menant au génocide des Juifs d'Europe, et à comprendre, pour la France, toutes les conséquences de la défaite de 1940. On peut mettre en avant :
– un conflit mondial : protagonistes, phases de la guerre et théâtres d'opération ;
– crimes de guerre, violences et crimes de masse, Shoah, génocide des Tsiganes ;
– la France dans la guerre : occupation, collaboration, régime de Vichy, Résistance.

POINTS DE PASSAGE ET D'OUVERTURE	POINT DE PASSAGE
• Juin 1940 en France : continuer ou arrêter la guerre	p. 90
• De Gaulle et la France Libre	p. 92
• Le front de l'Est et la guerre d'anéantissement	p. 82
• Juin 1944 : le débarquement en Normandie et l'opération Bagration	p. 76
• 6 et 9 août 1945 : les bombardements nucléaires d'Hiroshima et de Nagasaki	p. 78
ÉTUDES	ÉTUDE
• Auschwitz-Birkenau, camp de concentration et centre de mise à mort	p. 84
• Treblinka, un centre de mise à mort	p. 85
• Charlotte Nadel, membre fondatrice du mouvement Défense de la France	p. 94
• Hélène Terré, commandant de la France Libre	p. 95

THÈME 2   La multiplication des acteurs internationaux dans un monde bipolaire (de 1945 au début des années 1970) (13-15 h)

La fin de la Seconde Guerre mondiale et les débuts d'un nouvel ordre mondial [CHAPITRE 4 p. 110]

OBJECTIFS Ce chapitre vise à mettre en parallèle la volonté de création d'un nouvel ordre international et les tensions qui surviennent très tôt entre les deux nouvelles superpuissances (États-Unis et URSS). On peut mettre en avant :
– le bilan matériel, humain et moral du conflit ;
– les bases de l'État-providence ;
– les bases d'un nouvel ordre international (création de l'ONU, procès de Nuremberg et de Tokyo, accords de Bretton Woods) ;
– les nouvelles tensions : début de l'affrontement des deux superpuissances et conflits au Proche-Orient.

POINTS DE PASSAGE ET D'OUVERTURE	POINT DE PASSAGE
• 15 mars 1944 : le programme du CNR	p. 116
• 1948 : la naissance de l'État d'Israël	p. 124
• 25 février 1948 : le « coup de Prague »	p. 128
ÉTUDES	ÉTUDE
• Le procès de Nuremberg	p. 118
• Le procès de Tokyo	p. 119
• La création de l'ONU	p. 120
• Les accords de Breton Woods	p. 121

Une nouvelle donne géopolitique : bipolarisation et émergence du tiers-monde [CHAPITRE 5 p. 138]

OBJECTIFS Ce chapitre montre comment la bipolarisation issue de la guerre froide interfère avec la décolonisation et conduit à l'émergence de nouveaux acteurs. On peut mettre en avant :
– les modèles des deux superpuissances et la bipolarisation ;
– les nouveaux États : des indépendances à leur affirmation sur la scène internationale ;
– la Chine de Mao : l'affirmation d'un nouvel acteur international ;
– les conflits du Proche et du Moyen-Orient.

POINTS DE PASSAGE ET D'OUVERTURE	POINT DE PASSAGE
• 1962 : la crise des missiles de Cuba	p. 144
• Les guerres d'Indochine et du Vietnam	p. 146
• L'année 1968 dans le monde	p. 154
ÉTUDES	ÉTUDE
• 1956 : la crise de Suez	p. 150
• 1967 : la guerre des Six-Jours	p. 151
• La Chine de Mao	p. 152
• L'Afrique dans la guerre froide	p. 153

La France : une nouvelle place dans le monde [CHAPITRE 6 p. 166]

OBJECTIFS Ce chapitre vise à montrer comment la France de l'après-guerre s'engage dans la construction européenne, comment elle cesse d'être une puissance coloniale et retrouve un rôle international, comment elle réforme ses institutions et ouvre davantage son économie. On peut mettre en avant :
– la IVe République entre décolonisation, guerre froide et construction européenne ;
– la crise algérienne de la République française et la naissance d'un nouveau régime ;
– les débuts de la Ve République : un projet liant volonté d'indépendance nationale et modernisation du pays.

POINTS DE PASSAGE ET D'OUVERTURE	POINT DE PASSAGE
• La guerre d'Algérie et ses mémoires	p. 172
• Charles de Gaulle et Pierre Mendès France, deux conceptions de la République	p. 178
• La Constitution de 1958	p. 180
ÉTUDES	ÉTUDE
• Jean Monnet, « père de l'Europe »	p. 174
• La Communauté européenne de défense (CED)	p. 175
• L'élection du président au suffrage universel	p. 182
• De Gaulle et les médias	p. 183

THÈME 3 Les remises en cause économiques, politiques et sociales des années 1970 à 1991 (10-12 h)

La modification des grands équilibres économiques et politiques mondiaux [CHAPITRE 7 p. 198]

OBJECTIFS Ce chapitre vise à montrer les conséquences sociales, économiques et géopolitiques des chocs pétroliers (1973 et 1979), dans le cadre d'une crise économique occidentale qui caractérise la période, mais aussi ses profondes évolutions politiques : la démocratie trouve une nouvelle vigueur, de la chute des régimes autoritaires d'Europe méridionale (Grèce, Portugal et Espagne) à l'effondrement du bloc soviétique, tandis que la révolution iranienne marque l'émergence de l'islamisme sur la scène politique et internationale. On peut mettre en avant :
– les chocs pétroliers : la crise économique occidentale et la nouvelle donne économique internationale ;
– libéralisation et dérégulation ;
– la révolution islamique d'Iran et le rejet du modèle occidental ;
– la démocratisation de l'Europe méridionale et les élargissements de la CEE ;
– l'effondrement du bloc soviétique et de l'URSS.

POINTS DE PASSAGE ET D'OUVERTURE	POINT DE PASSAGE
• Ronald Reagan et Deng Xiaoping : deux acteurs majeurs d'un nouveau capitalisme	p. 208
• L'année 1989 dans le monde	p. 214
ÉTUDES	ÉTUDE
• L'OPEP	p. 204
• Le G6	p. 205
• L'adhésion de la Grèce à la CEE	p. 212
• Mikhaïl Gorbatchev et la fin de l'URSS	p. 213

Un tournant social, politique et culturel, la France de 1974 à 1988 [CHAPITRE 8 p. 224]

OBJECTIFS Ce chapitre souligne les mutations sociales et culturelles de la société française pendant une période marquée par de nombreuses réformes et l'émergence de nouvelles questions politiques. On peut mettre en avant :
– l'alternance politique avec l'élection de François Mitterrand ;
– une société en mutation : évolution de la place et des droits des femmes, place des jeunes et démocratisation de l'enseignement secondaire et supérieur, immigration et intégration ;
– les transformations du paysage audiovisuel français, l'évolution de la politique culturelle et les nouvelles formes de la culture populaire.

POINTS DE PASSAGE ET D'OUVERTURE	POINT DE PASSAGE
• 1975 : la légalisation de l'interruption volontaire de grossesse : un tournant dans l'évolution des droits des femmes	p. 230
• 1981 : l'abolition de la peine de mort	p. 236
• L'épidémie du sida en France : recherche, prévention et luttes politiques	p. 238
ÉTUDES	ÉTUDE
• La fin de l'immigration de travail	p. 232
• La naissance de l'écologie politique	p. 233
• Le travail des femmes	p. 240
• Une nouvelle politique culturelle	p. 241

THÈME 4 Le monde, l'Europe et la France depuis les années 1990, entre coopérations et conflits (8-10 h)

Ce dernier thème donne des perspectives sur les évolutions en cours, aux échelles mondiale, européenne et nationale.

Nouveaux rapports de puissance et enjeux mondiaux [CHAPITRE 9 p. 256]

OBJECTIFS Ce chapitre vise à éclairer les tensions d'un monde devenu progressivement multipolaire en analysant le jeu et la hiérarchie des puissances. Seront mises au jour les formes et l'étendue des conflits ainsi que les conditions et les enjeux de la coopération internationale. On mettra en perspective :
– les nouvelles formes de conflits : terrorisme, conflits asymétriques et renouvellement de l'affrontement des puissances ;
– les crimes de masse et les génocides (guerres en ex-Yougoslavie, génocide des Tutsi) ;
– l'effort pour mettre en place une gouvernance mondiale face aux défis contemporains (justice internationale, réfugiés, environnement).

POINTS DE PASSAGE ET D'OUVERTURE	POINT DE PASSAGE
• La fin de l'apartheid en Afrique du Sud	p. 262
• Le 11 septembre 2001	p. 266
ÉTUDES	ÉTUDE
• Le siège de Sarajevo	p. 264
• Le génocide des Tutsi	p. 265

La construction européenne, entre élargissement, approfondissement et remises en question [CHAPITRE 10 p. 280]

OBJECTIFS Ce chapitre vise à contextualiser les évolutions, les avancées et les crises de la construction européenne. On mettra en perspective :
– le passage de la CEE à l'Union européenne : évolution du projet européen et élargissements successifs ;
– Europe des États, Europe des citoyens : référendums et traités (Maastricht, traité constitutionnel de 2005, traité de Lisbonne…).

POINTS DE PASSAGE ET D'OUVERTURE	POINT DE PASSAGE
• Le tunnel sous la Manche	p. 286
• L'euro : genèse, mise en place et débats	p. 288
ÉTUDES	ÉTUDE
• Le référendum de 2005	p. 292
• Le Brexit	p. 293

La République française [CHAPITRE 11 p. 302]

OBJECTIFS Ce chapitre vise à montrer les évolutions constitutionnelles et juridiques de la République française, qui réaffirme des principes fondamentaux tout en s'efforçant de s'adapter à des évolutions de la société. On mettra en perspective :
– la Ve République : un régime stable qui connaît de nombreuses réformes institutionnelles ;
– la réaffirmation du principe de laïcité (2004) ;
– les combats pour l'égalité ainsi que l'évolution de la Constitution et du Code civil en faveur de nouveaux droits (parité, PACS, évolution du mariage…).

POINTS DE PASSAGE ET D'OUVERTURE	POINT DE PASSAGE
• La parité : du principe aux applications	p. 312
• L'approfondissement de la décentralisation	p. 308
ÉTUDES	ÉTUDE
• L'interdiction des signes religieux dans les écoles	p. 314
• De l'union civile au mariage pour tous	p. 315

MÉTHODE

ÉVALUATIONS COMMUNES

Question problématisée

La première partie des évaluations communes consiste à apporter une réponse rédigée et construite à un sujet dont l'énoncé est donné sous la forme d'une question. Il s'agit de construire une réponse organisée et argumentée au sujet en montrant des qualités d'analyse et une bonne maîtrise des connaissances et des capacités et méthodes acquises en classe.

Durée de l'exercice		1H
A	Bien comprendre et analyser le sujet	5 MN
B	Choisir et élaborer le plan	15 MN
C	Rédiger le devoir	35 MN
D	Se relire	5 MN

A Bien comprendre et analyser le sujet — 5 MN

1. Bien comprendre le sujet → MÉTHODE p. 38: *identifier la partie du programme concernée et bien interpréter ce qui est attendu.*
- Tenir compte de l'ordre des termes, qui traduit souvent une hiérarchie au profit du premier : « La France et l'Union européenne (1992-2005) » n'est pas la même chose que « L'Union européenne et la France (1992-2005) ».
- Faire attention aux mots de liaison, qui orientent l'interprétation du sujet : « et » peut impliquer une comparaison, une mise en relation ou bien une mise en opposition.
- Distinguer les termes au singulier, qui invitent à étudier l'unité ou la permanence d'un phénomène, des termes au pluriel, qui invitent à aborder plutôt la spécificité de chaque élément.

2. Bien analyser le sujet → MÉTHODE p. 66: *le délimiter pour éviter de n'en traiter qu'une partie ou de faire un hors-sujet.*
- Identifier tout ce que concerne le sujet (« Quoi ? »).
- Délimiter géographiquement le sujet (« Où ? »).
- Délimiter chronologiquement le sujet (« Quand ? »).

3. Comprendre la problématique : *bien comprendre les enjeux du sujet → MÉTHODE p. 100: et, au besoin, reformuler la problématique pour en expliquer le sens et l'intérêt → MÉTHODE p. 134*
- Il faut tenir compte du type de sujet, qui détermine souvent le type de problématique. **→ AiDE** *Identifier la problématique*

> **AiDE** *Identifier la problématique*
>
> La problématique met en évidence les enjeux du sujet et constitue le fil directeur de la composition.
>
> | Type de sujet | Comment problématiser ? |
> |---|---|
> | **Sujet évolutif (diachronique),** qui porte sur l'évolution d'un phénomène dans la durée. | S'interroger sur ce qui conduit de la situation historique de départ à celle qui prévaut à la fin de la période. |
> | **Sujet tableau ou comparatif (synchronique),** qui concerne un thème à un moment donné, indépendamment de son évolution. | S'interroger sur la spécificité du thème abordé, en soi ou au titre d'une comparaison. |
> | **Sujet problématisé,** qui formule des enjeux appelant une réponse nuancée. | Expliquer le sens de la question et justifier le fait qu'elle se pose. |

B Élaborer la réponse à la question — 15 MN

1. Bien choisir le plan → MÉTHODE p. 162: *choisir un plan (en deux ou trois parties) adapté au type de sujet.*
- Identifier le type de plan le mieux adapté.
  → AiDE *Choisir un type de plan adapté au sujet*

2. Mobiliser ses connaissances pour élaborer le plan → MÉTHODE p. 188: *dégager l'idée principale structurant chaque partie.*
- Associer une partie à chaque idée directrice permettant de répondre au sujet, et articuler les parties par des liens logiques.

3. Organiser la réponse au sujet: *structurer et organiser le plan détaillé → MÉTHODE p. 220*
- Identifier les idées qui viennent appuyer l'idée directrice de chaque partie.
- Associer à chaque idée des arguments et des exemples précis.

> **AiDE** *Les écueils à éviter*
>
> | Le hors-sujet | Une analyse trop rapide ou trop superficielle du sujet peut conduire à un hors-sujet complet ou partiel. |
> |---|---|
> | La récitation du cours | Réciter son cours en cherchant à plaquer ses connaissances peut conduire au hors-sujet ou à oublier un aspect important de la question posée. |
> | La description ou le récit | Décrire ou raconter conduit souvent à négliger la réflexion, l'analyse. Il faut soigner l'argumentation et la structure du devoir. |

10

| AiDE | *Choisir un type de plan adapté au sujet* |

Type de sujet	Type de plan
Sujet diachronique : « Quels changements connaît la France de 1974 à 1988 ? », p. 246. « D'un monde bipolaire à un monde unipolaire (1991-2003) ? », p. 324.	**Plan chronologique**, adapté pour suivre une évolution. Le plan est découpé en périodes, à partir d'une ou deux dates importantes qui séparent les parties : les césures.
Sujet synchronique : • Les sujets tableau invitent à faire un point exhaustif sur une question à un moment précis (« Peut-on parler d'un triomphe de la démocratie libérale en 1991 ? », p. 251). • Les sujets bilan demandent d'aborder les conséquences d'un événement (« Quel est le bilan de la Seconde Guerre mondiale ? », p. 192). • Les sujets comparatifs invitent à rechercher des points communs et des différences entre deux objets (« Fascisme, nazisme et communisme : un ou des totalitarismes ? », p. 105).	**Plan thématique**, adapté pour mettre en évidence les aspects essentiels d'une période ou les éléments d'une comparaison. Il vise à organiser la réponse autour de quelques grandes idées, articulées de façon cohérente. L'ordre des parties doit permettre de répondre de façon organisée au sujet et à la problématique.
Sujet dialectique : • Il renvoie directement à des enjeux historiques dont il invite à analyser les causes, les manifestations ou les conséquences (« Quelles sont pour la France les conséquences de la défaite de 1940 ? », p. 107 ; « Dans quelle mesure peut-on parler d'un approfondissement de la construction européenne depuis 1993 ? », p. 326).	**Plan chronologico-thématique**, qui allie une approche thématique, en dégageant les aspects essentiels, et une structure chronologique, en mettant en évidence les grandes césures chronologiques. **Plan dialectique**, construit sur une thèse, une antithèse et une synthèse.

C Rédiger la réponse construite

35 MN

1. Rédiger l'introduction → MÉTHODE p. 246 : *reprendre les éléments de la première étape dans trois courts paragraphes (présentation du sujet, problématique, annonce du plan).*

- Présenter le sujet en débutant par une citation ou l'évocation d'un événement précis plutôt que par un propos général.
- Montrer que l'on a compris le sujet, en définissant ses éléments les plus importants, de façon concise et sans entrer dans le détail.
- Susciter l'intérêt du correcteur en insistant sur les enjeux du sujet par la problématique puis en lui montrant, par l'annonce du plan, la qualité de la réponse qui y sera apportée.

2. Rédiger les paragraphes du développement → MÉTHODE p. 276 : *suivre le plan annoncé, en étayant l'argumentation par des exemples et en soignant la présentation.* **→ AiDE** *Bien présenter le devoir*

- Rédiger les paragraphes **→ MÉTHODE p. 298 :** en formulant une réponse argumentée et non un simple récit ou une description.
- Donner des exemples précis à l'appui de chaque argument.
- Être clair, précis et synthétique, en employant avec concision et sans être allusif les notions et concepts acquis pendant l'année.
- Y intégrer éventuellement une ou plusieurs productions graphiques.
  → AiDE *Intégrer un schéma ou un croquis*

3. Rédiger la conclusion → MÉTHODE p. 320 : *présenter un bilan de la démonstration puis une ouverture.*

- Montrer que l'on a répondu au sujet en reformulant les points essentiels de la démonstration.
- Montrer sa capacité de réflexion en concluant sur les perspectives qui s'ouvrent à la fin de la composition.

AiDE	*Bien présenter le devoir*	
Objectifs	**Comment s'y prendre ?**
Aérer le devoir	Organiser le devoir en plusieurs parties espacées les unes des autres et subdivisées en courts paragraphes identifiés par un retrait.
Soigner le style	Employer le présent de l'indicatif, faire des phrases simples et courtes, éviter les figures de style et toute forme personnelle.
Ne pas bâcler l'introduction	La rédiger entièrement au brouillon avant de rédiger le devoir.

AiDE	*Intégrer un schéma ou un croquis*	
Type de production graphique (à accompagner d'une légende et d'un titre)	**Type d'utilisations**
Croquis (présentation exacte des contours d'un objet)	Approprié pour illustrer des sujets portant sur des zones de conflits (le Proche et le Moyen-Orient).
Schéma (représentation simplifiée des caractères essentiels d'un objet)	Approprié pour illustrer des sujets se rapportant aux échelles de gouvernement (schémas constitutionnels ou institutionnels).

D Se relire

5 MN

Prendre le temps de bien relire sa copie à la recherche d'imprécisions ou de fautes.

MÉTHODE Question problématisée **11**

MÉTHODE

ÉVALUATIONS COMMUNES

Analyse de document(s)

Cet exercice de la deuxième partie des évaluations communes consiste à analyser le contenu d'un document ou plusieurs en rapport avec une question au programme en mobilisant les connaissances et les capacités et méthodes acquises en classe. Le sujet est accompagné d'une consigne suggérant une problématique, et parfois de notes explicatives.

	Durée de l'exercice	1H
A	Analyser le sujet	10 MN
B	Lire et analyser les documents	20 MN
C	Rédiger la réponse au sujet	25 MN
D	Se relire	5 MN

A Analyser le sujet   10 MN

1. Étudier le titre et la consigne du sujet *pour identifier les notions et concepts en jeu, les thèmes du programme qui sont abordés.*
- Prendre le temps de bien lire le sujet, pour repérer les mots importants, les notions et les concepts abordés.
- Identifier les idées directrices et les thèmes du programme auxquels il se rapporte.
- Lire attentivement la consigne, qui oriente l'interprétation du sujet, et les notes explicatives s'il y en a.
- Situer le(s) document(s) dans son (leur) contexte historique et géographique.

→ **AIDE** *Bien comprendre le sujet*

2. Identifier le(s) document(s) *pour en déterminer l'auteur, la nature et le contexte.*
- Identifier l'auteur du document, afin de le présenter, s'il est connu, ou de le replacer dans son contexte s'il ne l'est pas.
- Identifier précisément le type de document proposé pour l'interpréter de manière critique en fonction de sa nature.

→ **AIDE** *Identifier le type d'image* → **AIDE** *Identifier le type de texte*

- Lorsque plusieurs documents sont proposés, il faut les mettre en relation et montrer l'intérêt de leur confrontation.

AIDE **Bien comprendre le sujet**

1. Lire attentivement le titre général, qui renvoie très souvent à des concepts, des questions ou des événements abordés en classe.

2. Bien étudier la consigne, pour identifier quelles capacités et méthodes devront être mobilisées et dans quel but.

3. Identifier les connaissances à mobiliser en lisant avec attention le titre et les informations qui accompagnent le(s) document(s).

AIDE **Identifier le type d'image**

Œuvres d'art	Peinture (Méthode p. 160), sculpture, vitraux, tapisserie, etc.
Illustrations manuscrites	Dessin, estampe, enluminure, etc.
Illustrations imprimées	Gravure, lithographie, dessin de presse, allégorie (Méthode p. 132), affiche (Méthode p. 64), poster, Une de journal (Méthode p. 318), bande dessinée, carte postale, caricature (Méthode p. 296), photographie (Méthode p. 98), etc.
Images animées	Films, vidéos.
Images construites	Graphique (Méthode p. 218), série statistique (Méthode p. 36), carte (Méthode p. 274), plan.

AIDE **Identifier le type de texte**

Textes religieux	Bible, Coran, encycliques, etc.
Textes juridiques	Constitutions, lois, ordonnances, résolutions, décrets, codes, règlements, chartes, conventions, pactes et traités diplomatiques, etc.
Textes administratifs	Instructions, circulaires, rapports, comptes rendus, courriers administratifs, etc.
Textes didactiques	Essais ou pamphlets philosophiques, textes polémiques, religieux, économiques, scientifiques, etc.
Textes littéraires	Romans, poésies, comédies, tragédies, contes, légendes, etc.
Textes journalistiques	Articles de journaux, Unes de journaux (Méthode p. 318).
Témoignages	Documents privés non destinés à la publication : journaux intimes, correspondances privées, etc. Documents écrits pour être lus de tous : témoignages (Méthode p. 244), mémoires, autobiographies, etc.
Textes politiques	Affiches, discours (Méthode p. 186), professions de foi électorales.

B — Procéder à l'analyse critique du (des) document(s) — 20 MN

1. Lire attentivement le(s) document(s) *pour y prélever les informations essentielles.*
- Identifier l'espace et la période concernés par le(s) document(s).
- Relever les références aux événements, aux acteurs, aux courants de pensée, qu'il faudra présenter et expliquer.
- Identifier les notions ou concepts à définir.
- Repérer les points de vue idéologiques ou politiques à caractériser.

2. Comprendre le contenu du (des) document(s) *en les lisant attentivement et en mobilisant ses connaissances et des capacités et méthodes adaptées.*
- Mobiliser les capacités et méthodes d'analyse du (des) document(s).
  → **AIDE** *Mobiliser les capacités*
- Dégager le sens général.
- Mettre en relation le(s) document(s) avec la question historique à laquelle il(s) se rapporte(nt).
- Mobiliser ses connaissances pour expliquer le(s) document(s).
- Prélever et confronter les informations du (des) document(s) et les hiérarchiser.
- Lorsque plusieurs documents sont proposés, les mettre en relation et confronter leurs informations.

3. Dégager les apports et les limites du (des) document(s), *c'est-à-dire leur intérêt pour la compréhension des phénomènes historiques étudiés.*
- Critiquer le(s) document(s).
- Montrer l'apport et les limites du (des) document(s) pour la compréhension de la question étudiée. → **AIDE** *Critiquer un document*

> **AIDE — Mobiliser les capacités**
>
> **Dégager le sens général du document :** bien l'identifier, repérer les idées principales et les replacer dans leur contexte, les mettre en rapport avec la question historique abordée.
>
> **Montrer l'intérêt de la confrontation des documents lorsqu'il y en a plusieurs :** les identifier et les analyser séparément puis les mettre en relation pour les comparer ou les opposer et en déduire leur apport respectif à la question traitée.
>
> **Montrer l'intérêt et les limites du (des) document(s) :** prélever et confronter les informations contenues dans le(s) document(s), en tenant compte de la spécificité de chaque document et en prenant la distance critique nécessaire, puis dégager la portée du (des) document(s).

> **AIDE — Critiquer un document**
>
> **Questionner le document :** s'interroger sur la sincérité de l'auteur et la fiabilité des informations qu'il rapporte, sur le caractère éventuellement subjectif, polémique ou engagé du document, en fonction de sa nature.
>
> **Critiquer les informations du document :** prendre du recul par rapport aux informations et montrer, le cas échéant, quels faits ou quels arguments peuvent leur être opposés, tout en identifiant les incohérences ou omissions éventuelles du document.

C — Rédiger la réponse au sujet — 25 MN

1. Organiser la réponse
- Construire la réponse au sujet en suivant les indications fournies par la consigne, qui donne souvent des pistes pour le plan.

2. Rédiger une courte introduction
- Écrire quelques phrases qui exposent les enjeux du sujet et présentent le(s) document(s).

3. Rédiger le développement
- Rédiger de courts paragraphes reprenant les idées directrices du sujet en les appuyant par des faits précis, des références au(x) document(s), éventuellement de courtes citations.

4. Rédiger la conclusion
- Très courte, elle doit permettre de dégager la portée et les limites du (des) document(s) par rapport au sujet.

> **AIDE — Les écueils à éviter**
>
> **L'absence de mise en relation des documents :** lorsqu'il y a plusieurs documents, la réponse au sujet ne doit pas suivre l'ordre des documents mais correspondre à une réponse structurée et organisée.
>
> **La paraphrase :** paraphraser consiste à redire, même sous une autre forme, ce que le document dit déjà, sans l'expliquer ni l'éclairer. Pour éviter la paraphrase, il faut soigneusement expliquer les informations contenues dans le document.
>
> **La dissertation :** disserter consiste ici à ne pas analyser les documents mais à s'en servir comme prétexte pour réciter des connaissances. Pour éviter la dissertation, il suffit de se référer régulièrement aux documents.

D — Se relire — 5 MN

Prendre le temps de bien relire sa copie à la recherche d'imprécisions ou de fautes.

MÉTHODE L'analyse de document(s)

1929
Effondrement de la bourse de New York

1932
Début de la grande famine en Ukraine

1933
Accession au pouvoir de Hitler en Allemagne et de Roosevelt aux États-Unis

1936
• Axe Rome-Berlin
• Début de la guerre d'Espagne
• Accords de Matignon en France

1937
Début de la Grande Terreur en URSS

THÈME 1

Fragilités des démocraties, totalitarismes et Seconde Guerre mondiale (1929-1945)

La crise de 1929 provoque en Europe des déséquilibres économiques et sociaux qui favorisent l'essor de régimes d'un type nouveau : les totalitarismes. Ayant en commun un chef tout-puissant, une idéologie globalisante, un parti unique et une police faisant régner la terreur, ils poursuivent des finalités différentes mais partagent une hostilité envers la démocratie. La déstabilisation de l'ordre européen et l'expansionnisme japonais conduisent alors à une nouvelle guerre mondiale, inédite du fait de son étendue et sa violence meurtrière.

Chapitre 1 L'impact de la crise de 1929 : déséquilibres économiques et sociaux 16
Chapitre 2 Les régimes totalitaires 42
Chapitre 3 La Seconde Guerre mondiale 70

Préparatifs de l'exposition universelle de Paris, 1937. De gauche à droite, *Le génie du fascisme* de Georges Gori devant le pavillon italien, le groupe *L'Ouvrier et la Kolkhozienne* de Vera Moukhina pour le pavillon de l'URSS, et l'aigle tenant une croix gammée au sommet du pavillon de l'Allemagne nazie conçu par Albert Speer.

SECONDE GUERRE MONDIALE — 1945

- **1938** « Nuit de Cristal »
- **1939** • Pacte germano-soviétique • Invasion de la Pologne
- **1940** • Défaite française et armistice • Appel du 18 juin
- **1942** Conférence de Wansee
- **1943** Défaite de Stalingrad
- **1944** • Débarquement en Normandie • Opération Bagration
- **Capitulation allemande puis japonaise**

1 L'impact de la crise de 1929 : déséquilibres économiques et sociaux

▶ **Quelles sont les conséquences de la crise de 1929 ?**

1 Le krach boursier du 24 octobre 1929 : un événement mondial

« Le crash de Wall Street ! », Une du *London Herald*, 25 octobre 1929.

La bourse de Wall Street, symbole de la prospérité américaine, est touchée par un krach en 1929. Les cours des actions chutent, ce qui entraîne l'effondrement du système bancaire américain puis mondial.

16   FRAGILITÉS DES DÉMOCRATIES, TOTALITARISMES ET SECONDE GUERRE MONDIALE

| 1929 | 1930 | 1931 | 1932 | 1933 | 1934 | 1935 | 1936 | 1937 | 1938 | 1939 |

D'UNE CRISE AMÉRICAINE À UNE CRISE MONDIALE

- **24 octobre 1929** Jeudi noir, effondrement de la bourse de New York
- **1931** Crise bancaire aux États-Unis ; Dévaluation de la livre sterling
- **1933** Dévaluation du dollar
- **1934-1939** *Dust Bowl* aux États-Unis
- **1937-1938** Retour de la récession aux États-Unis
- **1931-1934** Les pays d'Amérique latine dévaluent leur monnaie
- **1936** Dévaluation du franc

LES ÉTATS FACE À UN CHÔMAGE DE MASSE

- **1930** Tarif protectionniste Hawley-Smoot aux États-Unis ; Politique déflationniste en Allemagne
- **1932** Accords d'Ottawa : préférence impériale dans l'empire du R.-U. ; Le parti nazi obtient 33 % des suffrages aux élections de novembre en Allemagne
- **1935** Politique déflationniste en France
- **1936** Accords de Matignon
- **1937** Coup d'État de G. Vargas au Brésil
- **1933-1939** *New Deal* aux États-Unis

2 Les effets dévastateurs de la crise économique

Manifestation de chômeurs, Saint-Denis, décembre 1933.

La crise de 1929 entraîne un effondrement des prix et une hausse rapide du chômage. Lors de manifestations, les chômeurs questionnent la capacité des États à surmonter la crise.

METTRE EN RELATION DES FAITS DE NATURE DIFFÉRENTE

> Montrez que le krach de Wall Street a eu des répercussions d'ordre financier mais aussi social.

CHAPITRE 1 L'impact de la crise de 1929 : déséquilibres économiques et sociaux

GRAND ANGLE

Le monde dans la crise de 1929

Provoquée par le krach de la bourse de Wall Street en octobre 1929, la Grande Dépression* est d'abord une crise financière avant de devenir une crise économique et sociale qui laisse peu de pays indemnes. Les États commencent par protéger leurs économies par des mesures protectionnistes* dévastatrices au niveau mondial. Les effets sociaux de la crise, notamment le chômage de masse, déstabilisent de nombreux États, qui adoptent des politiques de relance de l'économie et de protection sociale jusqu'alors inconnues.

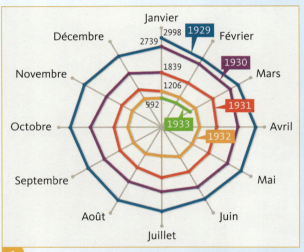

1 **La spirale de la crise : la contraction du commerce mondial**

Valeurs mensuelles en millions de dollars-or des importations de 75 pays. Source : SDN.

Face à la crise, les États réagissent en adoptant des mesures protectionnistes (tarifs douaniers, blocs par nations) qui aggravent la crise du commerce mondial.

2 **Le cinéma américain évoque la crise : *Les Raisins de la colère***

Affiche française des *Raisins de la colère*, 1940.

Adapté du roman de John Steinbeck paru en 1939, le film de John Ford évoque la vie d'Américains chassés de leurs terres par la dépression et le *Dust Bowl* (« bassin de poussière »), un phénomène de sécheresse et de tempêtes de poussière qui touche plusieurs États du *Middle West*.

Une crise mondiale aux effets dévastateurs

1. La crise et sa diffusion mondiale
- ⊙ Krach boursier de Wall Street
- → Retrait des capitaux américains
- ▲ Crise des matières premières
- ▢ État non touché par la crise

18 FRAGILITÉS DES DÉMOCRATIES, TOTALITARISMES ET SECONDE GUERRE MONDIALE

COURS 1 — Une crise née des déséquilibres de l'économie mondiale

Pourquoi le krach de 1929 conduit-il à une crise mondiale ?

A Les années 1920 : une décennie de prospérité factice

- La Première Guerre mondiale a entraîné d'importants déséquilibres économiques. Les pays européens sortent très appauvris du conflit. Les États-Unis s'imposent comme créancier du monde [doc. 1]. De nombreux États veulent réintégrer le système de l'**étalon-or** qui s'était effondré pendant le conflit, afin de faire cesser les désordres monétaires.

- En 1919, l'économie américaine est la première mondiale. Grâce à une industrialisation* rapide fondée sur les principes **fordistes**, le revenu national augmente de 50 % entre 1922 et 1929. De plus, en 1918, le pays est le premier investisseur mondial de capitaux, en Amérique latine mais aussi en Europe [ÉTUDE p. 22].

- Dès le milieu des années 1920, certains secteurs de l'économie mondiale sont en crise. Les prix des matières premières connaissent une baisse qui peut atteindre plus de 50 %. Cela pénalise notamment les économies latino-américaines déjà surendettées auprès des États-Unis.

B La crise américaine : du krach boursier à la crise économique

- Le krach de 1929 est causé par l'éclatement d'une **bulle spéculative**. Les cours des actions ont augmenté de manière artificielle à la fin des années 1920, favorisés par le crédit facile. Le jeudi 24 octobre 1929 puis les 28 et 29 ont lieu des paniques boursières à New York [ÉTUDE p. 23].

- L'effondrement de la bourse de Wall Street entraîne une crise bancaire aux États-Unis. Les actionnaires ayant acheté des actions à crédit sont incapables de les rembourser après la chute des cours [doc. 3]. Les déposants veulent récupérer leur argent, ce qui mène à des scènes de panique ; la moitié des banques américaines fait faillite [doc. 2].

- Les banques refusent ensuite de prêter de l'argent aux entreprises : la crise, de financière, devient économique. Le marché immobilier s'effondre faute de crédit, l'industrie américaine ralentit. Le nombre d'automobiles produites chute de moitié entre août 1929 et décembre 1929. Les États-Unis entrent en **déflation**.

C La crise de l'économie mondiale

- La crise devient mondiale du fait du désengagement américain. Les échanges commerciaux s'effondrent [doc. 4]. Les États-Unis retirent également leurs avoirs à l'étranger, contraignant certaines banques étrangères, voire des États, à la banqueroute. En 1931, la faillite en Autriche de la Kredit Anstalt Bank y entraîne une forte réduction du crédit aux entreprises.

- L'effondrement bancaire de plusieurs pays en Europe mène à la fin du système de l'étalon-or et au retour des désordres monétaires. En effet, les États impriment plus de billets afin de **recapitaliser** les banques. Les monnaies des pays les plus endettés s'effondrent. Ils sont contraints de suspendre la convertibilité en or, puis de **dévaluer** leur monnaie.

- À l'instar des États-Unis sous **Herbert Hoover**, les États entrent dans une spirale déflationniste des prix et de la production [doc. 5]. En un an, la production industrielle mondiale baisse de 12 %. Le monde entier subit une crise de surproduction tant industrielle qu'agricole.

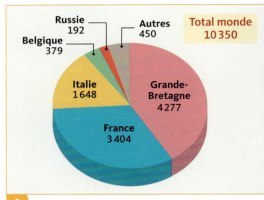

1 L'endettement des pays d'Europe auprès des États-Unis

Prêts à l'étranger du gouvernement américain à l'issue de la Première Guerre mondiale, en millions de dollars. D'après Thomas Bailey, *A Diplomatic History of the American People*.

En 1919, les États-Unis sont le premier créancier du monde, particulièrement de l'Europe. La question des dettes de guerre entraîne des troubles monétaires en Europe.

▶ En quoi les dettes de guerre peuvent-elles influencer les relations entre les États-Unis et l'Europe ?

Mots clés

Bulle spéculative : hausse artificielle des cours des actions, sans lien avec l'état réel de l'économie.

Déflation : baisse généralisée des prix qui accompagne souvent une baisse de la production.

Dévaluation : baisse de la valeur d'une monnaie afin de relancer l'économie d'un État en rendant les exportations plus compétitives.

Fordisme : modèle d'organisation d'entreprise inventé aux États-Unis par Henry Ford en 1908, fondé sur la spécialisation des tâches et le travail à la chaîne.

Étalon-or : système mondial de change fixe dans lequel les monnaies ont un cours fixe défini en or. Les banques centrales doivent détenir des réserves en or.

Recapitalisation bancaire : investissement en capital d'un État dans une banque pour éviter sa faillite.

Personnage clé

Herbert Hoover (1874-1964)
Président républicain des États-Unis de 1929 à 1933, il incarne l'Amérique de la prospérité et du laisser-faire. Il a laissé son nom aux « Hoovervilles », des bidonvilles dont on impute l'apparition à sa politique inefficace de lutte contre la crise. Il perd l'élection présidentielle de 1932 contre Roosevelt*.

20 FRAGILITÉS DES DÉMOCRATIES, TOTALITARISMES ET SECONDE GUERRE MONDIALE

2 Une panique bancaire à New York

File d'attente de clients devant la Bank of United States, 11 décembre 1930.

Après le krach, les craintes des déposants de ne pouvoir récupérer leur argent entraînent des ruées vers les guichets qui détériorent la situation financière des banques, contribuant à leur faillite.

▶ Quels sont les facteurs aggravant la crise financière ?

3 Le mythe des suicides des spéculateurs

John Kenneth Galbraith est un jeune économiste au moment de la crise de 1929. Il rejoint en 1934 l'administration Roosevelt en tant qu'expert.

« Dans la semaine ou à peu près qui suivit le Jeudi noir, la presse londonienne à bon marché parlait avec délices des scènes de la cité de New York : les spéculateurs se jetaient par la fenêtre ; les piétons se frayaient avec précaution un chemin entre les corps des financiers tombés. [...] Aux États-Unis, la vague de suicides qui suit la catastrophe boursière fait également partie de la légende de 1929. En fait, il n'y eut pas de vague. Depuis plusieurs années, le taux des suicides avait monté progressivement. Il continua à augmenter cette année-là, avec une progression plus grande en 1930, 1931 et 1932, années où il y eut beaucoup d'autres choses à côté de la Bourse pour amener des gens à penser que la vie ne valait plus la peine d'être vécue [...]. On peut seulement deviner comment le mythe des suicides s'est imposé. Comme pour les alcooliques et les joueurs, on suppose que les spéculateurs ruinés ont une tendance à l'autodestruction. À une époque où les spéculateurs ruinés étaient nombreux, les journaux et le public ont pu en tirer cette conclusion. »

John Kenneth Galbraith, *La Crise économique de 1929*, 1955 (trad. H. Le Gallo).

▶ Quelle est l'image des spéculateurs boursiers au lendemain du krach ?

5 La crise du monde agricole sous Herbert Hoover

Harry Terrel est un fermier de l'Iowa. Il raconte la fin des années 1920 et la période Hoover.

« Je suis né de l'autre côté de la route où se trouvait la ferme de l'oncle de Herbert Hoover. [...] Même les gens comme eux, ils ont connu des temps difficiles, comme nous. C'est comme ça que c'était. Le maïs se vendait à 8 cents le boisseau[1]. Un comté a même tenu à brûler du maïs pour chauffer le tribunal, parce que c'était moins cher que le charbon. C'était l'époque où la saisie des fermes arrivait chez nous. Il y avait des ventes aux enchères sur saisie. Ils prenaient la propriété d'un fermier, la mettaient aux enchères, tout le voisinage venait, ils se disaient qu'ils achèteraient bien un cheval 25 cents. Ils payaient 10 cents pour une charrue. [...]

Les gens étaient désespérés. Ils ont presque failli pendre un juge. Parce qu'ils ont vu ce juge en train de saisir les propriétés et qu'ils n'avaient pas d'autre moyen d'arrêter ça. [...] Ils ont sorti le juge du tribunal, l'ont amené sur le champ de foire, lui ont mis la corde au cou et ont passé la corde sur une branche. Ils allaient le pendre à l'ancienne, comme les voleurs de chevaux. Mais quelqu'un a été assez sage pour leur dire d'arrêter avant d'aller trop loin. »

Témoignage d'Harry Terrel, recueilli par Studs Terkel, *Hard Times. Histoires orales de la Grande Dépression*, 1970 (trad. C. Jaquet).

1. Environ 25 kg.

▶ Quels sont les effets de la crise des prix agricoles dans les années 1920 et 1930 ?

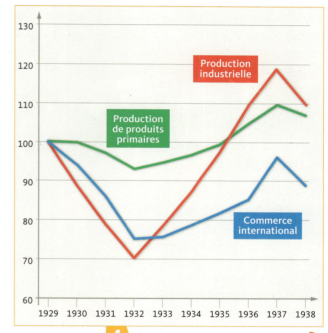

4 L'effondrement de l'économie mondiale

VIDÉO

Production industrielle, de produits primaires et commerce mondial, 1929-1938 (base 100 en 1929). Source : SDN.

▶ Quel secteur est le plus atteint initialement par la crise ?

RÉALISER UN SCHÉMA

À l'aide du cours et des documents 2 et 4, expliquez par un schéma le passage d'une crise financière américaine à une crise économique à l'échelle mondiale.

CHAPITRE 1 L'impact de la crise de 1929 : déséquilibres économiques et sociaux 21

ÉTUDE
Les États-Unis, première économie mondiale en 1929

Les États-Unis des années 1920 sont devenus la première puissance économique mondiale. Cette domination est la conséquence de leur rôle financier dans la Première Guerre mondiale mais aussi de l'exportation de leur modèle de capitalisme* industriel.

▶ **Comment se manifeste la puissance économique américaine après la guerre ?**

Dates clés
1919	Les États-Unis, premier créancier du monde
1924	Ford fête le dix-millionième modèle T vendu dans le monde
1929	Les États-Unis produisent 40 % des biens manufacturés au monde

1 La Ford T, symbole de la réussite du fordisme
La dix-millionième Ford T sort de la chaîne, 1924. Collection Henry Ford.

Inventeur du travail à la chaîne, Henry Ford connaît un immense succès avec ses voitures, notamment la Ford T qui coûte deux fois moins cher qu'une voiture classique. Elle s'exporte partout dans le monde.

2 La peur d'une colonisation par l'Amérique

« La pénétration américaine peut se produire de plusieurs manières : la première sous forme d'emprunt de l'État, des municipalités ou d'un établissement public autonome ; tel est le cas du Reich[1], de divers autres États, tels que la Pologne, et même, ce qu'on oublie trop, de la France [...]. La seconde méthode de colonisation est celle de la pénétration d'une industrie ou d'une firme américaine sur le territoire européen ; par exemple la mainmise de la General Motors sur Opel, de la General Electric sur le consortium allemand de l'AEG [...]. Enfin, une troisième méthode de colonisation est celle de la colonisation financière par le contrôle progressif d'un plus grand nombre de banques d'affaires européennes. »

Robert Aron et Arnaud Dandieu, *Le Cancer américain*, 1931.
1. L'Allemagne.

Secteurs géographiques	1919	1929
Europe	1 986	4 600
Canada	1 542	3 660
Antilles	606	1 153
Mexique	908	975
Amérique centrale	114	286
Amérique du Sud	776	3 013
Afrique	31	119
Asie	309	1 040
Autres	683	2 163
Total des crédits américains pour le monde	6 955	17 009

3 Les États-Unis, premier investisseur mondial à la veille de la crise
Investissements directs à l'étranger (non spéculatifs) des États-Unis entre 1919 et 1929 en millions de dollars. D'après Cleona Lewis, *America's Stake in International Investments*.

Après la Première Guerre mondiale, les États-Unis supplantent l'Europe dans le rôle de créancier du monde. Ils investissent dans de nouvelles aires géographiques, qu'ils placent ainsi dans leur dépendance.

ANALYSER LES DOCUMENTS
1. Étudiez les formes de la domination économique des États-Unis sur le monde. [doc. 2, 3]
2. Montrez que les forces du capitalisme américain contribuent à sa domination sur le monde. [doc. 1, 3]

ÉTUDE
Jeudi noir : le krach de 1929

Le 24 octobre 1929, ou Jeudi noir, les cours de la bourse de Wall Street s'effondrent. Dans les six jours suivants, les cours continuent leur chute, plongeant les États-Unis dans une crise multiforme et inédite.

▶ **Pourquoi le krach de 1929 entraîne-t-il une crise économique aux États-Unis ?**

Dates clés

1928	Début de la bulle spéculative
Printemps 1929	La Réserve fédérale demande aux banques de réduire les crédits aux courtiers
24, 28 et 29 octobre 1929	Trois jours de chute des cours de la bourse

1 Une bulle spéculative gonflée par le crédit

« Quelqu'un doit le sauver de lui-même », *Los Angeles Times*, 8 février 1929. La Réserve fédérale s'adresse au « public spéculateur fou » en lui retirant le « crédit spéculatif » : « Vous ne savez donc pas quand vous en avez eu assez ? ».

À la veille du krach, la spéculation boursière est alimentée par les sommes importantes accordées à crédit aux courtiers malgré les mesures de la Réserve fédérale.

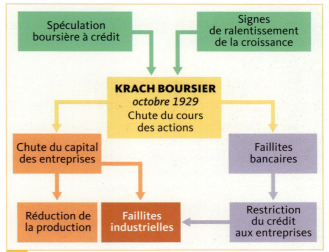

2 Du krach boursier à la crise économique : le cas américain

Contrairement aux krachs boursiers précédents, notamment celui de 1873, celui de 1929 entraîne une grave crise économique aux États-Unis.

3 Un krach prévisible

« Malgré l'apparence d'une prospérité considérable et un vrai redémarrage du commerce et de l'industrie, la période précédant immédiatement la crise n'était pas sans signes annonciateurs qui pouvaient justifier une grave anxiété. [...] Mais le flot de la spéculation américaine continua sans diminuer jusqu'à l'automne. Dès le mois de février, les autorités de la Réserve fédérale étaient persuadées que le boom avait atteint des dimensions telles qu'un krach était inévitable. [...] Puis tout à coup eut lieu une étincelle. L'effondrement de l'entreprise véreuse Hatry à Londres provoqua un raidissement des marchés. [...] Le 23 octobre, l'indice Dow Jones[1] des prix des actions industrielles chuta de 21 points ; pendant les six jours suivants, il perdit encore 76 points. La prospérité touchait à sa fin. »

Lionel Robbins, *The Great Depression (La Grande Dépression)*, Londres, 1934 (trad. A. Chamouard).

1. Principal indice boursier américain.

ANALYSER LES DOCUMENTS

1. Étudiez les signes annonciateurs de la crise. [doc. 1, 3]
2. Étudiez le passage du krach boursier à la crise bancaire puis économique. [doc. 1, 2]

CONSTRUIRE ET VÉRIFIER DES HYPOTHÈSES SUR UNE SITUATION HISTORIQUE

À partir des deux études proposées, démontrez pourquoi le krach boursier a aussi des conséquences économiques dans le reste du monde. Vous pourrez vous interroger sur la nature de la domination américaine et sur les mécanismes de la crise.

CHAPITRE 1 L'impact de la crise de 1929 : déséquilibres économiques et sociaux

COURS 2

Les États face à l'avènement du chômage de masse

Quels moyens les États mobilisent-ils pour surmonter la crise ?

A Les premières politiques inefficaces contre la crise

● Les États commencent par appliquer des **politiques restrictives** : réduction du crédit et des budgets. Fidèles à la théorie économique néoclassique*, ils considèrent que les règles autorégulatrices du marché doivent pouvoir permettre de revenir à l'équilibre économique.

● Ils prennent aussi des mesures **protectionnistes**. Les États-Unis adoptent dès 1930 le tarif Hawley-Smoot imposant des droits de douane pouvant aller jusqu'à 25 % pour certains produits. Les autres États font de même ou se replient sur leur sphère impériale, notamment la France et la Grande-Bretagne, et constituent des **blocs monétaires**.

● L'économiste **John Maynard Keynes** est le premier à remarquer l'inefficacité de ces mesures, considérant que les lois du marché ne peuvent permettre un retour à l'équilibre. En 1936, il conçoit dans sa *Théorie générale* la possibilité d'une intervention de l'État [doc. 4].

B Le chômage, mal durable aux conséquences politiques néfastes

● Tous les États affectés par la crise sont touchés par un chômage de masse et de longue durée qui peut monter jusqu'à 25 % de la population active [doc. 1]. Il résulte des licenciements massifs dans l'industrie, mais aussi de la ruine de nombreux agriculteurs qui ont fait faillite du fait de la baisse des cours agricoles ou de phénomènes climatiques comme le *Dust Bowl* aux États-Unis.

● Le chômage est destructeur car il n'existe alors aucune prise en charge sociale des chômeurs. Dans la plupart des pays, aucune statistique précise n'est faite du phénomène. De nombreux patrons imposent du chômage partiel ou renvoient les femmes au foyer.

● Le chômage a des effets déstabilisants pour les régimes en Europe comme en Amérique. En Allemagne, la république de Weimar peine à faire face à la crise, ce qui contribue à la montée du nazisme*. En France, des mouvements contestataires paysans prennent une forte tonalité antiparlementaire* [doc. 3].

C Les politiques de relance et leurs effets mitigés

● Aux États-Unis, en 1933, le président Franklin Delano Roosevelt propose un *New Deal* (« nouvelle donne »), une **politique de relance**, basée sur un ambitieux programme de grands travaux et des aides sociales pour mettre fin aux contestations [doc. 2]. Malgré un retour de la crise en 1937-1938 et les effets mitigés de sa politique, il contribue à élargir les missions de l'État [POINT DE PASSAGE p. 28].

● En France, la majorité de Front populaire (Parti socialiste SFIO, Parti communiste français et Parti radical) élue en 1936 tente, de même, de relancer la consommation. Les accords de Matignon de juin 1936 prévoient ainsi de fortes augmentations de salaires. D'autres lois de l'été 1936 réduisent la durée du travail et instaurent les premiers congés payés [POINT DE PASSAGE p. 30].

● En Amérique latine, les régimes nés des coups d'État* du début des années 1930 se lancent dans des **politiques de substitution aux importations** afin de réduire leur dépendance vis-à-vis des États-Unis et de l'Europe [POINT DE PASSAGE p. 26].

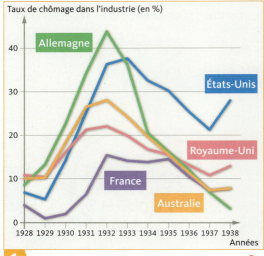

1 L'émergence d'un chômage de masse

Taux de chômage dans l'industrie dans plusieurs pays de 1928 à 1938, en pourcentage de la population active industrielle. Source : *Oxford Review of Economic Policy*, 2010

▶ Quand commence à baisser le chômage dans la plupart des pays ?

Mots clés

Bloc monétaire : ensemble de pays qui lient leur monnaie à une monnaie plus forte afin de lutter contre la crise.

Politique de relance : politique qui vise à relancer l'économie en favorisant l'augmentation de la consommation des ménages.

Politique de substitution aux importations : politique menée pendant la crise qui vise à diminuer les importations de biens et à les remplacer par une production nationale, grâce à des mesures protectionnistes.

Politique restrictive : politique menée par de nombreux États après le krach, qui vise à retrouver un équilibre budgétaire et monétaire en suscitant une baisse des salaires, des prix et de la production.

Protectionnisme : politique de hausse des droits de douane afin d'empêcher la concurrence étrangère.

Personnage clé

John Maynard Keynes (1883-1946)
Économiste anglais, il est le premier à souligner les déséquilibres économiques nés de la guerre. Il propose une analyse de la crise en rupture avec les économistes néoclassiques, en affirmant que les États doivent intervenir pour relancer la demande et la croissance.

FRAGILITÉS DES DÉMOCRATIES, TOTALITARISMES ET SECONDE GUERRE MONDIALE

2 La contestation des vétérans américains ou *Bonus March*

Manifestation de vétérans devant le Capitole vide, 1932.

En 1932, 20 000 vétérans de la Première Guerre mondiale, durement touchés par la crise, demandent le paiement de leur prime de guerre (*bonus*) à l'État fédéral en marchant jusqu'à Washington.

▶ Pourquoi cette manifestation inquiète-t-elle le pouvoir ?

3 Un antiparlementarisme nourri par la crise

Le parti agraire et paysan français mené par Fleurant Agricola devient antiparlementaire à la faveur de la crise. Il menace de marcher sur Paris.

« L'heure H va sonner, je vous en préviens par ces quelques lignes. Il faut qu'à la fin d'août [1934] ou au commencement de septembre, nous ayons balayé la Chambre[1] qui nous déshonore et donné au gouvernement la volonté très nette d'en finir avec ce système de déflation qui n'est qu'une redoutable machine de guerre des maîtres actuels de l'économie en faillite pour la remettre en scène et achever votre ruine. Vous n'avez pas le temps, paysans, nous n'avons pas le trésor de guerre, comme les autres, j'ai donc décidé et je prends l'entière responsabilité de ma décision de faire, au moment voulu, des numéros de *La Voix de la Terre* qui suivront un seul numéro affiche qu'il faudra coller sur tous les murs de nos villages et de nos villes. C'est dit. L'affiche de la *Voix de la Terre* sera le coup de clairon qui vous demandera à vous, paysans, et à tous ceux qui ont leur sort lié au vôtre, de sortir de la tranchée. [...] Les paroles vont finir, les actes doivent les remplacer. »

Fleurant Agricola, « La veillée des armes. Où êtes-vous, paysans ? », *La Voix de la Terre*, 14 juin 1934.

1. La Chambre des députés, qui siège à Paris au palais Bourbon.

▶ Que reproche le leader paysan aux parlementaires ?

4 Le schéma keynésien de relance de l'économie

▶ Quelle doit être l'action de l'État d'après la théorie keynésienne ?

CONSTRUIRE UNE ARGUMENTATION HISTORIQUE

À partir du cours et des documents 1 et 4, établissez un lien entre le chômage, les contestations politiques et les mesures de relance adoptées dans certains États.

POINT DE PASSAGE
Les conséquences de la crise de 1929 en Amérique latine

La crise de 1929 touche très durement l'Amérique latine et remet en cause son modèle de développement fondé sur l'exportation de matières premières. Elle contraint la plupart des États latino-américains à une redéfinition de leur modèle économique libéral pour basculer vers une politique de substitution aux importations par l'industrialisation. De plus, la crise fragilise les régimes politiques et contribue à de nombreux coups d'État qui mènent à l'instauration de régimes autoritaires*.

▶ **Quels sont les effets de la crise de 1929 sur les économies et les États latino-américains ?**

Dates clés

1929-1933	Retrait des capitaux américains
1930	Coup d'État en Argentine
1931	Le Brésil suspend le paiement de tous ses emprunts
1931-1934	La plupart des États quittent l'étalon-or
1932	Dictature au Honduras
1933	Coup d'État en Uruguay
1933	Grève générale à Cuba et prise de pouvoir par Fulgencio Batista
1934	Le Brésil instaure un conseil national du café et brûle ses stocks de café
1937	Coup d'État de Getúlio Vargas au Brésil qui instaure un régime autoritaire
1938	Nationalisation du pétrole mexicain par Lázaro Cárdenas

1 Avant la crise, des économies ouvertes mais fragiles

Sociologue français, André Siegfried décrit le déséquilibre des économies latino-américaines, dont la prospérité reposait avant la crise sur l'exportation de matières premières.

« On discerne aisément, dans ces divers traits, les faiblesses du système, et notamment son vice essentiel qui est l'endettement. Considérez la balance des comptes de n'importe quel pays sud-américain, vous la trouverez invariablement menacée de déséquilibre par la charge implacable des paiements à effectuer au dehors. […] Il faut naturellement ajouter le paiement des importations de marchandises, forcément importantes dans des sociétés qui achètent au dehors la plus grande partie, sinon la totalité des articles manufacturés qu'elles consomment.
Pour faire face à ces règlements extérieurs […], on ne dispose, l'emprunt étant mis à part, que d'une seule contrepartie, l'exportation des produits du sol : maïs, blé, café, cacao, laine ou bien, dans le domaine minier, salpêtre, cuivre, étain, pétrole… […] Une condition primordiale s'impose pour qu'ils réalisent et conservent l'équilibre de leur économie, c'est que leur balance commerciale soit non seulement favorable mais très favorable. […] On devine aisément qu'une crise internationale des matières premières et des prix doive être fatale à des organismes économiques ainsi constitués. »

André Siegfried, *Amérique latine*, 1934.

2 Une crise économique et politique

FRAGILITÉS DES DÉMOCRATIES, TOTALITARISMES ET SECONDE GUERRE MONDIALE

3 La lutte contre la surproduction au Brésil

Alimentation d'une locomotive avec du café au Brésil, magazine *Vu*, 1936.

Afin de soutenir les prix du café, qui s'effondrent pendant la crise, l'État brésilien organise la destruction des stocks de café en le brûlant dans des locomotives.

4 Le tournant autoritaire en Amérique latine

« Quelque infime qu'il soit dans le présent, le travail de chaque Brésilien en faveur de la collectivité accélérera la rénovation future », affiche de propagande de l'État nouveau, vers 1937.

La crise entraîne des changements de régime sur le continent, la plupart dans un sens autoritaire et populiste. Le 10 novembre 1937, Getúlio Vargas instaure une dictature au Brésil, inspirée par le fascisme* italien et le régime de Salazar au Portugal.

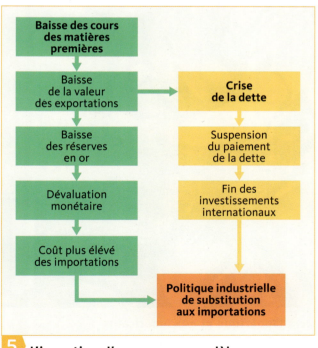

5 L'invention d'un nouveau modèle de développement économique

Contraints par la crise des « produits de dessert » (café, cacao) marquée par la chute de leurs prix, plusieurs États basculent d'un modèle d'ouverture libérale à un modèle industriel autocentré.

PROCÉDER À L'ANALYSE CRITIQUE DES DOCUMENTS

PARCOURS A

▶ **Lire, comprendre et analyser les documents**

1. En quoi la situation des États latino-américains à la veille de la crise est-elle fragile ? [doc. 1, 2]
2. Comment s'exprime la dépendance latino-américaine envers les États-Unis ? [doc. 1, 2]
3. Quelles mesures prennent les États pour tenter d'enrayer la crise ? [doc. 3, 5]
4. Quelles sont les conséquences politiques de la crise ? [doc. 2, 4]

▶ **Synthétiser**

Montrez les effets de la crise de 1929 sur les économies des États latino-américains. Vous pourrez réfléchir aux faiblesses du modèle économique latino-américain avant la crise, qui expliquent que ses effets soient dévastateurs. Enfin, vous évoquerez les conséquences politiques de la crise.

PARCOURS B

▶ **Analyser une affiche** [Voir Méthode, p. 64]

En analysant le document 4, vous montrerez en quoi la politique de Vargas répond à la crise tout en créant un nouveau type de régime.

CHAPITRE 1 L'impact de la crise de 1929 : déséquilibres économiques et sociaux **27**

POINT DE PASSAGE

1933 : F. D. Roosevelt lance une nouvelle politique économique, le *New Deal*

Élu président des États-Unis en 1932, Franklin Delano Roosevelt entend mener une politique en rupture avec son prédécesseur, Herbert Hoover. Dès les cent premiers jours de son mandat, il propose ainsi une politique de relance de l'économie par la consommation, en créant des millions d'emplois et en fournissant de l'aide aux plus démunis à travers le pays. Il redéfinit par là le modèle américain en étendant la notion de liberté pour y inclure une forme de protection contre les aléas de l'existence.

▶ En quoi le *New Deal* redéfinit-il le modèle américain afin de sortir de la crise ?

Dates clés

24 octobre 1929	Jeudi noir, la bourse de New York s'effondre
4 mars 1933	Début de la présidence de Franklin Delano Roosevelt
Mars 1933	Fermeture des banques et vote du *Glass-Steagall Act* (séparation des banques de dépôt et d'investissement)
Mars-juin 1933	Cent jours de Franklin Delano Roosevelt
1935	Début du second *New Deal*
1935	*Social Security Act* et *National Labor Relations Act* (autorise les syndicats)
1935-1936	La Cour suprême censure les principales mesures du premier *New Deal*
1936	Franklin Delano Roosevelt est réélu triomphalement
1937-1938	Retour de la crise économique
1938	*Fair Labor Standards Act* (semaine de 40 heures et salaire minimum)

1 La politique volontariste du président Roosevelt

ARTICLE

Dès son investiture, le président démocrate s'adresse à la nation en utilisant la radio, inaugurant la communication de masse.

« À ceux qui disent que ces dépenses [...] représentent des gaspillages que nous ne pouvons pas nous permettre, je répondrai qu'aucun pays, quelle que soit sa richesse, ne peut se permettre de gaspiller ses ressources humaines. La démoralisation que provoque l'amplitude du chômage est notre plus grande folie. [...]

Dans nos efforts de relance, nous avons évité, d'une part, la théorie selon laquelle toutes les affaires doivent être prises à bras-le-corps par un gouvernement omniprésent. Nous nous sommes également tenus à l'écart de la théorie intenable selon laquelle offrir une aide raisonnable lorsque l'entreprise privée en a besoin constitue une atteinte à la liberté. [...]

Je ne suis pas partisan de revenir à une définition de la liberté qui pendant de nombreuses années a enrégimenté un peuple libre au service de quelques privilégiés. Je préfère [...] une définition plus extensive de la liberté aux termes de laquelle nous progressons vers son élargissement, vers une plus grande sécurité, pour le citoyen ordinaire, que celle qu'il a jamais connue dans l'histoire de l'Amérique. »

Franklin Delano Roosevelt, *Causeries au coin du feu*, 30 septembre 1934 (trad. D. Griesmar).

2 Redonner confiance à l'Amérique et aux Américains

« Aide par le travail. Projet n° 1 : reconstruire l'amour-propre de 1 500 000 travailleurs américains », affiche de la *Work Projects Administration*, 1938.

La WPA est la principale agence fédérale du *New Deal*. Créée en 1935, elle emploie plus de 8 millions d'Américains entre 1935 et 1942 dans des grands travaux et fournit de l'aide d'urgence aux plus pauvres.

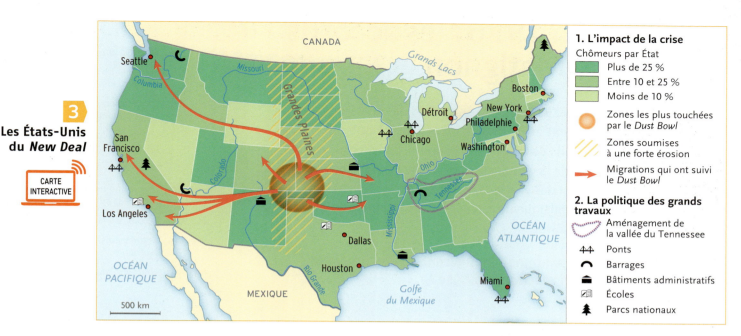

3 Les États-Unis du New Deal

CARTE INTERACTIVE

4 Une critique du New Deal

« Pendant les cent premiers jours du Congrès de 1933, les gens ne savaient pas ce qui se passait. Ils ne comprenaient pas ces projets qui étaient votés à toute vitesse. Ils savaient que quelque chose se passait, et que c'était bien pour eux. Ils ont commencé à réinvestir et à avoir de nouveau espoir.
Les gens ne se rendent pas compte que Roosevelt a choisi un banquier conservateur comme secrétaire au Trésor et un conservateur du Tennessee comme secrétaire d'État. La plupart des réformes qui ont été adoptées auraient eu l'aval de Hoover s'il avait eu le pouvoir de les faire passer. [...]
Le premier New Deal a rompu radicalement avec la vision américaine. Il a donné plus de pouvoir au gouvernement central. À l'époque, c'était nécessaire, surtout dans le domaine agricole [...]. Mais il n'y avait aucune nécessité de réorganiser l'industrie. [...] Le second New Deal, c'est autre chose. C'est avec lui qu'a commencé mon désenchantement. Roosevelt n'a pas suivi de ligne politique particulière à partir de 1936. L'économie a commencé lentement à décroître – et le chômage à augmenter – jusqu'en 1940. [...] C'est la guerre qui a sauvé l'économie et Roosevelt. »

Raymond Moley, ancien conseiller de Roosevelt, témoignage recueilli par Studs Terkel, *Hard Times. Histoires orales de la Grande Dépression*, 1970 (trad. C. Jaquet).

5 Aider les plus pauvres pour relancer la consommation

« Un chèque pour vous tous les mois. Pour le reste de votre vie, à partir de 65 ans », affiche de l'administration américaine de la Sécurité sociale (*Social Security Board*), 1935.

Le *Social Security Act* de 1935 (loi sur la Sécurité sociale*) marque la création d'une forme d'État-providence* aux États-Unis. Il protège les veuves, les enfants, les plus âgés et les chômeurs.

PROCÉDER À L'ANALYSE CRITIQUE DES DOCUMENTS

PARCOURS A

▶ **Lire, comprendre et analyser les documents**

1. Quelle est la logique commune aux décisions économiques de Roosevelt ? [doc. 2, 3, 5]
2. En quoi Roosevelt opère-t-il une redéfinition des missions de l'État fédéral américain ? [doc. 1, 4, 5]
3. En quoi les mesures de politique sociale ont-elles aussi une finalité économique ? [doc. 4, 5]
4. Quel héritage, même critiqué, Roosevelt laisse-t-il à son pays ? [doc. 3, 4, 5]

▶ **Synthétiser**

Montrez comment le *New Deal* redéfinit le modèle américain afin de sortir de la crise. Vous aborderez les théories économiques qui sous-tendent les mesures adoptées, puis les mesures concrètes prises contre la crise, et enfin les héritages du *New Deal* pour le modèle américain.

PARCOURS B

▶ **Analyser un discours politique** [Voir Méthode, p. 186]

En analysant le document 1, vous montrerez que Roosevelt propose une relecture du modèle américain, particulièrement de la notion de liberté.

CHAPITRE 1 L'impact de la crise de 1929 : déséquilibres économiques et sociaux   29

POINT DE PASSAGE

Juin 1936 : les accords de Matignon

Dans la nuit du 7 au 8 juin 1936, les représentants du gouvernement, des syndicats et du patronat arrivent à un accord historique sur les salaires et les conditions de travail des ouvriers. Ces accords sont conclus dans le contexte de la victoire électorale de la coalition du Front populaire mais aussi des grèves massives du printemps 1936. Ils ouvrent la voie à une politique de relance de l'économie par une augmentation des salaires.

▶ **En quoi les accords de Matignon inaugurent-ils une nouvelle politique économique en réaction à la crise ?**

Dates clés

6 fév. 1934	Émeutes graves à Paris
1935	Politique de déflation du gouvernement Laval
Juillet 1935	Constitution de la coalition de Front populaire
Mai 1936	Victoire électorale du Front populaire
Mai-oct. 1936	Grèves avec occupation d'usines
4 juin 1936	Léon Blum devient le premier président du Conseil socialiste
7-8 juin 1936	Accords de Matignon
Été-automne 1936	Grandes lois du Front populaire (40 heures, congés payés)
Juin 1937	Chute du gouvernement Blum

1 Des grèves massives de soutien au gouvernement

Des ouvriers du bâtiment manifestent devant la Chambre des députés.

En mai 1936, les ouvriers se mettent en grève pour soutenir le Front populaire. Au début de juin 1936, 1,5 million de grévistes font pression sur le patronat et permettent la signature des accords de Matignon.

VIDÉO

2 Le programme du gouvernement Blum : lutter contre la crise

Leader du parti socialiste SFIO, meneur de la coalition de Front populaire, Léon Blum devient le premier président du Conseil socialiste en juin 1936.

« Messieurs, le gouvernement se présente devant vous au lendemain d'élections générales où la sentence du suffrage universel, notre juge et maître à tous, s'est traduite avec plus de puissance et de clarté qu'à aucun moment de l'histoire républicaine. [...]
Le peuple français a manifesté sa décision inébranlable de préserver contre toutes les tentatives de la violence ou de la ruse les libertés démocratiques. [...] Il a affirmé sa résolution de rechercher dans des voies nouvelles les remèdes de la crise qui l'accable, le soulagement de souffrances et d'angoisses que leur durée rend sans cesse plus cruelles, le retour à une vie active, saine et confiante. [...]
La tâche du gouvernement qui se présente devant vous se trouve donc définie dès la première heure de son existence.
Il n'a pas à chercher sa majorité, ou à appeler à lui une majorité. Sa majorité est faite. *(Vifs applaudissements à l'extrême gauche, à gauche et sur divers bancs.)* Sa majorité est celle que le pays a voulue. Il est l'expression de cette majorité rassemblée sous le signe du Front populaire. »

Léon Blum, déclaration ministérielle, 6 juin 1936.

FRAGILITÉS DES DÉMOCRATIES, TOTALITARISMES ET SECONDE GUERRE MONDIALE

3 Le premier accord tripartite

Issus d'une négociation entre la Confédération générale du travail (CGT), la Confédération générale de la production française (CGPF) et le gouvernement, les accords révolutionnent les relations dans l'entreprise.

« Les délégués de la Confédération générale de la production française et de la CGT se sont réunis sous la présidence de Monsieur le président du Conseil, et ont conclu l'accord ci-après, après arbitrage de Monsieur le président du Conseil :

Art. 1. La délégation patronale admet l'établissement immédiat de contrats collectifs de travail. [...]

Art. 4. Les salaires réels pratiqués pour tous les ouvriers à la date du 25 mai 1936 seront, du jour de la reprise du travail, rajustés suivant une échelle décroissante commençant à 15 % pour les salaires les moins élevés pour arriver à 7 % pour les salaires les plus élevés.

Art. 5. [...] Dans chaque établissement comprenant plus de dix ouvriers, [...] il sera institué deux ou plusieurs délégués ouvriers. [...]

Art. 6. La délégation patronale s'engage à ce qu'il ne soit pris aucune sanction pour faits de grève.

Art. 7. La délégation confédérale demande aux travailleurs en grève de décider la reprise du travail dès que les directions des établissements auront accepté l'accord général intervenu. »

Accords de Matignon, 7-8 juin 1936.

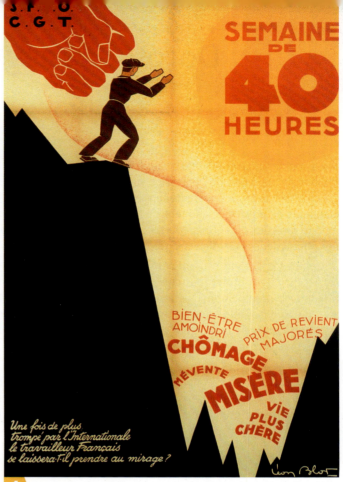

4 La critique de la politique économique du Front populaire

Affiche de *L'Animateur des temps nouveaux*, 1936.

Les lois sur les 40 heures et les congés payés, dont les principes ont été acceptés lors des discussions de Matignon, sont votées à l'été 1936, mais elles sont sévèrement critiquées par la presse de droite.

5 Les mesures de relance de l'économie du Front populaire

Les grandes réformes économiques du Front populaire	Contenu de la mesure
1re vague (juin 1936)	
Conventions collectives	Les conditions de travail sont négociées entre patrons et ouvriers dans les entreprises.
Congés payés	Les salariés reçoivent le droit à deux semaines de congés payés par an.
40 heures hebdomadaires sans diminution de salaire	La durée légale du travail passe de 45 à 40 heures par semaine sans diminution de salaire.
2e vague (été 1936)	
Révision des décrets-lois	Les salaires des fonctionnaires sont augmentés.
Statut de la Banque de France	Le gouvernement peut intervenir dans la gestion de la Banque de France pour guider la politique monétaire.
Assurance chômage	Les chômeurs sont indemnisés.
Office national interprofessionnel du blé	Le prix du blé est fixé pour garantir un revenu aux producteurs.
3e vague (automne 1936)	
Dévaluation du franc	La valeur du franc baisse pour relancer les exportations.
Grands travaux	Le gouvernement emploie des chômeurs dans des chantiers.
Retraite des mineurs	Les mineurs reçoivent une retraite.

Rompant avec la politique déflationniste, les accords sont la première pierre d'un ensemble de mesures de relance de l'économie par l'augmentation du pouvoir d'achat.

PROCÉDER À L'ANALYSE CRITIQUE DES DOCUMENTS

PARCOURS A

▶ **Lire, comprendre et analyser les documents**

1. Dans quel contexte les accords de Matignon sont-ils conclus ? [doc. 1, 2]
2. En quoi ces accords visent-ils à sortir d'une grave crise ? [doc. 1, 2, 3]
3. Comment la politique du Front populaire transforme-t-elle les relations de travail ? [doc. 3, 5]
4. Pourquoi la politique de relance suscite-t-elle des critiques ? [doc. 3, 4, 5]

▶ **Synthétiser**

Montrez que les accords de Matignon inaugurent une nouvelle politique économique qui vise à répondre à la crise. Vous pourrez réfléchir au contexte des accords de Matignon, à leurs apports et à la manière dont ils s'inscrivent dans une politique plus large de relance de l'économie.

PARCOURS B

▶ **S'appropier un questionnement historique**
[Voir Méthode, p. 277]

À partir des documents 4 et 5, analysez la politique économique du Front populaire et présentez ses critiques.

CHAPITRE 1 L'impact de la crise de 1929 : déséquilibres économiques et sociaux

HISTOIRE DES ARTS

Dorothea Lange, *Mère migrante*, 1936

Pourquoi la *Mère migrante* incarne-t-elle l'Amérique de la Grande Dépression ?

- La photographie de Dorothea Lange, *Mère migrante*, est devenue l'œuvre symbolique de la Grande Dépression aux États-Unis. Elle présente Florence Owens Thompson, une mère de sept enfants, dans un camp provisoire de cueilleurs de pois qui manquent de tout. Elle incarne ainsi la misère du monde rural aux États-Unis, touché par la chute des prix agricoles et par des phénomènes climatiques extrêmes comme le *Dust Bowl*.

- Cette photographie s'inscrit dans l'œuvre politique de Dorothea Lange. En 1935, elle a été embauchée par la *Resettlement Administration* (l'Administration de réinstallation qui devient, en 1937, la FSA, la *Farm Security Administration*, l'Administration de la sécurité agricole) dont la section historique composée de onze photographes doit illustrer la dépression afin de légitimer le second *New Deal*.

- Le succès de la photographie est fulgurant. Grâce à celle-ci, envoyée à Eleanor Roosevelt, les migrants de ce camp reçoivent une aide immédiate. L'image acquiert aussi une portée universelle, car elle s'inscrit dans les canons de représentation des mères, notamment de la Vierge Marie, mère du Christ.

L'artiste

Dorothea Lange (1895-1965)
Photographe américaine, Dorothea Lange s'intéresse à partir de 1935, avec son mari sociologue, au sort des Américains touchés par la crise. On la connaît aussi pour ses photographies de l'internement des Américains d'origine japonaise pendant la Seconde Guerre mondiale.

Le mouvement

Le photojournalisme
Dorothea Lange est une des fondatrices du photojournalisme aux États-Unis. Ses œuvres visent à documenter la misère des migrants de la dépression. Elle choisit ainsi une approche réaliste de ses sujets, et ses photographies ont un but politique.

Mise en perspective — POUR OU CONTRE LE *NEW DEAL* : UNE GUERRE DES IMAGES

La politique du *New Deal* entraîne une véritable guerre des images. Tandis que l'Association nationale des fabricants (*National Association of Manufacturers*) dénonce le « socialisme » de l'administration Roosevelt et promeut la vitalité du système économique américain, la section photographique de la FSA a pour mission de démontrer le bien-fondé des mesures en documentant la misère des migrants.

1 Le rêve américain mis à mal

« Le plus haut niveau de vie au monde. Il n'y a rien de tel que le mode de vie américain », Margaret Bourke-White, *Pendant la grande inondation de 1937*, 1937.

L'Association nationale des fabricants à l'origine de l'affiche se mobilise contre le *New Deal* en niant la réalité de la crise. Dessous, des victimes des inondations de 1937 à Louisville (Kentucky).

2 La réponse réaliste de l'administration Roosevelt

« Des bidonvilles ruraux sur des terres usées. L'Administration de réinstallation offre de nouvelles opportunités aux agriculteurs », affiche de l'Administration de réinstallation (*Resettlement Administration*), vers 1935.

Chargée de reloger les migrants, la *Resettlement Administration* justifie son action en publiant une série d'affiches réalistes démontrant la précarité de l'Amérique rurale, contrairement à la vision idyllique des conservateurs.

Dorothea Lange, *Mère migrante*
Photographie, 1936. Washington, Library of Congress.

Analyser une photographie

▶ **Analyser l'œuvre**
1. Quelle est la composition de cette œuvre ?
2. Quelle est la dimension politique de l'image ?
3. À quelle référence de la culture occidentale cette image renvoie-t-elle ?

▶ **Dégager la portée de l'œuvre**
Expliquez le succès de cette photographie en montrant en quoi elle incarne la misère des Américains de la Grande Dépression, mais aussi certaines valeurs américaines.

CHAPITRE 1 L'impact de la crise de 1929 : déséquilibres économiques et sociaux

FAIRE LE POINT

L'impact de la crise de 1929 : déséquilibres économiques et sociaux

RETENIR L'ESSENTIEL

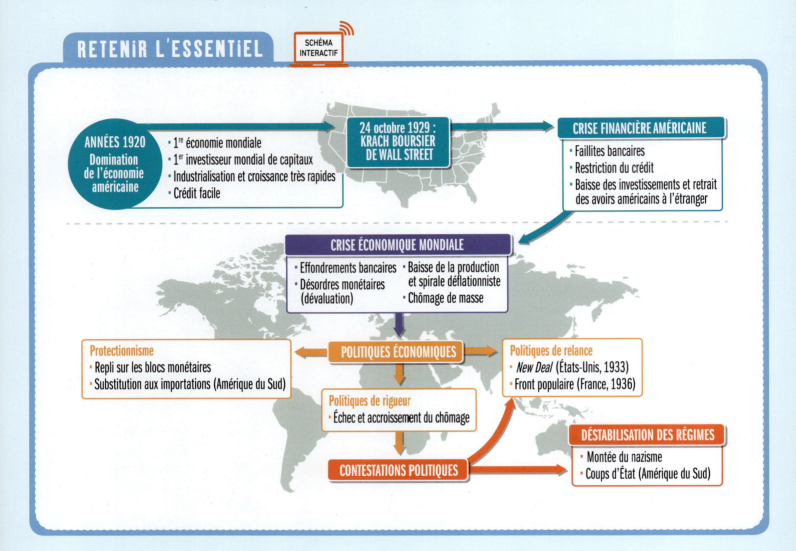

ÉVÉNEMENTS CLÉS

- **24 octobre 1929 : effondrement de la bourse de New York lors du Jeudi noir.** Cet événement entraîne de nombreuses faillites bancaires et jette les États-Unis dans une grave crise économique qui va se généraliser au monde entier.
- **4 mars 1933 : entrée en fonction de Franklin Delano Roosevelt.** Il lance le *New Deal* et change profondément le rôle de l'État fédéral aux États-Unis, qui intervient désormais dans les affaires sociales et dans l'économie.

PERSONNAGES CLÉS

- **Herbert Hoover (1874-1964) :** président républicain des États-Unis de 1929 à 1933, il incarne l'Amérique de la prospérité et du laisser-faire. Il a laissé son nom aux « Hoovervilles ». Il perd l'élection présidentielle de 1932 contre Roosevelt.
- **John Maynard Keynes (1883-1946) :** économiste anglais, il propose une analyse de la crise en rupture avec les économistes néoclassiques, en affirmant que les États doivent intervenir pour relancer la demande et la croissance.

NE PAS CONFONDRE

- **Politique déflationniste :** se dit d'une politique de réduction des dépenses publiques, des prix et des salaires afin de maintenir la valeur d'une monnaie.
- **Politique de relance :** se dit d'une politique économique de relance de la consommation en augmentant les salaires ou en procurant de l'aide sociale aux plus démunis.

RÉVISER AUTREMENT

 EXERCICE INTERACTIF

Construire un tableau

Objectif : Classer ses connaissances

ÉTAPE 1
Cherchez dans le cours et les points de passage les différentes politiques menées face à la crise.

ÉTAPE 2
Complétez le tableau en plaçant les différentes politiques par État et par catégorie.

États	Mesures protectionnistes	Politique de relance	Politique autocentrée	Politique de substitution aux importations
États-Unis	Tarif Hawley-Smoot			
France				
Allemagne				
Amérique latine				
Grande-Bretagne				
Italie			Fascisme	

VÉRIFIER SES CONNAISSANCES

 EXERCICES INTERACTIFS

1 QCM

Choisissez la (ou les) bonne(s) réponse(s).

1. Léon Blum mène une politique de :
a. Déflation.
b. Relance de la consommation.
c. Réduction des dépenses publiques.

2. La crise des produits de dessert désigne :
a. La chute des prix de certains produits agricoles.
b. Un des effets de la crise de 1929 en Amérique latine.
c. Une crise agricole du fait de conditions climatiques.

3. Quel événement marque l'année 1933 aux États-Unis ?
a. Le début du *New Deal*.
b. La dévaluation du dollar.
c. La défaite électorale de Hoover.

4. Les accords de Matignon sont négociés entre :
a. Le gouvernement et les syndicats.
b. Le gouvernement et les patrons.
c. Le gouvernement, les syndicats et les patrons.

2 Notions clés à relier

Reliez chaque notion clé à sa définition.

1. Dévaluation
2. Krach boursier
3. Faillite bancaire
4. Contrôle des changes
5. Politique de substitution aux importations

a. Politique consistant à réglementer la vente et l'achat de devises afin de maintenir la valeur de sa monnaie.
b. Fermeture d'une banque qui n'est plus capable de rembourser ses dettes.
c. Baisse de la valeur, en or ou dans une autre devise, d'une monnaie.
d. Politique qui consiste à taxer les importations pour encourager leur remplacement par une production nationale.
e. Effondrement soudain et inattendu des cours d'une bourse.

CHAPITRE 1 L'impact de la crise de 1929 : déséquilibres économiques et sociaux

Analyser une série statistique

Analyse de document

Sujet : L'impact de la crise de 1929 sur la croissance économique

Consigne : Montrez ce que ce tableau statistique révèle du passage d'une crise américaine à une crise mondiale. Vous analyserez d'abord l'impact de la crise sur la croissance aux États-Unis, puis mettrez en évidence les régions et les pays les plus touchés.

- 24 octobre 1929 : Jeudi noir, effondrement de la bourse de New York
- La crise touche l'Europe et l'Amérique latine.
- Dévaluation du dollar

	1929	1931	1933	1935	1937	1939
Amérique du Nord						
Canada	5 065	4 004	3 370	3 951	4 473	4 768
États-Unis	6 614	5 561	4 561	5 552	6 556	6 562
Amérique latine						
Argentine	4 367	3 712	3 621	3 950	4 125	4 148
Brésil	919	812	870	930	1 010	1 021
Uruguay	3 217	3 035	2 580	3 005	3 096	3 339
Europe						
Allemagne	4 051	3 652	3 556	4 120	4 685	5 406
France	4 710	4 235	4 239	4 086	4 487	4 793
Italie	3 067	2 847	2 832	2 930	3 061	3 291

Le PIB par tête de 1929 à 1939 (en dollars courants)

D'après Angus Maddison (OCDE).

- Le produit intérieur brut est un indicateur de la production de richesse effectuée à l'intérieur du territoire par tous les agents économiques. Le PIB est différent du produit national brut (PNB) qui mesure la richesse créée par un pays, sur son sol ou à l'étranger.
- Le PIB par tête correspond à la valeur du PIB divisée par le nombre d'habitants.
- Angus Maddison (1926-2010) est un historien de l'économie qui a étudié la croissance mondiale par zone géographique sur la très longue durée et dont les travaux font référence.

FRAGILITÉS DES DÉMOCRATIES, TOTALITARISMES ET SECONDE GUERRE MONDIALE

FICHE MÉTHODE

ÉTAPE 1 — Identifier et présenter la série statistique

→ **Identifier son type**, son thème, son cadre géographique et chronologique.

→ **Présenter ses indicateurs** et préciser s'il s'agit de valeurs relatives ou absolues.

❶ Expliquez pourquoi ce document est utile pour appréhender le passage d'une crise américaine à une crise mondiale.

CONSEIL Présentez les pays qui figurent dans le tableau en tenant compte de leur niveau de développement économique.

ÉTAPE 2 — Analyser le contenu du document

→ **Prélever les informations** en caractérisant la tendance générale de l'évolution (croissance, diminution, stabilité, stagnation, accélération, etc.), puis en repérant les irrégularités dans l'évolution.

→ **Interpréter les données** en les regroupant par catégories et en émettant des hypothèses.

❷ Analysez la façon dont évolue le PIB par tête au plus fort de la crise (de 1929 à 1933), puis sur l'ensemble de la période.

CONSEIL Traduisez les données brutes en données relatives :
– une proportion ;
– un taux de variation : (valeur d'arrivée – valeur de départ) / valeur de départ x 100 ;
– un rapport entre les données de deux dates : valeur d'arrivée / valeur de départ ;
– un indice : (valeur d'arrivée / valeur de départ) x 100, le résultat étant à comparer à la valeur de départ devenue indice 100.

ÉTAPE 3 — Dégager l'intérêt historique du document

→ **Replacer le document dans son contexte** de production et présenter ses limites éventuelles.

→ **Identifier son intérêt** pour la compréhension du phénomène étudié.

❸ Montrez ce que cette série statistique révèle de l'impact de la crise sur la croissance à l'échelle internationale.

CONSEIL Faites preuve de nuance en soulignant les limites du document.

S'entraîner

Sujet : L'impact de la crise sur la population active en France

Consigne : Analysez l'impact de la crise économique sur l'évolution de la population active et son rôle dans l'avènement d'un chômage de masse.

	1931	1936
Chefs d'établissement et petits patrons	7 943	7 716
Employés	3 025	2 978
Ouvriers	9 144	7 720
Chômeurs	453	864
Isolés[1]	1 046	982
Total de la population active	21 611	20 260

1. Petits patrons ou salariés à domicile.

L'évolution de la population active
D'après les recensements de 1931 et 1936, en milliers.

CHAPITRE 1 L'impact de la crise de 1929 : déséquilibres économiques et sociaux

BAC
Méthode

Bien comprendre le sujet

▶ Question problématisée

Sujet **Quelles sont les conséquences de la crise de 1929 sur les sociétés et la vie politique ?**

FICHE MÉTHODE

ÉTAPE 1 Lire attentivement le sujet

→ **Faire attention à chaque mot du libellé,** à l'ordre des termes, au singulier ou au pluriel, aux mots de liaison, à la ponctuation.

1 Identifiez la période directement concernée par le sujet.

CONSEIL Demandez-vous si la période antérieure à la crise de 1929 en fait partie.

ÉTAPE 2 Dégager le sens général de la question

→ **Identifier les thèmes principaux du sujet et la période concernée,** afin d'éviter de commettre un hors-sujet.

2 Indiquez les principaux thèmes concernés par le sujet.

CONSEIL Ne vous limitez pas aux aspects économiques et sociaux.

ÉTAPE 3 Replacer le sujet dans son contexte

→ **Identifier le contexte historique du sujet,** les mots du libellé ayant un sens précis en fonction de chaque période.

3 Montrez quel espace est concerné.

CONSEIL Décrivez le passage d'une crise américaine à une crise mondiale.

Prolongement

→ **Reformuler la problématique.** Voir Méthode, p. 134

→ **Rédiger l'introduction**. Voir Méthode, p. 246

Montrez quel est l'enjeu principal du sujet.

CONSEIL Expliquez en quoi la crise fragilise les démocraties.

Décrivez le déclenchement de la crise.

CONSEIL Résumez en quelques lignes ses principales causes.

38 FRAGILITÉS DES DÉMOCRATIES, TOTALITARISMES ET SECONDE GUERRE MONDIALE

BAC Méthode — Confronter et critiquer deux documents

Capacités et méthodes

Sujet : La semaine de 40 heures (1936)

Consigne : Identifiez les ambitions de la loi des 40 heures, en la replaçant dans le contexte de la crise économique, puis montrez les limites de ces documents pour en analyser la portée.

1 La réduction du temps de travail

En juin 1936, le gouvernement de Front populaire fait adopter une loi réduisant de 48 à 40 heures hebdomadaires la durée légale du travail.

« Art. 6. Dans les établissements industriels, commerciaux, artisanaux et coopératifs ou dans leurs dépendances, de quelque nature qu'ils soient, publics ou privés, laïques ou religieux, même s'ils ont un caractère d'enseignement professionnel ou de bienfaisance, y compris les établissements publics hospitaliers et les asiles d'aliénés, la durée du travail effectif des ouvriers et employés de l'un ou de l'autre sexe et de tout âge ne peut excéder quarante heures par semaine. [...] Art. 12. Aucune diminution dans le niveau de vie des travailleurs ne peut résulter de l'application de la présente loi, qui ne peut être une cause déterminante de la réduction de la rémunération ouvrière (salaires et avantages accessoires). »

Loi du 21 juin 1936 instituant la semaine de quarante heures.

2 Une avancée sociale aux yeux de la CGT

Affiche de Peiros pour la CGT, mai 1936.

FICHE MÉTHODE

ÉTAPE 1 — Identifier et présenter les documents

→ **Identifier chaque document :** son auteur, son commanditaire éventuel, sa nature, son ou ses destinataire(s), son mode de diffusion, son thème principal et l'objectif recherché par l'auteur.
→ **Replacer chaque document dans son contexte historique** en situant sa date de réalisation dans la chronologie générale de la période.

❶ Décrivez le contexte dans lequel s'inscrivent ces documents.
CONSEIL Ne vous contentez pas d'évoquer le Front populaire.

ÉTAPE 2 — Confronter les documents

→ **Analyser le contenu de chaque document :** son style et sa composition, les symboles, les références aux personnages, aux événements, aux faits historiques.
→ **Identifiez ce qui rapproche ou au contraire éloigne les documents :** il peut s'agir aussi bien du style que du contenu.

❷ Identifiez les enjeux de la réduction du temps de travail.
CONSEIL Considérez la réponse au chômage, mais aussi la question de l'égalité.

ÉTAPE 3 — Dégager de façon critique les apports des documents

→ **Déduire de l'analyse des documents les intentions des auteurs :** leurs objectifs sont-ils identiques ?
→ **Montrer ce que cette confrontation révèle de l'époque ou du sujet considéré,** en la replaçant dans un contexte plus large.

❸ Montrez que ces documents ne permettent pas d'appréhender tous les enjeux de la loi.
CONSEIL Aidez-vous du doc. 4 p. 31 pour identifier les manques de ces documents.

CHAPITRE 1 L'impact de la crise de 1929 : déséquilibres économiques et sociaux

EXERCiCES

1. La dépendance extérieure des pays d'Amérique latine en 1929

ANALYSER UNE SÉRIE STATISTIQUE

Voir Méthode, p. 36

Consigne : À partir du tableau statistique, démontrez que les États latino-américains ne dépendent pas tous des mêmes puissances pour leurs exportations. Proposez des hypothèses quant à l'impact de la crise américaine sur ces différents pays.

Pays exportateurs	Vers la France	Vers l'Allemagne	Vers le Royaume-Uni	Vers les États-Unis	Vers les autres pays	Total
Argentine	7,1	10	32,2	9,8	40,9	100
Brésil	11,1	8,8	6,5	42,2	31,4	100
Chili	6,1	8,6	13,3	25,4	46,6	100
Colombie	0,5	2,1	4,7	75,2	17,5	100
Cuba	2,1	0,8	12,6	76,6	7,9	100
Mexique	3,9	7,6	10,3	60,7	17,5	100

Les pays d'Amérique latine et leurs exportations
Répartition géographique des exportations en 1929 (en pourcentage du total).

2. Les effets politiques de la crise en Australie

PROCÉDER À L'ANALYSE CRITIQUE D'UN DOCUMENT

Voir Méthode, p. 101

Consigne : À partir de l'analyse de l'affiche, démontrez comment la crise et sa gestion par le gouvernement sont utilisées comme un argument électoral par le parti travailliste.

Le traitement du chômage, argument électoral

« Tristesse aujourd'hui, joie demain : pour des temps plus heureux, changez de gouvernement. Votez travailliste. » Affiche du Parti travailliste australien de Nouvelle-Galles du Sud, 1930.

En Nouvelle-Galles du Sud, les travaillistes menés par Jack Lang remportent les élections de 1930 sur un programme d'expansion monétaire en opposition à la politique déflationniste de Thomas Bavin.

3 L'empreinte du New Deal

EMPREINTES DE L'HISTOIRE

METTRE EN RELATION UN TEXTE ET UNE IMAGE
Voir Méthode, p. 189

Consigne : À partir d'une analyse de la fresque de Ben Shahn et du discours de Franklin Roosevelt qui l'a inspirée, démontrez que le *New Deal* a laissé une empreinte dans l'espace public américain, mais aussi qu'il a contribué à l'émergence de nouvelles valeurs aux États-Unis.

1 Roosevelt annonce l'instauration de la Sécurité sociale

« Parmi nos objectifs figure en premier la sécurité de l'homme, de la femme et des enfants de la nation. [...]
Cette sécurité pour l'individu et pour la famille concerne avant tout trois facteurs. Les gens veulent des logements décents pour vivre ; ils veulent s'installer à un endroit où ils peuvent mener un travail productif ; ils veulent des protections contre les malheurs de la vie qui ne peuvent être totalement éliminés dans ce monde des hommes. [...]
La peur et l'inquiétude face à un danger inconnu contribuent aux troubles sociaux et à la démoralisation économique. Si, comme l'écrit notre constitution, notre gouvernement fédéral est établi, entre autres, pour "promouvoir le bien-être général", il est pleinement de notre devoir de procurer cette sécurité dont dépend ce bien-être.
L'hiver prochain nous entreprendrons la grande tâche d'améliorer la sécurité du citoyen et de sa famille par l'assurance sociale. »

Franklin Delano Roosevelt, message au Congrès, 8 juin 1934 (trad. A. Chamouard).

2 Les effets dévastateurs de la crise économique aux États-Unis

Ben Shahn, *Le Sens de la Sécurité sociale : le chômage*, fresque, 1942. Washington, Cohen Building.
Construit en 1939, le Cohen Building devait accueillir les services de la Sécurité sociale instaurée par Roosevelt. Ses fresques célèbrent l'œuvre du *New Deal*.

4 La mémoire des accords de Matignon

UTILISER LES FONCTIONS AVANCÉES DES OUTILS DE RECHERCHE SUR INTERNET

Consigne : Sur le site de l'INA (ina.fr), trouvez l'interview de Benoît Frachon portant sur la mémoire des accords de Matignon. Regardez la vidéo et rédigez un paragraphe sur les conditions de signature et l'héritage des accords de Matignon pour le droit du travail français.

Benoît Frachon se souvient des accords de Matignon

Le leader syndical appartient en 1936 au cercle dirigeant de la CGT et participe donc à la négociation des accords de Matignon.

2 Les régimes totalitaires

▶ **Quelles sont les caractéristiques et les conséquences des totalitarismes ?**

1 Le culte du chef

« Longue vie au peuple du grand Staline. Vive le meneur des peuples, le grand Staline – le créateur de la constitution du socialisme vainqueur et de la démocratie authentique », affiche, 1933. En arrière-plan, la constitution de l'URSS et des symboles de l'URSS (drapeau rouge, faucille, marteau), en bas, les peuples de l'URSS venant rendre hommage à Staline.

Les régimes totalitaires instaurent un culte du chef. L'image de Staline* (en URSS), de Mussolini* (dans l'Italie fasciste) et de Hitler* (dans l'Allemagne nazie) est omniprésente et diffusée par de nombreux supports.

42 FRAGILITÉS DES DÉMOCRATIES, TOTALITARISMES ET SECONDE GUERRE MONDIALE

	1917	1920	1925	1930	1935	1936	1937	1938	1939

LE COMMUNISME EN URSS — Intervention dans la guerre d'Espagne
- 1917 Révolution d'Octobre
- 1918-1921 Guerre civile
- 1928 Staline seul au pouvoir
- 1932-1933 Grande famine en Ukraine
- 1937-1938 Grande Terreur
- 1939 Pacte germano-soviétique

L'ITALIE FASCISTE — Intervention dans la guerre d'Espagne
- 1921 Fondation du Parti national fasciste
- 1922 Marche sur Rome
- 1925-1926 Lois fascistissimes
- 1935-1936 Conquête de l'Éthiopie
- 1936 Axe Rome-Berlin

L'ALLEMAGNE NAZIE — Intervention dans la guerre d'Espagne
- 1921 Hitler prend la tête du parti nazi (NSDAP)
- 1933 Hitler nommé chancelier
- 1935 Lois de Nuremberg
- 1936 Remilitarisation de la Rhénanie
- 1938 Invasion de l'Autriche (*Anschluss*) et annexion des Sudètes ; « Nuit de Cristal »
- 1939 Invasion de la Pologne

2 L'embrigadement des populations

Congrès de Nuremberg, photographie de Heinrich Hoffmann, 1937.

Les régimes totalitaires ont en commun la volonté d'encadrer les masses. Entre 1933 et 1937, le congrès annuel du parti nazi, qui rassemble jusqu'à 1 million d'Allemands, est l'occasion d'exalter l'idéologie* du régime.

METTRE EN RELATION DES FAITS DE LOCALISATION DIFFÉRENTE

À partir de l'étude des documents, vous relèverez deux caractéristiques centrales des totalitarismes.

CHAPITRE 2 Les régimes totalitaires

GRAND ANGLE

L'Europe des totalitarismes

Entre 1917 et 1933, trois régimes totalitaires sont instaurés en Europe : la Russie soviétique, l'Italie fasciste et l'Allemagne nazie. Le terme « totalitaire » est inventé en 1923 par des antifascistes et désigne un régime fondé sur la toute-puissance de l'État, un parti unique, un culte du chef et la terreur de masse. Dans les années 1930, ces régimes remettent en cause l'équilibre européen par des interventions dans des guerres extérieures, comme en Espagne, mais aussi par leur expansionnisme territorial.

1 La guerre d'Espagne, lieu d'expérimentation des totalitarismes

VIDÉO

Pablo Picasso, *Guernica*, huile sur toile, 349 × 776 cm, 1937. Madrid, Musée national centre d'art Reina Sofia.

Le 26 avril 1937, la ville basque de Guernica est bombardée par les Allemands et les Italiens soutenant Franco. Présenté la même année à l'exposition universelle à Paris, le tableau de Picasso fait de ce bombardement un symbole de la barbarie totalitaire.

OCÉAN ATLANTIQUE

PORTUGAL

2 L'inauguration de Cinecittà par Mussolini

Benito Mussolini à l'inauguration du siège de l'Institut cinématographique Luce de Cinecittà, Rome, 10 novembre 1937.

Les studios de cinéma Cinecittà (« la cité du cinéma ») sont fondés en 1937 par Mussolini afin de servir la propagande* du régime fasciste. Ils produisent plus de 300 films jusqu'en 1943.

44 FRAGILITÉS DES DÉMOCRATIES, TOTALITARISMES ET SECONDE GUERRE MONDIALE

COURS 1 — Le régime soviétique

Comment Staline instaure-t-il le totalitarisme soviétique ?

A Staline, héritier de Lénine

- Dans la Russie affaiblie par le premier conflit mondial, une révolution mène à l'abdication du tsar Nicolas II en février 1917. En octobre, cependant, le gouvernement provisoire, constitué principalement de libéraux, est renversé par la révolution bolchevique* menée par Lénine, qui vise à fonder une société sans classe selon la théorie marxiste* [doc. 3].
- Les années 1918-1921 sont des années de guerre civile et de mise au pas de la société russe. Dès octobre 1917, des mesures autoritaires sont prises comme la création de la Tchéka. Le régime sous Lénine a, selon des historiens, des tendances totalitaires. Dès 1918, les opposants sont envoyés dans des camps de travail et plus tard au goulag, et la famine est utilisée comme moyen de répression.
- Après la mort de Lénine en 1924, Joseph Djougachvili, dit Staline (L'homme d'acier), s'impose comme son héritier en URSS (Union des républiques socialistes soviétiques) [doc. 1]. Il réussit à écarter ses principaux rivaux : Léon Trotski en 1927 mais aussi Nikolaï Boukharine en 1929.

B La seconde révolution de Staline : le socialisme dans un seul pays

- En 1928, Staline initie l'industrialisation à marche forcée du pays dans le cadre d'une planification autoritaire quinquennale. En novembre 1929, il impose la collectivisation* des campagnes, afin de mettre en œuvre la révolution sociale promise par le marxisme, tout en renonçant à la révolution mondiale voulue par Trotski.
- La collectivisation des campagnes se traduit par l'incorporation forcée des paysans dans des fermes collectives, qu'il s'agisse de coopératives (kolkhozes) ou de fermes d'État (sovkhozes). Pour réduire les résistances parmi les paysans riches (« koulaks »), Staline entreprend à partir de janvier 1930 de les éliminer « en tant que classe » lors de la dékoulakisation.
- La société russe est mise au pas, les jeunes embrigadés dans des institutions de jeunesse (Komsomols) de plus en plus militarisées. Suspectés d'absentéisme ou de sabotage, les ouvriers sont surveillés par la police politique et les autres ouvriers [doc. 2]. Enfin, Staline instaure un culte de la personnalité.

C La brutalisation du régime soviétique dans les années 1930

- Le tournant des années 1930 suscite des résistances qui mènent à la mise en œuvre d'une politique répressive criminelle. Deux millions de « koulaks » sont déportés en Sibérie. La désorganisation du système agricole provoque une famine.
- Staline vise aussi des catégories ethniques. Les Ukrainiens subissent en 1932-1933 une famine organisée qui cause 4 à 6 millions de morts [doc. 4]. À partir de l'été 1936 et jusqu'à la fin de 1938, la Grande Terreur [POINT DE PASSAGE p. 48], qui s'attaque à la fois aux élites du parti et à certaines nationalités de l'URSS, cause 750 000 morts. Le nombre de détenus au goulag passe de 300 000 à 2 millions entre 1932 et 1940.
- Staline s'assure ainsi le contrôle du parti par l'élimination de la vieille garde soviétique, remplacée par de jeunes cadres. Doté d'un pouvoir absolu, Staline choisit de s'allier à Hitler en août 1939 afin d'avoir le temps de reconstituer son armée, dont 80 000 officiers ont été victimes des purges.

1 Staline successeur de Lénine

« 1917-1934. Brandissons plus haut l'étendard de Lénine, il nous donne la victoire », affiche de Viktor Deni et Nikolaï Dolgoroukov pour le XVIIe congrès du Parti communiste d'Union soviétique, 1934. En bas : « Vive le seul guide de la révolution prolétarienne mondiale, le camarade Staline. »

En 1934, Staline célèbre la réussite du premier plan quinquennal tout en se plaçant dans l'héritage de Lénine pour éviter les critiques.

▶ Comment cette affiche célèbre-t-elle Staline ?

Mots clés

Goulag : système concentrationnaire soviétique caractérisé par le travail forcé poussé jusqu'à l'épuisement et, très souvent, jusqu'à la mort.

Koulaks : paysans riches et indépendants. Par extension, tous ceux qui s'opposent à la collectivisation des terres dans les années 1930.

Planification : à partir de 1929, modalité d'organisation de l'économie soviétique selon un « plan » qui fixe autoritairement des objectifs de production.

Tchéka : police politique créée en décembre 1917. Elle devient Guépéou, puis est intégrée au NKVD (Commissariat du peuple aux Affaires intérieures) en 1934.

Totalitarisme : type de régime politique dictatorial, caractérisé par le culte du chef, un parti unique, la terreur de masse et la volonté de créer un homme nouveau, ce qui le distingue du régime autoritaire qui cherche simplement à imposer la soumission des habitants.

Personnage clé

Staline (1878-1953)
Né en Géorgie, issu d'un milieu populaire, Staline doit sa carrière à Lénine qui le fait entrer au comité central du parti communiste. Il réussit à s'imposer à la tête de l'URSS en 1928 en tant que secrétaire du parti communiste.

46 — FRAGILITÉS DES DÉMOCRATIES, TOTALITARISMES ET SECONDE GUERRE MONDIALE

2 La surveillance des ouvriers

Nikolaï Sneider, *Le Procès du tire-au-flanc*, huile sur toile, 149 x 200 cm, 1931. Moscou, Musée d'État et centre d'exposition Rosizo.

L'industrialisation à marche forcée génère des tensions dans les usines, notamment de l'absentéisme ou de la nonchalance, fortement réprimée par des tribunaux populaires.

▶ Comment s'exerce le contrôle des ouvriers dans les usines ?

3 Le marxisme-léninisme, idéologie totalitaire ?

Dans un ouvrage publié en août 1917 Lénine légitime, au nom de la révolution, la violence de classe.

« Démocratie pour l'immense majorité du peuple et répression par la force, c'est-à-dire exclusion de la démocratie pour les exploiteurs, les oppresseurs du peuple ; telle est la modification que subit la démocratie lors de la transition du capitalisme au communisme.
C'est seulement dans la société communiste, lorsque la résistance des capitalistes est définitivement brisée, que les capitalistes ont disparu et qu'il n'y a plus de classes (c'est-à-dire plus de distinctions entre les membres de la société quant à leurs rapports avec les moyens sociaux de production). [...] Ainsi donc, en société capitaliste, nous n'avons qu'une démocratie tronquée, misérable, falsifiée, une démocratie uniquement pour les riches, pour la minorité.
La dictature du prolétariat, période de transition au communisme, établira pour la première fois une démocratie pour le peuple, pour la majorité, parallèlement à la répression nécessaire d'une minorité d'exploiteurs. Seul le communisme est capable de réaliser une démocratie réellement complète. »

Vladimir Ilitch Oulianov, dit Lénine, *L'État et la Révolution*, Moscou, 1917.

▶ Selon Lénine, comment se justifie la violence ?

4 Une famine organisée en Ukraine

Un médecin témoigne de ce qu'il a vu dans la région de Zvenigorod en Ukraine. Son rapport est considéré comme « antisoviétique » par la police du régime.

« En bref, la situation actuelle est proprement épouvantable. La pauvreté est incroyable, la famine généralisée, la mortalité massive. Près de 30 % de la population est amaigrie ou gonflée. La natalité est réduite à néant. Le cannibalisme, la nécrophagie sont devenus des phénomènes courants. [...] La criminalité a pris des proportions incroyables. [...]
On a fait quelque chose pour lutter contre la famine l'an dernier, mais ce que l'on faisait, c'était uniquement par "voie non officielle". On ne pouvait pas parler de la famine, c'était "inconvenant". [...] Cette année aussi [...], parler de famine était pratiquement "contre-révolutionnaire". [...]
Les responsables locaux ont une "théorie" politique néfaste, selon laquelle les affamés sont eux-mêmes responsables de la famine. Ils ne voulaient pas travailler – bon, qu'ils crèvent, on ne les regrettera pas. [...] Or, on sait bien qu'un grand nombre de kolkhoziens ayant accompli de nombreuses journées-travail sont touchés eux aussi [...]. Il y a une attitude impitoyable d'exploitation pure envers les affamés. [...] On ne lutte pas contre ce fléau qu'est la famine, on ne fait d'effort que pour remettre en état de marche une force de travail. »

P. Blonski, lettre au camarade Kantorovitch, commissaire du peuple à la Santé de la République socialiste soviétique d'Ukraine, 23 juin 1933 (trad. N. Werth).

▶ Pourquoi ce rapport est-il considéré comme contre-révolutionnaire par les autorités ?

JUSTIFIER UNE INTERPRÉTATION

À partir de l'étude des documents 2 et 4, analysez les formes de contrôle de la population en URSS.

CHAPITRE 2 Les régimes totalitaires

POINT DE PASSAGE

1937-1938 : la Grande Terreur en URSS

Entre août 1937 et novembre 1938, plus d'un million et demi de personnes sont arrêtées, la moitié d'entre elles condamnée à mort, l'autre au goulag, par le régime stalinien. Au-delà des hauts dignitaires du régime (fonctionnaires, cadres du parti, généraux, spécialistes) qui subissent cette « grande purge », l'État totalitaire stalinien vise des populations spécifiques, pour leur richesse (ex-koulaks) ou leur appartenance ethnique. Toutes sont accusées d'agissements antisoviétiques.

▶ **En quoi la Grande Terreur révèle-t-elle les méthodes totalitaires du régime soviétique ?**

Dates clés

1929	Collectivisation forcée des campagnes
1929-1933	« Dékoulakisation » : déportation de 2 millions de paysans « koulaks »
1932-1933	Grande famine en Ukraine
1935-1937	« Nettoyage » des zones frontalières de l'URSS par la déportation des habitants
Août 1936	Début des grands procès dits « procès de Moscou »
3 mars 1937	Dénonciation par Staline des ennemis de l'intérieur
Juil. 1937	Ordre n° 00447 contre les ex-koulaks
Juil. 1937	Début des opérations dites nationales
Nov. 1938	Fin de la Grande Terreur par un ordre secret de Staline
1990	L'URSS révèle le sort des déportés et fusillés de la Grande Terreur

1 Un ordre criminel venu de Staline

« Les organes de la sécurité d'État ont devant eux une tâche capitale – annihiler sans pitié tous les éléments antisoviétiques, [...] pour en finir une fois pour toutes avec le travail de sape mené par les éléments contre-révolutionnaires contre les fondements mêmes de l'État soviétique. En conséquence de quoi, j'ordonne de commencer l'opération de répression des ex-koulaks, criminels et autres éléments antisoviétiques, à partir du 5 août 1937.
Contingents sujets à répression :
a) ex-koulaks revenus à l'issue de leur condamnation et continuant à mener une activité antisoviétique de sape ; [...]
c) ex-koulaks et éléments socialement nuisibles [...] ;
g) les éléments criminels [...].

Les koulaks criminels et autres éléments antisoviétiques seront répartis en deux catégories :
a) les plus actifs et hostiles [...] seront immédiatement arrêtés et après examen de leur cas par une troïka[1] fusillés.
b) les éléments moins actifs, mais néanmoins hostiles [...] seront immédiatement arrêtés et envoyés en camp pour une durée de huit à dix ans. [Suit la liste des quotas attribués à chaque région et république soviétique.] »

Ordre opérationnel du NKVD n° 00447 « sur les opérations de répression des ex-koulaks, criminels et autres éléments antisoviétiques », 30 juillet 1937 (trad. N. Werth).

1. Tribunal local du NKVD.

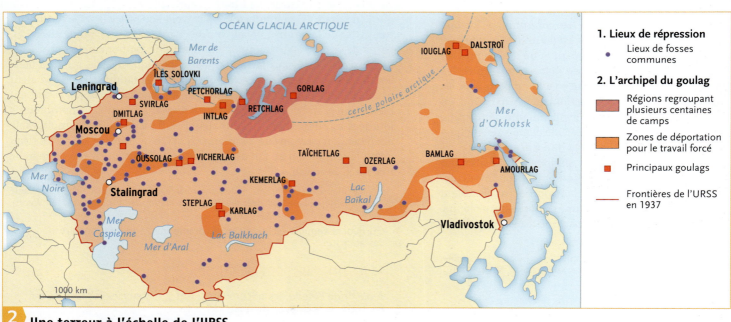

2 Une terreur à l'échelle de l'URSS

3 Un épisode de violence paroxystique

D'après Nicolas Werth, « Les crimes de masse sous Staline (1930-1953) », sciencespo.fr, 2009.

Au-delà des « grandes purges », la Grande Terreur vise surtout les ex-koulaks et les nationalités de l'URSS, soupçonnées d'espionnage.

VIDÉO

Catégories	Population visée	Nombre de condamnations	Nombre d'exécutions	% de personnes exécutées
« Grandes purges »	Fonctionnaires et cadres du parti	44 000	39 000	89 %
Opération contre les ex-koulaks	Ex-koulaks	767 000	387 000	50 %
Opérations nationales	Allemands	55 000	42 000	76 %
	Polonais	140 000	111 000	79 %
	Anciens fonctionnaires des chemins de fer de Chine orientale	33 108	21 200	64 %
	Lettons	22 360	16 573	74 %
	Autres (Finlandais, Grecs, Estoniens, Lettons, Roumains)	85 045	56 384	66 %
Total des opérations nationales		335 513	247 157	74 %
Autres		353 487	76 843	22 %
Total		1 500 000	750 000	50 %

4 L'invention des coupables

Moscou impose des quotas d'arrestations par nationalités.

« Petrov[1] me demanda ce que j'avais comme matériaux dans mon district sur les nationaux. Je lui répondis que je n'avais rien. Sur ce, Petrov me dit de chercher dans les entreprises, les bureaux de renseignements et en général dans toute administration tenant des registres, des listes de nationaux et à partir de ces listes préparer des mandats d'arrêt incriminant systématiquement à chacun l'accusation d'espionnage. Puis il me donna un chiffre minimal d'individus à arrêter dans un premier temps. Quand je lui fis remarquer que dans le cours de l'instruction, on risquait d'avoir du mal à alimenter l'accusation d'espionnage, Petrov me dit : "Faites ainsi : écrivez vous-même le protocole, imaginez en fonction du lieu où travaillait l'individu le type d'espionnage qu'il pouvait faire, ou bien incriminez-lui des actes de diversion. Allez-y, ne craignez rien, nous ne serons pas regardants. Si l'individu ne veut pas signer le protocole, battez-le jusqu'à ce qu'il signe [...]." Je procédais donc ainsi : les nationaux [...] étaient arrêtés à partir de listes recueillies et confectionnées dans les entreprises et les administrations. »

Témoignage de A. V. Kouznetsov, chef du NKVD du district de Kountsevo (près de Moscou), 3 février 1939 (trad. A. Voilin).

1. N. D. Petrov travaille au quartier général de la Sécurité d'État à Moscou.

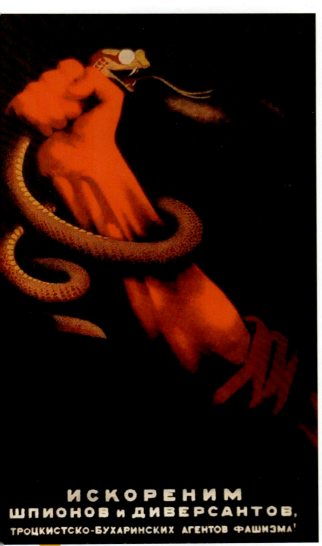

5 La purge du parti par Staline

« Nous éliminerons les espions et déviationnistes, agents trotsko-boukharinistes du fascisme », affiche de propagande soviétique, 1937.

Les grands procès de Moscou s'attaquent aux ailes gauche et droite du parti. Les trotskistes (partisans de Léon Trotski) et les boukharinistes (partisans de Nikolaï Boukharine) sont accusés de complots antisoviétiques et exécutés.

PROCÉDER À L'ANALYSE CRITIQUE DES DOCUMENTS

PARCOURS A

▶ **Lire, comprendre et analyser les documents**

1. Quelles sont les raisons avancées pour légitimer la Grande Terreur ? [doc. 1, 5]
2. Quelles sont les populations ciblées par la Grande Terreur ? [doc. 1, 3, 4]
3. En quoi cet épisode a-t-il des répercussions dans l'ensemble de l'URSS ? [doc. 2, 3]

▶ **Synthétiser**

Montrez en quoi l'épisode de la Grande Terreur révèle la logique totalitaire du régime. Vous pourrez évoquer les causes de la Grande Terreur, puis les moyens utilisés et les populations ciblées par le régime.

PARCOURS B

▶ **Procéder à l'analyse critique d'un document** [Voir Méthode, p. 101]

À partir de l'analyse du document 1, montrez la logique totalitaire dans l'organisation et la mise en œuvre de la Grande Terreur. Vous étudierez le choix des coupables ainsi que les procédures de jugement des accusés.

COURS 2 — Le fascisme italien

Comment Mussolini réussit-il à instaurer le premier régime fasciste en Europe ?

A Un mouvement né de la guerre

- Le fascisme naît des désillusions engendrées par la Première Guerre mondiale à l'issue de laquelle l'Italie n'obtient pas les **terres irrédentes** promises par l'Entente*. Les Italiens éprouvent le sentiment que la victoire a été volée et la société est touchée par la **brutalisation**.
- Les années d'après-guerre sont marquées par l'irruption de violences politiques et sociales liées à la grave crise économique dans les campagnes. Pour maintenir l'ordre, des troupes de choc s'organisent, les **squadristes** [doc 3], récupérées, en 1921, par **Benito Mussolini**, alors député, qui fonde le Parti national fasciste, le premier parti militairement organisé.
- En 1922, afin de s'emparer du pouvoir par la voie constitutionnelle, Benito Mussolini menace le roi d'un soulèvement armé contre l'État en organisant la marche sur Rome [ÉTUDE p. 52]. Victor-Emmanuel III choisit alors d'appeler le leader fasciste à la tête d'un gouvernement de droite libérale.

B Une dictature totalitaire qui s'impose par la violence (1922-1935)

- Dans un premier temps, Mussolini tente de se concilier les élites dirigeantes et l'Église catholique, mais dès 1924, l'assassinat du député socialiste et antifasciste Matteotti par les fascistes marque un tournant dans le régime. Mussolini revendique l'assassinat et lance officiellement la dictature fasciste par une série de lois, les **lois fascistissimes**, qui limitent les libertés individuelles.
- Doté d'une doctrine [doc. 2], le **fascisme** devient une « religion politique » dont le *Duce*, Mussolini, est le chef charismatique [doc. 4]. Les arts, notamment le cinéma et l'architecture, sont mobilisés.
- La société est embrigadée dans une série d'institutions contrôlées par l'État. Les jeunes [ÉTUDE p. 53] et les femmes sont intégrés à des mouvements spécifiques. Par l'école, le sport, l'armée, le syndicat unique, le régime tente de créer un homme nouveau.

C La radicalisation des années 1930

- Le régime fasciste entend aussi projeter son pouvoir sur la Méditerranée, qui doit redevenir, selon Mussolini, « notre mer ». Après une politique étrangère réaliste dans les années 1920, le *Duce* revendique un impérialisme fasciste en se lançant en 1935 à la conquête de l'Éthiopie. La victoire obtenue en sept mois du fait de la supériorité matérielle italienne est célébrée par le régime [doc. 1].
- À partir de 1936, l'Italie se rapproche de l'Allemagne. Elle conclut une alliance militaire avec le Troisième Reich en octobre 1936 (l'Axe Rome-Berlin), puis rejoint en 1937 le pacte antisoviétique (pacte anti-Komintern) signé entre l'Allemagne et le Japon.
- En 1938, le régime prend un tournant antisémite avec le vote de lois raciales inspirées du nazisme. Elles ne sont pas une pure imitation du régime hitlérien mais l'aboutissement de la logique raciale propre à l'idéologie fasciste de l'homme nouveau [doc. 5].

1 La guerre d'Éthiopie, mise en scène de la supériorité fasciste

« Le lion d'Éthiopie », tête sculptée de Mussolini, près d'Adoua, Éthiopie, mars 1936.

Le régime fasciste fait un usage important de l'architecture et de la statuaire pour exprimer son idéologie et revendiquer sa supériorité. Elle est utilisée ici pour célébrer la victoire sur les Éthiopiens.

▶ De quelle manière cette statue célèbre-t-elle le régime fasciste ?

Mots clés

Brutalisation : théorie de l'historien américain George Mosse selon laquelle, dans les sociétés italienne et allemande, les pratiques guerrières se maintiennent dans l'entre-deux-guerres.

Fascisme : mouvement des faisceaux italiens de combat, les groupes paramilitaires fondés par Mussolini. Mais le terme désigne aussi le régime italien, puis à partir des années 1930, les régimes d'extrême droite, italien et allemand.

Lois fascistissimes : ensemble de lois datant de 1925–1926 qui limitent les libertés individuelles et instaurent le régime fasciste.

Squadristes : forces paramilitaires luttant contre les mouvements sociaux au début des années 1920. Elles sont récupérées par le fascisme.

Terres irrédentes : ensemble de territoires (Dalmatie, Istrie, Trentin) peuplés majoritairement d'Italiens mais appartenant à une puissance étrangère et dont l'Italie revendique l'annexion.

Personnage clé

Benito Mussolini (1883-1945)
Fondateur du Parti national fasciste, ancien socialiste et ancien combattant, il gouverne l'Italie après la marche sur Rome en 1922 et fonde le régime fasciste à partir de 1925. Il se rapproche de Hitler à partir de 1935 et conclut une alliance avec le IIIe Reich en 1936.

2 Une idéologie totalitaire

« Le fascisme exige un homme actif et donnant à l'action toutes ses énergies ; il le veut virilement conscient des difficultés qui existent et prêt à les affronter. Il conçoit la vie comme une lutte, avec la conviction que c'est à l'homme de se faire une vie vraiment digne de lui, en créant tout d'abord en lui-même l'instrument (physique, moral et intellectuel) pour l'édifier. [...]
Le fascisme est une conception historique d'après laquelle l'homme n'est ce qu'il est qu'en fonction de la place qu'il occupe au point de vue intellectuel et moral dans le groupe familial et social, dans la nation et dans l'histoire à laquelle toutes les nations collaborent. [...]
Il est seulement pour une liberté qui puisse être une chose sérieuse, la liberté de l'État et de l'individu dans l'État. Et cela parce que pour le fasciste, tout est dans l'État et que rien d'humain ou de spirituel, pour autant qu'il ait de la valeur, n'existe en dehors de l'État. Dans ce sens le fascisme est totalitaire et l'État fasciste, synthèse et unité de toute valeur, interprète, développe et donne puissance à la vie tout entière du peuple. [...]
Il veut renouveler non pas les formes extérieures de la vie humaine, mais son essence même [...]. Et, dans ce but, il exige une discipline, une autorité dominant les esprits pour y régner sans conteste. »

Benito Mussolini, *La Doctrine du fascisme*, 1932 (trad. M. Croci).

▶ Quelle est la place de l'individu dans l'idéologie fasciste ?

3 La violence squadriste

Dessin de Vittorio Pisani, années 1920. L'inscription signifie « Je m'en fous, vive Mussolini ».

Au début des années 1920, les squadristes font preuve d'une grande violence contre leurs opposants politiques, notamment socialistes, créant un climat de terreur.

▶ En quoi le squadrisme est-il un mouvement terroriste ?

4 Une « religion politique »

« C'est le père que nous attendions, le Messie qui vient visiter ses brebis, leur rendre la foi, et avec elle la parole qui fait les héroïsmes inespérés, les plus grands holocaustes[1].
Duce ! Ce mot magique fait frémir le cœur comme si le traversait une étincelle électrique, nous, les pauvres, oublions comme par enchantement nos misères et courons sur les places Vous admirer, magnanime dans Votre sourire paternel qui brille parmi les éclairs d'aigle qui caractérisent Votre regard – regard d'homme destiné de fait à dominer les cœurs, de mille volontés à n'en faire qu'une seule, la Vôtre. [...]
Mon fils est un mousquetaire, ma fille, une jeune italienne[2]. Moi, je Vous admire tout en restant dans l'ombre, telle la malheureuse qui, dans l'angle obscur du temple, vénère les saintes icônes rutilantes de pierres précieuses. L'aide que Vous me donnerez, *Duce* magnanime, décidera de l'avenir de ma créature orpheline de père, et laissera un souvenir indélébile qui sera perpétué dans les générations présentes et futures. »

Lettre d'une veuve de Catane à Mussolini, 9 août 1937 (trad. P.-E. Dauzat).
1. Au sens grec d'un sacrifice.
2. Nom de deux organisations de jeunesse.

▶ Quel est le statut de Mussolini dans la « religion » fasciste ?

5 L'homme nouveau fasciste

Affiche de l'exposition de la révolution fasciste (28 octobre 1932-21 avril 1933), 1932. Le régime fasciste fait commencer son calendrier à l'accession au pouvoir de Mussolini.

Le régime célèbre son projet dans des expositions ; celle de 1932, qui commémore les dix ans de la marche sur Rome, reçoit 4 millions de visiteurs.

▶ Quels sont les attributs de l'homme nouveau fasciste ?

S'APPROPRIER UN QUESTIONNEMENT HISTORIQUE

À partir des documents 2 et 4, analysez les caractéristiques de la doctrine fasciste en étudiant la place de l'État, de l'individu et du chef dans cette idéologie.

ÉTUDE

27-28 octobre 1922 : la marche sur Rome

Député d'un parti minoritaire, le Parti national fasciste, Mussolini organise la marche sur Rome avec 26 000 de ses partisans pour faire pression sur le roi Victor-Emmanuel III et se hisser ainsi au pouvoir. Le coup de force réussit.

▶ **Comment Mussolini réussit-il à s'emparer du pouvoir par la marche sur Rome ?**

Dates clés

27-28 octobre 1922	Marche sur Rome
30 octobre 1922	Mussolini est nommé président du Conseil
1925-1926	Les « lois fascistissimes » font du régime une dictature fasciste

1 Un événement planifié

Alors que la monarchie parlementaire traverse une crise politique, Mussolini prononce un discours programmatique devant ses troupes.

« Nous pensons faire de Rome la ville de notre esprit, une ville purifiée, désinfectée de tous les éléments qui la corrompent et la salissent ; nous pensons faire de Rome le cœur battant, l'esprit vif de l'Italie impériale dont nous rêvons. [...]
Notre programme est simple : nous voulons gouverner l'Italie. [...]
Au fond, moi, je pense que la monarchie n'a aucun intérêt à s'opposer à ce qu'il faut désormais appeler la révolution fasciste. Ce n'est pas son intérêt, parce que si elle le faisait, elle deviendrait tout de suite une cible, et, si elle devenait une cible, il est certain que nous ne pourrions pas l'épargner parce que ce serait pour nous question de vie ou de mort. »

Benito Mussolini, discours d'Udine, 20 septembre 1922 (trad. L. Jaume et A. Laquièze).

2 Un nouveau chef pour l'Italie

Mussolini sur le trône tenant sur ses genoux le roi Victor-Emmanuel III, caricature de E. Schilling, *Simplicissimus*, 1928.

Même s'il ne dirige officiellement qu'un gouvernement d'union composé de fascistes, de libéraux et de démocrates-chrétiens, Mussolini détient l'essentiel du pouvoir en Italie.

3 Entre coup de force militaire et respect de la légalité

Giacomo Balla (un des peintres officiels du régime), *La Marche sur Rome*, peinture sur huile, 1933. Collection privée.

À l'issue de la marche, Mussolini, entouré de quatre militaires et de chemises noires, ses partisans, se rend auprès du roi, qui l'a appelé au pouvoir, pour lui présenter son gouvernement.

ANALYSER LES DOCUMENTS

1. Démontrez que la marche sur Rome peut être qualifiée de coup de force. **[doc. 1, 2]**
2. Étudiez comment Mussolini tente néanmoins de maintenir les formes constitutionnelles pour accéder au pouvoir. **[doc. 3]**
3. Analysez la portée fondatrice de l'événement pour le régime fasciste. **[doc. 1, 2, 3]**

ÉTUDE
L'embrigadement de la jeunesse sous le fascisme

Les enfants constituent la première cible du régime fasciste dans sa volonté de former un homme nouveau. Garçons et filles sont ainsi embrigadés dès 4 ans et jusqu'à leur majorité dans diverses organisations de jeunesse.

▶ Comment le régime fasciste encadre-t-il la jeunesse ?

Mot clé
Embrigadement : dans les régimes totalitaires, se dit de la mobilisation de la société dans des organisations afin de la faire adhérer aux grandes valeurs du régime. Les principales organisations sont le parti unique, les organisations de jeunesse, le syndicat unique et l'armée.

1 La discipline fasciste inculquée aux enfants

Les groupes de garçons (ici de 14 à 18 ans) sont encadrés par la milice dans ce qui ressemble à une préparation militaire.

« 2. Si tu n'es pas prêt à te donner corps et âme à la Patrie, laisse le Fascisme. Le Fascisme rejette les tièdes et les mous. [...]
6. Il ne faut pas croire que la discipline soit seulement une vertu pour le soldat sous les drapeaux ; elle doit être l'habitude de tous les jours et de toutes les circonstances ; elle est la vertu de base de toute hiérarchie. Un mauvais fils, un élève négligeant, un citoyen inerte ou querelleur sont de mauvais fascistes. [...]
9. Les bonnes actions, comme les actions de guerre, ne se font pas à moitié. Porte-les jusqu'aux extrêmes conséquences. »

« Les dix commandements des Avant-gardistes », 1927 (trad. P. Foro).

2 La construction de l'image du *Duce*

Extrait d'un manuel scolaire, Rome, Librairie d'État, 1938.

« Benito Mussolini aime beaucoup les enfants. Les enfants d'Italie aiment beaucoup le *Duce*. Vive le *Duce* ! Salut au *Duce* : à nous ! Chaque matin, les enfants italiens ont une pensée vers le ciel pour le *Duce*. Ô bon Dieu, que soit béni notre *Duce* ! Maintenant et à jamais, défendez-le du mal et aidez son œuvre maintenant et à jamais. Pour la paix de l'Italie et du monde, béni soit notre *Duce* et le bon Dieu. »

L'école est aussi mobilisée pour faire des enfants de bons fascistes, par les discours des instituteurs et par les illustrations des manuels scolaires.

Âges	Garçons	Effectifs en 1939	Filles	Effectifs en 1939
4-8 ans	Fils de la Louve	1 546 389	Filles de la Louve	n. d.
8-14 ans	Balilla[1]	1 746 560	Petites Italiennes	1 622 766
14-18 ans	Avant-gardistes	906 785	Jeunes Italiennes	441 254
Plus de 18 ans	Jeunes Fascistes	1 176 798	Jeunes Filles fascistes	450 995

Population italienne totale en 1939 : 43 733 000

1. Le nom fait référence à un jeune Génois de 17 ans qui aurait déclenché en 1746 une révolte contre l'Autriche.

3 Une jeunesse encadrée

VIDÉO

Les jeunesses fascistes en 1939. D'après Emilio Gentile, *Qu'est-ce que le fascisme ?*, Gallimard, 2004 et Philippe Foro, *L'Italie fasciste*, Armand Colin, 2006.

À partir de 1926, les jeunes sont massivement encadrés dans des associations sous l'égide de l'Œuvre nationale Balilla.

ANALYSER LES DOCUMENTS
1. Décrivez les institutions qui encadrent les jeunes. [doc. 2, 3]
2. Analysez les valeurs inculquées aux enfants. [doc. 1, 2]
3. Décrivez les éléments d'imitation de l'armée dans les organisations de jeunesse et les raisons de cette imitation. [doc. 1, 3]

CONSTRUIRE UN ARGUMENTAIRE ORAL
À partir de l'analyse des deux études, préparez un argumentaire oral qui démontre l'usage par Mussolini de l'institution militaire dans l'affirmation de son régime.

CHAPITRE 2 Les régimes totalitaires

COURS 3 — Le national-socialisme allemand

Quelles sont les spécificités du nazisme ?

A La crise de la république de Weimar et l'avènement de Hitler

● L'Allemagne connaît une sortie de guerre difficile. Le 9 novembre 1918, l'empire allemand s'effondre. La république proclamée à Weimar signe l'armistice alors que l'armée n'a pas été vaincue sur le champ de bataille, donnant naissance au mythe du « coup de poignard dans le dos ». La violence politique explose, à gauche comme à droite, notamment lors de la révolte d'extrême gauche, dite spartakiste*, en 1918-1919.

● Adolf Hitler, un ancien combattant, fait partie des groupes paramilitaires qui sèment la terreur contre les marxistes. En 1920, il s'empare de la direction d'un parti nationaliste, antisémite et antilibéral, qui prend le nom de NSDAP (Nationalsozialistische Deutsche Arbeiterpartei) [doc. 3].

● Attirant les classes moyennes, le NSDAP progresse aux élections après la crise de 1929. À la faveur d'une crise politique, le président du Reich, le maréchal von Hindenburg, appelle Hitler et les nazis, bien que minoritaires et en recul aux élections de novembre 1932, à la chancellerie le 30 janvier 1933.

B Le nazisme, un totalitarisme antisémite

● Le régime nazi est un régime fasciste totalitaire centré autour de son chef, le *Führer*. Son pouvoir, alimenté par la propagande confiée à Joseph Goebbels et par l'embrigadement de la jeunesse, repose sur une domination charismatique [doc. 1].

● La doctrine nazie postule qu'il existe une hiérarchie des races avec à sa tête la prétendue « race aryenne » et au plus bas les Juifs. Ces derniers sont persécutés dès l'avènement de Hitler et particulièrement à partir des lois de Nuremberg en 1935 et du pogrom de la « nuit de Cristal » en 1938 [POINT DE PASSAGE p. 56]. Cette vision justifie aussi la pratique de l'eugénisme* qui mène à l'élimination de 200 000 handicapés et à la stérilisation forcée de 400 000 Allemands.

● Le IIIe Reich est un État policier qui repose sur la contrainte, ce qui n'empêche pas des formes de résistance passive. Les SA, jusqu'en 1934, et les SS et la Gestapo font régner la terreur [doc. 2]. Les premiers camps de concentration sont ouverts dès avril 1933 où sont envoyés les opposants, notamment les communistes.

C Des effets déstabilisateurs sur l'ordre européen

● Dès les années 1920, Hitler refuse le « *Diktat* » du traité de Versailles*, qu'il entend déconstruire afin de rétablir l'unité du peuple allemand dans une grande Allemagne. Il quitte ainsi la Société des Nations* (SDN), garante de l'ordre européen, dès octobre 1933. De plus, il veut constituer un « espace vital* » (*Lebensraum*) à l'Est aux dépens des Slaves.

● Adolf Hitler rétablit le service militaire en 1935, puis remilitarise la Rhénanie en 1936, avant de soutenir, comme l'Italie, les franquistes dans la guerre d'Espagne [POINT DE PASSAGE p. 58].

● Après avoir envahi l'Autriche (*Anschluss*), il obtient à la conférence de Munich en 1938 l'annexion au Reich du territoire tchécoslovaque des Sudètes. En mars 1939, il annexe la Bohême-Moravie. Après un accord avec Staline conclu le 23 août 1939, Hitler envahit la Pologne le 1er septembre, provoquant l'entrée en guerre de la Grande-Bretagne et de la France [doc. 4].

1 Le culte du chef

« La jeunesse sert le *Führer*. Tous les enfants de 10 ans dans les Jeunesses hitlériennes », affiche allemande, 1934.

Le régime hitlérien repose sur le culte du chef, inculqué aux jeunes dans des organisations dédiées comme les Jeunesses hitlériennes.

▶ Dans quel but l'image construit-elle un parallèle entre Hitler et le jeune homme ?

Mots clés

Camp de concentration : camp créé pour enfermer les opposants politiques et « ennemis » du régime nazi. La mortalité y est très élevée.

Gestapo (*Geheime Staatspolizei*) : police politique du régime nazi, créée en 1933.

Nazisme : idéologie du parti NSDAP d'extrême droite, caractérisée par une hiérarchie des races et l'antisémitisme. Le terme désigne aussi la dictature totalitaire d'Hitler.

Pogrom : nom d'origine russe désignant une attaque à l'encontre de Juifs par des non-Juifs accompagnée de pillages et d'assassinats.

SA (*Sturmabteilung* ou Section d'assaut) : organisation paramilitaire du NSDAP qui a contribué à l'accession au pouvoir d'Hitler avant d'être éliminée en 1934.

SS (*Schutzstaffel* ou Escadron de protection) : groupe paramilitaire proche d'Hitler qui a des fonctions de répression et de surveillance.

Résistance passive : manifestations de non-adhésion à l'idéologie d'un régime.

Personnage clé

Adolf Hitler (1889-1945)
Né en Autriche en 1889, Adolf Hitler mène une vie de bohème à Vienne avant de s'engager en août 1914 dans l'armée. En 1920, il prend la tête du NSDAP. Il écrit *Mein Kampf* (« Mon combat ») en prison à la suite d'un coup d'État raté. Il est nommé chancelier en 1933 et fonde un régime totalitaire.

---

54 FRAGILITÉS DES DÉMOCRATIES, TOTALITARISMES ET SECONDE GUERRE MONDIALE

2 Un régime de terreur

Opposants politiques gardés par les SA obligés de nettoyer des slogans antihitlériens, mars 1933.

Le nazisme est un régime de terreur dans lequel les SA puis les SS contrôlent la rue et sévissent contre les opposants dès la proclamation du régime.

▶ Comment se manifeste la terreur exercée par les SA ?

3 Un programme raciste et antisémite

Élaboré par Adolf Hitler qui prend la tête du parti, ce programme constitue le socle de l'action du NSDAP pendant les années 1920.

« 1. Nous demandons la constitution d'une Grande Allemagne, réunissant tous les Allemands sur la base du droit des peuples à disposer d'eux-mêmes.
2. Nous demandons l'égalité des droits du peuple allemand au regard des autres nations, l'abrogation des traités de Versailles et de Saint-Germain*. [...]
4. Seuls les citoyens bénéficient des droits civiques. Pour être citoyen il faut être de sang allemand, la confession importe peu. Aucun Juif ne peut donc être citoyen. [...]
8. Il faut empêcher toute nouvelle immigration de non-Allemands. Nous demandons que tous les non-Allemands établis en Allemagne depuis le 2 août 1914 soient immédiatement contraints de quitter le Reich. [...]
25. Pour mener tout cela à bien, nous demandons la création d'un pouvoir central puissant, l'autorité absolue du Comité politique sur l'ensemble du Reich et de ses organisations [...].
Les dirigeants du parti promettent de tout mettre en œuvre pour la réalisation des points ci-dessus énumérés, en sacrifiant leur propre vie si besoin. »

Adolf Hitler, programme en 25 points du Parti national-socialiste des travailleurs allemands (NSDAP), Munich, 1920 (trad. G. et L. Marcou).

▶ En quoi ce texte annonce-t-il la politique menée par Hitler une fois au pouvoir ?

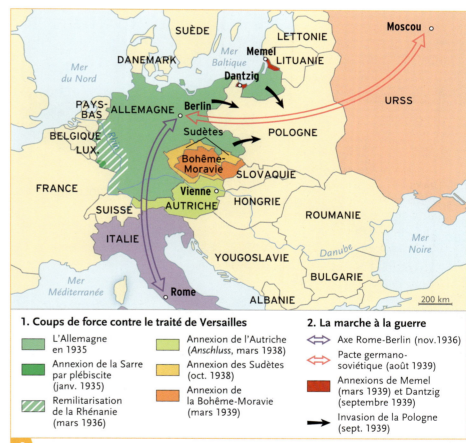

4 Les attaques de Hitler à l'ordre européen

▶ Quelles menaces les violations par Hitler du traité de Versailles font-elles peser sur l'ordre européen ?

JUSTIFIER UNE INTERPRÉTATION

À partir de l'analyse des documents 1 et 3, étudiez comment s'exprime le racisme du régime nazi.

CHAPITRE 2 Les régimes totalitaires 55

POINT DE PASSAGE

9-10 novembre 1938 : la « nuit de Cristal »

Le 9 novembre 1938, le secrétaire de l'ambassade d'Allemagne à Paris meurt des suites d'un attentat commis contre lui deux jours plus tôt par Herschel Grynszpan, un Juif polonais qui entend ainsi protester contre les persécutions dont les Juifs sont l'objet en Allemagne. Le régime nazi en prend prétexte pour déclencher une explosion de violence qui dure deux jours. Le nom donné par les nazis à l'événement pour en atténuer la réalité meurtrière, la « nuit de Cristal », masque une politique d'État qui vise à forcer les Juifs à quitter l'Allemagne.

▶ **Quelles caractéristiques de la « nuit de Cristal » font de cet événement un pogrom ?**

Dates clés

Avr. 1933	Exclusion des Juifs allemands de la fonction publique
Sept. 1935	Lois de Nuremberg : relations sexuelles et mariage entre « aryens » et Juifs interdits, les Juifs privés de leurs droits politiques et exclus de certaines professions libérales et de l'enseignement
Mars 1938	Annexion de l'Autriche par l'Allemagne : 250 000 Juifs tombent sous la domination allemande
Nov. 1938	Décision de l'expulsion des Juifs de nationalité polonaise d'Allemagne
7 nov. 1938	Attentat contre le secrétaire d'ambassade vom Rath
9 nov. 1938	Mort de vom Rath et début de la « nuit de Cristal »
12 nov. 1938	Amende d'un milliard de Reichsmarks contre les Juifs allemands et interdiction d'activité commerciale de détail et d'artisanat
15 nov. 1938	Exclusion de tous les enfants Juifs des écoles allemandes
19 nov. 1938	Les Juifs allemands privés d'aide sociale

★ Principaux lieux d'assassinat des Juifs allemands lors de la « nuit de Cristal »
⊙ Camps de concentration vers lesquels 30 000 Juifs sont déportés
· 1283 synagogues et maisons de prière incendiées ou détruites
233 Nombre de victimes juives dans les semaines qui suivent la « nuit de Cristal »

1 La « nuit de Cristal » : une politique d'État meurtrière
Les historiens estiment à plusieurs centaines le nombre total de victimes juives de l'événement. S'y ajoutent près de 30 000 personnes arrêtées et déportées dans les camps.

2 L'État nazi organise la violence antisémite

« Mesures contre les Juifs à prendre dans le courant de la nuit.
En raison de l'assassinat du secrétaire de légation vom Rath à Paris, des manifestations sont attendues dans tout le Reich ce soir, du 9 au 10 novembre 1938. Les ordres suivants sont donnés pour traiter ces événements. [...]
a) Ne peuvent être menées que des actions qui ne menacent pas la vie ou les biens des Allemands (par exemple, l'incendie de synagogues uniquement lorsqu'il n'y a pas de menace d'incendie aux alentours).
b) Les magasins et les résidences des Juifs ne peuvent être détruits que sans être pillés. [...]
d) Les citoyens étrangers, même s'ils sont juifs, ne peuvent pas être agressés.
2. Les manifestations en cours ne devraient pas être empêchées par la police, mais seulement surveillées pour assurer le respect des directives. [...]
5. Dès que le cours des événements de cette nuit permettra aux policiers désignés d'être utilisés à cette fin, de nombreux Juifs – en particulier des Juifs aisés – doivent être arrêtés dans tous les districts [...]. Immédiatement après les arrestations, les camps de concentration appropriés devraient être contactés pour placer les Juifs dans des camps le plus rapidement possible. »

Télégramme envoyé par Reinhard Heydrich, major général des SS et chef de sécurité nazi, le 10 novembre 1938 (trad. C. Tarricone et N. Herrig).

56 FRAGILITÉS DES DÉMOCRATIES, TOTALITARISMES ET SECONDE GUERRE MONDIALE

3 La destruction des lieux de culte du judaïsme allemand

Photographie prise par un habitant, Erich Koch, le 10 novembre 1938. En deux jours, 267 synagogues sont détruites dans l'ensemble du Troisième Reich.

Une foule de spectateurs se masse devant la synagogue de Siegen (Westfalen) incendiée par des SS et des SA sur ordre de l'officier SS Hermann Flostedt le 10 novembre 1938.

4 Une politique de spoliation économique

Photographie prise par Karl Paulmann le 10 novembre 1938, Potsdamer Strasse, Berlin.

Des milliers de magasins appartenant à des Juifs sont détruits et leurs vitrines brisées (d'où l'expression de « nuit de Cristal »). Le 12 novembre 1938 est adopté le décret sur l'élimination des Juifs de la vie économique, qui permet la liquidation des entreprises restantes au profit du Reich.

5 Un déchaînement de violence contre les Juifs

« [Le 10 novembre], j'ai frappé à la porte et j'ai demandé à [Suzanne] Stern [âgée de 81 ans] de s'habiller. Elle s'est assise sur le canapé. Quand je lui ai demandé si elle avait l'intention de suivre mes instructions et de s'habiller, elle a répondu qu'elle ne s'habillerait pas et ne viendrait pas avec nous. Nous pouvions faire ce que nous voulions, "Je ne quitterai pas ma maison, je suis une vieille femme". J'ai sorti mon arme de service de ma poche et j'ai incité la femme encore cinq ou six fois à se lever et à s'habiller. Stern a crié haut et fort dans mon visage avec mépris et insolence : "Je ne me lèverai pas et je ne m'habillerai pas". Au moment où elle a crié "Faites de moi ce que vous voulez", j'ai ôté la sécurité de mon arme et tiré une fois. Stern s'est effondrée sur le canapé. Elle s'est penchée en arrière et a porté ses mains à sa poitrine. J'ai alors tiré une deuxième fois, en visant la tête [...]. J'ai rempli mon devoir. Je souligne que je ne regretterai jamais cet acte tant que je vivrai. »

Déposition d'Adolf Heinrich Frey, chef des SA d'Elberstadt (Saxe-Anhalt) lors de son interrogatoire par la police le 14 novembre 1938. Il ne sera pas poursuivi pour son crime (trad. C. Tarricone et A. Perrot).

6 Une jeune fille juive témoigne

« Nous avons entendu frapper à la porte d'entrée. [...] Mon père a dévalé l'escalier, il a ouvert la porte devant laquelle se tenaient deux nazis [...]. "Dis à ta famille de s'habiller rapidement, vous venez avec nous." [...] Les deux soldats nous ont conduits dans une salle d'une caserne du centre-ville. En entrant, nous avons réalisé que tous les Juifs de la ville avaient été raflés. [...] Au matin, ma mère et moi, et toutes les femmes avons été autorisées à rentrer chez nous. C'est là que nous avons découvert ce qui s'était passé pendant la nuit [...]. Les chemises brunes avaient brisé toutes les vitrines des commerces juifs, forcé les maisons et les appartements juifs [...]. Et évidemment notre synagogue fut incendiée. Le jour d'après, sans me douter de rien, je suis retournée à l'école [...]. J'ai croisé par hasard mon professeur principal, M. Koch, qui s'est approché et m'a dit, l'air vraiment attristé : "Mlle Golly, je suis profondément désolé, mais les Juifs ne doivent plus venir en cours". »

Témoignage de D. Golly, âgée de 16 ans en 1938 et résidant à Brême, recueilli en 1992 (trad. R. Macia).

PROCÉDER À L'ANALYSE CRITIQUE DES DOCUMENTS

PARCOURS A

▶ **Lire, comprendre et analyser les documents**

1. Quels moyens et acteurs l'État nazi a-t-il mobilisés pour organiser la « nuit de Cristal » ? [doc. 2, 3, 5]

2. Quelles sont les différentes formes de violence qui s'exercent lors de cet évènement ? [doc. 3, 4, 5, 6].

3. Comment la population allemande semble-t-elle avoir réagi ? [doc. 3, 4, 6]

▶ **Synthétiser**

Rédigez un paragraphe montrant que l'expression « nuit de Cristal » dissimule la réalité de l'événement et que l'usage de « pogrom de novembre » apparaît plus justifié. Vous pourrez commencer par décrire l'événement puis vous démontrerez l'implication de l'État nazi.

PARCOURS B

▶ **Confronter et critiquer deux documents** [Voir Méthode, p. 39]

En vous appuyant sur l'analyse des documents 5 et 6, montrez les différentes dimensions de la violence de la « nuit de Cristal », des destructions matérielles à la violence sociale et physique.

POINT DE PASSAGE

1936-1938 : les interventions étrangères dans la guerre civile espagnole

En juillet 1936, une tentative de coup d'État menée par des généraux, dont Francisco Franco, ouvre une période de guerre civile en Espagne. En l'espace de quelques jours, le conflit devient international du fait de l'implication de l'Allemagne nazie et de l'Italie fasciste qui envoient armes et hommes dans la péninsule pour soutenir les franquistes quand l'URSS soutient le camp républicain. Les démocraties choisissent de ne pas intervenir, laissant le champ libre aux États totalitaires.

▶ Que révèle la guerre d'Espagne de la géopolitique* des totalitarismes ?

Dates clés

Fév. 1936	Victoire de la coalition de gauche, le *Frente popular* (« front populaire ») en Espagne
17 juil. 1936	Soulèvement militaire au Maroc puis débarquement en Espagne
25-27 juil. 1936	Les premiers avions allemands et italiens arrivent en Espagne
Août 1936	Accord de non-intervention signé par les démocraties et les puissances totalitaires
Sept. 1936	Création des brigades internationales
Octobre 1936	Premières ventes d'armes de l'URSS à l'Espagne
26 avr. 1937	Bombardement de Guernica
Mai-juin 1937	Répression du POUM en Catalogne par les communistes suite aux émeutes de mai 1937
Sept. 1938	Retrait des brigades internationales
1er avr. 1939	Victoire définitive des franquistes

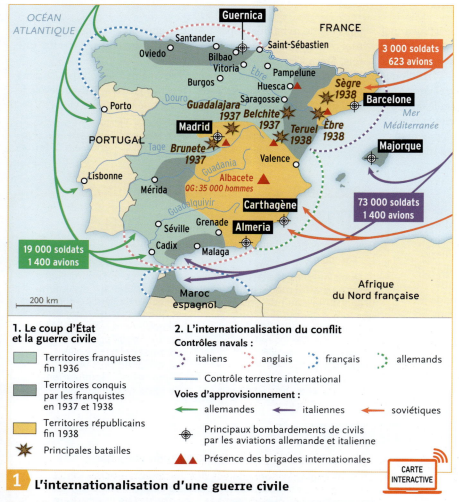

1 L'internationalisation d'une guerre civile

Violant l'accord de non-intervention qui soumet l'Espagne à un blocus et interdit toute aide de la part des démocraties, les puissances totalitaires interviennent directement dans le conflit.

2 La République espagnole, barrière contre les fascismes

« Une minorité d'Espagnols s'est levée en armes contre une rénovation de la vie politique et sociale de l'Espagne, réalisée par un gouvernement légitime et par des Cortès[1] légales, dans le cadre de notre Constitution. La force de cette minorité d'Espagnols était si restreinte qu'ils se virent forcés de demander l'aide des États fascistes. La vérité, c'est que l'Italie et l'Allemagne leur ont prêté des hommes et du matériel, pour obtenir, en échange de l'écrasement du peuple espagnol, des positions stratégiques de valeur, pour se tourner ensuite contre le peuple français et ses libertés, et pour pouvoir attaquer facilement les voies de communication de l'Angleterre avec ses sources de richesse et de matières premières. C'est pour cette vérité que luttent en Espagne, unis pour le salut de la patrie, sous le drapeau de la République, bourgeois et ouvriers, catholiques et athées. Et les différentes régions, plus unies que jamais, réalisent un effort héroïque pour que l'Espagne ne tombe pas dans l'esclavage colonial que veulent lui imposer Hitler et Mussolini. Que tous les hommes libres du monde voient si la cause du peuple espagnol est juste et qu'ils adoptent l'attitude que leur conscience et leur honnêteté leur dictent. »

« L'Espagne veut son indépendance et sa liberté », déclaration du président de la République espagnole, Juan Negrin, 1938.

1. Parlement.

3 Le bombardement d'une ville ouverte, Guernica

Guernica après le bombardement, 26 avril 1937.

Le 26 avril 1937, les aviations allemande et italienne bombardent et rasent Guernica, alors que la ville avait fait sa reddition. Cette tactique est reprise pendant la Seconde Guerre mondiale.

4 Les pratiques totalitaires du NKVD en Espagne

L'écrivain anglais George Orwell rejoint en 1936 les milices du Parti ouvrier d'unification marxiste (POUM), un parti révolutionnaire antistalinien. Il relate la répression du mouvement orchestrée par Moscou et sa police politique.

« Je pouvais comprendre, de leur part, la suppression du POUM, mais à quoi leur servait-il d'arrêter les gens ? Sans motif, autant qu'il était possible de s'en rendre compte. [...] Nous ne savions vaguement qu'une seule chose, c'est qu'on accusait les leaders du POUM, et nous tous aussi probablement, d'être à la solde des fascistes.
Et déjà partout le bruit courait que des gens étaient secrètement fusillés dans les prisons. À ce sujet, il y a eu pas mal d'exagérations, mais il est certain qu'il y a eu des détenus fusillés, et il ne fait guère de doute que ce fut le cas pour Nin[1] [...]. Nin avait été fusillé en prison par la police secrète, et son corps jeté dans la rue. [...] Certains journaux publièrent un récit selon lequel Nin se serait enfui en territoire fasciste. [...]
Et ça n'en finissait pas ces arrestations, cela dura des mois, tant et si bien que le nombre des détenus politiques, sans compter les fascistes, finit par s'élever à des milliers. »

George Orwell, *Hommage à la Catalogne (1936-1937)*, 1938 (trad. Y. Davet).

1. Andreu Nin, cofondateur du POUM.

5 Une mobilisation internationale sous l'égide de l'URSS

« Les brigades internationales unies aux Espagnols luttent contre l'envahisseur. Volontaires internationaux de la liberté », lithographie en couleur, 1937.

Environ 30 à 35 000 étrangers s'engagent du côté de la République dans la guerre d'Espagne. Les brigades internationales sont rapidement encadrées par l'URSS.

PROCÉDER À L'ANALYSE CRITIQUE DES DOCUMENTS

PARCOURS A

▶ **Lire, comprendre et analyser les documents**

1. Quelles sont les modalités d'implication des puissances totalitaires dans le conflit ? [doc. 1, 2]
2. En quoi y a-t-il une inégalité dans les moyens déployés ? [doc. 1, 2]
3. Quelles méthodes totalitaires sont employées en Espagne ? [doc. 3, 4]
4. Ces méthodes correspondent-elles à l'image que veut renvoyer l'URSS de son implication dans le conflit ? [doc. 4, 5]

▶ **Synthétiser**

Montrez que la guerre d'Espagne est un terrain d'affrontement entre totalitarismes. Après avoir rappelé le contexte de la guerre d'Espagne, vous étudierez les formes d'implication des puissances totalitaires dans le conflit espagnol, puis l'application, en Espagne, de méthodes totalitaires.

PARCOURS B

▶ **Analyser une carte** [Voir Méthode, p. 274]

À partir du document 1, étudiez les modalités et conséquences de l'intervention des puissances étrangères dans le conflit.

HISTOIRE DES ARTS

Isaak Brodsky, *Portrait de Joseph Staline*, 1933

Comment le réalisme soviétique contribue-t-il à construire le culte du chef ?

● En 1929, le régime soviétique initie un net tournant dans son rapport à l'art. Jusqu'à cette date, il a laissé libre cours aux avant-gardistes qui investissent surtout le cinéma ou le design, se désintéressant relativement de la peinture pour lui préférer des photomontages.

● À partir de 1929, le tournant réaliste est imposé par l'État qui encadre les arts et les artistes. « L'art doit être réaliste dans sa forme, socialiste dans son contenu », selon le peintre Alexandre Guerassimov. L'art est conçu comme un outil de propagande au profit du régime et doit donc célébrer ses valeurs prolétariennes et son chef Staline, à l'image des œuvres de Vassily Svarog, d'Alexandre Guerassimov ou d'Isaak Brodsky.

● Ce tableau d'Isaak Brodsky incarne le virage réaliste des années 1930. L'artiste, anciennement impressionniste, se tourne vers une représentation picturale plus conventionnelle afin de valoriser les dirigeants de l'URSS, Lénine d'abord, et bien sûr Staline. Il figure parmi les artistes qui développent le culte du chef, mais aussi du peuple prolétaire de l'Union soviétique.

L'artiste

Isaak Brodsky (1884-1939)
Artiste russe engagé dès 1905 en politique, connu pour ses grandes compositions historiques, Isaak Brodsky incarne le courant du réalisme socialiste et est le premier artiste à être décoré de l'ordre de Lénine. À partir de 1934, il dirige l'Académie russe des Beaux-Arts.

Le mouvement

Le réalisme socialiste
Le réalisme socialiste est un courant artistique qui vise à glorifier le régime de l'URSS par des choix picturaux réalistes mais aussi des sujets conformes à l'idéologie du régime : dignitaires du parti, travailleurs dans des usines, paysans dans des kolkhozes.

VIDÉO

Mise en perspective — LE PEUPLE IDÉALISÉ DU RÉALISME SOVIÉTIQUE

Le réalisme socialiste présente une réalité conforme à l'optimisme du projet du régime. Il ne manque pas d'idéaliser son chef et le prolétariat, en omettant de représenter la réalité de la vie quotidienne des Soviétiques.

1 Lénine et le peuple travailleur

Isaak Brodsky, *Discours de V. I. Lénine à l'usine Poutilov*, huile sur toile, 280 x 555 cm, 1929. Moscou, Musée historique d'État.

Le tableau célèbre ici un discours de Lénine aux ouvriers moscovites qui les aurait convaincus de rejoindre les conseils d'ouvriers (soviets), contribuant à leur victoire.

FRAGILITÉS DES DÉMOCRATIES, TOTALITARISMES ET SECONDE GUERRE MONDIALE

Isaak Brodsky, *Portrait de Joseph Staline*

Huile sur toile, 1933. Saint-Pétersbourg, Musée de l'Académie des Beaux-Arts.

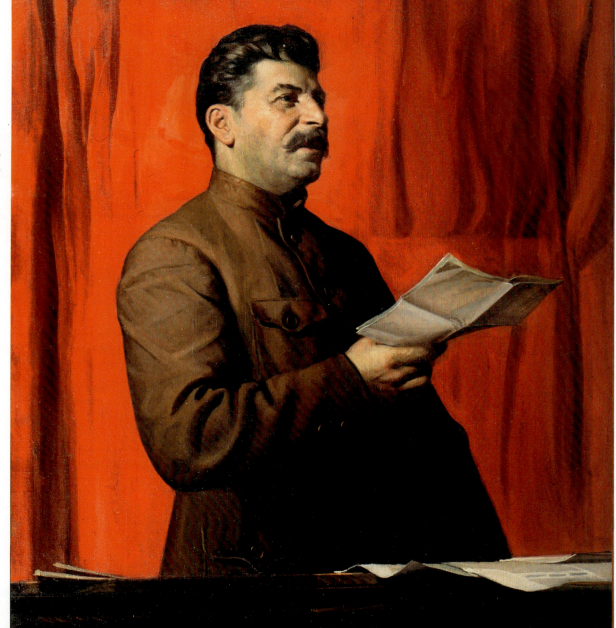

2 La paysannerie joyeuse des kolkhozes

Arkadi Alexandrovitch Plastov, *Fête du kolkhoze*, huile sur toile, 188 x 307 cm, 1937. Saint-Pétersbourg, Musée national russe.

Le peintre officiel de la paysannerie russe célèbre ici la collectivisation lancée par Staline au début des années 1930 dans une vision idyllique de la vie kolkhozienne.

ANALYSER UN TABLEAU

▶ **Analyser l'œuvre**

1. En quoi la posture de Joseph Staline choisie par Brodsky s'inscrit-elle dans le courant du réalisme soviétique ?

2. Dans quelle mesure la représentation de Staline est-elle conforme au projet du régime ?

3. Quelles sont les différentes représentations des chefs bolcheviques ?

4. Les leaders soviétiques sont-ils les seuls héros des peintures réalistes ?

▶ **Dégager la portée de l'œuvre**

À partir de l'analyse de l'œuvre, démontrez qu'elle s'inscrit dans le courant du réalisme socialiste au service du projet soviétique.

CHAPITRE 2 Les régimes totalitaires

FAIRE LE POINT
Les régimes totalitaires

RETENIR L'ESSENTIEL

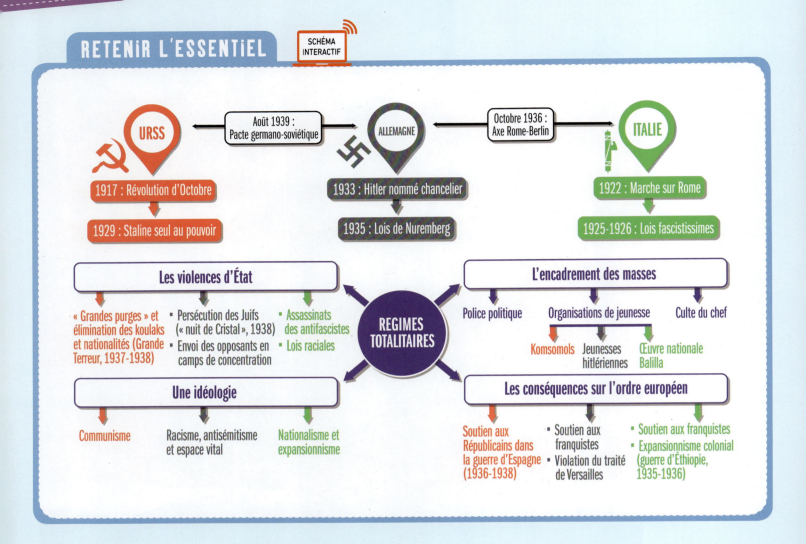

ÉVÉNEMENTS CLÉS

- **28 octobre 1922 : la marche sur Rome.** Par ce coup de force, le leader fasciste Benito Mussolini réussit à s'emparer du pouvoir en étant appelé à former un gouvernement. Il fonde dans les années qui suivent le régime fasciste.
- **30 janvier 1933 : Hitler au pouvoir.** Hitler est appelé à la chancellerie alors que le pays est enlisé dans une crise économique et politique. Il transforme immédiatement le régime en un régime totalitaire conformément au programme du NSDAP.

PERSONNAGES CLÉS

- **Benito Mussolini (1883-1945) :** fondateur du Parti national fasciste, ancien socialiste et ancien combattant, il gouverne l'Italie après la marche sur Rome en 1922 et fonde le régime fasciste à partir de 1925. Il se rapproche de Hitler à partir de 1935 et conclut une alliance en 1936.
- **Adolf Hitler (1889-1945) :** né en Autriche en 1889, Adolf Hitler mène une vie de bohème à Vienne avant de s'engager en août 1914 dans l'armée. En 1920, il prend la tête du NSDAP. Il écrit *Mein Kampf* (« Mon combat ») en prison à la suite d'un coup d'État raté. Il est nommé chancelier en 1933 et fonde un régime totalitaire.

NE PAS CONFONDRE

- **Fascisme :** désigne l'idéologie créée par Benito Mussolini, qui s'incarne dans un régime totalitaire de droite, dans l'Italie mussolinienne, et en Allemagne sous la forme du nazisme.
- **Nazisme :** idéologie du Parti national-socialiste des travailleurs allemands (Nationalsozialistische Deutsche Arbeiterpartei, NSDAP) d'extrême droite, caractérisée par une hiérarchie des races et l'antisémitisme. Le terme désigne aussi la dictature totalitaire d'Hitler.

62 FRAGILITÉS DES DÉMOCRATIES, TOTALITARISMES ET SECONDE GUERRE MONDIALE

RÉVISER AUTREMENT

Compléter une carte historique

Objectif : Placer des repères géographiques

ÉTAPE 1
Complétez la carte en nommant les régimes totalitaires et leurs alliances.

ÉTAPE 2
Complétez la légende de la carte en indiquant les mots et les dates manquants.

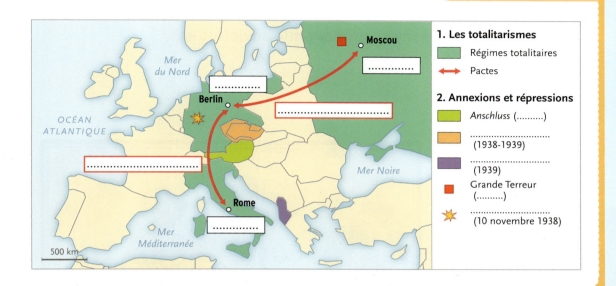

VÉRIFIER SES CONNAISSANCES

1 Identifier les moments clés

Reliez chaque événement clé à sa date.

1. Janvier 1933
2. Octobre 1917
3. 1935-1936
4. Août 1939
5. 1936-1938
6. Novembre 1938
7. Octobre 1938
8. 1928
9. 1932-1933
10. 1925-1926

a. Les bolcheviques prennent le pouvoir.
b. Staline gouverne seul.
c. Pacte germano-soviétique.
d. Invasion des Sudètes par les nazis.
e. Hitler appelé à la chancellerie.
f. Conquête par Mussolini de l'Éthiopie.
g. Famine en Ukraine.
h. Lois fascistissimes.
i. « Nuit de Cristal ».
j. Participation des puissances totalitaires à la guerre d'Espagne.

2 Identifier les acteurs clés

Reliez chaque acteur à sa biographie.

1. Léon Trotski
2. Lénine
3. Adolf Hitler
4. Benito Mussolini
5. Staline

a. Ancien combattant, il participe à la fondation du NSDAP avant de s'emparer du pouvoir en 1933.
b. Partisan d'une révolution mondiale, il s'oppose à Joseph Staline avant d'être exclu du parti communiste en 1927.
c. Secrétaire du parti communiste, il s'impose en 1928 comme le chef incontesté de l'URSS.
d. Ancien combattant, il s'empare du pouvoir lors de la marche sur Rome puis fonde le régime fasciste.
e. Il mène à la révolution d'octobre 1917 et fonde le régime soviétique.

CHAPITRE 2 Les régimes totalitaires   63

BAC Méthode : Analyser une affiche

Analyse de document

Sujet : Les femmes dans la propagande soviétique

Consigne : Analysez la place de la femme dans la propagande soviétique en montrant comment cette affiche associe l'émancipation des femmes à celle du prolétariat.

Ce que la révolution a apporté aux femmes russes

« Voici ce que la révolution d'Octobre a donné aux ouvrières et aux paysannes », lithographie anonyme diffusée à 25 000 exemplaires, 109 x 70,5 cm, Maison d'édition d'État, Moscou, v. 1920.

- Maison de la mère / et de l'enfant
- Soviet des députés ouvriers et paysans
- École pour adultes / Jardin d'enfants
- Bibliothèque / Club de travailleurs
- Cantine

- L'artiste, inconnu, s'inspire du style constructiviste russe. Apparu en 1917, cet « art de la construction » associe des formes géométriques simples pour créer des structures en trois dimensions.

- Représentant le communisme, la faucille et le marteau sont l'un des symboles de la République soviétique de Russie puis, à partir de 1922, le symbole officiel de l'URSS.

- « La terre aux paysans, les usines aux ouvriers »

- Les femmes russes bénéficient en 1920 du statut le plus émancipé d'Europe, avec notamment les mêmes droits politiques que les hommes, la légalisation du divorce par consentement mutuel, la garantie de garder leur emploi pendant une grossesse et le congé maternité.

- L'affiche date de la période de la guerre civile (1917-1922).

FRAGILITÉS DES DÉMOCRATIES, TOTALITARISMES ET SECONDE GUERRE MONDIALE

FICHE MÉTHODE

ÉTAPE 1 — Identifier et présenter l'affiche

→ **Identifier la nature de l'affiche** (publicitaire, politique, de propagande).

→ **Identifier son auteur et son commanditaire** (parti, État, syndicat, association, entreprise).

❶ Identifiez le commanditaire de l'affiche et indiquez ce qu'il recherche.

CONSEIL Ne confondez pas le commanditaire et l'auteur.

ÉTAPE 2 — Analyser l'affiche

→ **Décrire sa composition et son contenu** : les éléments visuels, le décor, les personnages, les couleurs, les symboles et les objets représentés.

→ **Analyser l'apport de l'affiche à la question abordée** en la replaçant dans son contexte et en étudiant son slogan, son titre.

❷ Montrez quelle image l'affiche entend donner de la révolution russe.

CONSEIL Considérez aussi bien le contenu de l'affiche que son style.

ÉTAPE 3 — Dégager l'intérêt historique du document

→ **Étudier son message** et le but recherché, son impact possible.

→ **Montrer en quoi l'affiche reflète son époque** ou les préoccupations de son commanditaire.

❸ Analysez ce que cette affiche révèle de l'image des femmes dans la propagande soviétique.

CONSEIL Considérez les éléments de l'affiche qui se rapportent à des formes d'émancipation.

S'entraîner

Sujet : L'anticommunisme en France

Consigne : Présentez l'affiche puis montrez comment son auteur s'y prend pour suggérer une mainmise de Moscou sur le Front populaire.

La dénonciation de l'influence de Moscou

Affiche du Centre de propagande des républicains nationaux, 60 x 80 cm, 1936. Sous la banderole, de haut en bas : Marcel Cachin (PCF), Édouard Herriot (Parti radical), Léon Blum (SFIO).

Fondé en 1926 pour soutenir les candidats de la droite modérée aux élections législatives, le Centre de propagande des républicains nationaux multiplie les affiches antisocialistes et anticommunistes.

BAC
Méthode

Définir et délimiter les termes du sujet

▶ Question problématisée

Sujet **Les totalitarismes dans les années 1930 : des régimes d'un type nouveau ?**

FICHE MÉTHODE

Rappel

→ **Bien comprendre le sujet.** Voir Méthode, p. 38

Indiquez le sens général du sujet.

CONSEIL Demandez-vous s'il s'agit de considérer les différences ou les points communs entre les différents régimes totalitaires.

ÉTAPE 1 Définir et délimiter les mots clés du sujet

→ **Identifier précisément et systématiquement** ce que recouvrent les notions du libellé (notions, concepts, acteurs, lieux, événements, qui s'y rapportent).

→ **Cette étape est essentielle** pour s'assurer de traiter tout le sujet et rien que le sujet.

1 Identifiez les principaux thèmes concernés par le sujet.

CONSEIL Donnez la définition du totalitarisme et indiquez quels régimes politiques sont concernés.

ÉTAPE 2 Délimiter chronologiquement le sujet

→ **Si le sujet donne des bornes chronologiques,** il faut les expliquer.

→ **Si le sujet n'en indique pas,** il faut en donner en les justifiant.

2 Indiquez à quoi correspond la période mentionnée par le sujet.

CONSEIL Citez un événement correspondant à une étape décisive de l'affirmation des totalitarismes dans les années 1930.

ÉTAPE 3 Délimiter géographiquement le sujet

→ **Identifier l'espace concerné par le sujet** en même temps que ses principaux acteurs.

3 Délimitez l'espace géographique concerné.

CONSEIL Considérez aussi bien les pays totalitaires que les autres pays européens qui subissent leur influence.

Prolongement

→ **Bien comprendre le sujet.** Voir Méthode, p. 38

Expliquez pourquoi cette question mérite d'être posée.

CONSEIL Demandez-vous ce que le totalitarisme a de nouveau par rapport aux régimes autoritaires.

BAC Méthode
Identifier les ressources et les contraintes d'une situation historique

Capacités et méthodes
Sujet : Les femmes sous le Troisième Reich

Consigne : Analysez la conception de la femme allemande par le nazisme, en montrant comment elle s'inscrit dans le projet racial du régime.

1 La place de la femme selon Hitler

« Le slogan de l'émancipation de la femme est une invention juive pure et simple. La femme allemande n'a, quand tout va bien en Allemagne, pas besoin de s'émanciper. [...] Quand on dit que le monde de l'homme, c'est l'État, le combat, l'engagement pour la communauté, on pourrait penser que le monde de la femme est plus étriqué, car son monde à elle, c'est son mari, sa famille, ses enfants, sa maison. Mais qu'en serait-il du monde des grandes choses si personne ne veillait sur ce petit monde-là ? [...] Ce que l'homme consent comme sacrifice dans le combat pour son peuple, la femme le consent dans son combat pour la préservation de son peuple [...]. Chaque enfant qu'elle met au monde est une bataille qu'elle gagne pour l'existence de son peuple, contre le néant. Pour nous, la femme est partie prenante du combat mené par la communauté raciale, ainsi qu'en ont décidé la nature et la providence. »

Adolf Hitler, discours au congrès du parti nazi, Nuremberg, 8 septembre 1934 (trad. J. Chapoutot).

2 Une conception raciale du rôle des femmes

« Un peuple nouveau », calendrier pour l'année 1938 de l'Office de politique raciale du parti nazi, 1937.

FICHE MÉTHODE

ÉTAPE 1 Identifier et présenter les documents

→ **Identifier chaque document** : son auteur, son commanditaire éventuel, sa nature, son ou ses destinataires, son mode de diffusion, son thème principal et l'objectif recherché par l'auteur.
→ **Replacer chaque document dans son contexte historique** en le situant dans la chronologie de la période.

❶ Replacez ces documents dans leur contexte.
CONSEIL Aidez-vous du Cours p. 54.

ÉTAPE 2 Analyser les contraintes de la situation historique

→ **Prélever des informations** relatives aux enjeux et aux acteurs de la situation historique dont il est question.
→ **Identifier les contraintes** auxquelles font face les différents acteurs.

❷ Qualifiez le rôle assigné aux femmes par le nazisme.
CONSEIL Considérez le fait qu'il s'agit d'un retour en arrière.

ÉTAPE 3 Dégager la portée des documents

→ **Montrer ce que ces documents révèlent de leur époque** en les replaçant dans un contexte plus large.

❸ Montrez ce que ces documents révèlent du racisme nazi.
CONSEIL Expliquez la nature de la « communauté » à laquelle Hitler fait référence dans son discours.

CHAPITRE 2 Les régimes totalitaires

EXERCICES

1 L'architecture totalitaire

CONSTRUIRE UNE ARGUMENTATION HISTORIQUE
Voir Méthode, p. 247

Consigne : À partir de l'analyse des deux pavillons des régimes totalitaires, vous démontrerez que l'architecture est un instrument de propagande dans les deux régimes, tout en relevant leurs spécificités. Vous analyserez notamment la monumentalité des bâtiments ainsi que la signification de la statuaire.

Les pavillons nazi et soviétique à l'exposition universelle de 1937 à Paris
À gauche, le pavillon soviétique surmonté de la statue « L'Ouvrier et la Kolkhozienne », à droite, le pavillon nazi portant l'aigle et la croix gammée.

Lors de l'exposition universelle de Paris, nazis et Soviétiques construisent deux pavillons présentant une forte ressemblance architecturale notamment par leur monumentalité.

2 Les armes de la propagande dans le régime fasciste

JUSTIFIER UNE INTERPRÉTATION
Voir Méthode, p. 135

Consigne : À partir de l'analyse de l'affiche et du texte, étudiez les usages et les moyens de la propagande dans le régime fasciste.

1 La propagande par le verbe et par les symboles

Lors d'une série d'entretiens tenus avec l'écrivain allemand Emil Ludwig, Mussolini développe ses positions sur l'organisation des masses.

« La masse pour moi, n'est rien d'autre qu'un troupeau de moutons, tant qu'elle n'est pas organisée. Je ne suis nullement contre elle. Je nie seulement qu'elle puisse se gouverner elle-même. Mais si on la dirige, il faut la diriger au moyen de deux rênes : l'enthousiasme et l'intérêt. Qui n'emploie que l'une des deux se trouve en danger. Le côté mystique et le côté politique se conditionnent réciproquement [...]. Aujourd'hui, je n'ai prononcé sur la *piazza* que quelques mots ; demain, des millions de gens pourront les lire, mais ceux qui étaient là, en bas, croient plus profondément en ce qu'ils ont entendu de leurs oreilles et, dirais-je, presque de leurs yeux. Tout discours à la foule a le double but d'éclaircir la situation et de suggérer quelque chose à la masse. [...] La musique et les femmes rendent la foule plus meuble et la font plus légère. Le salut à la romaine, tous les chants et toutes les formules, les dates et les fêtes commémoratives sont indispensables pour conserver l'élan à un mouvement. Il en était déjà ainsi dans la Rome antique. »

Emil Ludwig, *Entretiens avec Mussolini*, 1932 (trad. R. Henry).

2 Le cinéma, « arme la plus forte » (Mussolini)

Scipion l'Africain, affiche du film de Carmine Gallone, 1937.

Commande du *Duce* lui-même, le film évoque la victoire de Rome sur les « barbares » carthaginois en 202 av. J.-C. Il célèbre ainsi le passé de Rome et le régime fasciste qui vient de conquérir l'Éthiopie.

FRAGILITÉS DES DÉMOCRATIES, TOTALITARISMES ET SECONDE GUERRE MONDIALE

3 Le sport dans les régimes totalitaires

S'APPROPRIER UN QUESTIONNEMENT HISTORIQUE
Voir Méthode, p. 277

Consigne : À partir de l'analyse des deux images, vous évoquerez les usages multiples du sport dans les régimes totalitaires.

1 Le sport, préparation militaire

Alexandre Samokhalov, *Komsomol militarisé*, huile sur toile, 198,5 x 276 cm, 1932-1933. Saint-Pétersbourg, Musée d'État russe.

Le sport pratiqué dans les organisations de jeunesse en URSS (Komsomols) prend rapidement la forme d'une préparation militaire, tout en valorisant le corps de l'homme nouveau.

2 Mussolini, athlète italien

Benito Mussolini à la station de ski de Terminillo, dessin de Vittorio Pisani, Une de *La Tribuna illustrata*, 7 février 1937.

Grand sportif, Mussolini ne cesse de mettre en scène ses exploits, en ski mais aussi en escrime afin de valoriser le corps du chef.

4 Les Jeux olympiques de Berlin en 1936

PRÉPARER UN EXPOSÉ EN INTERROGEANT UNE BASE DOCUMENTAIRE B2i

Consigne : En explorant la base documentaire Lumni (lumni.fr), préparez un exposé sur la cérémonie d'ouverture des Jeux olympiques de Berlin en 1936. Vous vous attacherez à démontrer quelle image le régime veut renvoyer au monde ainsi que la mise en scène de la cérémonie à des usages de propagande.

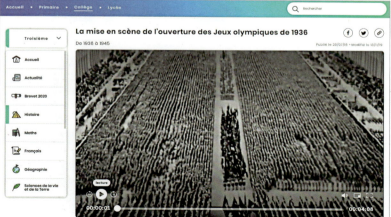

CHAPITRE 2 Les régimes totalitaires

3 La Seconde Guerre mondiale

▶ **Quelles sont l'étendue et la violence du conflit ?**

1 Une guerre mondiale

« La victoire des nations unies est assurée », affiche américaine représentant des soldats américains, britanniques et français, 1944.

En 1941, les États-Unis et l'URSS entrent en guerre contre l'Allemagne nazie, le Japon et leurs alliés aux côtés notamment du Royaume-Uni et des Forces françaises libres* (FFL) du général de Gaulle*. La guerre devient alors mondiale.

Une guerre mondiale

Victoires de l'Axe				Victoires des Alliés		
1er sept. 1939 Invasion de la Pologne	**22 juin 1941** Invasion de l'URSS	**7 déc. 1941** Attaque de Pearl Harbor	**2 fév. 1943** Défaite de Stalingrad	**Juin 1944** • Débarquement en Normandie • Opération Bagration	**8 mai 1945** Capitulation allemande **6 et 9 août 1945** Bombes nucléaires sur Hiroshima et Nagasaki	**2 sept. 1945** Capitulation japonaise

Violences et crimes de masse

- **oct.-nov. 1940** Mise en place du ghetto de Varsovie
- **29-30 sept. 1941** Massacre de Babi Yar
- **oct. 1941** Construction d'Auschwitz II
- **20 janv. 1942** Conférence de Wannsee
- **mars 1943** Massacre de civils chinois par les Japonais de Chiangjiao
- **janv.-mai 1945** Libération des camps

La France dans la guerre

- **18 juin 1940** Appel du général de Gaulle
- **22 juin 1940** Armistice
- **10 juil. 1940** Pleins pouvoirs au maréchal Pétain
- **nov. 1942** Occupation de la zone Sud
- **3 juin 1944** Gouvernement provisoire de la République française (GPRF)

2 Une guerre d'anéantissement

Chaussures de déportés exterminés, camp d'Auschwitz, 1945.

La Seconde Guerre mondiale est une guerre totale* marquée par la volonté d'anéantir l'adversaire, qu'il soit militaire ou civil, dont le paroxysme est atteint lorsque l'Allemagne nazie entreprend d'exterminer les Juifs et les Tsiganes.

> **METTRE EN RELATION DES FAITS DE NATURE DIFFÉRENTE**
>
> Présentez et décrivez les documents puis montrez dans quelle mesure ils permettent de dire que la Seconde Guerre mondiale voit s'affronter deux types de régimes opposés.

CHAPITRE 3   La Seconde Guerre mondiale

GRAND ANGLE

Une guerre mondiale

Les ambitions expansionnistes des puissances de l'Axe – l'Allemagne, l'Italie et le Japon – conduisent en quelques années à un conflit mondial. En 1937, le Japon envahit la Mandchourie. En 1939, l'Allemagne envahit la Pologne. C'est le début de la Seconde Guerre mondiale. Le conflit s'étend en 1941, lorsque le Japon attaque les États-Unis et que l'Allemagne envahit l'URSS. La guerre est alors mondiale et voit les Alliés contraints de combattre sur plusieurs fronts : l'Europe, l'Afrique, l'Asie et le Moyen-Orient.

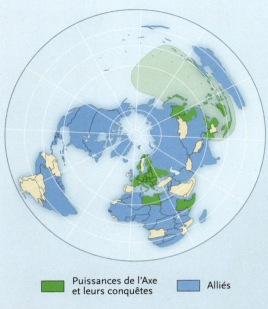

- Puissances de l'Axe et leurs conquêtes
- Alliés

1 Les puissances en guerre en 1942

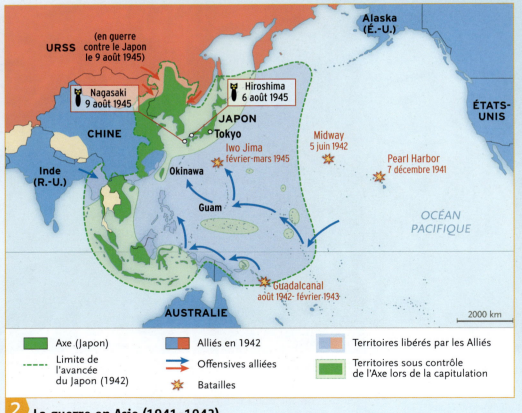

- Axe (Japon)
- Limite de l'avancée du Japon (1942)
- Alliés en 1942
- Offensives alliées
- Batailles
- Territoires libérés par les Alliés
- Territoires sous contrôle de l'Axe lors de la capitulation

2 La guerre en Asie (1941-1942)

72 FRAGILITÉS DES DÉMOCRATIES, TOTALITARISMES ET SECONDE GUERRE MONDIALE

COURS 1 — Les grandes phases du conflit

Quels ont été les protagonistes et les théâtres d'opération de la guerre ?

A Les victoires de l'Axe

● Le 1er septembre 1939, l'Allemagne nazie envahit la Pologne. Deux jours après, le Royaume-Uni et la France lui déclarent la guerre. Débute la « drôle de guerre », qui s'achève le 10 mai 1940 lorsque l'armée allemande lance une offensive éclair, la *Blitzkrieg*, et envahit la Belgique, les Pays-Bas, puis la France [doc. 1 p. 90]. Hitler ne parvient pas en revanche à envahir l'Angleterre.

● En 1941, l'armée allemande occupe la Yougoslavie et la Grèce, et conquiert une partie de l'Afrique du Nord. Hitler rompt le pacte de non-agression avec l'URSS en lançant, le 22 juin, l'opération Barbarossa [doc. 1], qui conduit les armées allemandes aux portes de Moscou et de Leningrad. L'Europe est alors sous domination allemande.

● Le Japon, qui est entré en guerre contre la Chine en 1937, attaque le 7 décembre 1941 la base américaine de Pearl Harbor, et s'empare de possessions coloniales en Asie du Sud-Est [doc. 2]. Le conflit devient dès lors une guerre mondiale.

B L'année 1942, tournant de la guerre

● L'entrée en guerre des États-Unis contre le Japon, l'Allemagne et l'Italie modifie le rapport de forces. Leur puissance économique et industrielle fait d'eux le « grand arsenal des démocraties », selon l'expression du président F. D. Roosevelt [doc. 3].

● Dans la Charte de l'Atlantique [doc. 4], les Alliés définissent comme but de guerre l'anéantissement des forces de l'Axe et le rétablissement de la paix. Les belligérants s'engagent dans une guerre totale, touchant autant les civils que les militaires, et multiplient les bombardements stratégiques.

● La victoire américaine de Midway (5 juin 1942), qui bloque la progression japonaise, la victoire alliée d'El Alamein (3 novembre 1942), qui repousse d'Égypte les troupes allemandes, et le débarquement allié d'Afrique du Nord (8 novembre 1942) marquent un tournant dans le conflit. Le 2 février 1943, l'armée allemande du général Paulus capitule à Stalingrad.

C Les victoires des Alliés

● La contre-offensive alliée s'accélère en 1943 avec le débarquement en Sicile et la libération de la Corse (octobre 1943), et en 1944 avec le débarquement en Normandie et l'opération Bagration [POINT DE PASSAGE p. 76].

● Les troupes allemandes sont en recul sur tous les fronts. Après le débarquement franco-américain de Provence (opération Dragoon, 15 août 1944), les troupes alliées, commandées par Dwight Eisenhower, libèrent la France, tandis que l'URSS reconquiert rapidement les territoires conquis à l'Est par les Allemands. Le 30 avril 1945, devant l'avancée soviétique, Adolf Hitler se suicide. Le 8 mai, l'Allemagne capitule [doc. 5].

● La guerre se prolonge dans le Pacifique où le Japon résiste à l'offensive américaine. En 1945, les États-Unis bombardent massivement le territoire japonais. Le président Harry Truman* décide d'utiliser l'arme nucléaire, élaborée en secret à partir de 1939 : les villes d'Hiroshima et de Nagasaki sont bombardées les 6 et 9 août 1945 [POINT DE PASSAGE p. 78]. Le 2 septembre 1945, l'empereur Hirohito signe la reddition du Japon, mettant fin au second conflit mondial.

1 L'opération Barbarossa
Assaut des troupes allemandes aux environs de Moscou, 1942.

L'opération Barbarossa, qui a pour objectif l'anéantissement de l'URSS, mobilise 4 millions de soldats allemands.

▶ Quelle vision de l'offensive cette photographie de propagande donne-t-elle ?

Mots clés

Blitzkrieg : stratégie militaire offensive consistant à rompre le système défensif ennemi en concentrant ses forces en un point précis (*Schwerpunkt*) puis en avançant le plus loin possible par unités blindées et motorisées appuyées par l'aviation.

Bombardements stratégiques : bombardements massifs d'industries de guerre, d'axes de transport et de villes, visant à épuiser économiquement et moralement l'adversaire.

« Drôle de guerre » : période sans engagement militaire majeur sur le front occidental, entre septembre 1939 et mai 1940.

Guerre totale : conflit qui mobilise toutes les ressources disponibles des belligérants, aussi bien humaines que militaires, économiques, scientifiques et culturelles.

Personnage clé

Dwight Eisenhower (1890-1969)
Commandant en chef des armées américaines en Europe en 1942, il coordonne les débarquements en Afrique du Nord, en Sicile puis en Italie avant de prendre le commandement en chef de l'ensemble des forces alliées.

74 FRAGILITÉS DES DÉMOCRATIES, TOTALITARISMES ET SECONDE GUERRE MONDIALE

2 La conquête de l'Asie du Sud-Est par le Japon
« L'éveil de l'Asie », affiche de propagande japonaise, 1943.
▶ Comment le Japon justifie-t-il son invasion ?

3 Les États-Unis, « arsenal des démocraties »
« Achetez des emprunts de guerre », affiche de propagande américaine, 1942.
▶ Comment l'affiche incite-t-elle à soutenir l'effort de guerre ?

4 La Charte de l'Atlantique

« Leurs pays [le Royaume uni et les États-Unis] ne cherchent aucun agrandissement territorial ou autre. Ils ne désirent voir aucune modification territoriale qui ne soit en accord avec les vœux librement exprimés des peuples intéressés. Ils respectent le droit qu'a chaque peuple de choisir la forme de gouvernement sous laquelle il doit vivre ; ils désirent que soient rendus les droits souverains et le libre exercice du gouvernement à ceux qui en ont été privés par la force. [...]
Après la destruction finale de la tyrannie nazie, ils espèrent voir rétablir une paix qui fournira à toutes les nations les moyens de vivre en sécurité [...]. Une telle paix devra permettre à tous les hommes de franchir les mers et les océans sans encombre. Ils ont la conviction que toutes les nations du monde [...] doivent renoncer finalement à l'usage de la force. Et du moment où il est impossible de sauvegarder la paix future tant que certaines nations qui la menacent [...] possèdent des armes [...], ils considèrent que, en attendant de pouvoir établir un système étendu et permanent de sécurité générale, le désarmement de ces nations s'impose. »

Charte signée par le président des États-Unis, Franklin Delano Roosevelt, et le Premier ministre britannique, Winston Churchill, 14 août 1941.

▶ Comment les Alliés envisagent-ils de consolider la paix ?

5 La défaite de l'Allemagne
Un soldat de l'Armée rouge plante le drapeau soviétique au sommet du Reichstag à Berlin, photographie de Yevgeny Khaldei, 30 avril 1945.
▶ Que révèle cette photographie des combats dans Berlin ?

CONFRONTER DEUX DOCUMENTS

Présentez les documents 2 et 3 en les replaçant dans leur contexte puis montrez ce qui les rapproche ou les oppose.

POINT DE PASSAGE

Juin 1944 : le débarquement en Normandie et l'opération Bagration

Après les défaites de l'Axe en Asie (Midway), en Afrique (El Alamein) et sur le front de l'Est (Stalingrad), les Alliés passent à l'offensive en Afrique du Nord en novembre 1942 puis en Sicile en juillet 1943 et en Corse en octobre 1943. À l'Est, les Soviétiques repoussent les troupes allemandes au prix de pertes massives. Dans ce contexte, les opérations Overlord en France et Bagration en Biélorussie, décidées lors de la conférence de Téhéran, visent à accélérer la libération de l'Europe.

▶ **Quel rôle ces deux opérations militaires simultanées ont-elles joué dans la chute du IIIe Reich ?**

Dates clés

28 nov.–1er déc. 1943	Conférence de Téhéran
Fin avril 1944	Reconquête de la quasi-totalité du territoire soviétique par l'Armée rouge
26-27 mai 1944	Bombardements alliés sur 25 agglomérations françaises
6 juin 1944	Débarquement en Normandie
22 juin 1944	Début de l'opération Bagration en Biélorussie
28 juin 1944	Percée du front allemand à Vitebsk et Bobrouïsk
3 juillet 1944	Libération de la ville de Minsk
31 juillet 1944	Percée d'Avranches par les Alliés
25 août 1944	Libération de Paris
29 août 1944	L'Armée rouge stationne en Lituanie, en Estonie et aux portes de Varsovie

2 Le témoignage d'un GI américain

Jess Weiss, soldat américain de 28 ans, débarque avec la deuxième vague sur la plage d'Omaha Beach.

« On a atteint le bord de l'eau. La rampe de la barge s'est abattue d'un coup et là… Dans un enchevêtrement d'épaves fumantes et de rouleaux de fil de fer barbelé, il y avait, pointés vers le ciel, des barres, des croix, des chevalets d'acier auxquels étaient accrochés ou pendus des GI's de la première vague, démembrés, criblés de balles. [...] Juste une longue plage de sable fin qui s'étendait sur quelque 300 mètres avant un surplomb assez raide. C'était de là que tiraient les mitrailleuses [...]. Je me suis aplati instinctivement, incapable de bouger [...]. Et je suis resté là un moment, la tête contre un cadavre, pétrifié. [...]
Et puis soudain, il y a eu cet ordre, hurlé par un commandant : "Si nous devons mourir, mourons donc à terre, mais pas sur la plage !" Je suis comme sorti d'une torpeur. Et tandis que d'autres hommes tombaient, que des cris de douleur traversaient la canonnade, que des mines explosaient sous des barges transformées en torches, que les balles des tireurs lacéraient sacs et uniformes, j'ai couru en zigzaguant vers le haut de la plage. [...] Il a fallu du temps, presque six heures, pour qu'une faille se perce [...] et que nous nous risquions vers les dunes pleines de mines. »

Témoignage de Jess Weiss recueilli par Annick Cojean, *Le Monde*, 25 mai 1994.

1 Du Débarquement à la libération de Paris (6 juin-25 août 1944)

Après le succès du Débarquement, la progression alliée est plus lente que prévue car le bocage normand est propice aux embuscades (« guerre des haies »). Le 31 juillet, la percée d'Avranches permet une avancée vers la Bretagne et vers Paris. On estime à environ 92 000 les pertes militaires pendant la bataille de Normandie dont 55 000 Allemands.

76 FRAGILITÉS DES DÉMOCRATIES, TOTALITARISMES ET SECONDE GUERRE MONDIALE

3 Les plages du Débarquement

Renforts américains grimpant la colline de la plage d'Omaha Beach le 18 juin 1944.

Le « mur de l'Atlantique » (1 500 ouvrages bétonnés et près de 200 000 obstacles disposés par les Allemands sur les plages normandes) n'empêche pas l'arrivée en Normandie de 3 millions de soldats alliés à partir du 6 juin 1944.

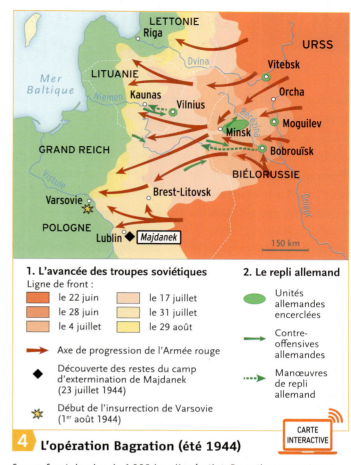

4 L'opération Bagration (été 1944)

1. L'avancée des troupes soviétiques
Ligne de front :
- le 22 juin
- le 28 juin
- le 4 juillet
- le 17 juillet
- le 31 juillet
- le 29 août

→ Axe de progression de l'Armée rouge

◆ Découverte des restes du camp d'extermination de Majdanek (23 juillet 1944)

✶ Début de l'insurrection de Varsovie (1er août 1944)

2. Le repli allemand
- Unités allemandes encerclées
- Contre-offensives allemandes
- Manœuvres de repli allemand

Sur un front de plus de 1 000 km, l'opération Bagration permet aux Soviétiques d'avancer de plus de 600 km en 2 mois et de stationner à la fin du mois d'août 1944 à la frontière du Grand Reich. On estime à plus de 460 000 les pertes militaires, dont 290 000 Allemands.

5 Le IIIe Reich pris en étau

« De cette saignée, le Reich ne se remettra pas, en quantité comme en qualité. Les 400 000 disparus en Biélorussie, l'encadrement des 28 divisions et des 8 corps engloutis formaient le noyau dur de l'armée allemande à l'est. [...] Ajoutons que l'armée allemande a aussi perdu en cet été 1944 un atout inestimable, l'ascendant sur son adversaire. Rien, jusque-là, n'avait réussi à entamer, dans la troupe et dans l'encadrement, le sentiment de supériorité militaire présent depuis le premier jour du conflit. [...] Les paniques ont été fréquentes, les fuites, hâtives, le matériel, souvent abandonné ou détruit trop tôt. Les redditions d'unités avec leurs officiers ont été plus nombreuses en six semaines que durant les trois années précédentes. [...] Bagration a libéré toute la Biélorussie, un quart de la Pologne et amené l'Armée rouge sur la frontière orientale du Reich. [...] Si elle a empêché des transferts d'unités vers la Normandie, la réciproque est vraie. Soviétiques et Anglo-Saxons ont trouvé leur avantage mutuel. La Wehrmacht en revanche ne jouit plus de l'atout de sa position centrale – atout constamment ressassé par Hitler – si les Alliés appliquent une pression constante des deux côtés. [...] La fin de la guerre, qui restait impossible à prévoir au début de 1944, est dorénavant en vue : tel est l'effet majeur de Bagration et Overlord. »

Jean Lopez, *Opération Bagration. La revanche de Staline (été 1944)*, Economica, 2014.

PROCÉDER À L'ANALYSE CRITIQUE DES DOCUMENTS

PARCOURS A

▶ **Lire, comprendre et analyser les documents**

1. À quels obstacles se heurtent les Alliés lors du Débarquement et de la bataille de Normandie ? [doc. 1, 2, 3]

2. Quelles sont les conséquences territoriales et humaines de l'opération Overlord ? [doc. 1, 2]

3. Quelles sont les conséquences pour l'armée allemande de l'opération Bagration ? [doc. 4, 5]

4. En quoi les opérations Overlord et Bagration sont-elles complémentaires dans la chute du IIIe Reich ? [doc. 1, 4, 5]

▶ **Synthétiser**

Montrez que le Débarquement et l'opération Bagration sont décisifs pour comprendre la chute du IIIe Reich. Vous insisterez sur leur genèse, leur déroulement et leurs conséquences militaires et politiques.

PARCOURS B

▶ **Confronter et critiquer deux documents** [Voir Méthode, p. 39]

À l'aide des informations contenues dans les documents 1 et 4, vous décrirez l'avancée des Alliés en Europe entre le 6 juin et le 29 août 1944, puis vous vous interrogerez sur la limite de ces cartes pour appréhender la réalité des combats sur les fronts Ouest et Est.

CHAPITRE 3 La Seconde Guerre mondiale 77

POINT DE PASSAGE

6 et 9 août 1945 : les bombardements nucléaires d'Hiroshima et de Nagasaki

Les 6 et 9 août 1945, dans le cadre de la guerre du Pacifique entre le Japon et les États-Unis, ces derniers prennent la décision de bombarder stratégiquement la ville industrielle et base militaire d'Hiroshima puis Nagasaki, pilier du complexe militaro-industriel japonais. L'objectif est de forcer le Japon à capituler et, pour ce faire, les États-Unis utilisent pour la première fois de l'histoire la bombe atomique, une arme mise au point à partir de 1939.

▶ **En quoi le double bombardement atomique marque-t-il l'entrée dans une nouvelle ère de la guerre ?**

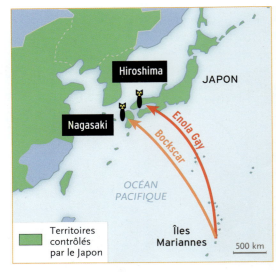

1 La destruction d'Hiroshima

Vue aérienne d'Hiroshima prise par l'armée américaine, 9 mars 1946.

Le bombardement d'Hiroshima, le 6 août 1945, cause la mort de 90 000 à 140 000 personnes sur une population totale de 320 000 personnes, dont 43 000 soldats.

2 Le président Truman justifie le bombardement

« Les gouvernements britannique, chinois et des États-Unis ont suffisamment mis en garde le peuple japonais contre ce qui les attend. Nous avons établi les conditions générales de leur reddition. Notre avertissement est resté sans réponse ; nos conditions ont été rejetées. Depuis lors, les Japonais ont vu ce dont notre bombe atomique était capable. [...] La première bombe atomique a été lâchée sur Hiroshima, une base militaire, afin d'éviter, dans la mesure du possible, la mort de civils lors de la première attaque. [...] Je réalise l'impact tragique de la bombe atomique. [...] Toutefois, nous savions que nos ennemis faisaient des recherches. [...] Nous avons gagné la course à la découverte contre les Allemands. Ayant découvert la bombe, nous l'avons utilisée. Nous l'avons utilisée contre ceux qui nous ont attaqués sans prévenir à Pearl Harbor, contre ceux qui ont affamé, battu à mort et exécuté des prisonniers de guerre américains, contre ceux qui ont abandonné tout semblant de respect des lois de guerre internationales. Nous l'avons utilisée pour écourter l'agonie de la guerre, pour sauver les vies de plusieurs milliers de jeunes Américains. Nous continuerons à l'utiliser jusqu'à ce que nous ayons complètement détruit les forces qui permettent au Japon de faire la guerre. Seule une capitulation nous arrêtera. »

Harry Truman, président des États-Unis, discours radiodiffusé, 9 août 1945.

3 Nagasaki détruite

Vue de Nagasaki détruite, le 8 septembre 1945. Au premier plan, le docteur Nagai, spécialiste des rayons X, qui meurt quelques jours après des suites de son exposition à la radioactivité.

Le bombardement de Nagasaki, le 9 août, cause la mort de 60 000 à 80 000 personnes. La ville est bombardée à la place de celle de Kokura, qui abrite un arsenal important, mais qui ce jour-là est rendue invisible depuis les airs par un épais nuage.

4 L'annonce de la capitulation du Japon

Six jours après le second bombardement, l'empereur du Japon prend acte de l'impossibilité pour le Japon de continuer le conflit alors que l'URSS est également entrée en guerre contre son pays en attaquant la Mandchourie le 9 août.

« À nos bons et loyaux sujets,
Après avoir mûrement réfléchi aux tendances générales prévalant dans le monde et aux conditions existant aujourd'hui dans notre Empire, nous avons décidé de régler la situation actuelle par mesure d'exception. Nous avons ordonné à notre gouvernement de faire savoir aux gouvernements des États-Unis, de Grande-Bretagne, de Chine et d'Union soviétique que notre Empire accepte les termes de leur déclaration commune[1]. [...] Bien que chacun ait fourni ses meilleurs efforts – en dépit des vaillants combats livrés par nos forces militaires et navales, de la diligence et de l'assiduité de nos serviteurs et dévouement de nos cent millions de sujets – la guerre a suivi son cours, mais pas nécessairement à l'avantage du Japon, tandis que les tendances générales prévalant dans le monde se sont toutes retournées contre ses intérêts. En outre, l'ennemi a mis en œuvre une bombe nouvelle d'une extrême cruauté, dont la capacité de destruction est incalculable et décime bien des vies innocentes. [...] C'est la raison pour laquelle nous avons ordonné d'accepter les termes de la déclaration commune des puissances. »

Message radiodiffusé de l'empereur Hirohito, 15 août 1945.

1. Il s'agit d'un ultimatum adressé au Japon par les États-Unis, la Grande-Bretagne et l'URSS réclamant sa capitulation sans condition.

5 Les populations civiles, premières victimes de la bombe

« Toute la ville est une mer de feu. L'enfer. L'enfer sur terre. » Dessin d'un *hibakusha* (« irradié »), Kenichi Nakano, 1974.

La bombe a des conséquences sur le destin de milliers d'habitants des deux villes qui survivent à l'explosion mais conservent les traumatismes de l'irradiation.

PROCÉDER À L'ANALYSE CRITIQUE DES DOCUMENTS

PARCOURS A

▶ **Lire, comprendre et analyser les documents**

1. Comment le président américain Truman présente-t-il sa décision d'utiliser l'arme atomique ? Quel objectif poursuivait-il ? [doc. 2, 4]
2. En quoi ces deux attaques diffèrent-elles des bombardements conventionnels ? [doc. 1, 3, 4]
3. Quels sont les effets humains, matériels et politiques de ce double bombardement ? [doc. 1, 3, 4]
4. Pourquoi ces deux bombardements marquent-ils l'entrée dans une ère nouvelle de la guerre ? [doc. 1, 3, 5]

▶ **Synthétiser**

Rédigez un paragraphe qui montre que les bombardements d'Hiroshima et Nagasaki sont caractéristiques de la guerre d'anéantissement. Vous pourrez organiser votre paragraphe autour des justifications et des conséquences de ces bombardements.

PARCOURS B

▶ **Construire une argumentation historique**
[Voir Méthode, p. 247]

Présentez le document 5 puis, en vous aidant des autres documents, montrez dans quelle mesure les dessins de survivants sont une ressource pertinente sur l'histoire du bombardement d'Hiroshima.

CHAPITRE 3 La Seconde Guerre mondiale 79

COURS 2 — Crimes de guerre, violences de masse et génocides

Comment le caractère idéologique de la guerre conduit-il au développement d'une violence génocidaire ?

A Une guerre « raciale » visant à détruire

- Pour Hitler, qui a intitulé son livre *Mon Combat* (*Mein Kampf*), la guerre est nécessaire. Elle est le moyen par lequel le plus fort assure sa survie et sa supériorité sur le vaincu. Elle doit permettre l'avènement d'une société « aryenne » racialement pure dont disparaîtraient les Juifs et ceux que les nazis considèrent comme des « anormaux » (handicapés, homosexuels).
- La guerre des nazis est une guerre de conquête, de colonisation, d'asservissement et d'anéantissement. Une fois l'Ouest battu, elle doit se dérouler dans l'est de l'Europe où le peuple allemand gagnerait « l'espace vital » (*Lebensraum*) nécessaire à son épanouissement [doc. 3].
- À leurs yeux, l'ennemi ultime est le « judéo-bolchevisme » qui s'incarne dans l'URSS. En juin 1941, l'Allemagne déclenche l'opération Barbarossa pour la détruire. Sur ce front de l'Est [POINT DE PASSAGE p. 82], l'assassinat de l'ennemi est légitimé par les ordres de Himmler.

B Une guerre théâtre de violences de masse

- Les combats sont particulièrement meurtriers. Les armées ne respectent pas les lois de la guerre ni la convention de Genève. En 1940, 22 000 officiers polonais sont exécutés à Katyn par les Soviétiques. L'armée allemande, quant à elle, assassine par millions les prisonniers de l'Armée rouge. Les populations assiégées dans les villes sont réduites à la famine, notamment à Leningrad.
- Cette guerre fait disparaître la distinction entre militaires et civils, considérés comme des ennemis [doc. 3]. Les populations sont la cible de représailles dans la guerre contre les partisans soviétiques [doc. 1]. Les bombardements stratégiques qui visent à faire plier les opinions publiques, initiés par l'aviation allemande contre le Royaume-Uni en 1940, sont ensuite généralisés.
- La violence de guerre est également extrême en Asie où les Japonais multiplient depuis 1937 les massacres à l'encontre des populations occupées et des soldats ennemis prisonniers, jusqu'à tester sur ces derniers des armes chimiques.

C Une guerre marquée par deux génocides

- L'offensive allemande en URSS marque une rupture. Dès août 1941, des groupes mobiles de tuerie, dont les *Einsatzgruppen*, assassinent systématiquement par fusillade les populations juives considérées comme responsables de la guerre. Ces massacres marquent le début de la Shoah.
- À partir de la fin de l'année 1941, l'Allemagne crée des centres de mise à mort [doc. 2]. Dès l'été 1942, Auschwitz [ÉTUDE p. 84] et Treblinka [ÉTUDE p. 85] deviennent les principaux sites de l'assassinat des Juifs, qui se déroule désormais à l'échelle de l'Europe dans le cadre de la politique de la « solution finale ».
- Les Tsiganes sont également victimes d'un génocide. Persécutés avant la guerre car désignés comme une race inférieure par le régime nazi, ils sont enfermés dans des camps, déportés vers des ghettos dès 1940, puis assassinés [doc. 4]. Ils sont aussi mis à mort par des régimes alliés des nazis comme en Roumanie.

1 La guerre contre les partisans

Soldats de la Wehrmacht détruisant un village accusé de soutenir les partisans, Biélorussie, 5 ou 6 juin 1942.

À partir de 1941, l'armée allemande fait face en URSS à la résistance des partisans. Elle réprime cette résistance en détruisant par milliers des villages accusés de soutenir les partisans.

▶ En quoi la photographie illustre-t-elle le non-respect des lois de la guerre ?

Mots clés

Centres de mise à mort : lieux vers lesquels les Juifs sont déportés afin d'être immédiatement assassinés.

***Einsatzgruppen* :** « groupes d'intervention » composés de SS et de policiers chargés du maintien de l'ordre et qui procèdent en URSS aux fusillades massives des Juifs.

Génocide : politique d'assassinat systématique et programmé d'une population ciblée sur des critères ethniques, nationaux, religieux ou raciaux.

Partisans : résistants contre les forces allemandes à l'Est après l'opération Barbarossa. Il s'agit de soldats de l'Armée rouge piégés par l'avancée allemande et de civils, dont de nombreux Juifs.

Shoah : mot hébreu signifiant « catastrophe » utilisé pendant la guerre pour désigner l'anéantissement des Juifs par le régime nazi.

« Solution finale de la question juive » : euphémisme désignant à partir de la conférence de Wannsee en janvier 1942 la politique de destruction de la population juive.

Personnage clé

Heinrich Himmler (1900-1945)

Entré au parti nazi dès 1923, il devient le chef de la SS en 1929 et de la Gestapo en 1934. Il est le principal responsable de l'administration du système concentrationnaire puis de la « solution finale ». Il se suicide en 1945 après son arrestation par les Britanniques.

FRAGILITÉS DES DÉMOCRATIES, TOTALITARISMES ET SECONDE GUERRE MONDIALE

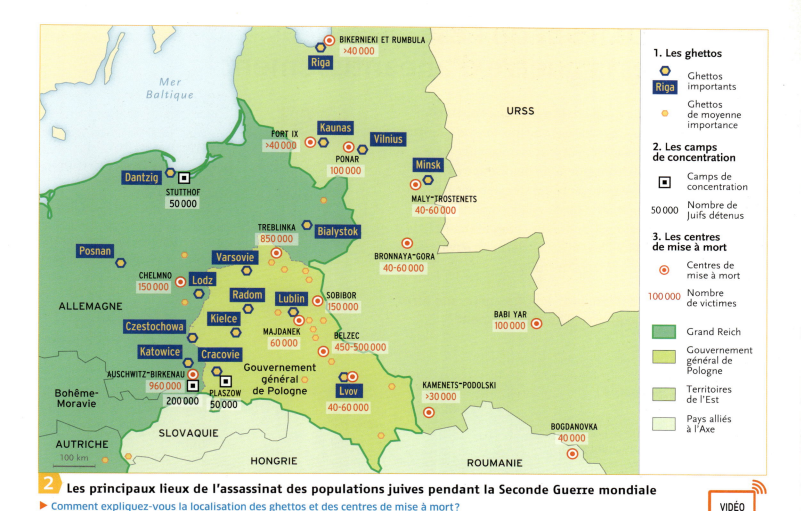

2 Les principaux lieux de l'assassinat des populations juives pendant la Seconde Guerre mondiale

▶ Comment expliquez-vous la localisation des ghettos et des centres de mise à mort ?

3 Le « Plan général de l'Est » (*Generalplan Ost*)

À partir de 1939, le régime nazi imagine une réorganisation de l'Est qu'il prévoit de conquérir et de coloniser. Ces projets sont conçus dès l'origine pour entraîner la destruction de millions de Slaves et de Juifs qui vivent sur ces territoires.

« L'approvisionnement en vivres du peuple allemand est sans aucun doute en tête des exigences allemandes dans l'Est, et il faudra que les régions du sud de la Russie et du nord du Caucase s'en accommodent pour approvisionner en nourriture le peuple allemand. Nous n'apercevons absolument pas d'obligation de nourrir le peuple russe avec les produits de ces régions excédentaires. Nous savons qu'il s'agit là d'une dure nécessité à accepter sans aucune question de sentiment. Sans doute une très importante évacuation de la population russe sera-t-elle nécessaire et les Russes connaîtront certainement des années très difficiles... Pour le Reich allemand et son avenir, l'application de cette politique d'évacuation à l'intérieur de l'espace proprement russe est une tâche prodigieuse et pas du tout négative, contrairement à ce qu'elle pourrait peut-être paraître lorsque l'on considère seulement la dure nécessité de l'évacuation. »

Alfred Rosenberg, conseiller spécial pour les territoires occupés à l'Est, discours à la Wehrmacht et aux dignitaires du parti nazi et de l'État.

▶ Quels aspects de la politique nazie envisagée à l'Est apparaissent dans ce discours ?

4 Le génocide des Tsiganes

« En 1942, ordre fut donné d'arrêter, sur toute l'étendue du Reich, toutes les personnes de sang tsigane y compris les métis, indépendamment de l'âge et du sexe, et de les expédier à Auschwitz [...]. Les Tsiganes transportés à Auschwitz devaient y rester, dans un "camp familial", pendant la durée de la guerre. [...] Cela dura deux ans. Les Tsiganes aptes au travail furent transférés dans d'autres camps. Mais, en août 1944, il restait encore à Auschwitz environ 4 000 Tsiganes qui devaient aller à la chambre à gaz. Jusqu'au dernier moment, ils avaient ignoré ce qui les attendait. Ils ne s'en aperçurent qu'au dernier moment où l'on les achemina par baraques entières vers les crématoires. Il n'était pas facile de les faire entrer dans les chambres à gaz. »

Témoignage de Rudolf Höss, commandant du camp d'Auschwitz, 1947 (trad. C. de Grunwald).

▶ Quelles étapes du génocide des Tsiganes apparaissent dans le témoignage de Rudolf Höss ?

EMPLOYER LES NOTIONS ET LE LEXIQUE À BON ESCIENT

À l'aide du cours et du document **4**, expliquez quelles caractéristiques de la politique nazie contre les Tsiganes justifient l'emploi de la notion de génocide.

POINT DE PASSAGE

Le front de l'Est et la guerre d'anéantissement

Le 22 juin 1941, l'Allemagne nazie déclenche l'opération Barbarossa contre l'URSS. Cette étape marque une rupture dans la guerre. L'offensive à l'Est a été conçue par le IIIe Reich comme l'affrontement de deux empires qui ne peut se terminer que par la destruction totale de l'un des deux belligérants. Cette guerre mobilise des moyens considérables, abolissant complètement la frontière entre militaires et civils. Ces derniers deviennent des populations à asservir ou à détruire.

▶ **Pourquoi la guerre allemande en URSS peut-elle être analysée comme une guerre d'anéantissement ?**

Dates clés

23 août 1939	Signature du pacte de non-agression entre l'Allemagne et l'URSS
Fin juillet 1940	L'Allemagne nazie commence à élaborer un plan secret d'invasion de l'URSS
30 mars 1941	Hitler présente la future opération comme « un combat d'extermination »
22 juin 1941	Début de l'opération Barbarossa. Les massacres de civils juifs se multiplient
29 et 30 sept. 1941	Massacre de 33 771 Juifs à Babi Yar (Kiev)
Décembre 1941	L'avancée allemande est stoppée devant Moscou
Printemps 1942	Les Allemands reprennent l'offensive. Ils sont devant Stalingrad en juillet
2 février 1943	L'armée allemande capitule à Stalingrad

1 Des ordres criminels et de destruction

a. « Dans la lutte contre le bolchevisme, on ne doit pas s'attendre à ce que l'ennemi applique les lois de l'humanité ou le droit des peuples. Il faut s'attendre de la part des commissaires politiques de toute espèce, en tant que moteurs de la résistance, à un traitement plein de haine, cruel et inhumain, de ceux des nôtres faits prisonniers. La troupe doit être consciente de ce qui suit : dans ce combat, il serait faux de faire preuve, vis-à-vis de ces éléments, de modération ou de respect des droits des peuples. [...] Les commissaires politiques sont à l'origine de méthodes de combat asiatiques et barbares. Ils doivent donc, lorsqu'on s'en empare, être liquidés par les armes. »

Directive du commandement suprême de la Wehrmacht, 6 juin 1941 (trad. N. Herrig).

b. « En face se trouve un peuple de 180 millions d'individus, un mélange de races et de peuples, dont l'allure est telle qu'on peut seulement les descendre tous sans pitié. Ces animaux tourmentent et torturent nos camarades, faits prisonniers ou blessés, et ne les traitent pas comme des soldats décents. »

Heinrich Himmler, discours devant des troupes du groupe de combat Nord, 13 juillet 1941 (trad. N. Herrig).

2 La guerre d'anéantissement sur le territoire soviétique

Entre juin et décembre 1941, plus de 500 000 Juifs sont assassinés en URSS par les *Einsatzgruppen*. Des milliers de villages soviétiques sont également détruits.

3 Les soldats soviétiques prisonniers, victimes de l'armée allemande

Un camp à ciel ouvert de prisonniers de guerre soviétiques, en Ukraine, à l'été 1941.

3,5 millions de prisonniers de guerre soviétiques perdent la vie, exécutés ou victimes des conditions dramatiques de leur détention, après avoir été capturés par l'armée allemande.

4 Les crimes de masse

L'assassinat des Juifs de Mizocz (Ukraine) le 14 octobre 1942, photographie prise par le gendarme allemand Gustav Hille en poste à Mizocz.

Les 1 700 Juifs de la ville de Mizocz, occupée depuis le 27 juin 1941, sont enfermés dans un ghetto en février 1942. Le 14 octobre, ils sont forcés à se rassembler et amenés à pied quelques kilomètres plus loin pour être assassinés par des policiers allemands et des miliciens ukrainiens en position en haut du ravin.

5 L'assassinat des Juifs de Lituanie

*Karl Jäger commande l'*Einsatzkommando 3, *qui appartient à l'*Einsatzgruppe A. *Cette unité des* Einsatzgruppen, *composée principalement de SS, est chargée de détruire le «judéo-bolchevisme» dans l'ensemble de la Lituanie.*

« Kaunas, le 1er décembre 1941 [...]
Le commando EK3 est entré en action le 2 juillet 1941 [...]. Nos hommes ont procédé aux opérations citées ci-dessous en collaboration avec les patriotes lituaniens :
7.7.41 Mariampole : Juifs 32 [...]
1.8.41 Ukmerge : 254 Juifs, 42 Juives, 1 comm[issaire] pol[itique], 2 agents lit[uaniens]. Du NKVD, 1 maire de Jonova [...]
15 et 16.8.41 Rokiskis : 3 200 Juifs, Juives et enfants j[uifs] [...]
Total : 137 346
Aujourd'hui, il m'est possible d'affirmer que le EK3 a atteint l'objectif fixé, il a résolu le problème juif en Lituanie. [...]
La réalisation de ce type d'opérations a été avant tout un problème d'organisation [...]. À Rokiskis, il a fallu acheminer 3 208 personnes sur une distance de 4,5 km avant de pouvoir procéder à la liquidation. [...]
À Kaunas, tous les membres de mon commando, chefs et hommes, ont participé activement aux opérations d'envergure. Seul un fonctionnaire du service anthropométrique a été dispensé pour raison de maladie.
En ce qui concerne la mission du EK3, je considère que les opérations juives sont pratiquement terminées. On a un besoin urgent des quelques travailleurs juifs restants et je pense que nous en aurons encore besoin à la fin de l'hiver. Il faudrait, à mon avis, déjà commencer à stériliser les hommes afin d'empêcher toute procréation. Si une Juive était enceinte malgré cela, il faudrait la liquider. »

Rapport de Karl Jäger, commandant de l'*Einsatzkommando 3* en Lituanie, 1er décembre 1941 (trad. C. Métais-Bührendt).

6 Détruire par la faim

		Nombre de morts à Leningrad
Juillet	1941	4 162
Septembre	–	6 808
Octobre	–	7 353
Novembre	–	11 085
Décembre	–	52 881
Janvier	1942	96 751
Février	–	96 015
Mars	–	81 507

D'après « Crimes de la Wehrmacht, dimensions de la guerre d'extermination », Institut de recherches sociales de Hambourg, 2002.

Leningrad compte environ 3 millions d'habitants en septembre 1941 quand l'armée allemande l'encercle. Ce siège militaire qui prend fin le 18 janvier 1943 avait entre autres buts d'affamer la population. Durant les premiers mois du siège, les autorités de la ville recensent les morts avant de stopper ce décompte en mars 1942. Au total, 1 million d'habitants meurent pendant le siège.

PROCÉDER À L'ANALYSE CRITIQUE DES DOCUMENTS

PARCOURS A

▶ **Lire, comprendre et analyser les documents**

1. Quelles sont les caractéristiques et l'ampleur de la guerre déclenchée par l'Allemagne en URSS ? [doc. 1, 2, 3]
2. Quels sont les différents acteurs de la guerre à l'Est ? [doc. 1, 4, 5]
3. Comment le commandement et les SS membres des *Einsatzgruppen* conçoivent la guerre à l'Est ? [doc. 1, 5]
4. Quels sont les différents moyens mis en œuvre par les troupes allemandes pour réaliser la guerre d'anéantissement ? [doc. 4, 5, 6]

▶ **Synthétiser**

Rédigez un paragraphe montrant que la guerre entre l'Allemagne et l'URSS, qui débute en juin 1941, est une guerre d'anéantissement. Vous pourrez organiser votre réflexion autour des acteurs, des cibles et des moyens de cette guerre.

PARCOURS B

▶ **Analyser une photographie** [Voir Méthode, p. 98]

Après avoir décrit les différents plans du document 4, écrivez un texte qui montre ce qu'il nous apprend du déroulement de la Shoah en URSS.

ÉTUDE
Auschwitz-Birkenau, camp de concentration et centre de mise à mort

Rebaptisée Auschwitz, la ville polonaise d'Oswiecim voit naître un complexe concentrationnaire immense puis le centre de mise à mort le plus meurtrier de la Seconde Guerre mondiale : 960 000 Juifs dont 66 500 venant de France y sont assassinés.

▶ **En quoi Auschwitz est-il le lieu où se combinent les différentes politiques meurtrières nazies ?**

Dates clés
Printemps 1940	Création du camp de concentration d'Auschwitz I
Printemps 1941	Début de l'extension du camp à Birkenau
Été 1942	Création du centre de mise à mort en périphérie du camp
27 janvier 1945	Découverte d'Auschwitz par l'Armée rouge

1 Auschwitz en 1944, l'épicentre de la Shoah
Arrivée d'un convoi de Juifs hongrois au printemps 1944 sur la *Bahnrampe* d'Auschwitz-Birkenau.
Cette photographie, prise par un photographe SS depuis le toit d'un wagon, montre les différents secteurs du camp de concentration. Au fond à droite et à gauche, on aperçoit le centre de mise à mort avec les cheminées des crématoires II et III.

2 Le témoignage d'un survivant d'Auschwitz

Juif grec déporté depuis Athènes en mars 1944, Shlomo Venezia raconte son arrivée à Auschwitz.

« Les portes se sont ouvertes sur la *Judenrampe* [...]. Dès que le train s'est arrêté, des SS ont ouvert les portes du wagon et se sont mis à hurler : [...] "Tout le monde !" Nous avons vu des hommes en uniforme pointant leur mitraillette et des bergers allemands aboyant sur nous. [...] J'ai voulu attendre près de la portière pour aider ma mère à descendre. [...] Alors que je l'attendais, un Allemand est arrivé par-derrière et m'a donné de gros coups de bâton sur la nuque. [...]
Dès la descente du train, les Allemands avec leurs fouets et à force de coups ont formé deux files, envoyant les femmes avec les enfants d'un côté et tous les hommes sans distinction de l'autre. [...] Je me suis retrouvé du côté où il y avait le moins de monde. [...] Tous les autres sont partis, sans le savoir, du côté de la mort immédiate dans les chambres à gaz de Birkenau. »

Shlomo Venezia, *Sonderkommando. Dans l'enfer des chambres à gaz*, Albin Michel, 2007 (trad. B. Prasquier).

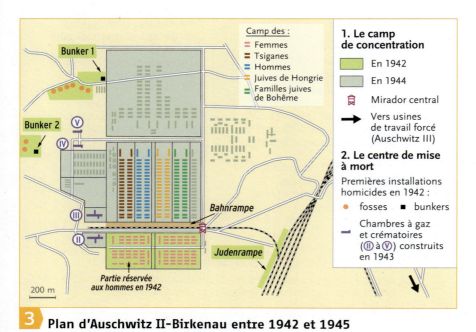

3 Plan d'Auschwitz II-Birkenau entre 1942 et 1945

ANALYSER LES DOCUMENTS

1. Analysez la photographie en vous aidant de la carte. Repérez les différents espaces d'Auschwitz selon qu'ils soient ceux de la sélection, de la concentration ou du centre de mise à mort. **[doc. 1, 3]**
2. Expliquez et décrivez ce qui est une des spécificités d'Auschwitz, la « sélection ». **[doc. 2]**
3. Montrez que la photographie occulte la violence qui s'exerce quotidiennement sur les déportés et que mentionnent les témoins. **[doc. 1]**

FRAGILITÉS DES DÉMOCRATIES, TOTALITARISMES ET SECONDE GUERRE MONDIALE

ÉTUDE
Treblinka, un centre de mise à mort

À partir de la fin de l'année 1941, le régime nazi décide de la création à l'écart des villes et à proximité d'une voie de chemin de fer de centres voués exclusivement à la mise à mort des Juifs déportés depuis les ghettos. Treblinka voit ainsi mourir 900 000 personnes.

▶ **En quoi le fonctionnement de Treblinka est-il caractéristique d'un centre de mise à mort ?**

Dates clés
23 juillet 1942	Arrivée à Treblinka du premier convoi de Juifs déportés depuis le ghetto de Varsovie
2 août 1943	Révolte des détenus juifs de Treblinka
Novembre 1943	Démantèlement du centre de mise à mort

1 Les déportations des ghettos polonais vers Treblinka

Déportation des Juifs de Siedlce (district de Varsovie) le 23 août 1942, photographie prise par un résistant polonais.

À partir de l'été 1942, les Allemands déportent vers Treblinka tous les Juifs de la région de Varsovie, Radom et Bialystok.

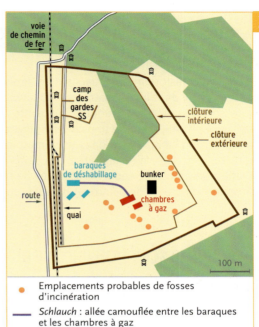

2 Treblinka, le cœur de la destruction des Juifs polonais

Totalement détruit par les SS en novembre 1943 après la disparition quasi totale des Juifs polonais, il ne reste presque aucune trace matérielle de Treblinka. Depuis quelques années, les travaux archéologiques ont permis de mieux connaître l'organisation du centre de mise à mort.

SITE

3 Le témoignage d'un survivant de Treblinka

Chil Rajchman est l'un des 57 survivants de Treblinka. À son arrivée en octobre 1942, il est affecté au tri des vêtements puis à la coupe des cheveux des déportées et enfin à l'arrachage des dents des cadavres. Il s'échappe le 2 août 1943 et rédige peu de temps après ce récit.

« Je regarde ces pauvres femmes et je n'en crois pas mes yeux. Chacune d'elles s'assied devant un coiffeur. [...] Une vieille dame s'assied devant moi. Je coupe ses cheveux et elle me demande une dernière chose avant de mourir : couper lentement car après elle, devant mon camarade, se trouve sa fille et elle voudrait être avec elle pour aller à la mort. Je m'efforce de ralentir et je dis à mon voisin d'accélérer la coupe de la demoiselle, pour qu'elles puissent entrer ensemble dans la chambre à gaz. [...] C'est ainsi qu'ont défilé des centaines de femmes dans un vacarme de cris et de sanglots. [...] Tout à coup, le flot des victimes s'interrompt : les chambres à gaz sont pleines. L'assassin qui se tient à la porte des chambres à gaz annonce une pause d'une demi-heure et s'en va. [...] Une demi-heure passe. Un assassin vient annoncer que le travail reprend. Nous regagnons nos places afin d'accueillir de nouvelles victimes. Cris et pleurs se font à nouveau entendre et des femmes nues apparaissent. Le travail se poursuit. Au bout d'une heure, le convoi est expédié. Quelques milliers de personnes ont été gazées. »

Chil Rajchman, *Je suis le dernier Juif. Treblinka (1942-1943)*, Les Arènes, 2009 (trad. G. Rozier).

ANALYSER LES DOCUMENTS

1. Déterminez quelles sources permettent de connaître l'histoire de Treblinka. [doc. 1, 2, 3]
2. Montrez que le centre de mise à mort de Treblinka est révélateur d'un processus planifié et industriel d'anéantissement des Juifs. [doc. 1, 2, 3]
3. Décrivez la photographie et montrez qu'elle illustre un des aspects de la définition du crime de génocide. [doc. 1]

CONSTRUIRE UNE COMPARAISON

Faites apparaître dans un tableau comparatif les points communs et les différences entre Auschwitz-Birkenau et Treblinka. Rédigez ensuite un paragraphe dans lequel vous montrerez en quoi Auschwitz-Birkenau et Treblinka sont des lieux majeurs de l'anéantissement des Juifs pendant la guerre.

CHAPITRE 3 La Seconde Guerre mondiale 85

HISTOIRE DES ARTS

David Olère, *Gazage*, 1947

Comment un peintre témoigne-t-il de l'horreur d'Auschwitz ?

● Déporté à Auschwitz en mars 1943, David Olère fait partie des cent dix-neuf Juifs de son convoi de mille déportés choisis pour travailler, les autres étant immédiatement exterminés. Il est affecté comme fossoyeur, puis au *Sonderkommando** (« commando spécial ») du crématoire III de Birkenau, chargé de transporter et de brûler les cadavres des victimes. Parce que ses talents de dessinateur et de traducteur le rendent intéressant aux yeux des SS, il n'est pas éliminé, contrairement aux autres membres du *Sonderkommando*. En janvier 1945, il survit à la « marche de la mort », lors de l'évacuation d'Auschwitz, et est libéré le 6 mai 1945.

● « David Olère, écrit l'avocat et historien Serge Klarsfeld, est le seul peintre au monde à avoir pénétré dans les crématoires d'Auschwitz-Birkenau et à en être ressorti vivant ; avec, en outre, la volonté de témoigner visuellement. » Dès 1945, il réalise une cinquantaine de dessins décrivant avec précision ce qu'il a vu dans le crématoire : le déshabillage au vestiaire, le gazage, la récupération des dents et des cheveux, l'incinération des corps. Le souvenir d'Auschwitz n'a cessé, par la suite, d'inspirer son œuvre de peintre et de sculpteur.

L'artiste

David Olère (1902-1985)
Né à Varsovie, David Olère (né Oler) est peintre, sculpteur et décorateur de cinéma. Installé en France depuis 1923, naturalisé en 1937, il est arrêté par la police française en 1943 et déporté à Auschwitz. Survivant à la Shoah, il entreprend de donner par ses dessins, ses tableaux et ses sculptures un témoignage des événements qu'il a vécus.

Le mouvement

Un style inclassable
David Olère s'applique dans ses dessins réalisés en 1945 à décrire ce qu'il a vu dans un style réaliste et précis, à des fins documentaires. Plusieurs de ses tableaux, en revanche, affichent sa proximité avec le courant expressionniste, qui cherche à représenter des émotions en recourant à des couleurs vives.

Mise en perspective — UNE DESCRIPTION PRÉCISE DU PROCESSUS D'EXTERMINATION

Avant d'abandonner Auschwitz, cherchant à effacer toute trace de l'extermination, les SS détruisent les crématoriums. Les dessins d'Olère constituent un précieux témoignage sur leur fonctionnement.

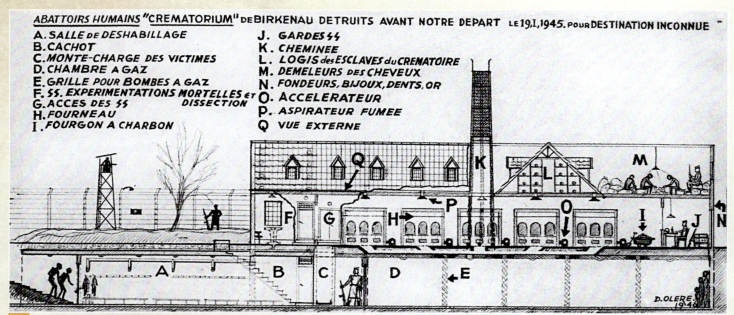

1 Le plan du crématorium III
David Olère, *Plan de coupe du crématoire III*, dessin, 50 x 22 cm, 1946.

2 La salle des fours crématoires
David Olère, *La Salle des fours*, dessin, 58 x 38 cm, 1945.

86 FRAGILITÉS DES DÉMOCRATIES, TOTALITARISMES ET SECONDE GUERRE MONDIALE

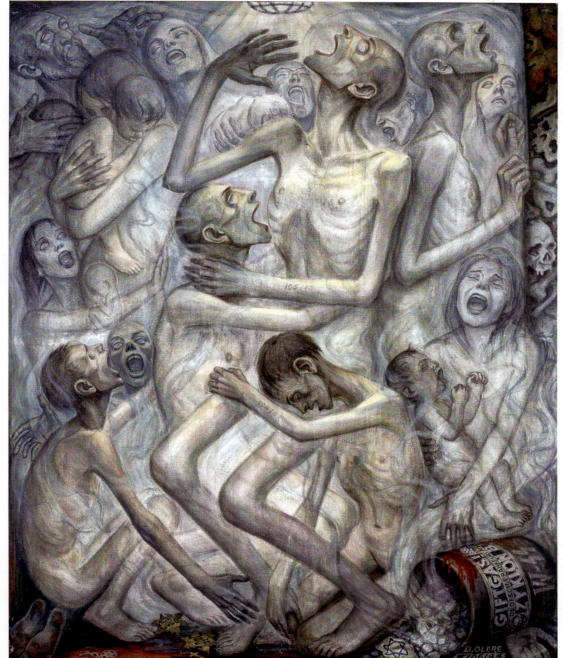

David Olère, *Gazage*
Huile sur toile, 131 x 162 cm, 1947.
New York, Museum of Jewish Heritage –
A Living Memorial to the Holocaust.

ANALYSER UN TABLEAU

▶ **Analyser l'œuvre**

1. Qu'est-ce qui rend ce tableau tout à fait unique ?
2. Pourquoi peut-on dire que l'œuvre de David Olère a une valeur documentaire ?
3. Comment l'artiste restitue-t-il dans son tableau l'horreur de l'extermination dans les chambres à gaz ?

▶ **Dégager la portée de l'œuvre**

Présentez l'œuvre et son auteur en les replaçant dans leur contexte, puis montrez dans quelle mesure le tableau et les dessins de David Olère constituent un témoignage irremplaçable.

COURS 3 — La France dans la Seconde Guerre mondiale

Pourquoi la période 1940-1944 constitue-t-elle des « années noires » pour la France et les Français ?

A Le choc de la défaite et ses conséquences politiques

- L'offensive allemande du 10 mai 1940 entraîne une débâcle militaire et l'invasion d'une partie du territoire. Huit millions de civils fuient sur les routes. Le gouvernement, réfugié à Bordeaux, est divisé sur la possibilité de poursuivre le combat hors de la métropole [POINT DE PASSAGE p. 90].
- Dès le 17 juin 1940, le maréchal Pétain, nouveau président du Conseil, justifie l'armistice qui entre en vigueur le 25 juin. Seule la zone Sud du territoire échappe à l'occupation allemande. L'absence des soldats prisonniers (1,8 million) et les réquisitions allemandes entraînent des pénuries [doc. 1].
- Après avoir obtenu le vote des pleins pouvoirs à Pétain le 10 juillet 1940, un nouveau régime installé à Vichy rompt avec l'héritage républicain. La propagande met en avant la figure rassurante du « vainqueur de Verdun » [doc. 2], mais la politique menée remet en cause les libertés fondamentales (presse, réunion, association).

B Occupation, collaboration et résistances

- Quelques milliers de volontaires qui refusent l'armistice partent pour Londres rejoindre la France Libre derrière le général Charles de Gaulle [POINT DE PASSAGE p. 92]. En métropole, des groupes se forment autour de publications clandestines, d'activités de renseignement ou d'aide aux évadés.
- Menant une politique d'exclusion xénophobe et antisémite, l'État français fixe le cadre d'une collaboration d'État dès le 24 octobre 1940 à Montoire. En juillet 1942, les forces de l'ordre françaises prennent part à des rafles de Juifs et leur transfert de la zone Sud, en vue de leur déportation [doc. 3].
- Les organisations de résistance, au sein desquelles de nombreuses femmes agissent [ÉTUDES p. 94-95], se structurent et les échanges avec la France Libre et les Alliés s'intensifient [doc. 5]. L'action de Jean Moulin aboutit le 27 mai 1943 à la création du Conseil national de la Résistance* (CNR), organe représentatif de la Résistance intérieure placé sous l'autorité du général de Gaulle [POINT DE PASSAGE p. 116].

C Préparer la libération

- L'invasion par l'Allemagne de la zone Sud le 11 novembre 1942 entraîne une radicalisation d'un régime de plus en plus impopulaire. Des collaborationnistes, adhérents à l'idéologie nazie, entrent au sein du gouvernement. La Milice*, créée par le gouvernement de Vichy le 30 janvier 1943, participe, aux côtés de la Gestapo, à la traque des Juifs et des résistants.
- L'instauration du Service du travail obligatoire (STO) le 16 février 1943 pousse des groupes de réfractaires refusant de partir travailler en Allemagne [doc. 4] à se cacher dans des lieux difficiles d'accès. Ces maquis [EX. 4 p. 103] sont bientôt encadrés par les organisations de résistance qui réorientent leurs actions vers la lutte armée.
- Dès l'automne 1943, l'attente d'un débarquement perçu comme imminent pousse la France Combattante à préparer la libération du territoire et la refondation républicaine, notamment à travers le programme du CNR et les ordonnances prises par le gouvernement provisoire à Alger [POINT DE PASSAGE p. 92].

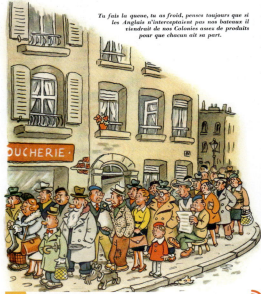

1 Les difficultés quotidiennes sous l'Occupation

« Tu fais la queue, tu as froid, pense toujours que si les Anglais n'interceptaient pas nos bateaux, il viendrait de nos Colonies assez de produits pour que chacun ait sa part. » Dessin de Pélan, extrait d'une brochure de propagande de Vichy, 1941.

▶ Comment la propagande répond-elle aux critiques de la population envers le régime ?

Mots clés

Collaboration : sous l'Occupation, politique de coopération administrative, économique, culturelle, militaire et judiciaire menée par l'État français et les partis collaborationnistes avec l'Allemagne nazie.

France Combattante : nom donné à partir du 14 juillet 1942 à la France Libre, organisation de résistance extérieure fondée par Charles de Gaulle à la suite de l'appel du 18 Juin, pour montrer l'union en cours avec la Résistance intérieure.

Organisations de résistance : mouvements (spécialisés dans la lutte contre la propagande officielle) ou réseaux (spécialisés dans le renseignement, le sabotage, les évasions) clandestins qui se structurent et se coordonnent progressivement sous l'Occupation.

Zones d'occupation : de 1940 à 1944, territoires placés sous domination militaire allemande ou italienne.

Personnage clé

Jean Moulin (1899-1943)

Préfet révoqué par Vichy, émissaire de la France Libre en métropole, Jean Moulin œuvre à l'unification de la Résistance symbolisée par la création, le 27 mai 1943, d'un organe représentatif de la Résistance (CNR) sous l'égide de De Gaulle. Arrêté, torturé, il meurt pendant son transfert en Allemagne.

2 Propagande et premiers signes de refus

Photographie prise sous les colonnes du métro aérien, Paris, 1941.

Au début de l'année 1941, le régime de Vichy constate la prolifération des graffitis, symboles de protestation, dont la croix de Lorraine, emblème de la France Libre, et le V, signe de victoire dont le tracé est encouragé par une campagne de la BBC.

▶ Comment les clivages politiques de la France sous l'Occupation s'affichent-ils dans le paysage urbain ?

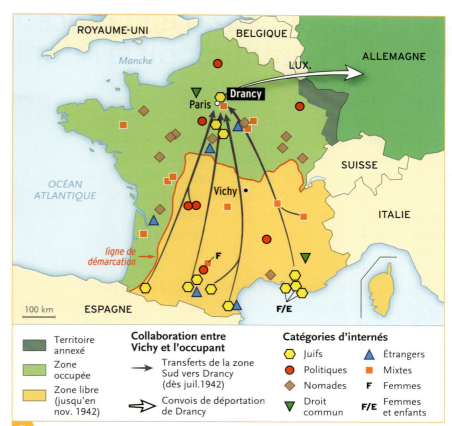

3 Répression et collaboration de l'État français

Dès septembre 1940, les camps d'internement sont utilisés par l'État français pour accueillir les minorités jugées « dangereuses ». À l'été 1942, ils servent au transfert de milliers de Juifs vers la zone occupée.

▶ Quelles sont les populations ciblées par la politique d'exclusion et de collaboration de l'État français ?

5 Les liaisons entre la France Libre et la Résistance intérieure

Daniel Cordier, qui a rejoint la France Libre dès l'été 1940, est envoyé en mission en France en juillet 1942. Secrétaire de Jean Moulin, il relate ses souvenirs sous forme de journal.

« Mardi 13 octobre 1942

[...] C'est mon premier contact radio. Comme les autres opérateurs, je n'ai aucun local pour cela. [...] Prenant en compte le risque supplémentaire de transporter mon émetteur à l'autre bout de la ville, je renonce, et, après bien des hésitations, décide d'émettre à partir de ma chambre.[...] N'ayant pas touché à mon poste depuis cinq mois, je suis ému d'exécuter pour la première fois en France ces gestes simples que j'ai tant répétés en Angleterre. [...] À l'heure prévue, je frappe mon indicatif, puis passe sur réception. [...] Stupeur : faiblement, mais distinctement, la station me répond. Instant prodigieux : je suis au "front", aux côtés des combattants de tous les pays. La guerre commence enfin. [...] Je m'arrache à ce trouble incongru : la journée n'est pas finie. Je dois décoder le télégramme reçu et l'ajouter au courrier de Rex [Jean Moulin]. »

Daniel Cordier, *Alias Caracalla*, Gallimard, 2009.

▶ Quels sont les obstacles à surmonter pour maintenir les échanges entre France Libre et Résistance intérieure ?

4 La main-d'œuvre française au service du Reich

Office de répartition de l'affichage (ORAFF), affiche de propagande en faveur du travail en Allemagne, 1943.

▶ Comment cette affiche présente-t-elle le STO ?

IDENTIFIER LES CONTRAINTES D'UNE SITUATION HISTORIQUE

À l'aide des documents 1 et 4, décrivez les contraintes et les menaces pesant sur la population de la France des « années noires ».

CHAPITRE 3 La Seconde Guerre mondiale 89

POINT DE PASSAGE

Juin 1940 en France : continuer ou arrêter la guerre

Face à la débâcle militaire, à l'exode de 8 millions de civils et à l'entrée des troupes allemandes dans Paris, la France en juin 1940 est confrontée selon l'historien Marc Bloch au « plus atroce effondrement de notre histoire ». La démission du gouvernement Reynaud et l'arrivée au pouvoir du maréchal Pétain scellent la victoire des partisans de l'armistice. Pourtant, le refus de la défaite motive les premiers engagements vers d'autres formes de combat en métropole, au sein de l'empire colonial ou en exil.

▶ **Quels clivages opposent partisans et adversaires de l'armistice en juin 1940 ?**

Dates clés

10 mai 1940	Attaque allemande de la Belgique et exode des civils
5 juin 1940	Charles de Gaulle nommé sous-secrétaire d'État à la Défense nationale
14 juin 1940	Entrée des Allemands dans Paris
16 juin 1940	Démission du gouvernement de Paul Reynaud
17 juin 1940	Message radiodiffusé de Pétain : annonce de l'armistice
18 juin 1940	Premier appel de De Gaulle à la BBC
21 juin 1940	Départ de parlementaires sur le Massilia
22 et 24 juin 1940	Armistices franco-allemand et franco-italien
10 juillet 1940	Vote des pleins pouvoirs à Pétain

1. La bataille de France (10 mai-22 juin 1940)
- ➡ Progression de la Wehrmacht
- --- Limite de l'avancée allemande
- ➡ Progression des troupes italiennes
- ➡ Exode de civils
- ➡ Évacuation des troupes françaises et britanniques

2. Un territoire morcelé
- Zone occupée
- Zone annexée par l'Allemagne
- Zone rattachée au gouverneur allemand de Bruxelles
- Zone interdite (littoral) dans le cadre du « mur de l'Atlantique »
- Zone occupée par les Italiens en 1940
- Zone non occupée jusqu'en novembre 1942
- Ligne de démarcation

CARTE INTERACTIVE

1 La France en juin 1940

Après l'armistice, la France, en partie administrée par les occupants allemands et italiens, voit son armée réduite à 100 000 hommes. Elle doit verser des frais d'occupation exorbitants (400 millions de francs par jour) alors que 1,8 million de prisonniers restent détenus en Allemagne.

2 Les divisions au sein du gouvernement Reynaud

Léon Blum, député socialiste de l'Aude, a quitté Paris et suivi le gouvernement installé à Bordeaux. Il décrit ici les débats autour de l'armistice et le projet (qu'il soutient) de poursuivre le combat en Afrique du Nord.

« Le Conseil des ministres allait se réunir dans l'après-midi. Sa très grande majorité était hostile aux propositions que le maréchal Pétain et le général Weygand étaient certainement résolus à renouveler. Les présidents du Sénat et de la Chambre, aussi fermement déterminés l'un que l'autre, assisteraient à la délibération. On devait s'attendre à la démission du maréchal Pétain. [...] On organiserait sans délai le départ, non pas pour l'Angleterre [...] mais pour l'Afrique du Nord, pour la France d'outre-Méditerranée.

La France, dans son malheur, conservait le privilège de disposer de bases impériales, proches du théâtre d'opérations, peuplées dans une large proportion de citoyens français, occupées par de puissantes armées françaises. [...]

Il fallait s'attendre à ce que, dans la France laissée vacante, surgît un nouveau gouvernement, ou plutôt un anti-gouvernement, soit par génération spontanée, soit sous la pression allemande. Le gouvernement métropolitain signerait sans doute l'armistice, irait peut-être même jusqu'à conclure un traité de paix séparée, tandis que le vrai gouvernement devenu gouvernement impérial continuerait à faire la guerre. »

Léon Blum, *Mémoires*, Albin Michel, 1955.

90 FRAGILITÉS DES DÉMOCRATIES, TOTALITARISMES ET SECONDE GUERRE MONDIALE

3 « L'affaire du *Massilia* »
Photographie du *Massilia* à son départ de Verdon-sur-Mer (Gironde), le 21 juin 1940.

Les 27 parlementaires embarqués sur le *Massilia* entendent poursuivre la lutte en Afrique du Nord. À leur arrivée à Casablanca le 24 juin 1940, ils sont consignés sur place. 23 sont autorisés à rentrer le 18 juillet (après le vote des pleins pouvoirs à Pétain) et 4 autres (dont les députés Pierre Mendès France* et Jean Zay), mobilisés, sont poursuivis pour désertion.

5 Les arguments de Pétain en faveur de l'armistice

Philippe Pétain, vice-président puis président du Conseil après la démission de Paul Reynaud, a œuvré en faveur de la conclusion d'un armistice. Après son discours du 17 juin 1940, il revient plus longuement sur les raisons de son choix.

« Les conditions auxquelles nous avons dû souscrire sont sévères. [...] Du moins l'honneur est-il sauf. Nul ne fera usage de nos avions et de notre flotte. Nous gardons les unités navales et terrestres nécessaires au maintien de l'ordre dans la métropole et dans nos colonies ; le gouvernement reste libre, la France ne sera administrée que par des Français.
Vous étiez prêts à continuer la lutte. Je le savais. La guerre était perdue dans la métropole. Fallait-il la prolonger dans les colonies ? Je ne serais pas digne de rester à votre tête si j'avais accepté de répandre le sang des Français pour prolonger le rêve de quelques Français mal instruits des conditions de la lutte.
Je n'ai placé hors du sol de France ni ma personne ni mon espoir. [...] C'est vers l'avenir que désormais nous devons tourner nos efforts. Un ordre nouveau commence. [...] Notre défaite est venue de nos relâchements. L'esprit de jouissance détruit ce que l'esprit de sacrifice a édifié. C'est à un redressement intellectuel et moral que, d'abord, je vous convie. Français, vous l'accomplirez et vous verrez, je vous le jure, une France neuve sortir de votre ferveur. »

Philippe Pétain, discours radiodiffusé du 25 juin 1940.

Un appel du général de Gaule

Londres, 18 Juin.
La B.B.C. communique : Le général français de Gaulle, actuellement à Londres, s'est exprimé en ces termes :

Le gouvernement français a demandé à l'ennemi à quelles conditions pourrait cesser le combat. Il a déclaré que si ces conditions étaient contraires à l'honneur, à la dignité, à l'indépendance de la France, la lutte devrait continuer.
Certes, nous avons été nettement submergés par les forces mécaniques, terrestres et aériennes de l'ennemi.
Infiniment plus que leur nombre, ce sont les chars, les avions, la tactique des Allemands qui nous font reculer. Ce sont les chars, les avions, la tactique des Allemands qui ont surpris nos chefs, mais le dernier mot est-il dit ?
L'espérance doit-elle disparaître ? La défaite est-elle définitive ? Non.
L'homme qui vous parle le fait en toute connaissance de cause. Croyez-le quand je vous dis que rien n'est perdu pour la France. Les moyens qui nous ont vaincus peuvent nous donner un jour la victoire car la France n'est pas seule. Elle a derrière elle l'Empire britannique qui tient encore et continue la lutte. Elle peut, comme l'Angleterre, utiliser sans limite l'immense industrie des États-Unis. Cette guerre n'est pas limitée aux territoires malheureux de notre pays. Cette guerre n'est pas tranchée par la bataille de France. Cette guerre est une guerre mondiale.
Toutes les fautes, tous les retards, toutes les souffrances n'empêchent pas qu'il y a dans l'univers tous les moyens pour écraser un jour nos ennemis.
Foudroyés aujourd'hui par les forces mécaniques, nous pourrons vaincre dans l'avenir par une force mécanique supérieure. Le destin du monde est là.
Moi, général de Gaulle, actuellement à Londres, J'INVITE LES OFFICIERS ET LES SOLDATS FRANÇAIS QUI SE TROUVENT EN TERRITOIRE BRITANNIQUE ou qui viendraient à s'y trouver avec leurs armes ou sans armes, j'invite les ingénieurs et les ouvriers spécialistes français des industries d'armement qui se trouvent en territoire britannique ou qui viendraient à s'y trouver, à se mettre en rapport avec moi.
Quoi qu'il arrive, la flamme de la résistance française ne doit pas s'éteindre et ne s'éteindra pas.
Demain comme aujourd'hui, je parlerai à la radio de Londres.

4 L'appel du 18 Juin
Extrait de la Une du journal *Le Petit Provençal*, 19 juin 1940.

Après la démission de Paul Reynaud, Charles de Gaulle part pour Londres où Winston Churchill l'autorise à s'adresser aux Français au micro de la BBC dans un appel diffusé à 22 heures et reproduit dans certains journaux français le lendemain.

PROCÉDER À L'ANALYSE CRITIQUE DES DOCUMENTS

PARCOURS A

▶ **Lire, comprendre et analyser les documents**

1. Quelle est la situation militaire et politique de la France à la veille de l'armistice ? [doc. 1, 2]

2. Quels sont les moyens envisagés pour continuer le combat après l'armistice ? [doc. 2, 3, 4]

3. Quel rapprochement peut-on faire entre les arguments de Blum et ceux de De Gaulle ? [doc. 2, 4]

4. En quoi les analyses militaires de Pétain et de De Gaulle s'opposent-elles ? [doc. 4, 5]

▶ **Synthétiser**

Montrez que le clivage qui oppose partisans et adversaires de l'armistice en juin 1940 porte à la fois sur la possibilité de continuer à gouverner en métropole et de poursuivre le combat militaire sur d'autres fronts.

PARCOURS B

▶ **Analyser une carte** [Voir Méthode, p. 274]

À l'aide du document 1, décrivez l'évolution militaire de la campagne de France entre le 10 mai 1940 et le 22 juin 1940, puis expliquez l'expression « un territoire morcelé » pour désigner la situation administrative du pays après l'armistice.

POINT DE PASSAGE

De Gaulle et la France Libre

À l'été 1940, le général de Gaulle est rejoint à Londres par quelques milliers de volontaires, dont peu de personnalités de premier plan. Il œuvre dès lors à structurer politiquement et militairement son organisation de résistance extérieure afin que la France Libre soit reconnue par les Alliés comme un interlocuteur légitime. Fort de l'assise territoriale offerte par les ralliements au sein de l'Empire, il noue des contacts avec la Résistance intérieure dans la perspective d'une refondation républicaine à la Libération.

▶ **Quels sont les objectifs militaires et politiques du chef de la France Libre en vue de la Libération ?**

Dates clés

22 juin 1940	Première utilisation du terme « France Libre » par le général de Gaulle
28 juin 1940	De Gaulle reconnu comme chef des « Français Libres » par le gouvernement britannique
7 août 1940	Accords Churchill-De Gaulle reconnaissant les Forces françaises libres (FFL)
Août-sept. 1940	Premiers territoires ralliés à la France Libre
27 octobre 1940	Manifeste de Brazzaville
Juin 1942	Diffusion de la déclaration du général de Gaulle aux mouvements de résistance
26 mai-11 juin 1942	Premier fait d'armes des FFL défendant Bir Hakeim face aux Allemands
14 juillet 1942	La France Libre devient la France Combattante
3 juin 1943	À Alger, création du Comité français de libération nationale (CFLN) qui deviendra le Gouvernement provisoire de la République française un an plus tard

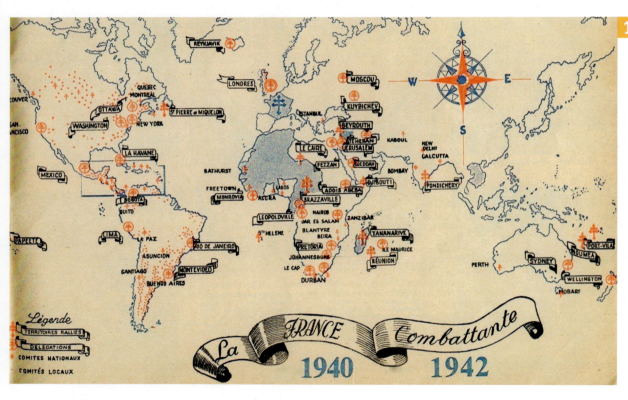

1 Les bases territoriales de la France Combattante

Carte publiée dans la brochure *Au service de la France*, 1944.

Cette carte met en évidence la présence de la France Combattante dans le monde à travers les territoires ralliés de l'Empire, mais aussi les comités de la France Libre, composés de volontaires œuvrant pour faire connaître son action dans près de quarante pays.

2 Le manifeste de Brazzaville

« La France traverse la plus terrible crise de son histoire [...]. Or, il n'existe plus de gouvernement proprement français. En effet, l'organisme sis à Vichy et qui prétend porter ce nom est inconstitutionnel et soumis à l'envahisseur. [...] Il faut donc qu'un pouvoir nouveau assume la charge de diriger l'effort français dans la guerre. Les événements m'imposent ce devoir sacré, je n'y faillirai pas. J'exercerai mes pouvoirs au nom de la France et uniquement pour la défendre, et je prends l'engagement solennel de rendre compte de mes actes aux représentants du peuple français dès qu'il lui aura été possible d'en désigner librement. Pour m'assister dans ma tâche, je constitue, à la date d'aujourd'hui, un Conseil de défense de l'Empire. [...] En union étroite avec nos alliés, qui proclament leur volonté de contribuer à restaurer l'indépendance et la grandeur de la France, il s'agit de défendre contre l'ennemi ou contre ses auxiliaires la partie du patrimoine national que nous détenons, d'attaquer l'ennemi partout où cela sera possible, et de mettre en œuvre toutes nos ressources militaires, économiques, morales, de maintenir l'ordre public et de faire régner la justice. »

Discours de Charles de Gaulle à Brazzaville, capitale de la France Libre, 27 octobre 1940.

3 Préparer la refondation républicaine

De Gaulle lors de la séance inaugurale de l'Assemblée consultative provisoire d'Alger, 3 novembre 1943.

Créée à Alger, l'Assemblée consultative provisoire réunie sous la direction du CFLN est un lieu de débat où siègent les principales composantes de la Résistance dans le respect du cérémonial républicain.

4 De Gaulle face aux Alliés anglo-saxons

Le débarquement allié de novembre 1942 en Afrique du Nord ouvre une période de crise entre de Gaulle et les Alliés : Roosevelt soutient son rival, le général Giraud, qui coprésie jusqu'en octobre 1943 le Comité français de la libération nationale (CFLN), créé en juin 1943 pour diriger les territoires ralliés et l'effort de guerre français.

« À la mi-mai [1943], Churchill va à Washington où Roosevelt, excédé par de Gaulle, "ses procédés dictatoriaux" et son intransigeance envers Giraud, insiste pesamment pour que l'Angleterre rompe avec lui. [...] Le cabinet de guerre s'y refuse : Giraud et de Gaulle viennent enfin de se mettre d'accord pour former un exécutif commun à Alger, personne ne comprendrait que les Alliés les en empêchent. [...]

Deux événements confirment dès l'automne 1943 la validité des choix du cabinet dont Churchill doit tenir compte. Le premier est l'affaire corse. La libération de l'île en septembre 1943, décidée par Giraud avec le concours des services secrets anglais et américains, prouve l'efficacité de la Résistance locale, mais le Front National contrôlé par le parti communiste met la main sur les municipalités nouvelles[1] ; seule l'autorité de De Gaulle et de ses équipes vient leur faire contrepoids. [...] L'autre événement politique [...] est la réunion à Alger de l'Assemblée consultative provisoire. Elle doit regrouper une large et brillante représentation tant résistante que parlementaire. [...] Celle-ci, dès ses premières séances, s'affirme unanime autour du Général et dans son aspiration démocratique. »

Jean-Louis Crémieux-Brilhac, *De Gaulle, la République et la France Libre (1940-1945)*, Perrin, 2014.

1. Après la libération de la Corse le 4 octobre, les communistes, majoritaires au sein de la résistance locale, contrôlent plus de 200 municipalités. En visite sur l'île dès le 8, de Gaulle s'assure de leur ralliement.

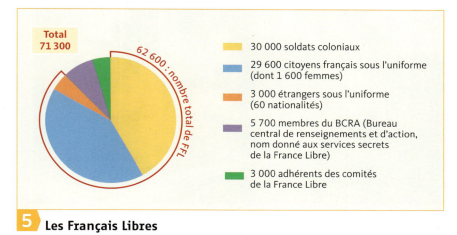

5 Les Français Libres

D'après J.-F. Muracciole, *Les Français Libres. L'autre Résistance*, Tallandier, 2009.

- 30 000 soldats coloniaux
- 29 600 citoyens français sous l'uniforme (dont 1 600 femmes)
- 3 000 étrangers sous l'uniforme (60 nationalités)
- 5 700 membres du BCRA (Bureau central de renseignements et d'action, nom donné aux services secrets de la France Libre)
- 3 000 adhérents des comités de la France Libre

Total 71 300
62 600 : nombre total de FFL

PROCÉDER À L'ANALYSE CRITIQUE DES DOCUMENTS

PARCOURS A

Lire, comprendre et analyser les documents

1. Comment de Gaulle se pose-t-il en alternative politique au régime de Vichy ? [doc. 2, 3]
2. Quelle est l'importance de l'Empire colonial pour la France Libre ? [doc. 1, 2, 5]
3. Comment de Gaulle renforce-t-il sa légitimité politique auprès de la Résistance et des Alliés ? [doc. 4]
4. Comment de Gaulle prépare-t-il la refondation républicaine ? [doc. 3, 4]

Synthétiser

Montrez de quelle manière le général de Gaulle a organisé la France Libre dans le domaine politique et militaire, ainsi que les obstacles qu'il a dû surmonter pour gagner en légitimité face à la Résistance et aux Alliés.

PARCOURS B

Justifier une interprétation [Voir Méthode, p. 135]

Après avoir présenté et décrit le document 1, montrez que les informations données sont trop partielles pour mesurer le rayonnement de la France Libre dans le monde et que cette carte est avant tout un outil de propagande.

ÉTUDE

Charlotte Nadel, membre fondatrice du mouvement Défense de la France

Hormis quelques figures célèbres, le rôle des femmes dans la Résistance a été longtemps peu valorisé. Charlotte Nadel, responsable de l'impression du journal clandestin du mouvement Défense de la France, est un exemple de ces femmes engagées dans la Résistance intérieure.

▶ **Quel rôle jouent les femmes au sein de la Résistance intérieure ?**

Personnage clé

Charlotte Nadel (née en 1920)
Fille d'émigrés russes, Charlotte Nadel, étudiante à la Sorbonne, participe à la fondation du mouvement Défense de la France. Elle dirige les quatre ateliers clandestins d'impression du journal. Arrêtée le 27 mai 1944, elle rejoint à sa libération le maquis de Seine-et-Oise Nord où elle devient agent de liaison.

1 **L'impression d'un journal clandestin**

Jacqueline Borgel, Lucie Montet et Charlotte Nadel (de gauche à droite) travaillant à l'atelier de typographie de la rue Jean-Dolent à Paris (à l'arrière-plan, on aperçoit les murs de la prison de la Santé), printemps 1944.

À l'été 1941, la fabrication du premier numéro de *Défense de la France* est artisanale. L'acquisition de machines professionnelles et d'un savoir-faire technique en améliore la qualité et la vitesse d'impression. Le journal est tiré à 450 000 exemplaires en janvier 1944.

2 **Un agent de liaison du maquis de Seine-et-Oise**

Photographie prise dans le maquis de Défense de la France en Seine-et-Oise, été 1944.

En août 1944, Charlotte Nadel, chargée du rôle d'agent de liaison (comme de nombreuses femmes à l'époque), multiplie les trajets à bicyclette pour transmettre des informations et du matériel.

3 **Le rôle de Charlotte Nadel dans les débuts du mouvement** [VIDÉO]

« On a donc décidé de faire quelque chose qui se tiendrait. Donc un journal, un petit journal pour que les réactions quand ça circulerait ne soient pas d'être jeté, mais d'être lu et d'être passé à d'autres. Moi je n'écrivais pas du tout à l'époque [...], mais ils m'ont demandé de m'occuper de la partie technique. [...] J'ai monté une petite équipe [...]. À un moment donné, je crois que c'est en 1942-43, [...] Marlyse Gutman, une Alsacienne qui était la jardinière d'enfants, nous a donné une des grandes pièces [...] au 11 rue Klock à Clichy. [...] Marlyse a malheureusement fait une fausse carte d'identité à une Alsacienne qui au bout de douze heures d'interrogatoire a lâché qui l'avait fait, on a vu la Gestapo arriver, j'ai pu en faire partir par les toits, par la fenêtre... Moi-même, j'ai pris une partie du matériel, j'ai pu partir aussi et je l'ai laissée entre les mains de la Gestapo. »

Témoignage oral de Charlotte Nadel enregistré en 2007 par l'association Mémoires et Espoirs de la Résistance.

ANALYSER LES DOCUMENTS

1. Montrez que Charlotte Nadel a joué un rôle essentiel dans le développement du mouvement Défense de la France. [doc. 1, 3]
2. Repérez les différentes fonctions occupées par Charlotte Nadel au sein du mouvement Défense de la France. [doc. 1, 2]
3. Expliquez pourquoi, selon vous, les tâches assignées aux résistantes ont été moins valorisées à la Libération que celles des hommes.

ÉTUDE

Hélène Terré, commandant de la France Libre

À côté des volontaires civiles, le parcours d'Hélène Terré illustre l'engagement militaire de certaines Françaises Libres. Encasernées et remplaçant les combattants dans des tâches civiles (mécanique, guet, codage), ces femmes intègrent les unités combattantes pour assumer des fonctions médicales et logistiques.

▶ **Quel rôle est réservé aux femmes au sein de la France Libre ?**

Personnage clé

Hélène Terré (1903-1993)
Travaillant dans l'édition, Hélène Terré entre au service de la Croix-Rouge en septembre 1939. Engagée à Londres au sein des Forces françaises libres, elle dirige à partir de 1941 le Corps des volontaires françaises, puis, à l'automne 1943, les Auxiliaires féminines de l'armée de terre (AFAT), armée de 15 000 femmes à la Libération.

1 Remise du fanion de son unité à la capitaine Terré
Le général de Gaulle remet le fanion du Corps des volontaires françaises à Hélène Terré, Londres, 12 novembre 1942.

Le capitaine Hélène Terré succède en 1941 à la championne de tennis Simonne Mathieu à la tête du Corps des volontaires françaises fondé dès le 7 novembre 1940.

2 Le Corps des volontaires françaises

« Oui, elles venaient de tous les horizons les Volontaires françaises. Si certaines se trouvaient déjà en Grande-Bretagne, d'autres se sont évadées de France et d'autres encore ont rallié Londres après bien des aventures car elles venaient de loin, des territoires d'outre-mer, de Saint-Pierre-et-Miquelon, de Haïti, d'Amérique du Sud. Elles étaient de toutes origines et leur rôle était de remplacer dans sa tâche un homme qui pourrait servir dans une unité combattante. Il fallait les instruire, leur donner une formation technique. Ainsi, l'ex-petite bonne d'enfants dut apprendre la photographie pour pouvoir être affectée au BCRA[1] à la préparation des microfilms destinés à l'armée secrète. [...] Puis, il y eut des départs pour l'AEF[2], pour l'Afrique du Nord, pour la France occupée. Dès le 8 juin 1944, certaines d'entre elles débarquaient en Normandie. »

Hélène Terré, extrait de la *Revue de la France Libre*, n° 187, octobre 1970.

1. Bureau central de renseignements et d'action, nom donné aux services secrets de la France Libre.
2. Afrique-Équatoriale française.

3 Les volontaires féminines au cœur des combats VIDÉO

« À l'automne 1943, [Hélène Terré] rejoint Alger et participe à la création (décision du 26 juillet 1944) des "auxiliaires féminines de l'armée de terre" (AFAT) qui intègrent ces 430 Françaises Libres qui ont été pionnières dans un domaine jusque-là réservé aux hommes. [...] Promue commandant – elle est la première femme nommée à ce grade – Hélène Terré assure le transfert de l'état-major des AFAT au ministère de la Guerre à l'été 1944, incorpore des volontaires et constitue une armée de 15 000 femmes. Elles deviennent conductrices ou infirmières dans les unités en campagne. [...]
Des femmes ont de surcroît contracté un engagement volontaire au sein de la 2e division blindée à partir de la fin 1943 – "les Rochambelles" – et ont été affectées au bataillon médical ; à la même époque, d'autres, les "marinettes", ainsi nommées parce qu'elles servent dans une unité de marine, ont rejoint la future première armée française. »

Christine Levisse-Touzé, « Les femmes dans la France Libre », *Dictionnaire historique de la Résistance*, Robert Laffont, 2006.

ANALYSER LES DOCUMENTS

1. Décrivez les tâches spécifiques assignées aux Volontaires françaises. [doc. 2, 3]
2. Montrez les points communs entre ces femmes et les autres soldats volontaires ayant rejoint la France Libre (origine, formation). [doc. 1, 2]
3. Expliquez pourquoi, d'après vous, le rôle inédit de ces femmes militaires au sein de l'armée française a été minoré. [doc. 2, 3]

RÉDIGER UN PLAIDOYER ARGUMENTÉ

À l'aide de documents de natures diverses (archives privées ou disponibles auprès des musées de la Résistance et de la Déportation), montrez l'importance et la spécificité du rôle joué par une résistante ou Française Libre de votre choix.

FAIRE LE POINT
La Seconde Guerre mondiale

RETENIR L'ESSENTIEL

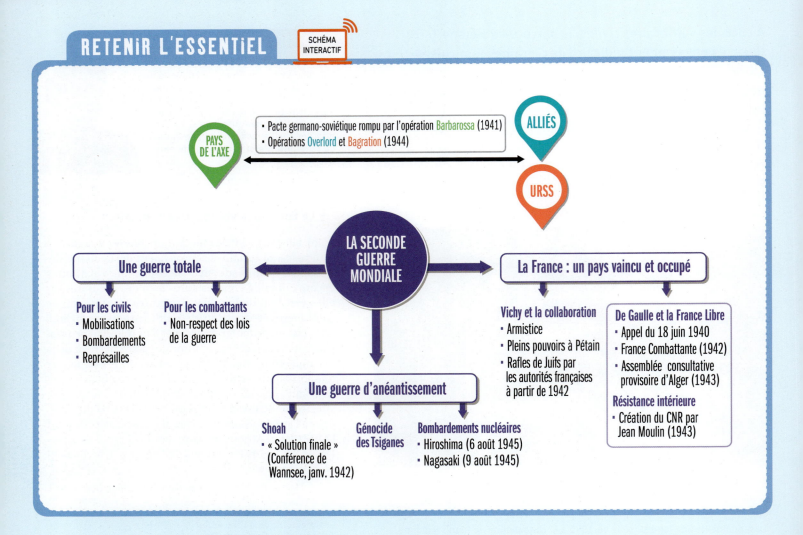

ÉVÉNEMENTS CLÉS

● **Juin 1944 : le débarquement en Normandie et l'opération Bagration.** À partir de juin 1944, l'Allemagne nazie se trouve prise en étau entre l'armée soviétique, qui lance une opération d'envergure à l'Est, et les Alliés, débarqués en Normandie le 6 juin 1944.

● **6 et 9 août 1945 : les bombardements nucléaires d'Hiroshima et de Nagasaki.** Le recours à l'arme atomique par les États-Unis contre le Japon, qui fait de très nombreuses victimes civiles, précipite la fin du conflit et inaugure l'ère de la dissuasion nucléaire.

PERSONNAGES CLÉS

● **Dwight Eisenhower (1890-1969) :** commandant en chef des armées américaines en Europe en 1942, il coordonne les débarquements en Afrique du Nord, en Sicile puis en Italie avant de prendre le commandement en chef de l'ensemble des forces alliées.

● **Heinrich Himmler (1900-1945) :** entré au parti nazi dès 1923, il devient le chef de la SS en 1929 et de la Gestapo en 1934. Il est le principal responsable de l'administration du système concentrationnaire puis de la « solution finale ». Il se suicide en 1945 après son arrestation par les Britanniques.

NE PAS CONFONDRE

● **Shoah :** ce terme hébreu, qui signifie « catastrophe », est utilisé pendant la guerre pour désigner les persécutions puis l'anéantissement systématique des Juifs par le régime nazi.

● **Génocide :** terme inventé par le juriste Raphaël Lemkin en 1944 pour désigner une politique d'assassinat systématique et programmé d'une population ciblée sur des critères ethniques, nationaux, religieux ou raciaux.

RÉVISER AUTREMENT

EXERCICE INTERACTIF

Compléter une frise chronologique

Objectif : Identifier les grandes phases de la guerre

ÉTAPE 1
Identifiez et nommez ou datez les événements sur la frise.

ÉTAPE 2
Complétez la frise en nommant les grandes phases du conflit.

ÉTAPE 3
Indiquez les dates de la fin de la guerre, en Europe et en Asie.

1939 — 1942 — 1945

PHASE 1
- 1er sept. 1939 : invasion de ....
- 22 juin 1940 : signature de ....
- 22 juin .... : opération Barbarossa
- 7 décembre 1941 : attaque de ....

PHASE 2
- .... : défaite du Japon à ....
- .... : défaite allemande à El Alamein
- 2 février 1943 : reddition du maréchal Paulus à ....
- 8 mai 1945 : ....
- 2 septembre 1945 : ....

VÉRIFIER SES CONNAISSANCES

EXERCICES INTERACTIFS

1. Notions clés à relier

Reliez chaque notion clé à sa définition.

1. Blitzkrieg
2. Guerre totale
3. Einsatzgruppen
4. Collaboration
5. « Solution finale de la question juive »

a. Littéralement « groupes d'intervention » composés de SS et de policiers qui procèdent en URSS aux fusillades massives des Juifs soviétiques.

b. Euphémisme désignant à partir de la conférence de Wannsee en janvier 1942 la politique de destruction totale de la population juive.

c. Sous l'Occupation, politique de coopération administrative, économique, culturelle, militaire et judiciaire menée par l'État français et les partis collaborationnistes avec l'Allemagne nazie.

d. Conflit qui mobilise toutes les ressources disponibles des belligérants, aussi bien humaines que militaires, économiques, scientifiques et culturelles.

e. Stratégie militaire consistant à rompre le système défensif ennemi en concentrant ses forces en un point précis puis en avançant le plus loin possible par unités blindées et motorisées appuyées par l'aviation.

2. Événements et acteurs politiques à relier

Reliez chaque événement à l'acteur politique qui lui correspond.

1. Opération Bagration
2. Appel du 18 Juin 1940
3. Conférence de Wannsee
4. Invasion de la Pologne
5. Débarquement de Normandie
6. Création du Conseil national de la Résistance (CNR)
7. Armistice du 22 juin 1940

a. Philippe Pétain
b. Jean Moulin
c. Charles de Gaulle
d. Joseph Staline
e. Heinrich Himmler
f. Adolf Hitler
g. Dwight Eisenhower

CHAPITRE 3 La Seconde Guerre mondiale 97

BAC Méthode : Analyser une photographie

Analyse de document
Sujet : La libération de Chartres (1944)

Consigne : Replacez la photographie dans son contexte puis décrivez-la en montrant comment elle témoigne du climat qui règne en France à la fin de la guerre.

Près de 500 résistants français ont pris part à la libération de Chartres, où se rend le général de Gaulle le 23 août.

La « tondue de Chartres »

Robert Capa, *Femme tondue pour avoir eu un enfant avec un soldat allemand*, photographie, 24,5 x 35 cm, 16 août 1944.

Photoreporter, il accompagne les troupes américaines du général Patton qui entrent dans Chartres le 16 août 1944 et y combattent les Allemands jusqu'au 20 août.

Publiée en couverture de *Life* en septembre 1944, cette photographie devient un symbole de la libération de la France et de l'épuration sauvage qui l'accompagne.

Ce jour-là, 11 femmes suspectées d'avoir collaboré avec l'occupant allemand sont arrêtées, tondues et marquées au fer rouge avant d'être raccompagnées chez elles.

Simone Touseau, âgée de 23 ans, tient dans ses bras un bébé dont le père est un soldat allemand. Accusée à tort d'avoir dénoncé ses voisins, déportés en Allemagne, elle est emprisonnée de 1944 à 1946.

FICHE MÉTHODE

ÉTAPE 1 — Identifier et présenter la photographie

→ **Identifier son auteur**, la date et le contexte de la prise de vue, le sujet et le(s) destinataires(s) éventuel(s).

❶ Expliquez le contexte de la prise de vue et identifiez les principaux acteurs de la scène.
CONSEIL Interrogez-vous sur l'absence de soldats américains.

ÉTAPE 2 — Analyser le contenu de la photographie

→ **Analyser l'image**, son format (portrait ou paysage), son cadrage (l'échelle des plans, l'angle de vue et la lumière).
→ **Prélever les informations que livre la photo** : le lieu, le décor, les objets, les protagonistes et leurs expressions.

❷ Montrez en quoi cette photo est un témoignage du climat qui règne en France à la Libération.
CONSEIL Étudiez notamment les symboles et le comportement de la foule.

ÉTAPE 3 — Dégager les apports et les limites du document

→ **Décrypter l'intention du photographe**, car une photographie n'est pas une restitution neutre du réel, mais une construction (sans que ce soit nécessairement une mise en scène) influencée par les choix de l'auteur, aussi bien à la prise de vue qu'au tirage.
→ **Dégager l'intérêt du document** en fonction de l'importance de l'événement représenté sur le plan réel ou symbolique, et de la diffusion et de la notoriété de l'image.

❸ Expliquez pourquoi cette photographie est devenue un symbole.
CONSEIL Analysez le sort réservé aux femmes suspectées d'avoir collaboré avec l'occupant.

S'entraîner

Sujet : La bataille d'Iwo Jima (1945)

Consigne : Présentez et décrivez cette photographie puis montrez dans quelle mesure elle peut être considérée comme un symbole de la guerre d'anéantissement.

Un drapeau symbole

Soldats du 28e régiment de la 5e division de Marines hissant le drapeau des États-Unis au sommet du mont Suribachi, Iwo Jima (Japon), photographie de Joe Rosenthal, 23 février 1945.

La bataille d'Iwo Jima, qui débute le 19 février 1945, est l'une des plus féroces de la campagne du Pacifique. Un tiers des combattants américains sont tués ou blessés, et seul 1 000 soldats japonais survivent sur un contingent de 22 000. La photographie de Joe Rosenthal, qui lui vaut le prix Pulitzer, est reproduite sur 3,5 millions de posters et 135 millions de timbres.

CHAPITRE 3 La Seconde Guerre mondiale

BAC
Méthode

Comprendre les enjeux du sujet

▸ Question problématisée

Sujet **Comment se manifeste la violence pendant la Seconde Guerre mondiale ?**

FICHE MÉTHODE

Rappel

→ **Bien comprendre le sujet.** Voir Méthode, p. 38
→ **Définir et délimiter les termes du sujet.**
Voir Méthode, p. 66

Montrez que la violence connaît une étendue sans précédent pendant la Seconde Guerre mondiale.
CONSEIL Ne vous en tenez pas uniquement à son étendue géographique.

Indiquez la période couverte par le sujet
CONSEIL Aidez-vous du Cours p. 80.

ÉTAPE 1 Identifier le problème historique posé par le sujet

→ **Étudier les thèmes principaux** auxquels le sujet se réfère.
→ **Mettre en évidence la question centrale** posée par le sujet.

❶ Indiquez ce que recouvre la notion de violence.
CONSEIL Distinguez la violence de guerre de celle à l'encontre des civils.

ÉTAPE 2 Analyser l'orientation du sujet

→ **Identifier le sens général du sujet.** En déduire si le sujet demande d'analyser une évolution, une comparaison ou une opposition.

❷ Décrivez comment se manifeste la violence pendant la guerre.
CONSEIL Considérez la guerre d'anéantissement, les crimes de masse aussi bien que l'extermination des Juifs et des Tsiganes.

ÉTAPE 3 Relier les termes du sujet avec ses connaissances

→ **Prélever les informations utiles** pour comprendre et évaluer le sujet.
→ **Dégager l'idée d'ensemble** puis les idées plus précises qui seront développées par la suite.

❸ Expliquez pourquoi la Shoah marque une rupture dans la violence du conflit.
CONSEIL Rappelez sa définition et son bilan.

Prolongement

→ **Reformuler la problématique.** Voir Méthode, p. 134

Interrogez-vous sur le processus qui conduit à l'exacerbation de la violence.
CONSEIL Mentionnez la guerre totale et l'antisémitisme nazi.

100 FRAGILITÉS DES DÉMOCRATIES, TOTALITARISMES ET SECONDE GUERRE MONDIALE

BAC
Méthode

Procéder à l'analyse critique d'un document

▶ Capacités et méthodes

Sujet La « solution finale »

Consigne : Présentez le texte et, après l'avoir situé dans le contexte de la guerre, expliquez en quoi il constitue une étape décisive dans la politique nazie d'extermination des Juifs.

Le protocole de Wannsee (1942)

« Prirent part à la discussion de la "solution finale" du problème juif, le 20 janvier 1942, à Berlin, au 56/8 de la rue Grossen Wansee [Suit une liste de 12 noms].

Le chef de la Sûreté et du SD [l'Office central de sécurité du Reich (RSHA)], l'*Obergruppenführer* [général] Heydrich, inaugura la séance en annonçant qu'il était chargé par le maréchal du Reich [Herman Göring] de la préparation de la solution définitive du problème juif en Europe et fit remarquer que les assistants avaient été priés de se réunir afin de mettre clairement au point les principales questions. [...]

Le *Führer* ayant donné son approbation, l'évacuation des Juifs vers l'Est remplace maintenant l'émigration ; cela constitue une solution partielle supplémentaire. Il ne faut cependant pas oublier que ces mesures ne sont que des solutions provisoires ; elles permettent néanmoins d'acquérir une expérience pratique très importante pour la mise en œuvre de la solution définitive du problème [...].

Les Juifs devront être employés comme main-d'œuvre dans les territoires de l'Est. Ceux qui sont capables de travailler seront groupés en équipes – hommes et femmes séparément – et conduits dans ces régions. Ils effectueront le trajet en construisant des routes, ce qui provoquera sans doute l'élimination naturelle d'une grande partie d'entre eux.

Les survivants – étant donné qu'il s'agira incontestablement des éléments les plus résistants – devront recevoir le traitement qui s'impose car cette sélection naturelle de Juifs, si elle était libérée, deviendrait la cellule germinative d'un nouveau relèvement juif. [...]

Au cours de l'exécution de la "solution finale", l'Europe sera passée au crible de l'ouest vers l'est. »

Exemplaire n° 16 du compte rendu par Adolf Eichmann, responsable des affaires juives au RSHA, de la réunion de hauts responsables nazis à Wannsee, 20 janvier 1942 (trad. L. et M. Marcou).

FICHE MÉTHODE

ÉTAPE 1 Identifier et présenter le document

→ **Identifier le document :** son auteur, sa nature (politique, juridique, administrative, littéraire, religieuse, journalistique, etc.), son ou ses destinataires.

→ **Replacer le document dans son contexte historique** en situant sa date dans la chronologie de la période.

❶ Présentez le document en montrant son importance.

CONSEIL Demandez-vous si ce document avait vocation à être révélé un jour.

ÉTAPE 2 Analyser le document

→ **Analyser le contenu du document** en prélevant les informations pertinentes pour la compréhension du sujet abordé.

→ **Confronter le document avec ses connaissances** en expliquant les notions évoquées, les références aux événements ou aux personnages.

❷ Montrez ce que ce document révèle de la systématisation de l'extermination des Juifs.

CONSEIL Décryptez le sens des euphémismes, comme « évacuation des Juifs vers l'Est » ou « solution finale ».

ÉTAPE 3 Dégager de façon critique l'apport du document

→ **Montrer ce que ce document révèle de son époque** en le replaçant dans un contexte plus large et en analysant sa portée.

❸ Expliquez pourquoi la conférence de Wannsee constitue une étape importante dans la politique d'extermination des Juifs.

CONSEIL Montrez en citant le texte que l'ambition est d'exterminer tous les Juifs d'Europe.

CHAPITRE 3 La Seconde Guerre mondiale **101**

EXERCICES

1 Résister face à la Shoah

CONSTRUIRE UNE ARGUMENTATION HISTORIQUE
Voir Méthode, p. 247

Consigne : À partir de l'analyse des deux documents, montrez ce qu'ils nous apprennent du déroulement de la Shoah et des réactions des victimes face à l'anéantissement dont elles sont victimes.

1 L'appel à la résistance d'un Juif lituanien

Juif de Vilnius, Abba Kovner décide de lancer un mouvement de partisans juifs contre les occupants et les collaborateurs lituaniens.

« Jeunes Juifs, ne croyez pas ceux qui veulent vous berner. Sur les 80 000 Juifs de la Jérusalem de Lituanie[1], seuls 20 000 sont encore en vie. [...] Où sont passées les centaines d'hommes raflés pour être envoyés au travail par les captureurs lituaniens ? [...] Aucun de ceux qui ont franchi la porte du ghetto ne reviendra car tous les chemins de la Gestapo mènent à Ponary. Et Ponary, c'est la mort ! [...] Ponary n'est pas un camp de travail : tout le monde y est massacré. Hitler a conçu un plan afin d'exterminer la totalité des Juifs d'Europe. Et nous, Juifs de Lituanie, sommes en première ligne. Ne nous laissons pas mener comme des moutons à l'abattoir ! Oui, nous sommes faibles et personne ne viendra à notre secours. Mais la seule réponse à opposer à la haine de l'ennemi est la résistance. Frères ! Mieux vaut tomber en combattants libres plutôt que de vivre à la merci des assassins. Défendons-nous jusqu'à notre dernier souffle ! »

Appel d'Abba Kovner, 31 décembre 1941 (trad. A. Laignel-Lavastine).

1. Il s'agit du surnom de la ville de Vilnius, révélateur de la place importante qu'y occupaient la population et la culture juives.

2 Photographie depuis le crématoire V de Birkenau

En août 1944, un détenu juif du *Sonderkommando*, des déportés juifs sélectionnés par les SS pour accomplir les tâches macabres que les bourreaux ne souhaitent pas réaliser, prend clandestinement une série de quatre photographies du centre de mise à mort.

2 Le génocide des Tsiganes

ANALYSER UNE CARTE
Voir Méthode, p. 274

Consigne : Montrez la dimension européenne, à la fois pour les victimes mais aussi pour les coupables, du génocide des Tsiganes.

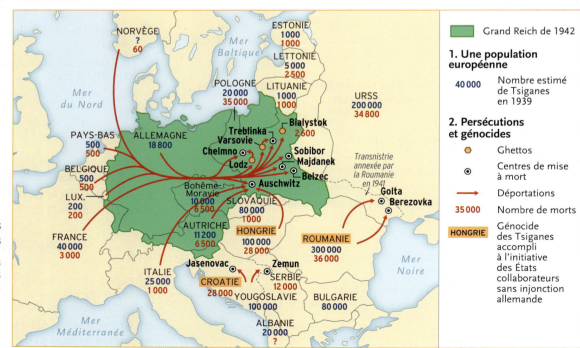

Les persécutions contre les Tsiganes

Le génocide des Tsiganes fait au moins 200 000 victimes.

102 FRAGILITÉS DES DÉMOCRATIES, TOTALITARISMES ET SECONDE GUERRE MONDIALE

3 Les étrangers dans la Résistance

CONFRONTER ET CRITIQUER DEUX DOCUMENTS
Voir Méthode, p. 39

Consigne : En analysant et confrontant les deux documents, vous montrerez comment l'Affiche rouge est devenue un symbole d'une propagande ratée et de l'engagement des étrangers dans la Résistance.

1 Aragon rend hommage au groupe Manouchian

La mémoire du groupe Manouchian se perpétue depuis la fin de la guerre à travers des commémorations mais aussi des œuvres poétiques et cinématographiques. Dans son poème, Aragon reprend des passages de la dernière lettre de Missak Manouchian à sa compagne.

« [...] Vous aviez vos portraits sur les murs de nos villes
Noirs de barbe et de nuit hirsutes menaçants
L'affiche qui semblait une tache de sang
Parce qu'à prononcer vos noms sont difficiles
Y cherchait un effet de peur sur les passants

Nul ne semblait vous voir français de préférence
Les gens allaient sans yeux pour vous le jour durant
Mais à l'heure du couvre-feu des doigts errants
Avaient écrit sous vos photos MORTS POUR LA FRANCE
Et les mornes matins en étaient différents

Tout avait la couleur uniforme du givre
À la fin février pour vos derniers moments
Et c'est alors que l'un de vous dit calmement
*Bonheur à tous Bonheur à ceux qui vont survivre
Je meurs sans haine en moi pour le peuple allemand* [...]

Ils étaient vingt et trois quand les fusils fleurirent
Vingt et trois qui donnaient leur cœur avant le temps
Vingt et trois étrangers et nos frères pourtant
Vingt et trois amoureux de vivre à en mourir
Vingt et trois qui criaient la France en s'abattant. »

Louis Aragon, « Strophes pour se souvenir »,
Le Roman inachevé, Gallimard, 1956.

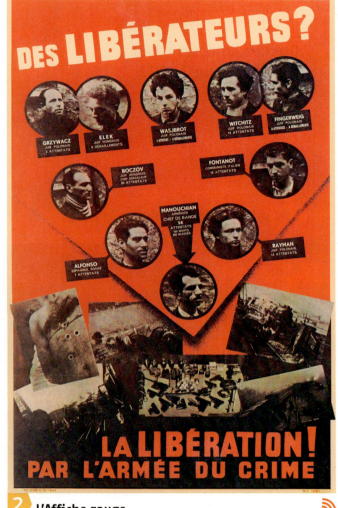

2 L'Affiche rouge

Affiche de propagande allemande.

Cette affiche reproduite à 15 000 exemplaires en février 1944 vise à dénoncer les crimes du « groupe Manouchian » composé de 23 résistants communistes d'origine étrangère. Arrêtés par la police française, ils sont jugés de manière expéditive et exécutés.

4 Mobiliser au sein des maquis

PROCÉDER À L'ANALYSE CRITIQUE D'UN DOCUMENT
Voir Méthode, p. 101

Consigne : Après avoir lu la notice accompagnant cette vidéo sur le site Lumni.fr, décrivez le reportage en faisant le lien avec vos connaissances sur les maquis. Montrez enfin qu'il s'agit d'un document qui nous renseigne sur les services de propagande de la France Combattante.

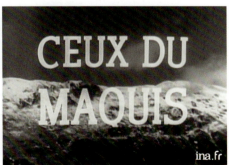

Ceux du maquis (1944)

En 1944, la France Combattante diffuse hors de France un film produit à partir d'images tournées par les maquisards, avec le commentaire de Maurice Schumann, porte-parole de la France Combattante.

CHAPITRE 3 La Seconde Guerre mondiale

BAC Sujets EC — ÉVALUATIONS COMMUNES

▶ Question problématisée

Sujet Quelles sont les causes de la crise de 1929 ?

> **AIDE Définir et délimiter le sujet :** Indiquez la période et l'espace géographique concernés par le sujet.
>
> **Comprendre les enjeux du sujet :** Distinguez les causes immédiates du krach de 1929 des causes plus profondes de la crise.

▶ Analyse de document

Sujet Les grèves du Front populaire

Consigne : Présentez ce document en le replaçant dans son contexte, puis montrez ce qu'il apporte à la compréhension de l'engagement des femmes dans les grèves de 1936.

Une ouvrière engagée

Rose Zehner, déléguée CGT, harangue les ouvrières de l'atelier de sellerie de l'usine Citroën qu'elle encourage à poursuivre la grève, photographie de Willy Ronis, mars 1938, quai de Javel, Paris.

> **AIDE Analyser une photographie :** Identifiez les éléments permettant d'affirmer qu'il s'agit d'une manifestation ouvrière.
>
> **Mettre une figure en perspective :** Montrez ce qui donne un caractère emblématique à cette photographie de Rose Zehner.

Question problématisée

Sujet Fascisme, nazisme et communisme : un ou des totalitarismes ?

> **AIDE Définir et délimiter le sujet :** Identifiez les limites chronologiques du sujet en expliquant pourquoi la plus grande partie du devoir concerne les années 1930.
> **Élaborer le plan :** Regroupez dans une première partie les éléments de convergence entre les trois régimes et dans une seconde les éléments de divergence.

Analyse de documents

Sujet Les Jeunesses hitlériennes

Consigne : Présentez les documents puis montrez ce qu'ils révèlent de l'embrigadement de la jeunesse dans le régime hitlérien.

1 La jeunesse nazie selon Hitler

« Notre jeunesse n'apprend rien d'autre qu'à penser en Allemands, à agir en Allemands. Et quand ces enfants entrent dans nos organisations, à l'âge de 10 ans, sentir pour la première fois de leur vie un peu d'air frais, eh bien, quatre ans plus tard, ils entrent dans les Jeunesses hitlériennes, où nous les gardons encore quatre ans. Ensuite, il n'est pas question de les restituer à leurs bons vieux parents et maîtres, ceux qui perpétuent les castes et les classes, nous les intégrons directement dans le Parti, dans le Front du travail, dans la SA ou dans la SS [...]. Et si, après un an et demi ou deux ans supplémentaires, ils ne sont pas pleinement devenus des nationaux-socialistes, ils vont au Service du travail et on les y polit pendant six ou sept mois, sous le symbole de la pelle, la pelle allemande. Et tout ce qui demeure, après ces six ou sept mois, de conscience de classe ou de préjugés de caste, c'est la Wehrmacht qui s'en charge, pendant deux ans. [...] Ils ne seront plus jamais libres, leur vie entière. »

Adolf Hitler, discours à Reichenberg (Sudètes), 2 décembre 1938 (trad. J. Chapoutot).

2 L'image d'une jeunesse combattante

« Dehors tous les gêneurs ! Unité de la jeunesse dans la Jeunesse hitlérienne », affiche des Jeunesses hitlériennes, 1935.

> **AIDE Analyser un discours politique :** Expliquez en quoi la conception hitlérienne de l'encadrement de la jeunesse est totalitaire.
> **Mettre en relation un texte et une image :** Indiquez quels aspects du texte se retrouvent dans l'affiche.

BAC Sujets EC — ÉVALUATIONS COMMUNES

▸ Question problématisée

Sujet : Quel est l'impact des totalitarismes sur l'ordre européen ?

> **AIDE** **Définir et délimiter le sujet :** Nommez les totalitarismes et identifiez les principaux pays européens concernés par le sujet.
>
> **Comprendre les enjeux du sujet :** Identifiez d'une part les interventions directes des totalitarismes, et d'autre part leur influence indirecte.

▸ Analyse de document

Sujet : Le retentissement de la guerre d'Espagne

Consigne : Montrez ce que ce document révèle d'une part de l'impact de la guerre d'Espagne sur l'opinion publique et d'autre part de l'enjeu politique du conflit.

Une affiche de soutien aux républicains espagnols

« Dans la lutte actuelle, je vois du côté fasciste les forces périmées, de l'autre côté le peuple dont les immenses ressources créatrices donneront à l'Espagne un élan qui étonnera le monde ». Joan Miró, *Aidez l'Espagne*, pochoir sur papier, 1937. Collection Charlotte Perriand.

> **AIDE** **Analyser une affiche :** Analysez comment Miró se sert des couleurs et des symboles pour donner un impact visuel à son dessin.
>
> **Dégager la portée du document :** Confrontez le texte de la dédicace de Miró au déroulement et à l'issue du conflit.

Question problématisée

Sujet Quelles sont pour la France les conséquences de la défaite de 1940 ?

> **AIDE** **Définir et délimiter le sujet :** Considérez non seulement le rayonnement politique, mais aussi économique et social.
> **Comprendre les enjeux du sujet :** Comparez la situation de la France au début et à la fin de la période.

Analyse de document

Sujet La propagande de Vichy

Consigne : Montrez ce que cette affiche apporte à la compréhension des valeurs de l'État français et comment sont caricaturées les valeurs de la Troisième République.

La Révolution nationale
R. Vachet, projet d'affiche pour le Centre de propagande de la Révolution nationale d'Avignon, 1941.

> **AIDE** **Analyser une affiche :** Expliquez comment l'auteur de l'affiche met en image l'idée de redressement de la France.
> **Dégager la portée du document :** Demandez-vous pourquoi cette affiche est restée à l'état de projet et n'a pas été diffusée.

FRAGILITÉS DES DÉMOCRATIES, TOTALITARISMES ET SECONDE GUERRE MONDIALE

全力支持抗美援朝志願

1945			«Coup de Prague»				Proclamation de la Ve République	
Création de l'ONU	1947 • Doctrines Truman et Jdanov • Plan Marshall	1948 Naissance de l'État d'Israël	1949 Proclamation de la République populaire de Chine		1954 Défaite française en Indochine	1955 Conférence de Bandung	1957 Création de la CEE	1958 Crise algérienne

THÈME 2

La multiplication des acteurs internationaux dans un monde bipolaire (de 1945 au début des années 1970)

La fin de la Seconde Guerre mondiale voit les pays vainqueurs établir un nouvel ordre international pacifique en même temps qu'ils posent les bases de l'État-providence. Toutefois, les tensions entre les deux superpuissances, les États-Unis et l'URSS, conduisent à la bipolarisation du monde et à l'avènement de la guerre froide. Dans le même temps, la décolonisation affaiblit les anciennes puissances, comme la France, et favorise l'affirmation sur la scène internationale de nouveaux acteurs internationaux.

Chapitre 4 La fin de la Seconde Guerre mondiale
et les débuts d'un nouvel ordre mondial 110
Chapitre 5 Une nouvelle donne géopolitique :
bipolarisation et émergence du tiers-monde 138
Chapitre 6 La France, une nouvelle place dans le monde 166

«Soutenons avec force le contingent des volontaires dans la guerre de résistance aux États-Unis et d'aide à la Corée», affiche de propagande chinoise, 1951. Un «volontaire» chinois (debout) et un Nord-Coréen mettent en déroute l'armée américaine.

1961 Construction du mur de Berlin

1962 • Crise des missiles de Cuba • Indépendance de l'Algérie

1968 «Printemps de Prague»

1973 Retrait américain du Vietnam

4 La fin de la Seconde Guerre mondiale et les débuts d'un nouvel ordre mondial

▶ **Quelles limites rencontre la volonté de créer un nouvel ordre international ?**

1 L'aspiration à un nouvel ordre international

Rencontre des armées américaine et russe près de Torgau sur l'Elbe, Allemagne, avril 1945.

La victoire des Alliés contre le nazisme puis le militarisme japonais s'accompagne de la mise en place d'un nouvel ordre international qui repose sur des organisations internationales garantes de la paix et de la stabilité économique en même temps que sur la prédominance de l'URSS et des États-Unis.

| 1944 | 1945 | 1946 | 1947 | 1948 | 1949 |

LES BASES D'UN NOUVEL ORDRE MONDIAL

- **15 mars 1944** Programme du CNR
- **4-11 fév. 1945** Conférence de Yalta
- **8 mai 1945** Capitulation de l'Allemagne
- **2 sept. 1945** Capitulation du Japon
- **mai 1946 - nov. 1948** Procès de Tokyo
- **juillet 1944** Accords de Bretton Woods
- **26 juin 1945** Charte des Nations unies
- **nov. 1945 - oct. 1946** Procès de Nuremberg
- **27 déc. 1945** Création de la BIRD et du FMI
- **30 oct. 1947** Accords du GATT

LES NOUVELLES TENSIONS

- **5 mars 1946** Churchill dénonce « un rideau de fer »
- **1947** • Doctrines Truman et Jdanov • Plan Marshall
- **25 fév. 1948** « Coup de Prague »
- **23 juin 1948 - 12 mai 1949** Blocus de Berlin
- **14 mai 1948** Proclamation de l'indépendance de l'État d'Israël

FRISE INTERACTIVE

2 **De nouvelles tensions entre les deux Grands**

« Les peuples du monde ne veulent pas d'une nouvelle guerre désastreuse », affiche de propagande soviétique contre le plan Marshall, 1947.

L'occupation des pays vaincus et la division de l'Europe en sphères d'influence se traduisent rapidement par de nouvelles tensions. L'année 1947 voit le commencement de la guerre froide, une longue période de tension entre les États-Unis, l'URSS et leurs alliés respectifs.

METTRE EN RELATION DEUX DOCUMENTS

Présentez chaque document en le replaçant dans son contexte historique, puis montrez ce que leur confrontation révèle de l'évolution des rapports entre l'URSS et les États-Unis.

CHAPITRE 4 La fin de la Seconde Guerre mondiale et les débuts d'un nouvel ordre mondial

GRAND ANGLE
Un nouvel ordre international

À la fin de la Seconde Guerre mondiale, les États-Unis et l'URSS sont les deux grandes superpuissances et étendent leur influence sur des territoires importants. La reconstruction de l'ordre international repose sur la réaffirmation des valeurs démocratiques et des droits de l'homme ainsi que sur l'instauration d'un nouveau système monétaire international. Le nouvel ordre ainsi constitué se heurte toutefois d'emblée à des tensions et à l'affirmation d'une rivalité Est-Ouest.

1 L'Europe bouleversée par la guerre

LA MULTIPLICATION DES ACTEURS INTERNATIONAUX DANS UN MONDE BIPOLAIRE (DE 1945 AU DÉBUT DES ANNÉES 1970)

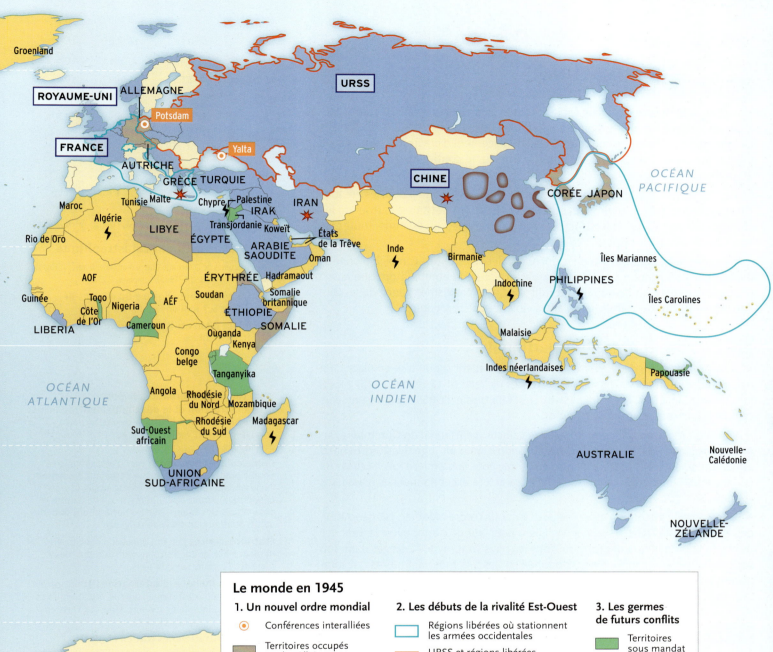

Le monde en 1945

1. Un nouvel ordre mondial
- Conférences interalliées
- Territoires occupés par les Alliés
- Pays membres de l'ONU à la fin de 1945
- CHINE Membres permanents du Conseil de sécurité de l'ONU
- Siège du FMI et de la BIRD

2. Les débuts de la rivalité Est-Ouest
- Régions libérées où stationnent les armées occidentales
- URSS et régions libérées où stationnent les armées soviétiques
- Régions tenues par les communistes chinois en 1945
- Zones d'affrontements entre communistes et non-communistes

3. Les germes de futurs conflits
- Territoires sous mandat
- Territoires coloniaux
- Foyers d'agitation nationaliste

2 L'Allemagne, « année zéro »

Scène de la vie quotidienne dans la Dirckenstrasse, Berlin, mai 1945.

Défaite militairement, occupée par les puissances alliées, amputée d'une partie importante de son territoire d'avant-guerre, l'Allemagne en 1945 est un pays en ruines dont l'économie est paralysée.

IDENTIFIER LES CONTRAINTES ET LES RESSOURCES D'UNE SITUATION HISTORIQUE

Décrivez le rôle joué par l'URSS et les États-Unis dans la mise en place d'un nouvel ordre international, puis expliquez pourquoi l'Europe est un enjeu particulier pour ces deux grandes puissances.

CHAPITRE 4 La fin de la Seconde Guerre mondiale et les débuts d'un nouvel ordre mondial 113

COURS 1 — Le monde en 1945

Comment le monde se reconstruit-il après la guerre ?

A Un monde meurtri par le conflit

● La Seconde Guerre mondiale est le conflit le plus meurtrier jamais connu. Elle a fait au moins 60 millions de morts, dont plus de la moitié de civils [doc. 1]. Les changements de frontières ont entraîné le déplacement d'environ 30 millions de personnes pour la seule Europe. Après la guerre, le continent compte encore 20 millions de réfugiés.

● Les dégâts matériels sont considérables. En Allemagne ou au Japon, les grandes villes sont en ruines, et environ un quart des habitations détruites. Partout où les combats ont eu lieu, les infrastructures ont été démolies. En Pologne, toutes les voies ferroviaires ont disparu.

● La guerre a traumatisé les consciences. La découverte des camps a plongé le monde dans l'horreur. La puissance dévastatrice de la bombe atomique laisse présager le pire en cas de nouveau conflit [doc. 3]. Le pacifisme* gagne du terrain, l'opinion refusant de voir de semblables violences se reproduire.

B Un nouvel ordre international

● Avant même la fin de la guerre, les Alliés s'entendent sur la mise en place d'un nouvel ordre international lors des conférences de Yalta (4-11 février 1945) [doc. 2] puis de Potsdam (17 juillet-2 août 1945). Les États-Unis et l'URSS apparaissent alors comme les deux puissances dominantes.

● Les Alliés règlent également le sort des vaincus. Le tribunal de Nuremberg, en Allemagne [ÉTUDE p. 118], et celui de Tokyo, au Japon [ÉTUDE p. 119], jugent les cadres nazis et ultranationalistes. Plusieurs d'entre eux sont, pour la première fois, accusés de **crime contre l'humanité**, ce qui souligne le caractère exceptionnel des massacres commis.

● Une nouvelle institution est créée pour garantir l'ordre mondial : l'Organisation des Nations Unies (**ONU**) [ÉTUDE p. 120]. Elle a pour but de promouvoir la paix, les droits de l'homme et la démocratie. Tous les pays sont invités à siéger dans son Assemblée générale, mais elle est dominée par les 5 grands vainqueurs qui composent le Conseil de sécurité, les États-Unis, l'URSS, le Royaume-Uni, la Chine et la France.

C Un nouvel ordre économique et social

● Les Alliés créent un cadre international pour la reconstruction des pays dévastés par la guerre. Au mois de juillet 1944, les accords de Bretton Woods [ÉTUDE p. 121] créent le Fonds monétaire international (**FMI**) et la Banque internationale pour la reconstruction et le développement (**BIRD**) afin d'aider les pays en difficulté économique.

● Au cours de la guerre, plusieurs gouvernements ont senti la nécessité de répondre aux besoins sociaux de populations très mobilisées et durement éprouvées. Les premiers projets d'**État-providence** sont esquissés au Royaume-Uni avec le rapport de **William Beveridge**, et en France avec le programme du CNR [POINT DE PASSAGE p. 116].

● De nombreuses mesures sociales sont prises en Europe après la guerre. Le Royaume-Uni met en place des allocations familiales en 1945 et un système d'assurance maladie l'année suivante. En France, la Sécurité sociale voit le jour en 1945 [doc. 4]. Les États prennent en charge le bien-être de leur population.

Pays	Militaires (milliers)	Civils (milliers)	En % de la population totale
Pologne	240	5 700	18 %
URSS	8 600	16 000	14 %
Yougoslavie	446	581	10,6 %
Allemagne	5 563	1 400	10 %
Grèce	35	300	5 %
Chine	3 800	16 000	3,8 %
Japon	2 120	680	4,5 %
France	217	350	1,4 %
Italie	301	153	1,2 %
Royaume-Uni	383	67	1 %
États-Unis	416	1,704	0,2 %

1 Un bilan humain catastrophique

Nombre de victimes de la Seconde Guerre mondiale. D'après P. Lagrou, *La Violence de guerre (1914-1945)*, Complexe, 2002.

Au total la guerre cause de 60 à 80 millions de victimes dont 5,7 millions de Juifs.

▶ En quoi ce bilan est-il révélateur d'une guerre d'anéantissement ?

Mots clés

BIRD (Banque internationale pour la reconstruction et le développement) : banque fondée en 1945 pour aider à la reconstruction d'après-guerre et venir en aide aux pays les moins développés.

Crime contre l'humanité : chef d'accusation créé pour le procès de Nuremberg et désignant l'assassinat, l'extermination, la réduction en esclavage, la déportation et tout acte inhumain commis contre les populations civiles ainsi que les persécutions pour des motifs politiques, raciaux ou religieux.

État-providence : État qui garantit à ses citoyens des droits sociaux et une certaine redistribution des richesses économiques du pays.

FMI (Fonds monétaire international) : organisme créé en 1945 pour assurer la stabilité économique et financière du monde et venir en aide aux États en difficulté.

ONU (Organisation des Nations unies) : institution internationale créée pour maintenir la paix dans le monde et promouvoir les valeurs démocratiques.

Personnage clé

William Henry Beveridge (1879-1963)
Haut fonctionnaire et économiste britannique, il défend dès l'entre-deux-guerres l'idée que l'État doit intervenir pour garantir la justice sociale. Son rapport remis au gouvernement en 1942 est l'origine de la Sécurité sociale et de l'État-providence britanniques.

2 Une conférence décisive pour l'après-guerre

Conférence de Yalta (Crimée), 1945. De gauche à droite au premier rang, Churchill, Roosevelt et Staline.

▶ Comment l'entente entre les Alliés est-elle mise en scène ?

3 Le traumatisme de la guerre atomique

L'emploi de la bombe atomique provoque un choc moral non seulement dans les milieux scientifiques, en remettant en cause l'idée d'un progrès continu de la science au service de l'humanité, mais également au sein même de l'État-major américain.

« L'un des professeurs qui participa aux recherches du projet Manhattan[1] m'a déclaré avoir espéré que la bombe ne fonctionnerait pas. J'aurais voulu qu'il eût raison. Je n'avais pas appris à faire la guerre de cette façon. On ne peut gagner les conflits en tuant des femmes et des enfants. Les nouvelles conceptions de la "guerre totale" sont fondamentalement haïssables pour un soldat de ma génération. L'emploi de la bombe atomique nous ramène aux temps de Gengis Khan du point de vue des atrocités commises contre les non-combattants ; les nouveaux et terribles instruments de la guerre non civilisée constituent une forme moderne de la barbarie, indigne d'un chrétien. »

William D. Leahy (chef d'état-major du président Roosevelt pendant la guerre), *J'étais là*, Plon, 1950 (trad. R. Jouan).

1. Projet secret d'élaboration de la bombe atomique américaine.

▶ Pourquoi l'auteur s'oppose-t-il à la bombe atomique ?

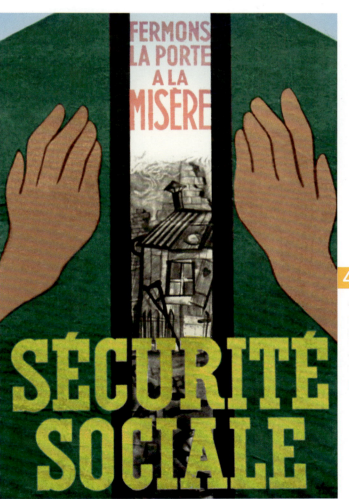

4 La création de la Sécurité sociale en France

Affiche de la Sécurité sociale, 1945.

Défini par le Conseil national de la Résistance, le régime de Sécurité sociale créé en France par l'ordonnance du 4 octobre 1945, unifie toutes les formes d'assurance sociale existantes (assurance maladie, allocations familiales, assurance vieillesse, accident du travail) afin de garantir les travailleurs et leurs familles contre les risques de l'existence.

▶ Quel est le but de la Sécurité sociale ?

METTRE UN ÉVÉNEMENT EN PERSPECTIVE

À l'aide des documents 1 et 3, expliquez pourquoi la Seconde Guerre mondiale a constitué un traumatisme pour les contemporains.

CHAPITRE 4 La fin de la Seconde Guerre mondiale et les débuts d'un nouvel ordre mondial

POINT DE PASSAGE

15 mars 1944 : le programme du Conseil national de la Résistance

Réuni pour la première fois par Jean Moulin le 27 mai 1943, le Conseil national de la Résistance poursuit ses activités après l'arrestation de ce dernier. Cette instance représentative des principaux partis, syndicats et mouvements de résistance adopte à l'unanimité et dans la clandestinité le 15 mars 1944 un programme d'actions à mettre en œuvre pour libérer le territoire (1re partie) et de mesures économiques et sociales à prendre à la Libération dans le cadre de la restauration de la vie démocratique (2e partie).

▶ **Comment le programme du CNR a-t-il été mis en œuvre à la Libération ?**

Dates clés

27 mai 1943	Première réunion du CNR
21 juin 1943	Arrestation de Jean Moulin à Caluire
15 mars 1944	Adoption du programme du CNR
28 août 1944	Remise du programme du CNR au général de Gaulle qui préside le Gouvernement provisoire
Mai-septembre 1944	Ordonnances sur la liberté de la presse
Décembre 1944–avril 1946	Vague de nationalisations dans des secteurs clés de l'économie
Février 1945	Création des comités d'entreprises
4 octobre 1945	Ordonnance créant la Sécurité sociale
3 janvier 1946	Jean Monnet*, premier commissaire au Plan
Juin 1947	Abandon du plan Langevin–Wallon sur l'éducation après le départ des ministres communistes du gouvernement

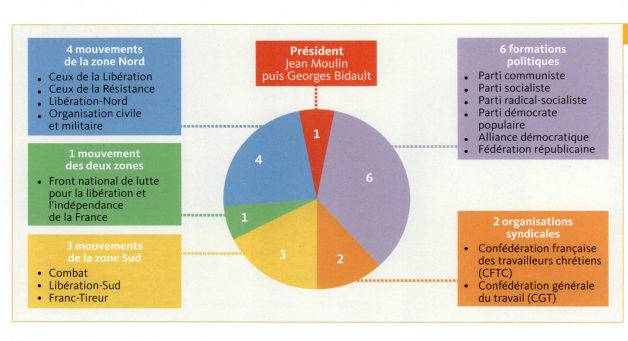

1 Le CNR, symbole d'un consensus né dans la clandestinité

Créé le 27 mai 1943, le Conseil national de la Résistance est un organe représentatif des organisations clandestines, syndicats et partis politiques placés sous l'autorité du général de Gaulle.

2 Un texte de référence à la Libération

Au printemps 1944, le programme du CNR est reproduit sous forme de brochures clandestines et à la Une du journal *Libération-Sud*. Sa diffusion devient massive dès la libération de Paris.

« Les représentants des mouvements, groupements, partis ou tendances politiques groupés au sein du CNR proclament qu'ils sont décidés à rester unis après la Libération :
Afin d'assurer : l'établissement de la démocratie la plus large en rendant la parole au peuple français par le rétablissement du suffrage universel ; la pleine liberté de pensée, de conscience et d'expression ; la liberté de la presse […] ; la liberté d'association, de réunion et de manifestation […] ; le respect de la personne humaine ; l'égalité absolue de tous les citoyens devant la loi ;
Afin de promouvoir les réformes indispensables : sur le plan économique : l'instauration d'une véritable démocratie économique et sociale ; […] sur le plan social : […] un rajustement important des salaires et la garantie d'un niveau de salaire et de traitement qui assure à chaque travailleur et à sa famille la sécurité, la dignité et la possibilité d'une vie pleinement humaine ; […] la reconstitution, dans ses libertés traditionnelles, d'un syndicalisme indépendant […] ; la sécurité de l'emploi, la réglementation des conditions d'embauchage et de licenciement. »

Programme du Conseil national de la Résistance, 15 mars 1944.

3 Un plan complet de Sécurité sociale

Congrès pour l'organisation de la Sécurité sociale au Parc des expositions de la porte de Versailles à Paris, 22 février 1947.

En octobre 1945, les systèmes d'allocations familiales, d'indemnisation des accidents du travail et d'assurances sociales mis en place par les lois de 1928 et 1930 fusionnent au sein de la caisse unique de la Sécurité sociale.

Extraits du programme du CNR	Réformes prises à la Libération
« Assurer la liberté de la presse, son honneur et son indépendance à l'égard de l'État, des puissances d'argent et des influences étrangères »	Ordonnances sur la liberté de la presse
« Intensification de la production nationale selon les lignes d'un plan arrêté par l'État »	Création d'un commissariat général au Plan
« Retour à la nation des grands moyens de production monopolisés, fruits du travail commun, des sources d'énergie, des richesses du sous-sol, des compagnies d'assurances et des grandes banques »	Nationalisations : houillères (décembre 1944) ; Renault (janvier 1945) ; Air France (juin 1945) ; Banque de France (déc. 1945) ; électricité et gaz (avril 1946) ; compagnies d'assurances (avril 1946)
« Participation des travailleurs à la direction de l'économie »	Création des comités d'entreprises
« Un plan complet de Sécurité sociale, visant à assurer à tous les citoyens des moyens d'existence, dans tous les cas où ils sont incapables de se les procurer »	Création de la Sécurité sociale
« Possibilité effective pour tous les enfants français de bénéficier de l'instruction […] afin que […] soit ainsi promue une élite véritable, non de naissance mais de mérite »	Projet de réforme du système éducatif Langevin-Wallon

4 La mise en application du programme du CNR

5 Promouvoir le retour à l'État des grands moyens de production

VIDÉO

Publicité pour Renault parue dans *France Illustration*, 24 novembre 1945.

Entre décembre 1944 et avril 1946, les nationalisations concernent les secteurs de l'énergie (houillères, électricité et gaz), des transports (Renault, Air France), la banque et les assurances.

PROCÉDER À L'ANALYSE CRITIQUE DES DOCUMENTS

PARCOURS A

▶ **Lire, comprendre et analyser les documents**

1. Pourquoi le programme du CNR symbolise-t-il un renouveau démocratique ? [doc. 1, 2]

2. Comment ce programme rompt-il avec les lois instaurées par le régime de Vichy ? [doc. 2, 4]

3. Sur quelles valeurs défendues par le programme repose la Sécurité sociale ? [doc. 2, 3, 4]

4. Quelles sont les autres réformes de la Libération inspirées par ce programme ? [doc. 2, 4, 5]

▶ **Synthétiser**

Après avoir rappelé le contexte d'adoption du programme du CNR, montrez le lien entre les valeurs défendues dans ce texte et la politique de réformes démocratiques, économiques et sociales mise en œuvre de la Libération au début de la guerre froide.

PARCOURS B

▶ **Construire une argumentation historique** [Voir Méthode, p. 247]

À l'aide de vos connaissances sur l'État-providence, montrez que le programme du CNR (doc. 2) illustre une aspiration commune de plusieurs États européens au sortir de la Seconde Guerre mondiale à refonder leur démocratie sur une organisation économique et sociale plus juste.

ÉTUDE
Le procès de Nuremberg

Le 20 novembre 1945 s'ouvre le procès des principaux dirigeants nazis. Les Alliés instaurent un tribunal militaire à Nuremberg qui fonctionne suivant le droit américain. Ils en nomment les juges et les procureurs. Ils veulent ainsi condamner les crimes nazis et promouvoir les valeurs démocratiques.

▶ **Sur quels principes repose la justice internationale définie à Nuremberg ?**

Dates clés

8 août 1945	Accords de Londres par lesquels les Alliés instaurent un tribunal militaire pour juger des crimes nazis
20 novembre 1945	Ouverture du procès
1er octobre 1946	Fin du procès

1 Le banc des accusés

Les hauts responsables de l'Allemagne nazie sur le banc des accusés au Tribunal militaire international de Nuremberg, novembre 1945.

Le procès bénéficie d'une large couverture médiatique dont cette photographie est un exemple. Sur les 24 accusés présents, montrés ici avec leurs avocats, 12 sont condamnés à mort. Parmi ces derniers, on voit Hermann Göring 1, ministre de l'aviation, Joachim von Ribbentrop 2, ministre des Affaires étrangères d'Hitler, Wilhelm Keitel 3, général en chef de la Wehrmacht, Alfred Rosenberg 4, théoricien du nazisme, Fritz Sauckel 5, responsable de la main-d'œuvre déportée, Alfred Jodl 6, chef d'état-major de la Wehrmacht.

2 La définition de nouveaux crimes

Les accords de Londres signés par la France, le Royaume-Uni, les États-Unis et l'URSS fixent le règlement du tribunal.

« Les actes suivants [...] sont des crimes soumis à la juridiction du Tribunal [...] :
a. "Les crimes contre la paix" : c'est-à-dire la direction, la préparation, le déclenchement ou la poursuite d'une guerre d'agression [...] ;
b. "Les crimes de guerre" : c'est-à-dire les violations des lois et coutumes de la guerre. Ces violations comprennent, sans y être limitées, l'assassinat, les mauvais traitements et la déportation [...] des populations civiles [...] ;
c. "Les crimes contre l'humanité" : c'est-à-dire l'assassinat, l'extermination, la réduction en esclavage, la déportation, et tout autre acte inhumain commis contre toutes populations civiles [...]. »

Statut du Tribunal militaire international, 8 août 1945.

3 Un procès exemplaire

Le 26 juillet 1946, les 4 procureurs désignés par les Alliés prononcent le réquisitoire contre les accusés. Le procureur américain Jackson commence.

« Nous pouvons être sûrs d'une chose. Dans l'avenir, personne ne devra jamais demander avec appréhension ce que les nazis ont pu avoir dit pour se défendre. L'histoire saura qu'ils avaient, quoi qu'on puisse dire, le droit de parler. On leur a accordé une forme de jugement qu'ils n'auraient jamais accordée à personne au temps de leur grandeur et de leur pouvoir.
Mais l'équité n'est pas faiblesse. L'extraordinaire équité de ces audiences est un attribut de notre force. [...] Le fait est que la déposition des accusés n'a levé aucun des doutes qui, en raison de la nature et de l'importance extraordinaire de ces crimes, auraient pu exister sur leur culpabilité avant qu'ils ne parlent. Ils ont aidé eux-mêmes à la rédaction de leur jugement de condamnation. »

Procès des grands criminels de guerre devant le Tribunal militaire International, 1947.

ANALYSER LES DOCUMENTS

1. Expliquez quel pouvait être le but de la couverture médiatique du procès. [doc. 1]
2. Donnez des exemples concrets des actes condamnés par le Tribunal militaire International. [doc. 2].
3. Montrez que ce procès veut être un modèle de justice. [doc. 1, 3]

ÉTUDE — Le procès de Tokyo

Le tribunal militaire de Tokyo, organisé comme celui de Nuremberg, a pour rôle de punir les criminels de guerre japonais. Néanmoins, il est soumis à l'influence des Américains qui cherchent à se rallier l'opinion japonaise alors que se dessine la guerre froide.

Dates clés
- 2 septembre 1945 — Signature de l'acte de capitulation du Japon
- 3 mai 1946 — Ouverture du procès
- 12 novembre 1948 — Fin du procès

▶ **En quoi le procès de Tokyo a-t-il pu être critiqué ?**

1 Le banc des accusés

Les prisonniers debout à l'arrivé des juges au Tribunal militaire international pour l'Extrême-Orient, 1946.

Le procès de Tokyo suit les procédures du procès de Nuremberg. Sur 28 accusés, 7 sont condamnés à mort. Parmi ces derniers, Kenji Doihara **1**, général en chef de l'armée japonaise en Mandchourie, Koki Hirota **2**, Premier ministre lors des massacres de Nankin, Hideki Tōjō **3**, Premier ministre, Akira Mutō **4**, général de l'armée de Mandchourie, puis général en chef des troupes japonaises en Indonésie, Iwane Matsui **5**, général qui commandait les troupes à Nankin, Seishirō Itagaki **6**, ex-ministre de la Guerre et chef d'état-major de l'armée de Mandchourie.

2 Une protestation française

Les dirigeants japonais sont accusés d'avoir « conspiré » pour déclencher la guerre, donc de crime contre la paix. Le juge français s'élève contre cette accusation et l'ambassadeur de France à Tokyo lui fait écho.

« Je ne vois pas pourquoi seuls ceux qui ont été traduits devant le tribunal sont accusés de ce que le tribunal nomme "conspiration". S'il y avait eu une investigation préliminaire, peut-être aurait-on trouvé alors davantage de personnalités japonaises impliquées dans ce qui est appelé "conspiration"... Peut-être qu'alors pèserait sur les accusés d'aujourd'hui une moindre culpabilité. [...] Supposons qu'il y eut conspiration. Quel était l'objet de cette conspiration ? La grandeur de la nation, son expansion. [...] Ceux que nous avons traduits devant la cour de justice sont-ils des criminels ou bien simplement des dirigeants politiques trop zélés et peu scrupuleux ? »

Zinovi Pechkoff, lettre au général MacArthur, 22 novembre 1948.

3 L'incompréhension des Japonais [ARTICLE]

Le général américain MacArthur, qui dirige le Japon, intervient pour éviter une mise en cause directe de l'empereur, qu'il veut conserver pour stabiliser le pays. L'écrivaine Yuriko Miyamoto exprime son incompréhension.

« Il a été décidé par le tribunal d'Extrême-Orient que l'empereur n'avait pas de responsabilité dans la guerre. Tout le monde en a été assez surpris. Et aussi, de façon ironique, affligé. Si le monde avait jugé l'empereur comme un adulte ayant des qualités telles qu'on puisse le considérer comme un vrai chef d'État, il n'aurait pas été exempté de ses responsabilités au regard du droit ni même de ses responsabilités vis-à-vis de l'humanité. »

Yuriko Miyamoto, « Fashizumu wa ikite iru » (« Le fascisme est vivant »), dans *Warera no nakama*, n° 6, février 1949 (trad. M. Lucken).

ANALYSER LES DOCUMENTS

1. Montrez que le procès de Tokyo est conçu sur le même principe que le procès de Nuremberg. [doc. 1]
2. Expliquez quelles sont les critiques faites par les Français au verdict du tribunal. [doc. 2]
3. Expliquez pourquoi l'absence de l'empereur au tribunal a pu être mal perçue par les Japonais. [doc. 3]

METTRE EN RELATION DES FAITS DE NATURE DIFFÉRENTE

Montrez que les principes de la justice internationale définis à Nuremberg ont rencontré des limites sur les plans légal et politique lors des procès de Tokyo.

ÉTUDE
La création de l'ONU

Pendant la guerre, les Alliés ont élaboré le projet d'une nouvelle organisation internationale vouée à garantir la paix et à défendre les droits de l'homme. L'Organisation des Nations unies, fondée à San Francisco en juin 1945, a pour mission de réussir là où la Société des Nations (SDN) a échoué.

▶ **Quelles sont les ambitions de cette nouvelle organisation internationale ?**

Dates clés

Novembre–décembre 1943	Conférence de Téhéran
Février 1945	Conférence de Yalta
26 juin 1945	Création de l'ONU à San Francisco

1 La Charte des Nations unies

« Nous, peuples des Nations unies, résolus :
– à préserver les générations futures du fléau de la guerre [...],
– à proclamer à nouveau notre foi dans les droits fondamentaux de l'homme, dans la dignité et la valeur de la personne humaine, dans l'égalité des droits des hommes et des femmes, ainsi que des nations, grandes et petites,
– à créer les conditions nécessaires au maintien de la justice et du respect des obligations nées des traités et autres sources du droit international,
– à favoriser le progrès social et instaurer de meilleures conditions de vie dans une liberté plus grande, [...]
avons décidé d'associer nos efforts pour réaliser ces desseins. »

Préambule de la Charte des Nations unies, 26 juin 1945.

2 L'espérance d'un monde neuf
Affiche de l'ONU, 1945.

À l'origine, en 1945, 51 États, tous alliés pendant la guerre contre les puissances de l'Axe, forment les Nations unies.

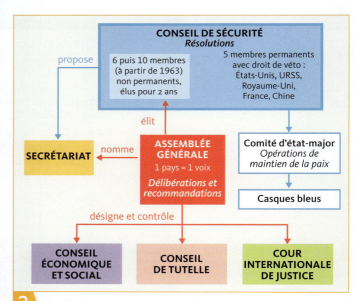

3 Des institutions nouvelles

ANALYSER LES DOCUMENTS

1. Identifiez les ambitions et les principes de la nouvelle organisation. **[doc. 1]**
2. Montrez comment les principes énoncés par la Charte sont mis en œuvre au sein de l'institution. **[doc. 1, 3]**
3. Relevez dans les trois documents les références à la paix et expliquez l'importance de ce thème dans la mise en œuvre d'un nouvel ordre international.

120 LA MULTIPLICATION DES ACTEURS INTERNATIONAUX DANS UN MONDE BIPOLAIRE (DE 1945 AU DÉBUT DES ANNÉES 1970)

ÉTUDE — Les accords de Bretton Woods

En juillet 1944, les délégués de 44 pays qui avaient déclaré la guerre à l'Allemagne et au Japon se réunissent à Bretton Woods (États-Unis) pour instaurer un système monétaire international destiné à éviter tout nouveau désordre économique et financier dans le monde.

▶ **Quels sont les principes du nouveau système monétaire international ?**

Mot clé

Gold Exchange Standard : système de l'étalon de change qui permet à chaque pays de garantir et d'émettre de la monnaie en fonction de son stock d'or et des monnaies convertibles en or.

1 L'instauration du Gold Exchange Standard

Les accords rétablissent la stabilité des changes, garantie par le Fonds monétaire international (FMI).

« La parité de la monnaie de chaque État sera exprimée en or pris comme commun dénominateur, ou en dollar des États-Unis, du poids et du titre en vigueur au 1er juillet 1944. Tous calculs relatifs aux monnaies des États membres en vue de l'application des dispositions du présent accord seront opérés sur la base de la parité. [...] Une modification de la parité de la monnaie d'un membre ne pourra être faite que sur la proposition de l'État membre intéressé et seulement après la consultation du Fonds [FMI]. [...] Aucun membre ne pourra être partie à des arrangements monétaires discriminatoires, ou recourir à des pratiques monétaires multiples, sauf autorisation prévue dans le présent accord ou autorisation avec le Fonds. »

Acte final de la conférence de Bretton Woods, 22 juillet 1944.

- États signataires des accords de Bretton Woods
- États signataires du GATT
- ▲ Siège du FMI et de la BIRD

2 Le système de Bretton Woods

Outre le FMI, les accords instituent la BIRD, chargée d'aider à la reconstruction et de venir en aide aux pays les moins développés. Ils prévoient aussi un organisme chargé du commerce international, qui voit le jour en 1947 lorsqu'est signé l'Accord général sur les tarifs douaniers et le commerce (GATT*).

3 La suprématie monétaire américaine

« Qui possède l'or ? », caricature sur la répartition des stocks d'or en millions de dollars, 1947.

ANALYSER LES DOCUMENTS

1. Expliquez en quoi consiste le système mis en place à l'issue de la conférence de Bretton Woods. [doc. 1]
2. Montrez que l'objectif principal des participants à la conférence est d'instaurer un système monétaire stable et durable. [doc. 1, 2]
3. Expliquez dans quelle mesure le système issu de Bretton Woods consacre la suprématie des États-Unis. [doc. 2, 3]

RÉDIGER UNE SYNTHÈSE

En vous appuyant sur les deux études, rédigez une synthèse sur le rôle des États-Unis dans l'élaboration d'un nouvel ordre mondial au lendemain de la guerre.

COURS 2 — De nouvelles tensions

Comment le nouvel ordre international est-il remis en cause ?

A La montée des tensions entre les deux superpuissances

• Dès la conférence de Potsdam d'août 1945 consacrée au sort de l'Allemagne [doc. 1], les relations entre les anciens alliés se détériorent. Staline reproche aux Alliés d'avoir supprimé leur aide financière à l'URSS, tandis que Harry Truman se montre moins conciliant que son prédécesseur envers Staline.

• Dans les pays occupés par l'Armée rouge, l'URSS fait installer des gouvernements prosoviétiques et éliminer l'opposition, au mépris du principe du droit des peuples à choisir leur gouvernement. Dès mars 1946, dans un discours prononcé à Fulton (États-Unis), Winston Churchill dénonce l'instauration d'un « rideau de fer » divisant l'Europe en deux.

• Les tensions entre l'URSS et les États-Unis à propos de l'Iran et de la Turquie en 1946 consacrent aux yeux du monde la fin de la Grande Alliance.

B Le basculement dans la guerre froide

• Convaincu que Staline cherche à étendre l'hégémonie de l'URSS, Truman formule en 1947 la doctrine du Containment [doc. 3] et soutient financièrement le gouvernement grec confronté à une guérilla communiste. L'URSS réagit par la doctrine Jdanov* [doc. 4], qui présente l'URSS comme le camp anti-impérialiste et pacifiste.

• Le monde se divise alors en deux blocs. Le bloc occidental s'organise autour du plan Marshall et de l'OTAN, une alliance militaire défensive formée en 1949 entre les États-Unis, le Canada et les pays d'Europe occidentale.

• Le bloc soviétique s'organise quant à lui autour du Kominform et d'un Conseil d'assistance économique mutuelle (CAEM), qui renforce la domination de l'URSS sur ses pays satellites en réaction au plan Marshall. En février 1948, le « coup de Prague » [POINT DE PASSAGE p. 128] fait entrer la Tchécoslovaquie dans l'aire d'influence soviétique.

C De nouveaux foyers de conflits

• En réaction au « coup de Prague », les Occidentaux annoncent en juin 1948 la fusion de leurs zones d'occupation en Allemagne et la création d'une nouvelle monnaie, le Deutsche Mark. L'URSS réplique en bloquant toutes les voies terrestres d'accès à Berlin-Ouest. Le blocus de Berlin [doc. 2] débouche sur la création de deux États, la République fédérale d'Allemagne (RFA), formée à partir des trois zones occidentales, et la République démocratique d'Allemagne (RDA) formée à partir de la zone soviétique.

• Le Moyen-Orient, qui a été un enjeu majeur de la Seconde Guerre mondiale, devient également un foyer de conflit. L'essor du nationalisme arabe s'y traduit en 1945 par la création de la Ligue arabe, tandis que les progrès du sionisme*, qui vise à créer un État juif en Palestine, favorisent en 1948 la naissance de l'État d'Israël [POINT DE PASSAGE p. 124].

• L'affaiblissement des grandes puissances coloniales durant le conflit a partout favorisé l'essor des mouvements nationalistes. La France concède l'indépendance de la Syrie et du Liban en 1945. L'Inde et le Pakistan obtiennent la leur du Royaume-Uni en août 1947, et les Néerlandais se retirent d'Indonésie en 1949. Les pays nouvellement indépendants tout comme les pays restés sous tutelle coloniale deviennent rapidement des enjeux de la guerre froide.

1 La conférence de Potsdam

Dernière conférence interalliée, Potsdam (près de Berlin), 2 août 1945. De gauche à droite au premier plan, Clement Attlee, Premier ministre britannique (qui vient de succéder à Churchill), Harry Truman et Staline.

Les accords de Potsdam divisent l'Allemagne en quatre zones d'occupation (soviétique, américaine, britannique et française) en conférant à Berlin, au cœur de la zone soviétique, un statut spécial.

▶ Quelle image les Alliés entendent-ils donner de leurs relations ?

Mots clés

Containment : doctrine de relations internationales en vertu de laquelle les États-Unis, qui se considèrent comme les champions du « monde libre », entreprennent de lutter contre l'extension du communisme.

Grande Alliance : nom donné aux Alliés de la Seconde Guerre mondiale, et plus particulièrement à l'alliance entre les États-Unis et l'URSS.

Kominform : organisation de liaison des partis communistes, à l'Est comme à l'Ouest, pour coordonner leur action sous l'égide et au profit de l'URSS.

Ligue arabe : organisation régionale fondée en mars 1945 par l'Arabie saoudite, l'Égypte, l'Irak, le Liban, la Syrie, la Transjordanie et le Yémen, pour affirmer l'unité de la nation arabe et l'indépendance de ses membres.

Plan Marshall : programme d'aide à la reconstruction de l'Europe, d'un montant de 13 milliards de dollars, présenté le 5 juin 1947 par le secrétaire d'État des États-Unis, George Marshall.

Personnage clé

Harry Truman (1884-1972)
Vice-président de Roosevelt, il lui succède en avril 1945 et décide de recourir à la bombe atomique contre le Japon. Il adopte progressivement une attitude de fermeté face à l'URSS et engage les États-Unis dans la guerre froide.

122 — LA MULTIPLICATION DES ACTEURS INTERNATIONAUX DANS UN MONDE BIPOLAIRE (DE 1945 AU DÉBUT DES ANNÉES 1970)

2 Le blocus de Berlin, première crise de la guerre froide

Berlinois de l'Ouest regardant les avions occidentaux atterrir à l'aéroport de Tempelhof pendant le pont aérien, 1948.

Plutôt que de recourir à la force, Harry Truman décide de ravitailler Berlin-Ouest (2,5 millions d'habitants) par un gigantesque pont aérien. Le 12 mai 1949, les Soviétiques lèvent le blocus.

▶ Pourquoi et à qui le pont aérien donne-t-il une bonne image des Occidentaux ?

3 La doctrine Truman

« À ce moment de l'histoire du monde, presque toutes les nations doivent choisir entre deux modes de vie alternatifs. Et trop souvent ce choix ne s'effectue pas librement.
L'un des modes de vie repose sur la volonté de la majorité et se distingue par des institutions libres, un gouvernement représentatif, des élections libres, qui sont la garantie de la liberté individuelle, de la liberté d'expression et de culte, et contre toute oppression politique. L'autre mode de vie est fondé sur la volonté d'une minorité imposée par la force à la majorité. Il s'appuie sur la terreur et l'oppression, une presse et une radio sous contrôle, des élections dirigées et la suppression des libertés individuelles.
Je crois que les États-Unis doivent soutenir les peuples libres qui résistent à ces tentatives d'assujettissement qui sont le fait de certaines minorités armées ou de pressions extérieures. [...] Je crois que nous devons leur apporter en premier lieu une assistance économique et financière. [...]
En aidant des nations libres et indépendantes à maintenir leur liberté, les États-Unis mettront en œuvre les principes de la Charte des Nations unies. »

Harry Truman, discours au Congrès américain, 11 mars 1947 (trad. B. Fuoc).

▶ Sur quels points Truman oppose-t-il le « monde libre » et le monde communiste ?

4 La doctrine Jdanov

Pour contrer la politique américaine, Andreï Jdanov, dirigeant soviétique proche de Staline, rédige un rapport qu'il fait approuver par neuf partis communistes européens.

« Deux camps se sont formés dans le monde : d'une part, le camp impérialiste et antidémocratique, qui a pour but essentiel l'établissement de la domination mondiale de l'impérialisme américain et l'écrasement de la démocratie et, d'autre part, le camp anti-impérialiste et démocratique, dont le but essentiel consiste à saper l'impérialisme, à renforcer la démocratie, à liquider les restes du fascisme. [...]
Le camp impérialiste et sa force dirigeante, les États-Unis, déploient une activité particulièrement agressive. Cette activité se développe à la fois sur tous les plans : sur le plan militaire et stratégique, sur le plan de l'expansion économique et sur le plan de la lutte idéologique. [...]
C'est pourquoi les partis communistes doivent se mettre à la tête de la résistance dans tous les domaines – gouvernemental, politique, économique et idéologique – aux plans impérialistes d'expansion et d'agression. »

Andreï Jdanov, « Rapport sur la situation internationale », conférence communiste internationale de Szklarska Poreba (Pologne), 22 septembre 1947.

▶ Comment Jdanov répond-il à la doctrine Truman ?

CONFRONTER ET CRITIQUER DEUX DOCUMENTS

Présentez les documents 3 et 4 puis montrez, en les replaçant dans leur contexte, quels aspects idéologiques et politiques de l'affrontement entre les deux camps ils mettent en évidence.

POINT DE PASSAGE

1948 : la naissance de l'État d'Israël

Au lendemain de la Seconde Guerre mondiale, le Royaume-Uni, dont le mandat* s'achève, s'oppose au projet sioniste de création d'un État juif, tandis que les pays de la Ligue arabe apportent leur soutien aux Arabes chrétiens et musulmans de Palestine. L'ONU décide alors d'un plan de partage en deux États, qui est rejeté par la Ligue arabe. La proclamation de l'État d'Israël provoque alors la première guerre israélo-arabe, dont les conséquences marquent durablement l'histoire du Moyen-Orient.

▶ **Pourquoi la naissance de l'État d'Israël bouleverse-t-elle le Moyen-Orient ?**

Dates clés

29 nov. 1947	Plan de partage de l'ONU (résolution 181)
14 mai 1948	Proclamation de l'indépendance de l'État d'Israël
15 mai 1948	Départ des dernières troupes britanniques. Offensive militaire des pays arabes
26 mai 1948	Fusion des troupes sionistes au sein d'une armée israélienne unifiée (Tsahal)
27 mai 1948	Prise de contrôle de Jérusalem-Est par la Légion arabe transjordanienne
15 oct. 1948	Offensives victorieuses de Tsahal
11 mars 1949	Fin de la guerre
11 mai 1949	Entrée d'Israël à l'ONU

1 **La proclamation d'indépendance de l'État d'Israël**

David Ben Gourion, président de l'Agence juive, organe exécutif de l'Organisation sioniste mondiale, lit la proclamation d'indépendance devant le Conseil national représentant les Juifs de Palestine et le mouvement sioniste, sous le portrait de Theodor Herzl, fondateur du mouvement sioniste, à Tel Aviv, le 14 mai 1948.

2 **Une indépendance revendiquée au nom du droit et de l'histoire**

« Israël est le lieu où naquit le peuple juif. C'est là que se forma son caractère spirituel, religieux et national. [...] En 1897, inspiré par la vision de l'État juif qu'avait eue Theodor Herzl, le premier congrès sioniste proclama le droit du peuple juif à la renaissance nationale dans son propre pays. [...] La Shoah qui anéantit des millions de Juifs en Europe, démontra à nouveau l'urgence de remédier à l'absence d'une patrie juive par le rétablissement de l'État juif dans le pays d'Israël [...].
Le 29 novembre 1947, l'Assemblée générale des Nations unies adopta une résolution prévoyant la création d'un État juif indépendant dans le pays d'Israël et invita les habitants du pays à prendre les mesures nécessaires pour appliquer ce plan. La reconnaissance par les Nations unies du droit du peuple juif à établir son État indépendant ne saurait être révoquée. [...]
En conséquence, nous, membres du Conseil national représentant le peuple juif du pays d'Israël et le mouvement sioniste mondial, réunis aujourd'hui, jour de l'expiration du mandat britannique, et en vertu des droits naturels et historiques du peuple juif, ainsi que de la résolution de l'Assemblée générale des Nations unies, proclamons la fondation de l'État juif dans le pays d'Israël, qui portera le nom d'État d'Israël. »

Déclaration d'indépendance de l'État d'Israël, 14 mai 1948.

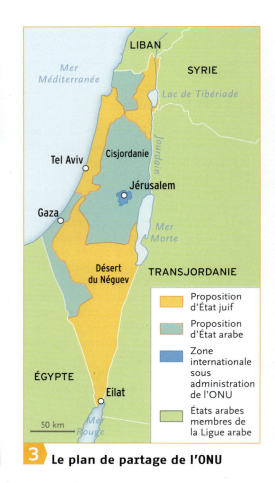

3 **Le plan de partage de l'ONU**

124 LA MULTIPLICATION DES ACTEURS INTERNATIONAUX DANS UN MONDE BIPOLAIRE (DE 1945 AU DÉBUT DES ANNÉES 1970)

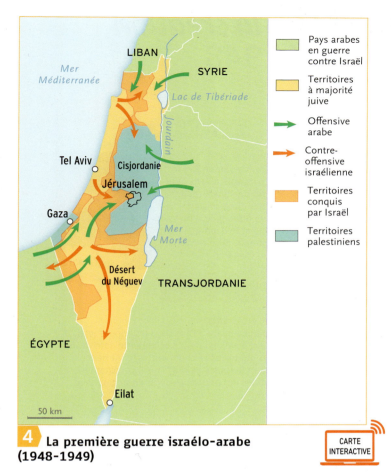

4 La première guerre israélo-arabe (1948-1949)

5 Les réfugiés arabes en 1949

6 Le déracinement des Palestiniens

Femmes et enfants arabes fuyant leur village, 1948.

De gré ou de force, 80 % des Palestiniens quittent les territoires contrôlés par Israël, tandis que les Juifs quittent les pays arabes pour rejoindre Israël, dont la population atteint 700 000 habitants. L'exode palestinien est connu dans la mémoire collective palestinienne en tant que « *Nakba* » (« désastre » ou « catastrophe »).

PROCÉDER À L'ANALYSE CRITIQUE DES DOCUMENTS

PARCOURS A

▶ **Lire, comprendre et analyser les documents**

1. Comment David Ben Gourion justifie-t-il la proclamation de l'indépendance d'Israël ? [doc. 1, 2, 3]

2. Qu'est-ce qui déclenche le conflit israélo-palestinien ? [doc. 2, 3, 4]

3. Quelles sont les conséquences immédiates de la guerre pour les populations arabes ? [doc. 5, 6]

4. Comment l'issue de la guerre peut-elle nourrir de futurs conflits ? [doc. 3, 4, 5]

▶ **Synthétiser**

Expliquez en quoi la proclamation de l'État d'Israël constitue un tournant. Vous montrerez d'abord pourquoi elle représente un tournant pour les Juifs puis pour les Arabes.

PARCOURS B

▶ **Analyser des cartes** [Voir Méthode, p. 274]

Comparez les documents 3 et 4 et expliquez pourquoi l'on peut parler d'une victoire israélienne. Montrez ensuite que les annexions israéliennes sont la source de possibles conflits ultérieurs.

HISTOIRE DES ARTS

Robert Capa, *Tel Aviv fête la création de l'État d'Israël*, 14 mai 1948

Comment le photographe légitime-t-il la création d'Israël ?

● Le 14 mai 1948, le célèbre photoreporter Robert Capa assiste à Tel Aviv à la proclamation de l'indépendance de l'État d'Israël. Il photographie David Ben Gourion lisant la déclaration d'indépendance, puis photographie dans les rues de Tel Aviv une enfant sur les épaules de son père, qui brandit le drapeau d'Israël, emblème du mouvement sioniste depuis le XIXe siècle avant de devenir celui de l'État hébreu.

● Lui-même issu de la bourgeoisie juive hongroise, Robert Capa a projeté à plusieurs reprises de s'installer en Palestine, où il vient en 1948 à ses frais, sans contrat. Il voit donc d'un œil favorable la création d'Israël et met son talent de photographe humaniste au service de la jeune nation. Il couvre la première guerre israélo-arabe puis réalise jusqu'en 1950 pour le compte du magazine américain *Holiday* de nombreux reportages en Israël, qui sont repris par les grands titres de la presse illustrée internationale.

L'artiste

Robert Capa (1913-1954)
Né en Hongrie, Endre Friedmann fuit le nazisme en 1933 et s'installe à Paris où il prend en 1936 le nom de Robert Capa. Photoreporter célèbre, qui a couvert notamment la guerre d'Espagne, l'invasion japonaise de la Chine et le débarquement du 6 juin 1944, il est naturalisé citoyen américain en 1946 et fonde en 1947 l'agence Magnum.

Le mouvement

La photographie humaniste
Courant photographique apparu à Paris dans les années 1930 qui met en avant l'être humain tel qu'il se présente dans la vie de tous les jours. Les photographes humanistes (dont Henri Cartier-Bresson, Robert Doisneau et Willy Ronis) cherchent à retranscrire les émotions des personnes qu'ils photographient.

Mise en perspective — AU SERVICE DES MYTHES FONDATEURS DE L'ÉTAT D'ISRAËL

Dans ses reportages, Robert Capa décrit une nation en devenir, en se focalisant sur l'afflux de réfugiés venant d'Europe et des pays arabes voisins, sur la reconstruction et la vie quotidienne des Israéliens. Les Arabes palestiniens, en revanche, sont pratiquement absents de ses photos.

1 Le retour de la diaspora juive
Robert Capa, *Immigrés arrivant au camp de transit de Sha'Ar Ha'Aliya*, Haïfa, 1948.

2 Le mythe de la terre promise
Robert Capa, *Construction d'une colonie dans le désert du Néguev*, près de Beersheva, 1949-1950.

126 LA MULTIPLICATION DES ACTEURS INTERNATIONAUX DANS UN MONDE BIPOLAIRE (DE 1945 AU DÉBUT DES ANNÉES 1970)

Robert Capa, *La Communauté juive de Tel Aviv fête l'indépendance d'Israël*, 14 mai 1948

Photographie, 14 mai 1948, 33,6 × 22,7 cm.

ANALYSER UNE PHOTOGRAPHIE

▶ **Analyser l'œuvre**

1. Comment la déclaration d'indépendance d'Israël est-elle évoquée dans cette photographie ?
2. Comment Robert Capa fait-il transparaître les espoirs portés par la communauté juive de Tel Aviv ?
3. En quoi peut-on dire que la petite fille symbolise le nouvel État d'Israël ?

▶ **Dégager la portée de l'œuvre**

Montrez comment Robert Capa entreprend de légitimer le nouvel État d'Israël, en indiquant ce qui dans son parcours peut expliquer son point de vue, et en décrivant les différents mythes ou stéréotypes auxquels il a recours.

CHAPITRE 4 La fin de la Seconde Guerre mondiale et les débuts d'un nouvel ordre mondial 127

POINT DE PASSAGE

25 février 1948 : le « coup de Prague »

La Tchécoslovaquie, libérée par les troupes soviétiques, est dirigée après-guerre par un « Front national », une alliance entre les principaux partis du pays. Sous la pression de l'URSS, le gouvernement tchécoslovaque refuse le plan Marshall à l'été 1947. Le Front national commence alors à se scinder entre communistes, soutenus par Moscou, et libéraux. La crise éclate le 25 février 1948. Les communistes s'emparent du pouvoir et rompent avec l'Occident. L'Europe entre dans la guerre froide.

▶ **Comment le « coup de Prague » fait-il basculer l'Europe dans la guerre froide ?**

Dates clés

17 février 1948	Les libéraux exigent le retrait de la nomination de huit commissaires de police communistes
19 février 1948	Appel des communistes à manifester contre les libéraux
20 février 1948	Démission des ministres non communistes du gouvernement
21 février 1948	Manifestations et meetings procommunistes dans tout le pays
22 février 1948	Premières arrestations des opposants aux communistes
25 février 1948	Le président de la République Édouard Bénès autorise Klement Gottwald à former un nouveau gouvernement composé uniquement de communistes
9 mai 1948	Promulgation d'une nouvelle constitution
7 juin 1948	Édouard Bénès démissionne

1 Manifestation du 21 février place de la Vieille-Ville

Manifestants rassemblés pour écouter le discours du Premier ministre Klement Gottwald qui appelle à lutter contre « les agents de la réaction », Prague, 21 février 1948.

VIDÉO

2 Le « coup de Prague » résumé par un journal français

« Voici le bilan de la "révolution de février".
1. Les communistes se sont emparés au gouvernement des derniers "portefeuilles-clés" qui échappaient à leur contrôle. [...]
2. Ils ont éliminé les ministres foncièrement anticommunistes. [...]
5. Par des mesures d'exception prises à la faveur de la crise, ils ont muselé la presse d'opposition, arrêté ou mis en fuite les dirigeants des partis adverses.
6. Ils ont créé des "comités d'action" ("soviets" à l'état embryonnaire), qui, sur le plan local se chargeront de faire appliquer les directives du gouvernement. [...]
Cependant, si à Prague la "révolution de février" s'est faite dans le calme, elle a provoqué dans le monde entier une émotion considérable. [...] Washington envisage d'imposer un contrôle sévère des exportations vers la Tchécoslovaquie. [...] Les services d'exportation américains estiment en effet que d'autres nations "utiliseraient mieux" ces marchandises. »

Article paru dans le quotidien *France Soir*, 27 février 1948.

3 Une victoire pour le camp communiste

Jindřich Veselý, chef de la StB, service de renseignement tchécoslovaque communiste, livre l'analyse officielle du coup d'État pour les communistes.

« L'importance historique des événements de février réside dans le fait que dans leur déroulement s'acheva le processus du passage de la révolution nationale et démocratique à la révolution socialiste, que la bourgeoisie subit une défaite politique décisive et que le pouvoir passa entre les mains de la classe ouvrière. [...] L'importance internationale de la victoire de février réside ensuite dans le fait que les tentatives de l'impérialisme international d'arracher la Tchécoslovaquie du camp de la paix et du socialisme furent brisées, que la bourgeoisie fut écrasée, et cela dans un pays où le capitalisme était développé et qui avait de vieilles traditions démocratiques.
Le fait que l'on ait obtenu chez nous la défaite complète de la bourgeoisie et l'instauration de la dictature du prolétariat par une voie rigoureusement constitutionnelle, démocratique et parlementaire revêt une importance toute particulière et significative. Ce fait a une valeur exceptionnelle pour le prolétariat des pays capitalistes, car il lui montre de nouvelles voies et de nouvelles possibilités dans la lutte contre la bourgeoisie des puissances impérialistes. »

Jindřich Veselý, *Prague 1948*, Éditions sociales, 1958.

5 La dénonciation américaine du complot communiste

Les Américains ne réagissent pas militairement au « coup de Prague », mais pour le président Truman, il est la preuve de la volonté des communistes d'étendre partout leur influence.

« Depuis la fin des hostilités[1], l'Union soviétique et ses agents ont détruit l'indépendance et le caractère démocratique de toute une série de nations en Europe centrale et orientale. C'est cet impitoyable plan d'action, ainsi que la claire intention de l'étendre aux dernières nations libres en Europe, qui a conduit à la situation critique que connaît l'Europe aujourd'hui.
La mort tragique de la république de Tchécoslovaquie a constitué un choc pour tout le monde civilisé. Maintenant, une pression est exercée sur la Finlande, mettant en péril toute la Scandinavie. La Grèce est directement soumise à une attaque militaire de rebelles, activement soutenus par les pays voisins sous domination communiste. En Italie, une minorité communiste s'emploie avec détermination et agressivité à prendre le contrôle du pays. Les méthodes sont variées, mais le plan est très clair [...]. Le temps est venu où les hommes et les femmes libres du monde entier doivent faire face, franchement et avec courage, aux menaces qui pèsent sur leur liberté. »

Harry Truman, discours prononcé devant le Congrès des États-Unis, le 17 mars 1948 (trad. H. Becquet).

1. La fin de la Seconde Guerre mondiale.

4 La célébration de la Tchécoslovaquie communiste

Le Mois de l'amitié soviéto-tchécoslovaque, affiche de Josef Schlesinger représentant Staline et Klement Gottwald qui tient dans ses mains un texte intitulé « Avec l'Union soviétique pour toujours ! ».

Après sa prise de pouvoir, Gottwald décide d'aligner complètement son pays sur le modèle soviétique et se conforme en toute chose aux directives de Staline.

PROCÉDER À L'ANALYSE CRITIQUE DES DOCUMENTS

PARCOURS A

Lire, comprendre et analyser les documents

1. Par quels moyens le parti communiste a-t-il fait pression sur le gouvernement ? [doc. 1, 2]
2. Comment les communistes justifient-ils leur coup de force contre le gouvernement ? [doc. 3]
3. Quel régime les communistes instaurent-ils en Tchécoslovaquie après le « coup de Prague » ? [doc. 2, 3, 4]
4. Que redoutent les pays occidentaux ? [doc. 5]

Synthétiser

Expliquez comment le « coup de Prague » fait entrer l'Europe dans la guerre froide. Après avoir rappelé rapidement la situation de la Tchécoslovaquie au début de l'année 1948, vous expliquerez comment les communistes prennent le pouvoir, quel type de régime ils instaurent et quelles réactions cela suscite en Occident.

PARCOURS B

Construire une argumentation historique [Voir Méthode, p. 247]

Expliquez, à partir du document 3, pourquoi le « coup de Prague » est une victoire importante pour les communistes d'un point de vue idéologique et géopolitique.

FAIRE LE POINT

La fin de la Seconde Guerre mondiale et les débuts d'un nouvel ordre mondial

RETENIR L'ESSENTIEL

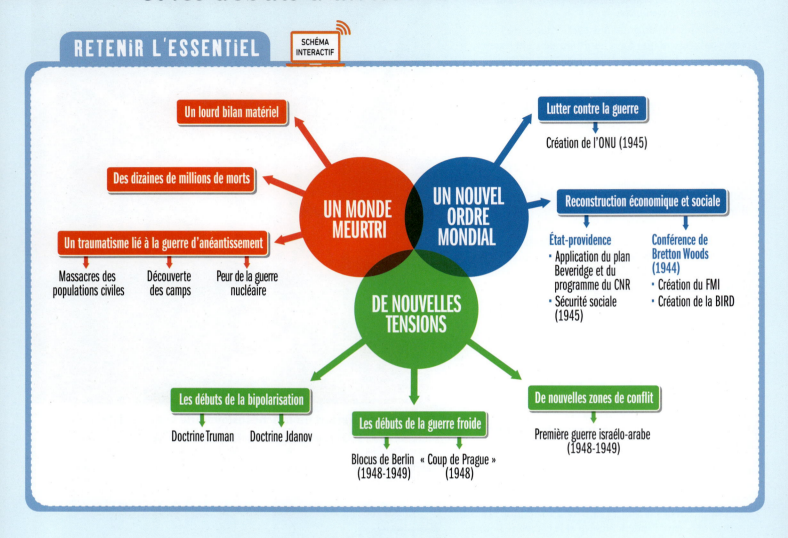

ÉVÉNEMENTS CLÉS

- **14 mai 1948 : indépendance de l'État d'Israël.** Proclamé à Tel Aviv par David Ben Gourion, le nouvel État d'Israël s'impose militairement contre les pays de la Ligue arabe au terme de la première guerre israélo-arabe (1948-1949).
- **25 février 1948 : le « coup de Prague ».** Dans la Tchécoslovaquie occupée par les troupes soviétiques, les communistes s'emparent du pouvoir et rompent avec l'Occident, faisant entrer l'Europe dans la guerre froide.

PERSONNAGES CLÉS

- **William Henry Beveridge (1879-1963) :** haut fonctionnaire et économiste britannique, il défend dès l'entre-deux-guerres l'idée que l'État doit intervenir pour garantir la justice sociale. Son rapport remis au gouvernement en 1942 est à l'origine de la Sécurité sociale et de l'État-providence britanniques.
- **Harry Truman (1884-1972) :** vice-président de Roosevelt, il lui succède en avril 1945 et décide de recourir à la bombe atomique contre le Japon. Il adopte progressivement une attitude de fermeté face à l'URSS et engage les États-Unis dans la guerre froide.

NE PAS CONFONDRE

- ***Containment :*** doctrine de relations internationales en vertu de laquelle les États-Unis, qui se considèrent comme les champions du « monde libre », entreprennent de lutter contre l'extension du communisme.
- ***Kominform :*** organisation de liaison des partis communistes, à l'Est comme à l'Ouest de l'Europe, pour coordonner leur action sous l'égide et au profit de l'Union soviétique.

RÉVISER AUTREMENT

EXERCICE INTERACTIF

Compléter une carte

Objectif : Identifier et localiser les acteurs et les enjeux du nouvel ordre mondial

ÉTAPE 1
Complétez la carte en nommant les organisations internationales dont le siège est aux États-Unis (New York, Washington), dans le bloc communiste (Belgrade puis Bucarest) et en Égypte (Le Caire).

ÉTAPE 2
Complétez la flèche en nommant le dispositif d'aide qu'elle désigne.

ÉTAPE 3
Complétez enfin les noms et lieux des événements de 1948 et 1949 représentés par une étoile.

VÉRIFIER SES CONNAISSANCES

EXERCICES INTERACTIFS

1 Notions clés à relier

Reliez chaque notion clé à sa définition.

1. **Ligue arabe**
2. **Crime contre l'humanité**
3. **État-providence**
4. **Plan Marshall**
5. **Grande Alliance**

a. État qui garantit à ses citoyens des droits sociaux et une certaine redistribution des richesses économiques du pays.

b. Nom donné aux Alliés de la Seconde Guerre mondiale, et plus particulièrement à l'alliance entre les États-Unis et l'URSS.

c. Incrimination retenue à partir de 1945 pour juger les meurtres de masse, la déportation ou la réduction à l'esclavage de populations civiles.

d. Organisation régionale fondée en mars 1945 par l'Arabie saoudite, l'Égypte, l'Irak, le Liban, la Syrie, la Transjordanie et le Yémen, pour affirmer l'unité de la nation arabe et l'indépendance de ses membres.

e. Programme d'aide à la reconstruction de l'Europe d'un montant de 13 milliards de dollars présenté le 5 juin 1947 par le secrétaire d'État des États-Unis, George Marshall.

2 QCM

Choisissez la (ou les) bonne(s) réponse(s).

1. Les premiers projets d'État-providence sont :
a. Le programme du CNR.
b. La charte de San Francisco.
c. Le rapport Beveridge.

2. Les principaux criminels nazis sont jugés au procès de :
a. Potsdam.
b. Tokyo.
c. Nuremberg.

3. Les accords de Bretton Woods donnent naissance :
a. Au FMI.
b. À la Banque mondiale.
c. À l'ONU.

4. Le blocus de Berlin débouche sur :
a. La création du Deutsche Mark.
b. La création de deux États.
c. Le statu quo.

CHAPITRE 4 La fin de la Seconde Guerre mondiale et les débuts d'un nouvel ordre mondial — 131

BAC Méthode : Analyser une allégorie

Analyse de document

Sujet : L'allégorie de la République à la fin de la Seconde Guerre mondiale

Consigne : Montrez comment l'allégorie de la République témoigne du combat du gouvernement provisoire en faveur de la rénovation de la République.

La République triomphe de l'occupant nazi

Henri Biais, *Liberté*, lithographie en couleur, 120 x 80 cm, 1944.

- Il s'est fait connaître avant la guerre par des affiches et des dessins publicitaires.
- Réalisée sous l'occupation allemande, l'affiche est diffusée après la Libération.
- Le gouvernement entend communiquer sur la victoire prochaine sur le nazisme et le rétablissement de la République et des libertés fondamentales.
- Le Gouvernement provisoire de la République française dirige la France jusqu'à l'entrée en vigueur de la constitution de la IVe République.

132 LA MULTIPLICATION DES ACTEURS INTERNATIONAUX DANS UN MONDE BIPOLAIRE (DE 1945 AU DÉBUT DES ANNÉES 1970)

FICHE MÉTHODE

ÉTAPE 1 — Identifier et présenter l'allégorie

→ **Identifier son auteur,** son commanditaire éventuel, son support et sa nature.

→ **Situer** sa date et son lieu de production.

1 Montrez qu'il s'agit d'une image de nature politique.

CONSEIL Tenez compte non seulement du contexte, mais aussi du commanditaire de l'œuvre.

ÉTAPE 2 — Analyser le contenu de l'allégorie

→ **Décrypter tous ses attributs,** c'est-à-dire repérer et décoder tous les symboles qui la composent en décelant les notions ou événements qu'ils évoquent.

→ **Prêter attention aussi bien aux personnages** et aux objets qu'aux effets de style, de couleur, de forme.

2 Montrez comment l'artiste figure le triomphe de la République.

CONSEIL Analysez le choix des couleurs et le sens des symboles.

ÉTAPE 3 — Dégager l'intérêt historique de l'allégorie

→ **Identifier les intentions de l'auteur** et en particulier l'effet recherché par l'artiste, en tenant compte du contexte.

3 Montrez comment l'artiste associe l'image de la République à celle de la Résistance.

CONSEIL Tenez compte du choix du titre donné à son dessin.

S'entraîner

Sujet — L'arbre des Nations unies

Consigne: Montrez comment cette allégorie représente les idéaux de l'ONU, en même temps que les nouveaux rapports de force au lendemain de la guerre.

Une représentation des idéaux de l'ONU

Nations unies, affiche de Henry Eveleigh, premier prix du premier concours d'affiches mondial de l'Organisation des nations unies (ONU), 1947.

CHAPITRE 4 La fin de la Seconde Guerre mondiale et les débuts d'un nouvel ordre mondial **133**

BAC
Méthode

Reformuler la problématique

> ## Question problématisée

Sujet **Quelles sont les conséquences géopolitiques de la Seconde Guerre mondiale ?**

FICHE MÉTHODE

Rappel

→ **Définir et délimiter les termes du sujet.**
Voir Méthode, p. 66

Délimitez chronologiquement le sujet.

CONSEIL Indiquez les principales césures chronologiques de l'après-guerre en vous aidant de la frise chronologique p. 111.

ÉTAPE 1 Interroger le sujet pour en identifier les enjeux

→ **Identifier le type de sujet** et étudier son évolution et ses ruptures.

→ **Analyser l'intérêt et l'importance du sujet** dans son contexte historique, en identifiant notamment ses causes, sa nature et son évolution.

1 Expliquez pourquoi la Seconde Guerre mondiale marque une rupture.

CONSEIL Évoquez le sort des États vaincus et décrivez la nouvelle organisation des relations internationales.

ÉTAPE 2 Identifier le questionnement historique en rapport avec le sujet

→ **Repérer les enjeux que pose le sujet,** sa spécificité, sa complexité, les questions qu'il pose, les contradictions ou le paradoxe qu'il soulève.

→ **Lorsque le sujet est une question,** il faut en expliquer le sens et justifier l'intérêt de cette question.

2 Analysez le sens du mot «géopolitiques» dans ce sujet.

CONSEIL Considérez l'impact des modifications géographiques sur les relations internationales et la politique étrangère des grandes puissances.

ÉTAPE 3 Reformuler la question problématisée

→ **Expliquer en les résumant les enjeux principaux** soulevés par la question.

→ **Souligner l'importance du sujet,** en analysant par exemple les causes ou les conséquences du phénomène étudié.

3 Expliquez en quoi ce sujet invite à considérer la nature du nouvel ordre international qui se met en place.

CONSEIL Demandez-vous s'il s'agit d'un ordre multipolaire ou d'un ordre bipolaire.

Prolongement

→ **Choisir un plan adapté au sujet.** Voir Méthode, p. 162

Identifiez le type de plan le plus adapté au sujet.

CONSEIL Expliquez pourquoi un plan chronologique n'est pas adapté.

BAC Méthode — Justifier une interprétation

Capacités et méthodes

Sujet : La France de la reconstruction

Consigne : Analysez cette affiche scolaire en montrant dans quelle mesure elle donne une image idéalisée de la reconstruction de la France sous la IVe République.

« Les Français se sont remis au travail »
Tableau d'histoire, cours élémentaire 3 (CM1), éditions Rossignol, 1953.

FICHE MÉTHODE

ÉTAPE 1 — Identifier et présenter le document

→ **Identifier le document :** sa nature, son thème principal, son auteur, son éventuel commanditaire, son ou ses destinataires.
→ **Identifier la date et la localisation du document** en le replaçant dans la chronologie générale de la période.

❶ Indiquez la nature du document.
CONSEIL Précisez à quel public cette affiche est destinée.

ÉTAPE 2 — Justifier une interprétation à partir du document

→ **Analyser le document :** décrire son style, sa composition et son contenu.
→ **Confronter l'analyse du document à ses connaissances** afin d'en proposer et d'en justifier une interprétation.

❷ Étayez l'idée selon laquelle cette affiche donne une image idéalisée de la reconstruction.
CONSEIL Considérez par exemple les aspects absents de l'affiche, comme l'aide apportée par le plan Marshall.

ÉTAPE 3 — Dégager la portée et l'intérêt du document

→ **Comprendre l'intérêt du document** en étudiant ce qu'il nous révèle de son époque.

❸ Montrez ce que cette image révèle des ambitions modernisatrices de la IVe République.
CONSEIL Relevez les éléments qui évoquent ou connotent la modernité.

CHAPITRE 4 La fin de la Seconde Guerre mondiale et les débuts d'un nouvel ordre mondial

EXERCiCES

1 Le pacifisme communiste

CONFRONTER ET CRITIQUER DEUX DOCUMENTS

Voir Méthode, p. 39

Consigne : En analysant les documents 1 et 2, vous montrerez que le pacifisme de l'après-guerre repose sur la peur de la bombe atomique puis vous expliquerez en quoi cette dénonciation sert les intérêts de l'URSS.

1 Un appel à la paix

Au mois d'avril 1949 est créé le Mouvement de la paix, appuyé par l'URSS. Il est à l'origine de l'appel de Stockholm qui, d'après les organisateurs du mouvement, a reçu 400 millions de signatures en quelques mois. Il est très largement diffusé par affichage et voie de presse notamment en Europe occidentale.

« Nous exigeons l'interdiction absolue de l'arme atomique, arme d'épouvante et d'extermination massive des populations.
Nous exigeons l'établissement d'un rigoureux contrôle international pour assurer l'application de cette mesure d'interdiction.
Nous considérons que le gouvernement qui, le premier, utiliserait, contre n'importe quel pays, l'arme atomique, commettrait un crime contre l'humanité et serait à traiter comme criminel de guerre.
Nous appelons tous les hommes de bonne volonté dans le monde à signer cet appel. »

Appel de Stockholm, 19 mars 1950.

2 Une dénonciation de la guerre

Mieczysław Berman, *Guerre*, photomontage, 31 x 20 cm, 1947. Wrocław, Musée national.

Berman est un artiste engagé dans les cercles proches des communistes. Ce photomontage fait partie d'un cycle d'œuvres pacifistes qu'il crée après la guerre.

2 Une nouvelle conception de l'État

PROCÉDER À L'ANALYSE CRITIQUE D'UN DOCUMENT

Voir Méthode, p. 101

Consigne : Énumérez les droits et libertés, anciens et nouveaux, accordés par la Constitution et expliquez leur importance dans le contexte de l'après-guerre.

Le préambule de la Constitution française de 1946

Avec l'avènement de la IVe République, le nouveau régime cherche à rompre avec Vichy sur le plan des institutions comme des principes. Le préambule de la Constitution rappelle les valeurs au fondement de la République. Certaines sont héritées de la Révolution française, d'autres ont été portées par la Résistance.

« Au lendemain de la victoire remportée par les peuples libres sur les régimes qui ont tenté d'asservir et de dégrader la personne humaine, le peuple français proclame à nouveau que tout être humain, sans distinction de race, de religion ni de croyance, possède des droits inaliénables et sacrés. Il réaffirme solennellement les droits et les libertés de l'homme et du citoyen consacrés par la Déclaration des droits de 1789 [...]. Il proclame en outre, comme particulièrement nécessaires à notre temps les principes politiques, économiques et sociaux ci-après.

La loi garantit à la femme, dans tous les domaines, des droits égaux à ceux de l'homme. [...] Chacun a le droit de travailler et le droit d'obtenir un emploi. [...] Tout homme peut défendre ses droits et ses intérêts par l'action syndicale et adhérer au syndicat de son choix. [...] Tout bien, toute entreprise dont l'exploitation a ou acquiert les caractères d'un service public national ou d'un monopole de fait doit devenir la propriété de la nation. La nation assure à l'individu et à la famille les conditions nécessaires à leur développement. Elle garantit à tous, notamment à l'enfant, à la mère et aux vieux travailleurs la protection de la santé, la sécurité matérielle, le repos et les loisirs. »

Préambule de la Constitution de la IVe République promulguée le 27 octobre 1946.

136 LA MULTIPLICATION DES ACTEURS INTERNATIONAUX DANS UN MONDE BIPOLAIRE (DE 1945 AU DÉBUT DES ANNÉES 1970)

③ Le rideau de fer

S'APPROPRIER UN QUESTIONNEMENT HISTORIQUE
Voir Méthode, p. 277

Consigne : Présentez les documents en les replaçant dans leur contexte, puis montrez ce qu'ils révèlent de l'évolution des rapports entre les Alliés, de la Grande Alliance à la guerre froide.

1 Le discours de Churchill...

« Une ombre est tombée sur les scènes qui avaient été si clairement illuminées récemment par la victoire des Alliés. Personne ne sait ce que la Russie soviétique et son organisation communiste internationale ont l'intention de faire dans l'avenir immédiat, ni où sont les limites, s'il en existe, de leurs tendances expansionnistes et prosélytiques. [...]
De Stettin dans la Baltique jusqu'à Trieste dans l'Adriatique un rideau de fer est descendu à travers le continent. Derrière cette ligne se trouvent toutes les capitales des anciens États de l'Europe centrale et orientale. Varsovie, Berlin, Prague, Vienne, Budapest, Belgrade, Bucarest et Sofia, toutes ces villes célèbres et les populations qui les entourent se trouvent dans ce que je dois appeler la sphère soviétique, et toutes sont soumises, sous une forme ou sous une autre, non seulement à l'influence soviétique, mais aussi à un degré très élevé et, dans beaucoup de cas, à un degré croissant, au contrôle de Moscou. »

Winston Churchill, discours à l'université de Fulton (Missouri, États-Unis), 5 mars 1946.

2 ... et sa représentation dans la presse

« Défense d'entrer par ordre de Joe », dessin de Leslie G. Illingworth, *The Daily Mail*, 6 mars 1946.

④ Le plan Marshall

METTRE EN RELATION UN TEXTE ET UNE IMAGE
Voir Méthode, p. 189

Consigne : Décrivez les motivations explicites du plan Marshall, puis identifiez ses motivations implicites dans le contexte de la guerre froide naissante.

1 Les objectifs de George Marshall

« La vérité, c'est que les besoins de l'Europe en produits alimentaires et autres produits essentiels – en provenance essentiellement de l'Amérique au cours des trois ou quatre années à venir – dépassent à ce point sa capacité de paiement, qu'elle a besoin d'une aide supplémentaire importante si on veut lui éviter de graves troubles économiques, sociaux et politiques. En dehors des effets démoralisants sur le monde en général et les risques de troubles résultant du désespoir des peuples en cause, les conséquences sur l'économie américaine sont claires pour tous. Il est logique que les États-Unis fassent tout ce qui est en leur pouvoir pour favoriser le retour du monde à une santé économique normale sans laquelle il ne peut y avoir ni stabilité politique, ni paix assurée. Notre politique n'est dirigée contre aucun pays, ni doctrine, mais contre la faim, la pauvreté, le désespoir et le chaos. Son but devrait être le rétablissement d'une économie mondiale saine de façon à permettre le retour à des conditions politiques et sociales dans lesquelles peuvent exister des institutions libres. »

Général George Marshall, secrétaire d'État des États-Unis, discours prononcé à l'université de Harvard (Massachusetts, États-Unis), 5 juin 1947.

2 Un outil au service de l'unification de l'Europe occidentale

« Plan Marshall, ciment de l'Europe », affiche de Thibault de Champrosay, 1947.

5 Une nouvelle donne géopolitique : bipolarisation et émergence du tiers-monde

▶ **Comment la bipolarisation interfère-t-elle avec la décolonisation ?**

1 L'Europe divisée par la guerre froide

« Où est le camp de la paix ? », affiche du mouvement Paix et Liberté, 1954.

À partir de 1947, les relations internationales sont dominées par la confrontation entre l'URSS et les États-Unis dans le cadre de la guerre froide, qui oppose deux modèles, la démocratie libérale* et la démocratie populaire*.

| | 1947 | 1950 | 1955 | 1960 | 1965 | 1968 |

LA BIPOLARISATION

- **1947** : Création du Kominform ; Doctrines Truman et Jdanov
- **1949** : Bombe A soviétique ; Proclamation de la Rép. populaire de Chine
- **1953** : Mort de Staline
- **1955** : Pacte de Varsovie
- **1956** : XXᵉ congrès du PCUS ; Crises de Suez et Budapest
- **1961** : Construction du mur de Berlin
- **1962** : Crise des missiles de Cuba
- **1968** : Printemps de Prague

L'ÉMERGENCE DU TIERS-MONDE

- **1947** : Indépendance et partition de l'Inde
- **1949** : Indépendance de l'Indonésie
- **1954** : Défaite française en Indochine
- **1955** : Conférence de Bandung
- **1956** : Indépendances du Maroc et de la Tunisie
- **1960** : Indépendance de l'Afrique noire française
- **1961** : Création du mouvement des non-alignés à Belgrade
- **1962** : Indépendance de l'Algérie
- **1963** : Fondation de l'OUA
- **1967** : Guerre des Six-Jours
- **1968** : Apogée de la contestation de la guerre du Vietnam

FRISE INTERACTIVE

2 La nouvelle donne de la décolonisation

Panneau central du salon d'entrée du palais du Peuple à Conakry, capitale de la Guinée, 1967.

Le contexte international et l'affaiblissement des anciennes puissances colonisatrices favorisent la décolonisation* qui, en l'espace de vingt ans, met fin aux grands empires coloniaux et permet l'affirmation du tiers-monde*.

METTRE EN RELATION DEUX DOCUMENTS

Montrez dans quelle mesure ces documents permettent de présenter les caractéristiques de la guerre froide et les limites de la bipolarisation.

CHAPITRE 5 Une nouvelle donne géopolitique : bipolarisation et émergence du tiers-monde   139

GRAND ANGLE

Un monde divisé

À partir de 1947, la guerre froide oppose le bloc de l'Ouest, conduit par les États-Unis, au bloc soviétique, conduit par l'URSS. Les deux Grands constituent des systèmes d'alliances qui divisent la planète et combattent par alliés interposés. À la suite de l'affaiblissement des anciennes puissances coloniales, de nombreux pays d'Asie puis d'Afrique accèdent à l'indépendance. La conscience de leurs intérêts communs et de la force qu'ils représentent les pousse à s'organiser : c'est la naissance du tiers-monde.

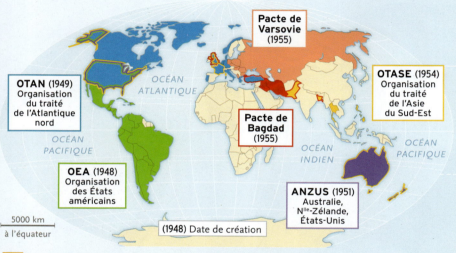

1 La formation des blocs

Entre 1948 et 1955, les États-Unis et l'URSS forment un vaste système d'alliances militaires qui structure durablement les relations internationales.

2 L'équilibre de la terreur nucléaire

« *How to build a "family foxhole"* » (« comment construire un abri familial »), couverture de *Popular Science*, mars 1951.

En 1949, quatre ans après les États-Unis, l'URSS se dote de l'arme nucléaire. L'équilibre de la terreur repose sur le caractère dissuasif d'une guerre atomique.

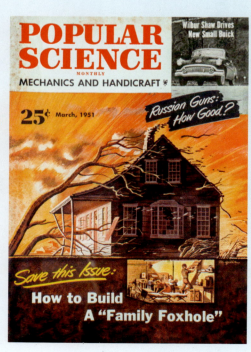

COURS 1 — Les modèles des superpuissances et la bipolarisation

Comment l'affrontement entre les États-Unis et l'URSS conduit-il à la bipolarisation du monde ?

A Deux mondes opposés

• Durant la guerre froide, les deux Grands défendent leur modèle et dénoncent la volonté d'hégémonie de l'adversaire. Dans le bloc de l'Ouest, les États-Unis promeuvent la démocratie libérale. Face à la « menace communiste » [doc. 2], ils signent des alliances militaires, comme l'OTAN (Organisation du traité de l'Atlantique Nord) en 1949 avec le Canada et l'Europe de l'Ouest.

• Dans le bloc de l'Est, l'URSS impose le modèle de la démocratie populaire. Face à l'« impérialisme américain » [doc. 3], elle s'appuie sur le pacte de Varsovie, alliance militaire signée en 1955 qui lui permet de contrôler les pays satellites d'Europe de l'Est. Le bloc est renforcé par le rapprochement avec la Chine où les communistes ont pris le pouvoir en 1949.

• Le mur de Berlin devient le symbole de la bipolarisation du monde [doc. 5]. Édifié en 1961 par la RDA autour de Berlin-Ouest pour empêcher les Allemands de l'Est de rejoindre l'Ouest, il matérialise la frontière entre les deux mondes.

B Une compétition dans tous les domaines

• Les deux superpuissances se livrent une course aux armements. L'obtention par l'URSS de la bombe atomique en 1949 fait craindre une destruction mutuelle. Dès lors, la dissuasion nucléaire interdit tout conflit direct entre les deux Grands : c'est l'équilibre de la terreur [doc. 1].

• Les deux Grands s'affrontent aussi dans une course à l'espace. L'enjeu est stratégique, les fusées permettant aussi de tirer des missiles intercontinentaux. Les Soviétiques prennent de l'avance, avec le premier satellite (1957) et le premier homme dans l'espace (1961), mais les Américains les rattrapent en allant sur la Lune dès 1969.

• La confrontation entre les deux camps se joue enfin sur le terrain de la culture. Les Jeux olympiques permettent à chaque Grand de prouver la supériorité de son modèle. Le cinéma hollywoodien et l'*American Way of Life* renforcent quant à eux l'attractivité du mode de vie américain.

C Crises et détente

• La guerre froide est marquée par des crises, mais sans affrontement militaire direct entre les deux Grands. Lors de la guerre de Corée (1950-1953), les États-Unis envoient des troupes en Corée du Sud, mais l'URSS s'y refuse et pousse la Chine à intervenir [doc. 4]. De même, l'URSS ne fournit qu'un soutien matériel aux communistes lors de la guerre du Vietnam (1960-1973) [POINT DE PASSAGE p. 146].

• La crise de Cuba (1962) fait craindre un affrontement nucléaire [POINT DE PASSAGE p. 144]. Les dirigeants des deux superpuissances, John Fitzgerald Kennedy et Nikita Khrouchtchev, engagent alors leurs pays dans une période d'apaisement, la détente.

• Les années 1960 marquent une fragilisation des deux blocs. L'échec des États-Unis au Vietnam remet en cause son autorité à l'ouest. Le bloc soviétique est affaibli par la rupture avec la Chine. L'année 1968 constitue à cet égard un tournant dans le monde avec des manifestations dans les deux camps [POINT DE PASSAGE p. 154].

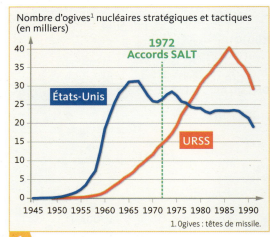

1 La course aux armements entre les deux Grands

D'après H. M. Kristensen, R. S. Norris, « Global nuclear weapons inventories, 1945-2013 », *Bulletin of The Atomic Scientists*.

Lors de la détente, les deux Grands signent en 1972 les accords SALT (*Strategic Arms Limitation Talks*) : ils s'engagent à limiter conjointement le nombre de leurs missiles.

▶ La détente entre les deux Grands a-t-elle des conséquences sur la course aux armements ?

Mots clés

American Way of Life : mode de vie américain dont la publicité et le cinéma vantent le confort et la modernité (pavillon individuel, électroménager et automobile).

Démocratie libérale : régime qui défend les libertés individuelles sur le plan politique, la liberté d'entreprendre et la propriété privée sur le plan économique.

Démocratie populaire : régime dictatorial dont le pouvoir est exercé par un parti unique, le parti communiste, et où l'économie est dirigée par l'État. Les pays d'Europe de l'Est se qualifient ainsi pour marquer leur différence avec les démocraties jugées « bourgeoises » de l'Ouest.

Détente : phase de la guerre froide caractérisée par une volonté de dialogue entre les deux superpuissances. Elle dure de 1962 à la fin des années 1970.

Personnage clé

Nikita Khrouchtchev (1894-1971)

D'origine ouvrière, il fait carrière au sein du parti communiste de l'URSS et devient un proche de Staline. Après la mort de celui-ci en 1953, il prend la tête du pays. Contesté après la rupture avec la Chine et la crise de Cuba, il est poussé à la démission en 1964.

2 Une dénonciation de l'emprise soviétique

« Danse caucasienne », affiche de Paix et Liberté, v. 1951.

L'association Paix et Liberté existe dans plusieurs pays d'Europe de l'Ouest dès 1950. Soutenue financièrement par les États-Unis, elle a pour objectif de répondre à la propagande communiste.

▶ Comment cette affiche présente-t-elle le bloc de l'Est ?

3 Une critique de la domination américaine

« Bombe atomique », « Bevin », « Schuman », « Be[lgique] », « P[ays]-B[as] », « Lux[embourg] », « Pacte Nord-Atlantique », caricature montrant les États-Unis assis sur les représentants de pays européens dont le Britannique Bevin et le Français Schuman, *Krokodil*, 1949.

La revue satirique soviétique *Krokodil* tire à 4 millions d'exemplaires.

▶ Comment cette caricature présente-t-elle l'OTAN ?

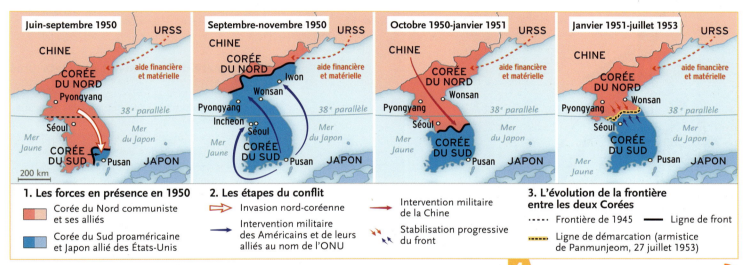

5 Le mur de Berlin, symbole de la guerre froide

« Il ne manque pas de personnes au monde qui ne veulent pas comprendre […] quel est le litige entre le communisme et le monde libre. Qu'elles viennent donc à Berlin. D'autres prétendent que le communisme est l'arme de l'avenir. Qu'ils viennent eux aussi à Berlin. Certains, enfin, en Europe et ailleurs, prétendent qu'on peut travailler avec les communistes. Qu'ils viennent donc ceux-là aussi à Berlin. Notre liberté éprouve certes beaucoup de difficultés et notre démocratie n'est pas parfaite. Cependant nous n'avons jamais eu besoin, nous, d'ériger un mur pour empêcher notre peuple de s'enfuir[1]. […] Le mur fournit la démonstration éclatante de la faillite du système communiste. Cette faillite est visible aux yeux du monde entier. Nous n'éprouvons aucune satisfaction en voyant ce mur, car il constitue à nos yeux une offense non seulement à l'histoire mais encore une offense à l'humanité. […] Tous les hommes libres, où qu'ils vivent, sont citoyens de cette ville de Berlin-Ouest, et pour cette raison, en ma qualité d'homme libre, je dis : *Ich bin ein Berliner[2].* »

Discours de John F. Kennedy, Berlin-Ouest, 26 juin 1963.

1. De 1949 à 1961, 2,7 millions d'Allemands de l'Est passent à l'Ouest sur un total de 19 millions en 1949.
2. « Je suis un Berlinois. »

▶ Pourquoi Kennedy considère-t-il le mur de Berlin comme le symbole de l'échec du communisme ?

4 La guerre de Corée, une guerre chaude dans la guerre froide

La guerre de Corée est la première crise violente de la guerre froide : son bilan dépasse 2,5 millions de morts.

▶ Comment les deux superpuissances participent-elles à la guerre de Corée ?

SAVOIR LIRE, COMPRENDRE ET APPRÉCIER DES DOCUMENTS

À l'aide des documents 2 et 3, expliquez comment les deux Grands font usage de la propagande pour mettre en valeur leur modèle et dénoncer l'ennemi.

CHAPITRE 5 Une nouvelle donne géopolitique : bipolarisation et émergence du tiers-monde 143

POINT DE PASSAGE

1962 : la crise des missiles de Cuba

En 1959, la révolution cubaine menée par Fidel Castro triomphe du régime proaméricain. Après avoir échoué à renverser le nouveau régime lors du débarquement de la baie des Cochons en avril 1961, les États-Unis, dont les entreprises sur l'île ont été nationalisées, décrètent un embargo* commercial en février 1962. Castro décide alors de se tourner vers l'URSS pour assurer la sécurité de son régime socialiste. En octobre 1962, les services de renseignement américains apprennent que des missiles nucléaires soviétiques sont en cours d'installation sur l'île.

▶ **Comment la crise des missiles de Cuba illustre-t-elle le fonctionnement de la guerre froide ?**

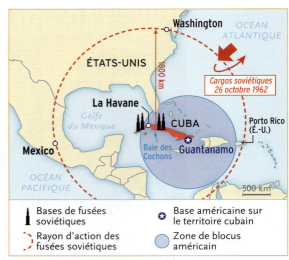

Une menace directe sur le territoire américain

10 octobre	1962	30 octobre
14 oct. Identification des installations soviétiques par les services secrets américains	**22 oct.** Discours de Kennedy annonçant le blocus de Cuba	**28 oct.** Accord entre Kennedy et Khrouchtchev

1 La présence soviétique aux portes des États-Unis

Herbert Kolfhaus (Heko), « Comment ça une menace ? On peut quand même bien s'adonner un peu à la pêche, non ? », dessin de presse paru dans *Deutsche Zeitung*, 29-30 septembre 1962.

La caricature ironise sur un accord conclu entre l'URSS et Cuba prévoyant la construction d'installations portuaires destinées à la pêche à La Havane, mais dont la véritable intention est en réalité militaire : Castro cherche à assurer sa protection.

2 La fermeté de Kennedy et des États-Unis

Le 22 octobre 1962, le président Kennedy dévoile les preuves de la « provocation » soviétique à Cuba dans une allocution télévisée.

« Cette décision soudaine et clandestine d'entreposer pour la première fois des engins en dehors des frontières soviétiques constitue une provocation délibérée et une modification injustifiée du *statu quo* que nous ne saurions accepter. [...]
Les années 1930 nous ont donné une leçon : un comportement agressif, s'il n'est ni refréné ni contesté, mène inévitablement à la guerre. [...] Nous ne voulons pas prendre prématurément ou inutilement le risque d'une guerre nucléaire mondiale coûteuse dans laquelle même la victoire aurait un goût de cendres, mais nous ne nous déroberons pas devant ce risque s'il se présente. [...]
Afin de mettre un terme à l'implantation de ce dispositif d'agression, nous allons établir, autour de Cuba, un système de quarantaine extrêmement strict destiné à intercepter tout bâtiment, de toute provenance, se dirigeant vers Cuba. [...]
Notre politique nous obligera à considérer toute attaque atomique dirigée contre l'un des pays de l'hémisphère occidental comme une attaque directe de l'URSS contre les États-Unis et appellera de ce fait des mesures de représailles dirigées contre l'URSS. [...]
J'adresse un appel à M. Khrouchtchev pour lui demander de mettre fin à cette menace sournoise, téméraire et intolérable pour la paix dans le monde. »

John F. Kennedy, discours télévisé, 22 octobre 1962 (trad. N. Davieau).

3 Le rôle de l'ONU dans la crise

Réunion du Conseil de sécurité, New York, 25 octobre 1962.

Le représentant des États-Unis expose les clichés obtenus par les avions espions américains le 14 octobre 1962 qui prouvent la mise en place des missiles soviétiques. Le rôle de médiation du secrétaire général U Thant est salué par les deux camps au sortir de la crise.

5 Khrouchtchev défend son action

Un accord est trouvé le 28 octobre entre les deux camps, et les installations soviétiques sont démantelées le 9 novembre. Le dirigeant soviétique défend peu de temps après son action devant le Soviet suprême, le Parlement soviétique.

« Quel parti a pris le dessus, qui a gagné ? On peut dire dans ce cas que c'est la raison qui a gagné, la cause de la paix et de la sécurité des peuples qui l'a emporté. Les parties ont fait preuve de lucidité et ont tenu compte de ce fait que si elles ne prenaient pas de mesures pour empêcher le développement dangereux des événements, une troisième guerre mondiale pouvait éclater. [...]

Les deux parties ont fait des concessions. Nous avons évacué les fusées balistiques et nous avons consenti à évacuer les avions IL-28. Cela donne satisfaction aux Américains. Mais Cuba et l'Union soviétique, eux aussi, ont obtenu satisfaction : l'invasion américaine contre Cuba est évitée, le blocus naval est levé [...], Cuba populaire existe, se renforce et se développe sous la direction de son gouvernement révolutionnaire, de son chef intrépide, Fidel Castro.

Certaines personnes affirment que les États-Unis nous auraient obligés à céder. Si l'on aborde les choses d'une telle façon, ces gens devraient dire que les États-Unis, eux aussi, ont été obligés de céder. [...] Si nous nous entendions pour bâtir nos rapports sur une telle base, si les rapports des États-Unis avec Cuba étaient bâtis sur la base de la Charte de l'ONU, il n'y aurait eu aucune nécessité d'expédier et d'installer nos fusées à Cuba. »

Nikita Khrouchtchev, « La situation internationale actuelle et la politique extérieure de l'Union soviétique », 12 décembre 1962.

4 Le monde au bord du gouffre

Unes de la presse parisienne, 23 octobre 1962.

La presse internationale se fait l'écho des tensions, qui culminent le 27 octobre : un avion américain est abattu au-dessus de Cuba, et l'état d'alerte des armées manque à deux reprises de déclencher le feu nucléaire.

VIDÉO

PROCÉDER À L'ANALYSE CRITIQUE DES DOCUMENTS

PARCOURS A

▶ **Lire, comprendre et analyser les documents**

1. En quoi les missiles soviétiques remettent-ils en cause l'équilibre de la terreur ? [doc. 1, 2]

2. Montrez que l'attitude des dirigeants américain et soviétique oscille entre fermeté et dialogue. [doc. 2, 5]

3. Pourquoi la crise n'a-t-elle pas dégénéré en conflit ouvert ? [doc. 3, 4, 5]

▶ **Synthétiser**

Montrez comment la crise des missiles de Cuba illustre le fonctionnement de la guerre froide en envisageant à la fois l'équilibre de la terreur et la bipolarisation du monde.

PARCOURS B

▶ **Analyser une caricature** [Voir Méthode, p. 296]

Après avoir présenté le document 1, montrez en quoi il permet d'illustrer la logique bipolaire et sa remise en cause par l'URSS.

CHAPITRE 5 Une nouvelle donne géopolitique : bipolarisation et émergence du tiers-monde

POINT DE PASSAGE
Les guerres d'Indochine et du Vietnam

Colonie française depuis la fin du XIXe siècle, l'Indochine vacille en 1945 : la domination française est contestée par les communistes indochinois. Cela conduit à la guerre d'Indochine, opposant l'armée française au Vietminh, organisation politique et paramilitaire communiste. Battue en 1954, la France se retire en laissant le Vietnam coupé en deux : communiste au Nord, pro-occidental au Sud. Cette situation génère un second conflit, la guerre du Vietnam, où les États-Unis interviennent en vain pour limiter l'expansion du régime communiste.

▶ **Comment une guerre de décolonisation s'est-elle transformée en un conflit périphérique de la guerre froide ?**

Dates clés

2 sept. 1945	Fin de l'occupation japonaise et proclamation de l'indépendance du Vietnam
19 déc. 1946	Début de la guerre d'Indochine contre le gouvernement d'Ho Chi Minh
Janv. 1950	Reconnaissance du Vietnam du Nord par la Chine et l'URSS
Mai-juil. 1954	Chute de Dien Bien Phu. Accords de Genève et partition du Vietnam
20 déc. 1960	Création du Front national de libération (Vietcong)
Fév. 1965	Entrée en guerre officielle des États-Unis
30 janv. 1968	Lancement de l'offensive du Têt
Janv. 1973	Retrait américain du Vietnam. Accords de Paris
30 avr. 1975	Chute de Saigon : Vietnam réunifié

1 Ho Chi Minh proclame l'indépendance du Vietnam

« Après la reddition des Japonais, notre peuple tout entier s'est dressé pour reconquérir sa souveraineté nationale et a fondé la République démocratique du Vietnam.
[...] Notre peuple a brisé toutes les chaînes qui ont pesé sur nous durant près d'un siècle, pour faire de notre Vietnam un pays indépendant. Notre peuple a, du même coup, renversé le régime monarchique établi depuis des dizaines de siècles, pour fonder la République démocratique.
Pour ces raisons, nous, membres du Gouvernement provisoire, déclarons, au nom du peuple du Vietnam tout entier, nous affranchir complètement de tout rapport colonial avec la France impérialiste, annuler tous les traités que la France a signés au sujet du Vietnam, abolir tous les privilèges que les Français se sont arrogés sur notre territoire.
Tout le peuple du Vietnam, animé d'une même volonté, est déterminé à lutter jusqu'au bout contre toute tentative d'agression de la part des colonialistes français.
Nous sommes convaincus que les Alliés, qui ont reconnu les principes de l'égalité des peuples aux conférences de Téhéran et de San Francisco ne peuvent pas ne pas reconnaître l'indépendance du Vietnam. »

Ho Chi Minh, dirigeant du Parti communiste indochinois, déclaration d'indépendance de la République démocratique du Vietnam (Vietnam du Nord), 2 septembre 1945.

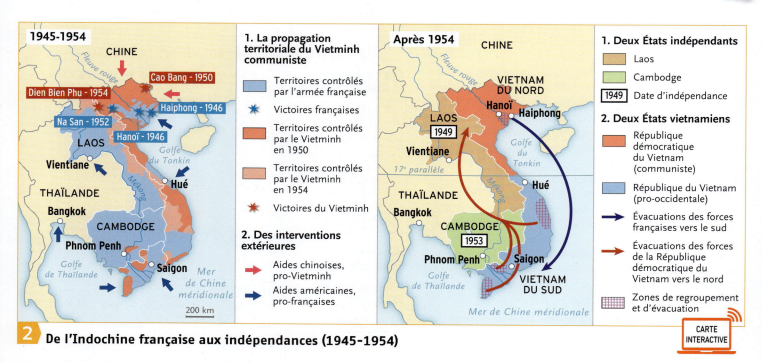

2 De l'Indochine française aux indépendances (1945-1954)

3 L'enlisement militaire des États-Unis

Des soldats blessés lors de la bataille pour le contrôle de la colline 484, photographie de Larry Burrows, *Time*, octobre 1966.

Malgré sa supériorité technique et humaine, l'armée américaine est tenue en échec par la guérilla vietminh qui maîtrise mieux le terrain, bénéficie du soutien de la population et d'aides des régimes communistes extérieurs.

4 Les objectifs américains au Vietnam du Sud

Après le retrait français et la partition du Vietnam en 1954, le régime sud-vietnamien se maintient grâce au soutien croissant des États-Unis, qui fournissent d'abord une aide technique puis militaire.

« Nous voulons un Sud-Vietnam non communiste et indépendant. Nous ne demandons pas qu'il serve de base occidentale ou qu'il devienne membre d'une alliance occidentale, même s'il doit rester libre de pouvoir accepter une aide extérieure pour maintenir sa sécurité. Cette aide devrait prendre la forme non seulement de mesures économiques et sociales, mais aussi d'aides policière et militaire afin d'extirper et de contrôler des éléments rebelles. Si nous n'atteignons pas cet objectif au Sud-Vietnam, la quasi-totalité de l'Asie du Sud-Est peut tomber sous domination communiste. [...] Le conflit du Sud-Vietnam est donc un test de la capacité des États-Unis à aider une nation à faire face à une "guerre de libération" communiste. »

Robert McNamara, secrétaire d'État à la Défense, mémorandum au président Johnson, 16 mars 1964 (trad. N. Davieau).

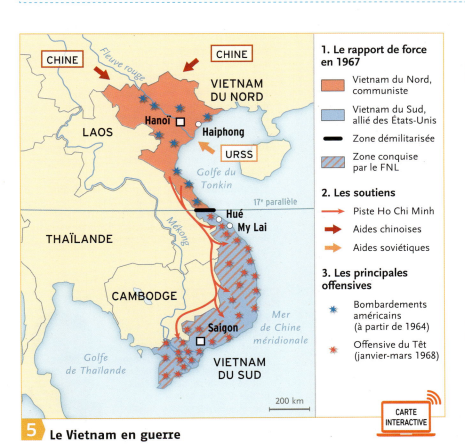

5 Le Vietnam en guerre

PROCÉDER À L'ANALYSE CRITIQUE DES DOCUMENTS

PARCOURS A

▶ **Lire, comprendre et analyser les documents**

1. Comment le contexte international favorise-t-il l'indépendance de l'Indochine ? [doc. 1, 2]

2. Quelles raisons poussent les États-Unis à intervenir en Indochine et au Vietnam ? [doc. 2, 4, 5]

3. Quelles formes prennent les affrontements entre les forces vietnamiennes et les forces américaines ? [doc. 3, 5]

▶ **Synthétiser**

Montrez que les guerres d'Indochine et du Vietnam s'expliquent d'abord par la volonté de décolonisation, mais qu'elles se poursuivent dans une logique de guerre froide.

PARCOURS B

▶ **Analyser une carte** [Voir Méthode, p. 274]

Montrez que le document 5 permet de comprendre que la guerre du Vietnam s'inscrit dans un contexte international marqué par la bipolarisation.

CHAPITRE 5 Une nouvelle donne géopolitique : bipolarisation et émergence du tiers-monde 147

COURS 2 — Décolonisation et émergence du tiers-monde

Comment la décolonisation aboutit-elle à l'affirmation de nouveaux acteurs ?

A L'accès des colonies à l'indépendance

• En 1945, le contexte est propice à la décolonisation. La Seconde Guerre mondiale a fragilisé les métropoles. Par ailleurs, l'ONU et les deux Grands, États-Unis et URSS, dénoncent la colonisation, au nom du droit des peuples à disposer d'eux-mêmes.

• La décolonisation commence en Asie dès 1945, avant de gagner l'Afrique dans les années 1950. Au Moyen-Orient, l'influence européenne prend fin en 1956 avec la crise de Suez [ÉTUDE p. 150]. Toutefois, la création d'Israël en 1948 [POINT DE PASSAGE p. 124], après le départ britannique de Palestine, engendre des conflits avec ses voisins arabes, unis par le panarabisme, à l'image de la guerre des Six-Jours [ÉTUDE p. 151].

• Les métropoles refusent parfois l'indépendance, entraînant des guerres comme en Indochine (1946-1954) [POINT DE PASSAGE p. 146] et en Algérie (1954-1962) [doc. 4]. Cependant, les décolonisations sont plus souvent négociées, comme en Inde et dans l'essentiel de l'Afrique subsaharienne, où la France et la Grande-Bretagne visent à préserver leurs intérêts après leur départ.

B La volonté de s'affirmer sur la scène internationale

• Les anciennes colonies émergent sur la scène mondiale en 1955 lors de la conférence de Bandung [doc. 3] : elles tentent de former un nouveau groupe, le tiers-monde. La Chine de Mao, dont les relations avec l'URSS se dégradent, se rapproche de ces pays afin de s'affirmer comme un acteur international [ÉTUDE p. 152].

• Les nouveaux États veulent échapper à l'influence des deux Grands. Le non-alignement naît lors de la rencontre de Brioni (1956) entre l'Indien Nehru, l'Égyptien Nasser et le Yougoslave Tito, qui a rompu avec l'URSS. La conférence de Belgrade (1961) réunit 25 pays non alignés ; ils sont 75 à la conférence d'Alger (1973).

• Pour mieux se faire entendre, les pays d'Afrique et d'Asie utilisent l'ONU [doc. 1]. Devenus majoritaires à l'Assemblée générale, ils obtiennent en 1964 la création de la Conférence des Nations unies sur le commerce et le développement (CNUCED), chargée d'aider au développement du tiers-monde.

C Les difficultés des États postcoloniaux

• Les espoirs de paix et de démocratie sont vite déçus. Des régimes autoritaires s'installent dans la plupart des nouveaux pays. Les frontières sont disputées et suscitent des conflits, comme entre l'Inde et le Pakistan (1947) ou dans des États multiethniques, telle la guerre du Biafra au Nigeria (1967-1970).

• Les ex-colonies gardent une économie basée sur l'exportation de matières premières. Ces pays dits du Sud restent dépendants des pays du Nord qui les fournissent en biens manufacturés plus coûteux. Ils dénoncent le néocolonialisme et demandent un nouvel ordre économique international qui leur soit plus favorable.

• En quête d'assistance, les pays non alignés se rapprochent vite d'un des Grands [doc. 2]. Leur choix est aussi motivé par des raisons idéologiques ou géopolitiques : l'Inde s'allie à l'URSS car les États-Unis aident le Pakistan. Rares sont les pays d'Asie et d'Afrique qui échappent aux logiques de la guerre froide [ÉTUDE p. 153].

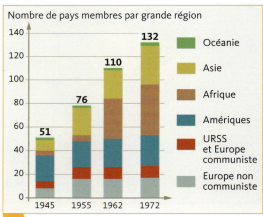

1 L'ONU, une tribune pour les États issus de la décolonisation

Source : ONU.

Les pays nés de la décolonisation entrent peu à peu à l'ONU. Ils siègent à l'Assemblée générale, où chaque État, quelle que soit son importance, dispose d'une voix et où le vote se fait à la majorité.

▶ À partir de quand et comment les nouveaux États peuvent-ils peser à l'ONU ?

Mots clés

Développement : processus économique et social permettant une meilleure satisfaction des besoins humains.

Néocolonialisme : nouvelle forme de domination, souvent économique et culturelle, exercée par les pays riches sur les anciennes colonies.

Non-alignement : refus des États issus de la décolonisation de prendre parti en faveur de l'un ou l'autre des deux Grands pendant la guerre froide. On parle aussi de neutralisme.

Panarabisme : idéologie et mouvement politique qui vise à unir au sein d'une même nation tous les pays de langue arabe.

Tiers-monde : créé en 1952 par le démographe français Alfred Sauvy pour désigner les pays les moins développés, ce concept est repris à partir de 1955 par les nouveaux États indépendants d'Afrique et d'Asie pour affirmer leur solidarité sur la scène internationale.

Personnage clé

Gamal Abdel Nasser (1918-1970)

Colonel égyptien, il participe à un coup d'État et dirige seul son pays de 1954 à 1970. Il nationalise le canal de Suez en 1956 avec le soutien des deux Grands. D'abord leader des non-alignés, il finit par se rapprocher de l'URSS. Il échoue à unifier le monde arabe et à vaincre Israël.

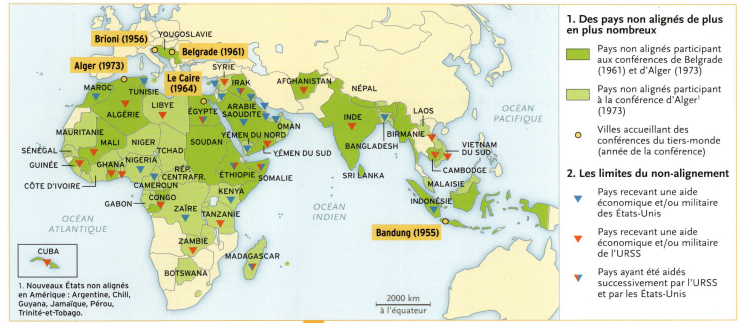

2 Le mouvement des non-alignés et ses limites

▶ Pourquoi peut-on dire que le non-alignement n'a guère duré ?

3 Bandung : l'émergence du tiers-monde sur la scène mondiale

« Nos nations et nos pays ne sont plus des colonies. Nous sommes désormais libres, souverains et indépendants. [...]
Mais [...] des gouffres béants séparent les nations et groupes de nations. [...] Les peuples de tous les pays avancent dans la crainte de voir de nouveau les fureurs de la guerre se déchaîner [...]. Ne nous laissons pas duper [...], le colonialisme n'est pas encore mort. Comment pouvons-nous dire qu'il est mort tant que de vastes régions d'Asie et d'Afrique ne sont pas libres ? [...] Le colonialisme est également revêtu de modernes atours, sous forme de contrôle économique, intellectuel [...]. Que pouvons-nous faire ? [...] Nous, peuples d'Asie et d'Afrique, forts de 1,4 milliard d'hommes, soit bien plus de la moitié de la population mondiale, pouvons [...] montrer à la minorité du monde qui vit sur les autres continents que nous, la majorité, sommes pour la paix et non pour la guerre [...].
Oui, il y a de la diversité parmi nous. [...] Cependant [...] nous avons presque tous [...] l'expérience du colonialisme. [...] Bon nombre d'entre nous, nations soi-disant "sous-développées", sont confrontés à des problèmes économiques plus ou moins similaires [...]. J'espère que cette conférence [...] apportera la preuve que [...] l'Asie et l'Afrique ne peuvent prospérer que si elles sont unies. »

Discours du président indonésien Ahmed Sukarno pour l'ouverture de la conférence de Bandung, 18 avril 1955.

▶ Quels problèmes dénonce Sukarno et que propose-t-il à l'Afrique et à l'Asie pour y échapper ?

4 Les combats pour l'indépendance

« Par l'union des Arabes, la fin des forces colonialistes », affiche représentant le président algérien Ahmed Ben Bella et le président égyptien Gamal Abdel Nasser lors de sa visite à Alger, 1963.

L'Égypte a financé les indépendantistes algériens durant leur guerre contre la France. Nasser souhaite unir les peuples arabes dans le mouvement arabiste, afin de peser sur la scène internationale.

▶ Pourquoi et comment cette affiche représente-t-elle les liens entre l'Algérie et l'Égypte ?

ARTICLE

CONSTRUIRE UNE ARGUMENTATION HISTORIQUE

À l'aide des documents 2 et 3, expliquez dans quelle mesure la décolonisation remet en cause la bipolarisation du monde dans les années 1950 et 1960.

CHAPITRE 5 Une nouvelle donne géopolitique : bipolarisation et émergence du tiers-monde 149

ÉTUDE
1956 : la crise de Suez

Le président égyptien Nasser, qui veut affirmer l'indépendance économique du tiers-monde, nationalise la compagnie du canal de Suez. Il déclenche une crise diplomatique et militaire à la croisée de la guerre froide, de la décolonisation et du conflit israélo-arabe.

▶ **Que révèle la crise de Suez de l'évolution des rapports de force internationaux ?**

VIDÉO

Dates clés

26 juillet	Nasser annonce la nationalisation de la compagnie du canal de Suez
24 octobre	Accord secret entre la France, le Royaume-Uni et Israël pour intervenir contre l'Égypte
2-5 novembre	Les États-Unis puis l'URSS appellent à un cessez-le-feu

1 Le rejet de l'impérialisme occidental

« Nous avons lutté pour nous débarrasser des traces du passé, de l'impérialisme et du despotisme [...]. Nous ne permettrons pas que le canal de Suez soit un État dans l'État. [...] Le canal a été creusé par 120 000 Égyptiens, qui ont trouvé la mort durant l'exécution des travaux. [...] Aujourd'hui, ce seront les Égyptiens comme vous qui dirigeront la compagnie du canal[1], qui prendront consignation de ses différentes installations, et dirigeront la navigation dans le canal, c'est-à-dire dans la terre d'Égypte. »

Gamal A. Nasser, discours radiodiffusé prononcé à Alexandrie le 26 juillet 1956, publié dans *Le Journal d'Égypte*, 27 juillet 1956.

1. Société anonyme dont le capital est détenu en grande partie par le gouvernement britannique et des actionnaires français et britanniques.

2 L'échec des anciennes puissances coloniales

« De retour d'Égypte. L'intervention militaire anglo-française en Égypte s'est soldée par un fiasco total. En conséquence, le prestige et la position politique de la France et du Royaume-Uni ont été affaiblis », carte postale soviétique de Koukryniksy, 1958.

Sous la pression de l'URSS et des États-Unis, les combats cessent le 6 novembre et les troupes franco-britanniques évacuent la zone du canal, tandis que les troupes israéliennes se retirent en mars 1957 du Sinaï, où sont déployés des Casques bleus.

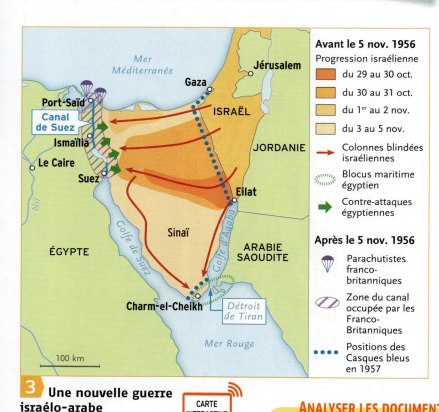

3 Une nouvelle guerre israélo-arabe

CARTE INTERACTIVE

Conformément à un accord tripartite secret conclu à Sèvres, Israël envahit le Sinaï le 29 octobre, ce qui sert de prétexte pour l'intervention militaire du Royaume-Uni et de la France.

ANALYSER LES DOCUMENTS

1. Montrez sur quels types d'arguments s'appuie Nasser. [doc. 1]
2. Analysez le déroulement de la guerre en le replaçant dans le contexte de la guerre froide. [doc. 2, 3]
3. Expliquez pourquoi la crise de Suez illustre l'évolution des rapports de force internationaux, en évoquant aussi bien le poids des deux Grands que l'affirmation du tiers-monde. [doc. 1, 2, 3]

150 LA MULTIPLICATION DES ACTEURS INTERNATIONAUX DANS UN MONDE BIPOLAIRE (DE 1945 AU DÉBUT DES ANNÉES 1970)

ÉTUDE — 1967 : la guerre des Six-Jours

Le président Nasser ayant fait pénétrer son armée dans le Sinaï démilitarisé et annoncé la fermeture du détroit de Tiran, Israël riposte par une guerre préventive victorieuse contre l'Égypte et ses alliés, qui aboutit à l'occupation de territoires palestiniens.

▶ **Pourquoi cette guerre israélo-arabe marque-t-elle un tournant ?**

Dates clés
- **22 mai** : Annonce du blocus du détroit de Tiran
- **5-10 juin** : Offensive israélienne
- **22 novembre** : Résolution 242 de l'ONU

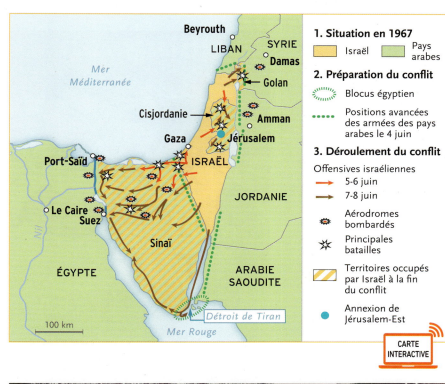

1. La défaite des armées arabes

Israël fait face aux armées égyptiennes, jordaniennes, libanaises et saoudiennes, qui disposent depuis mai 1966 d'un commandement unifié et mobilisent des troupes fin mai 1967.

2. La résolution 242 de l'ONU

« Le Conseil de sécurité [...] affirme que l'accomplissement des principes de la Charte [des Nations unies] exige l'instauration d'une paix juste et durable au Proche-Orient qui devrait comprendre les deux principes suivants :
1. Retrait des forces armées israéliennes des territoires occupés[1] au cours du récent conflit.
2. Fin de toute revendication ou de tout état de belligérance, respect et reconnaissance de la souveraineté, de l'intégrité territoriale et de l'indépendance politique de chaque État de la région et de son droit de vivre en paix à l'intérieur de frontières sûres et reconnues, à l'abri de menaces ou d'actes de violence. »

Résolution 242 de l'ONU, adoptée à l'unanimité le 22 novembre 1967.
1. « De territoires occupés » dans la version anglaise du texte.

3. La prise de Jérusalem-Est par Israël
L'ancien Premier ministre israélien David Ben Gourion devant le mur des Lamentations, 7 juin 1967.

Le 7 juin 1967, l'armée israélienne s'empare de Jérusalem-Est, qui est annexée le 28 juin. À l'issue de la guerre, Israël quintuple sa superficie et administre près d'un million de Palestiniens.

ANALYSER LES DOCUMENTS

1. Mettez en récit le déroulement du conflit après avoir expliqué son contexte. [doc. 1, 3]
2. Décrivez les conséquences de la victoire pour Israël, en insistant sur l'enjeu des territoires occupés. [doc. 1, 2]
3. Expliquez pourquoi la guerre des Six-Jours constitue un tournant dans l'histoire des relations israélo-palestiniennes. [doc. 1, 2, 3]

RÉDIGER UNE NOTICE BIOGRAPHIQUE

Rédigez en une dizaine de lignes la notice biographique de David Ben Gourion, en insistant sur son rôle dans la crise de Suez et dans la guerre des Six-Jours.

CHAPITRE 5 Une nouvelle donne géopolitique : bipolarisation et émergence du tiers-monde

ÉTUDE

La Chine de Mao

En 1949, la République populaire de Chine (RPC) est proclamée par Mao Zedong*, chef du parti communiste. Elle s'allie avec l'URSS en 1950 avant de s'en éloigner dès 1960. La Chine trouve de nouveaux alliés, ce qui lui permet d'entrer à l'ONU en 1971.

▶ **Comment la Chine devient-elle un acteur influent sur la scène mondiale ?**

Dates clés

1955	À Bandung, la RPC se pose en leader du tiers-monde
1964	La Chine se dote de l'arme nucléaire
1971	La RPC se rapproche des États-Unis et entre à l'ONU avec un siège permanent au Conseil de sécurité

1 La Chine maoïste dans la guerre froide

2 La Chine maoïste, soutien du tiers-monde

« Le peuple chinois soutient sans réserve les mouvements démocratiques nationaux d'Asie, d'Amérique latine et d'Afrique », « À bas l'impérialisme ! À bas le colonialisme ! », affiche chinoise, 1960.

Dans les années 1960, la Chine soutient les mouvements de libération nationale et accuse l'URSS, absente de l'affiche, de les négliger. Elle se pose alors en principal adversaire des États-Unis.

3 La Chine sort de son isolement diplomatique

VIDÉO

Le conseiller du président américain Nixon explique le rapprochement sino-américain qui permet à la RPC d'entrer à l'ONU.

« Nos joueurs de ping-pong reçurent un accueil éblouissant et [...] Zhou Enlai[1] en personne les accueillit [...]. "Vous avez ouvert un nouveau chapitre dans les relations entre les peuples américains et chinois, leur dit cet homme [...]. Je suis persuadé que ce nouveau commencement de notre amitié sera [...] approuvé par la majorité de nos deux peuples." [...] La Chine et les États-Unis furent rapprochés par la nécessité ; ce ne fut pas une bienveillance abstraite mais la convergence des intérêts qui m'amena à Pékin ; ce ne fut pas l'amitié personnelle pour Zhou mais la commune perception d'un danger qui provoqua la naissance de nos rapports. [...]. L'Union soviétique était clairement le principal souci de sécurité de Mao[2]. »

Henry Kissinger, *À la Maison Blanche (1968-1973)*, Fayard, 1979 (trad. Agence française de traduction).

1. Premier ministre de la RPC de 1949 à 1976.
2. En 1969, un violent conflit frontalier éclate entre l'URSS et la Chine.

ANALYSER LES DOCUMENTS

1. Analysez l'évolution des relations de la RPC avec l'URSS. [doc. 1, 2, 3]
2. Montrez comment la RPC soutient le mouvement de décolonisation. [doc. 1, 2]
3. Expliquez l'évolution des relations sino-américaines et leurs causes. [doc. 2, 3]

ÉTUDE — L'Afrique dans la guerre froide

Après la décolonisation, les nouveaux États africains cherchent à garantir leur indépendance. Certains appellent à l'unité. Cependant, le continent est l'objet d'une lutte d'influence entre les États-Unis, l'URSS et un nouvel acteur, la Chine.

▶ **Dans quelle mesure les États africains parviennent-ils à échapper aux logiques de guerre froide ?**

Mot clé

Panafricanisme : mouvement politique prônant l'union entre Africains. Il échoue à unir le continent dans un État fédéral, mais donne naissance en 1963 à l'Organisation de l'unité africaine (OUA), qui favorise le dialogue entre chefs d'État africains.

1 L'influence de la Chine maoïste en Afrique

À la suite du voyage de Zhou Enlai, une aide économique et militaire est fournie à plusieurs pays africains. La Chine construit par exemple une ligne de chemin de fer entre la Tanzanie et la Zambie.

2 Les difficultés du non-alignement

Plantu, caricature publiée dans *Pauvres chéris*, Le Centurion, 1978.

Les deux Grands rivalisent pour offrir leur aide aux États africains. Le Zaïre est ainsi soutenu à partir de 1965 par les États-Unis, tandis que l'Éthiopie est aidée militairement en 1977 par l'URSS.

3 Un appel à l'unité africaine

Le président du Ghana, partisan du non-alignement, milite pour la création des « États-Unis d'Afrique ».

« Les richesses naturelles de l'Afrique passent pour être supérieures à celles de presque n'importe quel autre continent. Pour tirer le maximum de nos ressources [...] nous devons unir nos efforts [...]. Actuellement, la plupart des États indépendants d'Afrique vont dans un sens qui nous fait courir les dangers de l'impérialisme et du néo-colonialisme. [...] Tant que nous restons balkanisés[1], [...] nous sommes à la merci du colonialisme et de l'impérialisme. [...] Les États particuliers, se sentant en danger, risquent d'être entraînés à conclure des pactes avec les puissances étrangères. [...] L'unité continentale de l'Afrique est indispensable. »

Kwame Nkrumah, *L'Afrique doit s'unir*, Payot, 1964 (trad. L. Jospin).

1. Divisés en de nombreux petits États hostiles les uns aux autres.

ANALYSER LES DOCUMENTS

1. Montrez que l'Afrique est l'objet de convoitises de puissances étrangères. [doc. 1, 2, 3]
2. Expliquez comment l'Afrique cherche à échapper aux influences étrangères. [doc. 2, 3]
3. Expliquez pourquoi l'Afrique n'a guère réussi à échapper à la guerre froide. [doc. 1, 2, 3]

RÉALISER UNE CARTE MENTALE

Réalisez une carte mentale centrée sur la Chine de Mao et l'évolution de sa politique étrangère. Utilisez les mots suivants : pays d'Afrique, pays d'Asie communistes, URSS, États-Unis. Caractérisez les liens de la RPC et datez-les.

POINT DE PASSAGE
L'année 1968 dans le monde

Depuis la crise des missiles de Cuba, la détente caractérise les relations entre les États-Unis et l'URSS, en dépit de la poursuite du conflit du Vietnam. Toutefois, ce nouvel équilibre dans les relations Est-Ouest est remis en cause en 1968 par une vague de contestations au sein des deux blocs. À l'Ouest, la jeunesse étudiante proteste contre la guerre du Vietnam en même temps qu'elle critique la société de consommation, tandis qu'à l'Est plusieurs pays entreprennent de s'émanciper de la tutelle soviétique.

▶ **Comment l'équilibre Est-Ouest est-il remis en cause ?**

Dates clés

9 janv.	Création de l'Organisation des pays arabes exportateurs de pétrole (OPAEP)
30 janv.	Début de l'offensive du Têt au Vietnam
4 avr.	Assassinat de Martin Luther King à Memphis
5 juin	Assassinat de Robert Kennedy à Los Angeles
1er juil.	Signature du traité de non-prolifération nucléaire
15 juil.	Ligne aérienne directe entre Moscou et Washington
17 juil.	Modification de la charte de l'OLP, coup d'État en Irak
21 août	Écrasement du « printemps de Prague »
24 août	Explosion de la première bombe H française
13 sept.	Retrait de l'Albanie du pacte de Varsovie

1 Un monde instable et en recomposition

2 L'apogée de la détente Est-Ouest

« Il a fallu vingt-trois ans pour qu'un premier pas sérieux soit fait. [...] Lundi dernier, le texte du traité de non-dissémination des armes nucléaires, mis au point par la Commission du désarmement siégeant à Genève [...], était signé simultanément à Moscou, à Londres et à Washington. Cinquante-neuf pays ont apposé leur signature au bas de ce document. Grands absents : la Chine, la République fédérale allemande et la France qui, précisément ces jours-ci, poursuit ses expériences dans le Pacifique.
Mais ce même lundi, un mémorandum en neuf points devant conduire à un "désarmement général et complet" était adressé par M. Alexis Kossyguine, président du Conseil de l'URSS, à tous les chefs d'État. Plus qu'un simple complément du traité, il constitue une large "ouverture" soviétique, un programme de discussion et de travail proposé aux États-Unis. Américains et Soviétiques ont deux problèmes qui les suivent comme des chiens fidèles : le coût sans cesse croissant de leur puissance militaire, la nécessité de rajuster de temps en temps les déséquilibres qui affectent leur système de "présence" dans le monde. [...] En réalité, les deux Grands souffrent d'un mal qui les rapproche : l'appauvrissement politique. »

« USA-URSS, le grand marchandage », *L'Express*, 8 juillet 1968.

3 À l'Est, l'écrasement du « printemps de Prague »

Jeunes Tchécoslovaques brandissant le drapeau tchécoslovaque face à des tanks soviétiques, photographie de Libor Hajsky, Prague, 21 août 1968.

Le 21 août, Moscou lance une intervention militaire en Tchécoslovaquie pour réprimer le « printemps de Prague », initié par les réformes du Parti communiste tchécoslovaque pour démocratiser le régime. L'intervention cause des dizaines de morts, l'exil de dizaines de milliers de Tchécoslovaques et une grande émotion dans le monde.

4 À l'Ouest, le rejet de la guerre du Vietnam et de la société de consommation

Manifestation contre la guerre du Vietnam en marge de la Convention nationale démocrate, Chicago, août 1968.

La contestation de la guerre du Vietnam est l'élément commun à tous les mouvements étudiants qui se déroulent dans le monde occidental en 1968.

5 Au Moyen-Orient, le durcissement des relations israélo-palestiniennes

Un an après la guerre des Six-Jours, l'Organisation de libération de la Palestine (OLP) amende sa charte fondatrice de 1964 et s'engage aussitôt dans la lutte armée contre Israël.

« La lutte armée est la seule voie menant à la libération de la Palestine. [...] L'action des commandos constitue le centre de la guerre de libération populaire palestinienne. [...] Cela suppose aussi la réalisation de l'unité en vue de la lutte nationale parmi les divers groupements du peuple palestinien, ainsi qu'entre le peuple palestinien et les masses arabes afin d'assurer la continuation de la révolution, son progrès et sa victoire. [...] La libération de la Palestine est, du point de vue arabe, un devoir national ayant pour objet de repousser l'agression sioniste et impérialiste contre la patrie arabe et visant à éliminer le sionisme de la Palestine. [...] Le sionisme est un mouvement politique organiquement lié à l'impérialisme international et opposé à toute action de libération et à tout mouvement progressiste dans le monde. Il est raciste et fanatique par nature, agressif, expansionniste et colonial dans ses buts, et fasciste par ses méthodes. Israël est l'instrument du mouvement sioniste et la base géographique de l'impérialisme mondial. »

Charte nationale palestinienne, Le Caire, 17 juillet 1968.

PROCÉDER À L'ANALYSE CRITIQUE DES DOCUMENTS

PARCOURS A

▶ **Lire, comprendre et analyser les documents**

1. Comment peut-on expliquer l'évolution des relations entre l'URSS et les États-Unis ? **[doc. 1, 2]**

2. Qu'est-ce qui fragilise le bloc soviétique en 1968 et que fait l'URSS pour tenter d'y remédier ? **[doc. 1, 2, 3]**

3. Par quoi le bloc occidental est-il fragilisé ? **[doc. 1, 4]**

4. Quels éléments nouveaux contribuent à rendre le monde instable en 1968 ? **[doc. 1, 5]**

▶ **Synthétiser**

Montrez que l'équilibre Est-Ouest rendu possible par la détente est remis en cause aussi bien par les fragilités internes aux deux blocs que par l'avènement de nouveaux enjeux internationaux.

PARCOURS B

▶ **Confronter et critiquer deux documents** [Voir Méthode, p. 39]

Présentez les documents 3 et 4 en les replaçant dans leur contexte, puis expliquez ce qu'ils révèlent des crises que traversent les deux blocs. Montrez ensuite leurs limites.

CHAPITRE 5 Une nouvelle donne géopolitique : bipolarisation et émergence du tiers-monde — 155

HISTOIRE DES ARTS

René Mederos, *Le Triomphe de la Révolution cubaine*, 1969

Comment l'art est-il utilisé comme outil de propagande pour célébrer la révolution cubaine ?

- En 1959, une révolution éclate à Cuba : le gouvernement proaméricain de Fulgencio Batista est renversé par les troupes de Fidel Castro. Ce dernier met en place un régime communiste soutenu par l'URSS. L'art est aussitôt mis au service de la révolution : les affiches, jusque-là support de la publicité pour les produits américains, deviennent des instruments de propagande.

- Encadrés par le pouvoir, les artistes cubains tel René Mederos sont chargés d'exalter la révolution et de diffuser le modèle communiste dans le tiers-monde. Ils jouissent d'une plus grande liberté esthétique que leurs homologues soviétiques et n'hésitent pas à s'inspirer d'artistes occidentaux.

- Des millions d'affiches cubaines sont imprimées après la révolution. Fidel Castro les considère en effet comme une « manifestation visuelle de grand format mise à la portée du peuple qui ne fréquente ni musée ni galerie ». Les œuvres de René Mederos sont ainsi diffusées à plusieurs dizaines de milliers d'exemplaires dans des journaux ou des expositions à Cuba, dans les pays alliés et auprès des contestataires américains.

L'artiste

René Mederos (1933-1996)
Artiste engagé dans la révolution cubaine, il travaille pour divers organismes de propagande pour lesquels il produit des affiches et des toiles inspirées du pop art. Il est envoyé en tant que « reporter-peintre » pour suivre la guerre du Vietnam.

Le mouvement

Art graphique cubain
Né durant la révolution cubaine, ce courant célèbre les figures révolutionnaires tout en dénonçant l'impérialisme américain. Son originalité est de s'inspirer à la fois de l'art officiel en URSS, le réalisme socialiste, et de courants avant-gardistes occidentaux tel le pop art.

PORTFOLIO

Mise en perspective — DEUX REGARDS SUR LA RÉVOLUTION CUBAINE

Durant la guerre froide, la propagande soviétique célèbre le rôle du peuple dans la révolution cubaine. À l'inverse, l'Irlandais Jim Fitzpatrick met en avant la figure de Che Guevara, vite devenu une icône révolutionnaire mondiale.

1 Une révolution cubaine célébrée par l'URSS

« Le peuple de Cuba défendra sa liberté ! », affiche soviétique de O. Savostiuk, B. Uspenski, 1961.

Cette affiche respecte les codes du réalisme socialiste, courant artistique qui cherche à exalter les réalisations communistes et à les révéler aux masses par une représentation héroïsée.

2 Un révolutionnaire devenu une icône du pop art

Che Guevara, affiche pop art.

Courant artistique né vers 1950, le pop art s'inspire de la culture populaire* et de l'imagerie commerciale. En 1968, l'artiste irlandais Jim Fitzpatrick a été le premier à reprendre dans le style du pop art la photographie représentant Ernesto Guevara, acteur majeur de la révolution cubaine, prise en 1960 par Alberto Korda, photographe cubain, et intitulée *Guerrillero Heroico*.

René Mederos, *Dixième anniversaire du triomphe de la Révolution cubaine, 1959-1969*

Affiche, 79 x 50 cm, 1969. Londres, Victoria and Albert Museum.

ANALYSER UNE AFFICHE

▶ **Analyser l'œuvre**

1. En quoi l'affiche est-elle une image de propagande ?
2. De quels courants artistiques s'inspire René Mederos ?
3. Comment Cuba diffuse-t-elle ses idéaux révolutionnaires ?

▶ **Dégager la portée de l'œuvre**

Montrez que cette affiche est une image de propagande. Soulignez d'abord qu'elle diffuse des idéaux révolutionnaires, puis montrez que la propagande cubaine diffère de celle des Soviétiques.

FAIRE LE POINT

Une nouvelle donne géopolitique : bipolarisation et émergence du tiers-monde

RETENIR L'ESSENTIEL

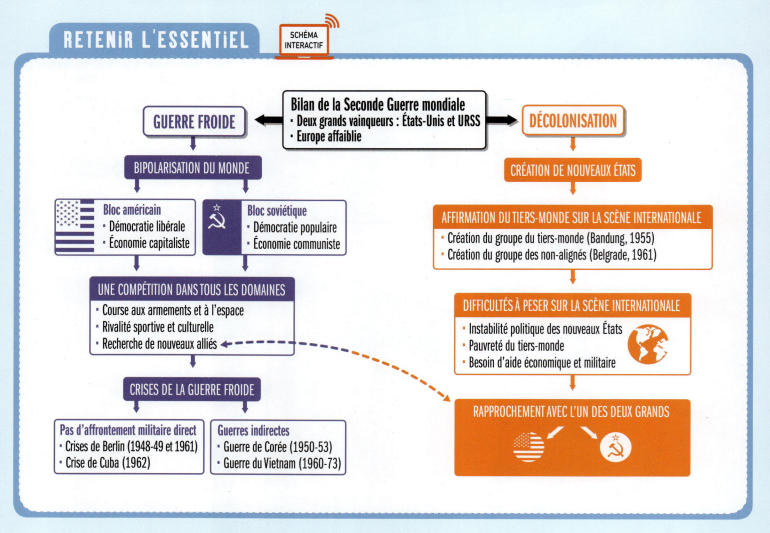

ÉVÉNEMENTS CLÉS

- **1956 : la crise de Suez.** Les États-Unis et l'URSS soutiennent l'Égypte qui a nationalisé le canal de Suez aux dépens des Français et des Britanniques. Le tiers-monde s'affirme, mais devient un enjeu pour les deux Grands.
- **1962 : la crise des missiles de Cuba.** Les États-Unis contraignent l'URSS à retirer ses missiles nucléaires de Cuba. La crainte d'une guerre atomique durant cette crise favorise la détente entre les deux superpuissances.

PERSONNAGES CLÉS

- **Nikita Khrouchtchev (1894-1971) :** d'origine ouvrière, il fait carrière au sein du parti communiste de l'URSS et devient un proche de Staline. Après la mort de celui-ci en 1953, il prend la tête du pays. Contesté après la rupture avec la Chine et la crise de Cuba, il est poussé à la démission en 1964.
- **Gamal Abdel Nasser (1918-1970) :** colonel égyptien, il participe à un coup d'État et dirige seul son pays de 1954 à 1970. Il nationalise le canal de Suez en 1956 avec le soutien des deux Grands. D'abord leader des non-alignés, il finit par se rapprocher de l'URSS. Il échoue à unifier le monde arabe et à vaincre Israël.

NE PAS CONFONDRE

- **Tiers-monde :** groupe de pays pauvres d'Afrique et d'Asie qui se rassemblent pour la première fois à Bandung en 1955 afin de peser sur la scène internationale.
- **Non-alignés :** pays qui se disent neutres dans la guerre froide, refusant de rejoindre l'un des deux blocs. La plupart se sont finalement alliés à l'un des Grands. Ils se réunissent à Belgrade (1961), Alger (1973) puis La Havane (1979).

RÉVISER AUTREMENT

Compléter une carte

Objectif : Identifier les caractéristiques des deux blocs pendant la guerre froide

ÉTAPE 1
Complétez la carte en nommant et en datant les principales crises de la guerre froide.

ÉTAPE 2
Complétez la légende de la carte en indiquant les mots manquants.

ÉTAPE 3
Complétez la carte en localisant les trois principaux pays non alignés.

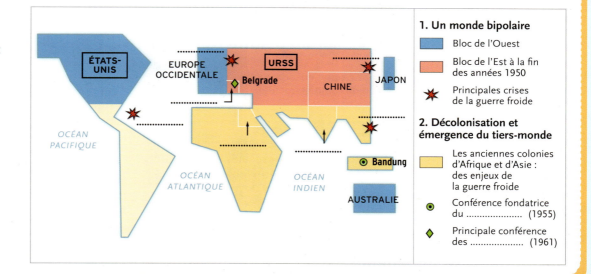

1. Un monde bipolaire
- Bloc de l'Ouest
- Bloc de l'Est à la fin des années 1950
- Principales crises de la guerre froide

2. Décolonisation et émergence du tiers-monde
- Les anciennes colonies d'Afrique et d'Asie : des enjeux de la guerre froide
- Conférence fondatrice du .... (1955)
- Principale conférence des .... (1961)

VÉRIFIER SES CONNAISSANCES

1 QCM

Choisissez la (ou les) bonne(s) réponse(s).

1. En 1950, la Chine de Mao se rapproche :
a. Des États-Unis.
b. De la France.
c. Du tiers-monde.
d. De l'URSS.

2. En 1945, la colonisation est dénoncée par :
a. Les États-Unis.
b. La France.
c. La Grande-Bretagne.
d. L'URSS.

3. La conférence au cours de laquelle émerge le tiers-monde a lieu à :
a. Belgrade.
b. Bandung.
c. Alger.
d. San Francisco.

4. Les leaders des non-alignés sont :
a. Jawaharlal Nehru.
b. John Fitzgerald Kennedy.
c. Gamal Abdel Nasser.
d. Nikita Khrouchtchev.

2 Dates et événements à relier

Reliez chaque événement à la (ou les) date(s) qui lui correspond(ent).

1. Guerre du Vietnam
2. Guerre d'Indochine
3. Guerre de Corée
4. Guerre des Six-Jours
5. Entrée de la Chine à l'ONU
6. Création du groupe du tiers-monde
7. Création de l'OTAN
8. Construction du mur de Berlin
9. Première conférence des pays non alignés
10. Signature du pacte de Varsovie

a. 1946-1954
b. 1949
c. 1950-1953
d. 1955
e. 1960-1973
f. 1961
g. 1967
h. 1971

CHAPITRE 5 Une nouvelle donne géopolitique : bipolarisation et émergence du tiers-monde

BAC Méthode
Analyser une peinture

> **Analyse de document**
> **Sujet** Le bloc occidental vu par un peintre communiste

Consigne: Présentez le tableau puis montrez comment son auteur met son art au service d'une diabolisation du camp occidental.

- Le 19 juin 1953, les époux Julius et Ethel Rosenberg sont exécutés aux États-Unis pour espionnage au profit de l'URSS.
- Soldat allemand
- Allusion aux photographies de Dorothea Lange [voir p. 32] documentant la misère aux États-Unis durant la Grande Dépression
- Allusion à la domination coloniale en Algérie
- Abri antiatomique
- Allusion à la ségrégation raciale
- Évocation de la corruption des mœurs
- Référence aux victimes des guerres de Corée et d'Indochine

La dénociation de la civilisation osccidentale
André Fougeron, *La Civilisation atlantique*, huile sur toile, 380 x 559 cm, 1953. Londres, Tate Modern.

Ancien résistant, prix national de peinture en 1946, André Fougeron (1913-1998) participe activement à la propagande du PCF dont il est membre depuis 1939.

160 LA MULTIPLICATION DES ACTEURS INTERNATIONAUX DANS UN MONDE BIPOLAIRE (DE 1945 AU DÉBUT DES ANNÉES 1970)

FICHE MÉTHODE

ÉTAPE 1 — Identifier et présenter la peinture

→ **Identifier son auteur,** son commanditaire éventuel, sa nature (artistique, politique, religieuse), la technique utilisée et le type de support, ses dimensions.

→ **Situer sa date et son lieu de production,** en veillant à ne pas le confondre avec son lieu de conservation, et replacer la peinture dans son contexte.

❶ Présentez le tableau et son style en le replaçant dans son contexte.
CONSEIL Montrez qu'il ne s'inscrit pas dans le réalisme socialiste.

ÉTAPE 2 — Analyser le contenu de la peinture

→ **Analyser le style de l'œuvre,** notamment sa forme, son caractère figuratif, abstrait ou allégorique, et son rapport à la réalité représentée.

→ **Identifier les thèmes et les éléments principaux abordés,** le type de sujet, les éléments représentés, les codes de représentation, le texte éventuel et son rapport avec l'image.

❷ Analysez les motifs que le peintre choisit de mettre en avant.
CONSEIL Montrez qu'il critique aussi bien les institutions que le mode de vie des Occidentaux.

ÉTAPE 3 — Dégager l'intérêt historique de la peinture

→ **Analyser les intentions de l'auteur et ses choix,** en les replaçant dans le contexte de l'époque.

→ **Considérer la peinture comme une source historique,** en présentant son intérêt et ses limites, son originalité éventuelle.

❸ Montrez ce que ce tableau révèle des engagements politiques de l'auteur.
CONSEIL Décrivez la manière dont il caricature le mode de vie occidental et en occulte les aspects positifs.

S'entraîner

Sujet : La dénonciation de la guerre du Vietnam

Consigne : Montrez comment le peintre critique l'intervention américaine au Vietnam, en analysant le décalage entre le personnage au premier plan, la femme qui le tient en joue et l'arrière-plan.

La « bataille du riz »

Gilles Aillaud, *Vietnam. La bataille du riz*, huile sur toile, 200 x 200 cm, 1968. Collection privée.

Appartenant au mouvement de la figuration narrative, qui rejette l'abstraction et veut peindre une histoire du quotidien, Gilles Aillaud s'inspire de la capture du pilote américain Dewey Wayne Waddell par les Vietcong en 1967 pour dénoncer l'engagement militaire des États-Unis au Vietnam.

CHAPITRE 5 Une nouvelle donne géopolitique : bipolarisation et émergence du tiers-monde

BAC
Méthode

Choisir un plan adapté au sujet

▶ Question problématisée

Sujet — **Dans quelle mesure peut-on parler d'un monde bipolaire de 1947 à la fin des années 1960 ?**

FICHE MÉTHODE

Rappel

→ **Définir et délimiter les termes du sujet.** Voir Méthode, p. 66

→ **Reformuler la problématique.** Voir Méthode, p. 134

Expliquez à quoi correspondent les bornes du sujet.
CONSEIL Expliquez à quoi correspond l'année 1947 et indiquez une date symbole de la fin des années 1960.

Expliquez l'enjeu principal du sujet.
CONSEIL Interrogez-vous sur les limites du monde bipolaire.

ÉTAPE 1 — Identifier le type de sujet

→ **Un sujet diachronique** invite à étudier l'évolution d'un phénomène dans la durée.

→ **Un sujet synchronique** concerne un thème indépendamment de son évolution. Il s'agit d'un « sujet tableau » qui invite à faire le point sur une question à un moment précis, ou d'un sujet bilan, qui invite à aborder les conséquences d'un phénomène ou d'un événement.

→ **Un sujet analytique** renvoie directement à des enjeux historiques qui évoluent dans le temps.

❶ Montrez pourquoi ce sujet est analytique.
CONSEIL Tenez compte de la rupture introduite par la décolonisation.

ÉTAPE 2 — Choisir un plan adapté au type de sujet

→ **Au sujet diachronique correspond un plan chronologique,** découpé en périodes à partir d'une ou deux dates importantes (césures) qui séparent les parties.

→ **Au sujet synchronique correspond un plan thématique** qui organise la réponse au sujet autour de quelques grandes idées articulées de façon cohérente.

→ **Au sujet analytique correspond un plan chrono-thématique,** qui allie une approche thématique, en dégageant les aspects essentiels et une structure chronologique, ou un plan dialectique, construit sur une thèse, une antithèse et une synthèse.

❷ Formulez un plan adapté.
CONSEIL Choisissez un plan qui vous permette de considérer d'une part la mise en place d'un monde bipolaire et d'autre part ses limites.

Prolongement

→ **Élaborer le plan.** Voir Méthode, p. 188

→ **Rédiger l'introduction.** Voir Méthode, p. 246

Trouvez des arguments à l'appui de votre première partie.
CONSEIL Essayez de ne pas vous limiter au modèle des deux superpuissances.

Décrivez la mise en place de la guerre froide.
CONSEIL Aidez-vous du Cours p. 142.

BAC Méthode
Décrire et mettre en récit une situation historique

Capacités et méthodes

Sujet : L'équilibre de la terreur

Consigne : Analysez l'enjeu que représente la dissuasion nucléaire sous la guerre froide en décrivant l'évolution des arsenaux nucléaires.

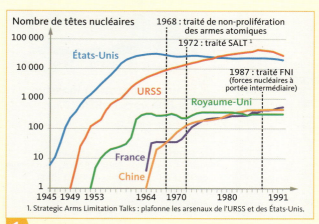

1 L'arsenal déclaré des puissances nucléaires pendant la guerre froide

D'après P. Boniface, B. Courmont, *Le Monde nucléaire*, Armand Colin, 2006.

2 Le nucléaire, un enjeu de la guerre froide

« Aujourd'hui, le stock d'armes nucléaires des États-Unis, qui s'accroît tous les jours, dépasse de beaucoup la puissance de feu de toutes les bombes et de tous les obus utilisés sur tous les lieux de combat durant toute la Seconde Guerre mondiale. [...] Mais le terrible secret et les effrayantes machines de puissance atomique ne sont pas seulement nôtres. [...] Le secret est aussi connu de l'Union soviétique. [...] Si à une époque, les États-Unis possédaient ce que nous pourrions appeler un monopole du pouvoir atomique, ce monopole a cessé depuis quelques années. [...]

Si une attaque atomique devait être lancée contre les États-Unis, notre réaction serait rapide et déterminée. Mais pour moi, dire que les capacités de défense des États-Unis sont telles qu'elles pourraient infliger de terribles pertes à un agresseur, dire que les capacités de représailles des États-Unis sont si grandes que le territoire d'un agresseur serait dévasté, dire tout cela, même si ce sont les faits, n'est pas la véritable expression de l'objectif et de l'espoir des États-Unis. [...] Les États-Unis cherchent à obtenir plus que la simple réduction ou l'élimination des matières atomiques à des fins militaires. Il n'est pas suffisant de retirer cette arme des mains des soldats. Elle doit être mise dans les mains de ceux qui sauront comment démonter son boîtier militaire et l'adapter aux arts de la paix. »

Dwight Eisenhower, « Des atomes pour la paix », discours du 8 décembre 1953 devant l'Assemblée générale de l'ONU, 8 décembre 1953 (trad. N. Davieau).

FICHE MÉTHODE

ÉTAPE 1 — Identifier et présenter les documents

→ **Identifier chaque document :** son auteur, son commanditaire éventuel, sa nature, son ou ses destinataires, son mode de diffusion, son thème principal et l'objectif recherché par l'auteur.

→ **Replacer chaque document dans son contexte historique :** la date de réalisation du document et la date des événements évoqués.

❶ Identifiez la nature et le thème principal de chaque document.

CONSEIL Montrez ce qui rapproche et ce qui distingue les deux documents.

ÉTAPE 2 — Construire un récit à partir des documents

→ **Prélever en les confrontant les informations contenues dans les documents :** les informations factuelles, les événements, les références aux personnages.

→ **Ordonner les informations en les hiérarchisant** et en les intégrant dans un récit construit.

❷ Décrivez les étapes du développement de l'équilibre de la terreur selon les documents.

CONSEIL Considérez les dates auxquelles chaque pays acquiert la bombe atomique, puis les étapes des négociations internationales.

ÉTAPE 3 — Dégager de façon critique les apports des documents

→ **Déduire les intentions des auteurs** de l'analyse comparée des documents.

→ **Critiquer les documents** pour montrer les limites de ce récit.

❸ Montrez ce que ces documents révèlent des étapes de la guerre froide.

CONSEIL Situez le début de la détente et sa traduction dans l'évolution des arsenaux nucléaires.

CHAPITRE 5 Une nouvelle donne géopolitique : bipolarisation et émergence du tiers-monde

EXERCiCES

1 L'Allemagne, un symbole de la guerre froide

CONSTRUIRE UNE ARGUMENTATION HISTORIQUE
Voir Méthode, p. 247

Consigne : À l'aide des documents, montrez que l'Allemagne et Berlin, du fait de leur situation et de leur division, sont des symboles de l'affrontement entre les deux blocs. Expliquez ensuite les causes et conséquences de la construction du mur de Berlin.

1 L'Allemagne au cœur de la guerre froide

1. L'Allemagne, sur la ligne de front de la guerre froide
   - République démocratique allemande (RDA)
   - République fédérale allemande (RFA)
   - Rideau de fer

2. Berlin, épicentre de la guerre froide
   - Berlin-Est
   - Berlin-Ouest
   - Mur de Berlin

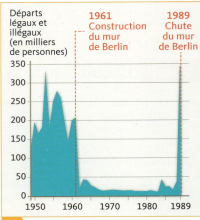

2 Une émigration massive de la RDA vers la RFA

D'après A. Hildebrandt, *Die Mauer. Zahlen. Daten*, Berlin, 2001.

La frontière entre la RDA et la RFA est fermée dès 1949, sauf à Berlin. Le passage de l'est à l'ouest de la ville est libre jusqu'à la construction du mur en août 1961.

2 La course à l'espace

PROCÉDER À L'ANALYSE CRITIQUE DE DOCUMENTS HISTORIQUES
Voir Méthode, p. 101

Consigne : À l'aide des documents et de vos connaissances, présentez les grandes étapes de la course à l'espace, puis analysez la médiatisation et les objectifs de cette compétition entre les deux superpuissances.

1 Les Soviétiques, pionniers de la conquête spatiale

En 1957, l'URSS envoie le premier satellite (Spoutnik) dans l'espace. En 1961, Youri Gagarine effectue le premier vol spatial. Il est reçu triomphalement à Moscou deux jours après son exploit.

« Chers camarades, chers amis, citoyens du monde entier, [...] Pour la première fois dans l'histoire, un homme, un Soviétique de chez nous, [...] a effectué le tout premier voyage dans les étoiles. [...] Nous saluons avec ferveur ce cosmonaute exceptionnel, ce Soviétique héroïque, Youri Alexeïevitch Gagarine. [...] Si le nom de Colomb, qui a traversé l'océan Atlantique et découvert l'Amérique, a survécu à travers les âges, que dire de notre merveilleux héros, le camarade Gagarine, qui [...] a fait le tour du globe terrestre tout entier, avant de retourner sur Terre en toute sécurité ! Son nom sera immortel dans l'histoire de l'humanité. [...] En 43 ans de pouvoir soviétique, la Russie naguère illettrée [...] a parcouru une route grandiose. Notre pays a été le premier à créer un vaisseau-satellite, le premier à atteindre l'espace extra-atmosphérique. [...] Cette victoire signifie un nouveau triomphe des idées de Lénine, elle confirme la justesse de la doctrine marxiste-léniniste. »

Nikita Khrouchtchev, discours du 14 avril 1961 sur la place Rouge (trad. J. Tamiatto).

2 Les Américains, premiers sur la Lune

Neil Armstrong, *Buzz Aldrin pose devant le drapeau*, photographie, 18,2 × 18,2 cm, 20 juillet 1969. Washington, National Gallery of Art.

Devancés dans la conquête spatiale, les États-Unis créent la NASA en 1958. Le programme Apollo aboutit en 1969 aux premiers pas sur la Lune, suivis en direct par 500 millions de téléspectateurs.

3 Décolonisation et guerre froide

METTRE EN RELATION UN TEXTE ET UNE IMAGE
Voir Méthode, p. 189

Consigne : À l'aide des documents et de vos connaissances, montrez que le soutien apporté par les deux Grands à la décolonisation s'explique par des raisons à la fois idéologiques et stratégiques.

1 Les États-Unis dénoncent la menace communiste

Le chef de la diplomatie américaine dénonce l'impérialisme de l'URSS en Asie et justifie la politique étrangère des États-Unis.

« Les leaders soviétiques en établissant leur stratégie de conquête mondiale utilisent le nationalisme comme stratagème pour gagner les peuples colonisés. [...] Peut-être certains d'entre vous trouvent-ils que notre gouvernement ne pousse pas la politique de liberté aussi vigoureusement qu'il le faudrait. Je peux vous dire que [...] là où nous mettons un frein, c'est dans la conviction raisonnée qu'une action précipitée ne conduirait pas en fait à l'indépendance mais à une servitude plus dure encore que la dépendance présente [...]. Nous avons de bonnes raisons de souhaiter maintenir l'unité avec nos alliés occidentaux, mais n'avons pas oublié que nous fûmes la première colonie à arracher l'indépendance. Et nous n'avons donné de chèque en blanc à aucune puissance coloniale. »

Discours de John Foster Dulles, secrétaire d'État américain, devant des industriels à Cleveland, 18 novembre 1953.

2 L'URSS condamne la colonisation

« L'ère du colonialisme est finie ! », affiche soviétique, 1962.

En haut à droite : « Leur oppression, les colonisateurs scélérats menacent de la rétablir par la guerre. Mais cela ne marchera pas ! Partout leurs entreprises sont dorénavant vouées à l'échec. »

Hostile par idéologie à la colonisation, l'URSS s'engage vraiment dans l'aide aux peuples colonisés et aux nouveaux États indépendants à partir du milieu des années 1950, afin d'étendre son influence.

4 Les difficultés économiques du tiers-monde

IDENTIFIER LES CONTRAINTES D'UNE SITUATION HISTORIQUE
Voir Méthode, p. 67

Consigne : À l'aide du document et de vos connaissances, expliquez sur quoi repose l'économie des nouveaux États issus de la décolonisation, puis pourquoi l'auteur dénonce l'ordre économique mondial des années 1970 et, enfin, ce qu'il propose pour y remédier.

La dénonciation du néocolonialisme

« Tous les leviers de commande de l'économie mondiale sont entre les mains d'une minorité constituée par des pays hautement développés. [...] En détenant l'essentiel des marchés de consommation des matières de base ainsi que le quasi-monopole de la fabrication des produits manufacturés [...], les pays développés ont pu fixer, à leur guise, tant les prix des matières de base qu'ils prennent aux pays en voie de développement que ceux des biens et services qu'ils fournissent à ces derniers.
[...] Tel est le fondement de l'ordre économique mondial que nous vivons aujourd'hui [...], un ordre qui est aussi injuste et aussi périmé que l'ordre colonial duquel il tire son origine et sa substance. Parce qu'il s'entretient, se consolide et prospère selon une dynamique qui, sans cesse, appauvrit les pauvres et enrichit les riches, cet ordre économique constitue l'obstacle majeur à toute chance de développement et de progrès pour l'ensemble des pays du tiers-monde.
Ces quelques faits montrent suivant quelles lignes de force on devrait agir [...] :
– [...] la prise en main par les pays en voie de développement de leurs ressources naturelles [...] ;
– [...] une industrialisation [...] s'appuyant [...] sur la transformation sur place des ressources naturelles [...] ;
– [...] l'aide de la communauté internationale. »

Discours du président algérien Houari Boumédiène à l'Assemblée générale extraordinaire de l'ONU, 9 avril 1974.

6 La France, une nouvelle place dans le monde

▶ **Comment évolue la France dans l'après-guerre ?**

1 **La IVᵉ République, fragilisée par le déclin de son empire colonial**

Affiche de propagande pour l'indépendance du Vietnam, 1945.

Dès la fondation de la IVᵉ République, la France fait face à des guerres coloniales, d'abord la guerre d'Indochine, qui se solde par la défaite de Dien Bien Phu en 1954, ensuite la guerre d'Algérie, qui précipite la chute du régime en 1958.

| 1946 | 1950 | 1955 | 1960 | 1965 |

ENTRE DÉCOLONISATION, GUERRE FROIDE ET CONSTRUCTION EUROPÉENNE — IVe République | Ve République

- **1946-1954** Guerre d'Indochine
- **1951** Création de la Communauté européenne du charbon et de l'acier (CECA)
- **1954** Rejet de la Communauté européenne de défense (CED)
- **1957** Création de la Communauté économique européenne (CEE)
- **1954-1962** Guerre d'Algérie
- **1960** Indépendance de l'Afrique subsaharienne et de Madagascar
- **1962** Indépendance de l'Algérie

LA NAISSANCE D'UN NOUVEAU RÉGIME

- **13 mai 1958** Insurrection d'Alger
- **1er juin 1958** De Gaulle investi président du Conseil
- **4 sept. 1958** Présentation de la Constitution de la Ve République
- **1960** La France se dote de l'arme atomique
- **1962** Référendum sur l'élection du président de la Rép. au suffrage universel direct
- **1965** Réélection du général de Gaulle

2 La Ve République, en quête d'une nouvelle puissance

Présentation de la Constitution de la Ve République par le général de Gaulle, place de la République à Paris, 4 septembre 1958.

Revenu au pouvoir à la suite d'une grave crise politique déclenchée à Alger, Charles de Gaulle instaure en 1958 un nouveau régime, qui allie modernisation politique et volonté d'indépendance nationale*.

METTRE EN RELATION DEUX DOCUMENTS

Confrontez ces documents en expliquant ce qu'ils illustrent de la puissance française dans l'après-guerre.

CHAPITRE 6 La France, une nouvelle place dans le monde

GRAND ANGLE

La France face à la décolonisation et à la guerre froide

Grande puissance coloniale avant la guerre, la France fait face entre 1945 et 1962 à la disparition de son empire colonial et à l'affaiblissement de son rayonnement international à la suite des guerres d'Indochine et d'Algérie et de l'expédition ratée de Suez. Placée sous l'influence des États-Unis dans le cadre de la guerre froide, la France remédie au déclin de sa puissance par sa contribution à la construction de l'Europe et, à partir de 1962, par la mise en œuvre d'une politique d'indépendance nationale.

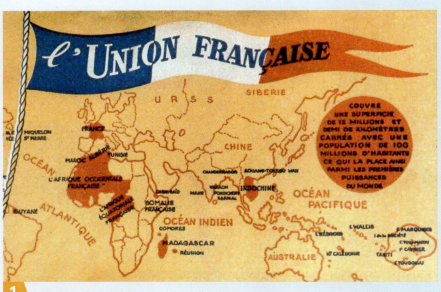

1 **L'Union française, une tentative de sauver l'empire français**

Affiche de l'Union française, 1946.

Entre 1946 et 1958, l'ancien empire colonial français est associé à la métropole sous la forme de l'Union française, qui regroupe les départements d'outre-mer et les colonies (territoires d'outre-mer, territoires sous mandat, territoires sous protectorat*).

2 **La France sous la dépendance économique des États-Unis**

Henry Parkman, chef de l'Administration de coopération économique (ACE), qui gère le plan Marshall, lors de l'exposition de l'ACE à la foire de Marseille, septembre-octobre 1950.

De 1948 à 1952, la France reçoit 20 % du montant total des fonds versés par les États-Unis dans le cadre du plan Marshall, dont les crédits sont contrôlés par le Congrès américain. Le commerce extérieur français s'oriente de plus en plus vers la zone dollar.

168 LA MULTIPLICATION DES ACTEURS INTERNATIONAUX DANS UN MONDE BIPOLAIRE (DE 1945 AU DÉBUT DES ANNÉES 1970)

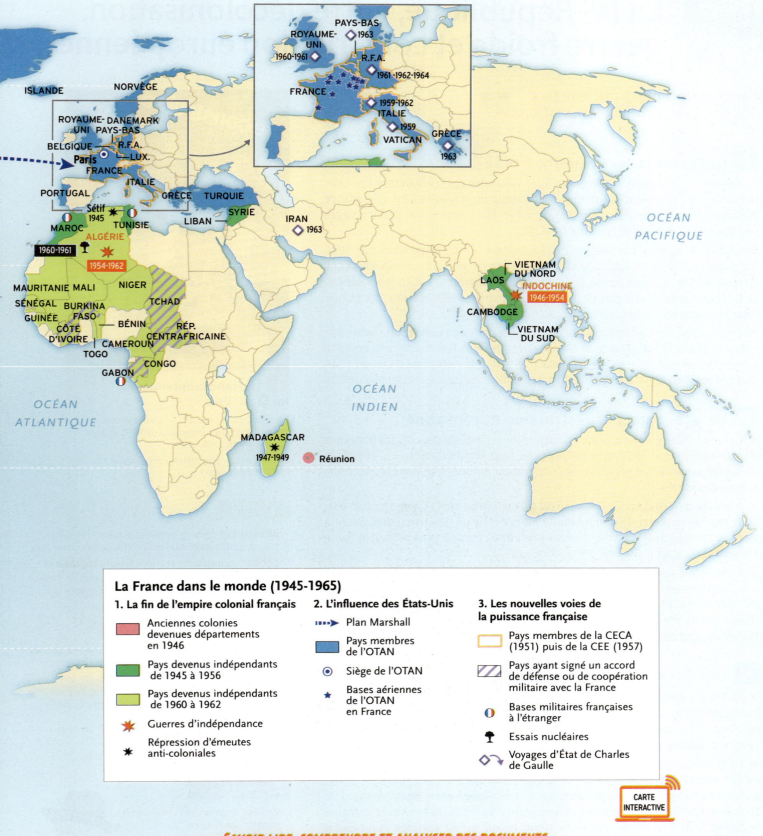

SAVOIR LIRE, COMPRENDRE ET ANALYSER DES DOCUMENTS

Analysez l'évolution de la puissance de la France de 1945 à 1965 en montrant comment sa place dans le monde a été remise en cause, puis comment elle remédie à la perte de ses colonies.

CHAPITRE 6 La France, une nouvelle place dans le monde

COURS 1

La IVᵉ République, entre décolonisation, guerre froide et construction européenne

Comment la France fait-elle face aux nouveaux enjeux internationaux ?

A La France dans la guerre froide

- Absente de toutes les conférences internationales qui réorganisent l'Europe, la France n'en redevient pas moins, avec l'appui du Royaume-Uni, une grande puissance en obtenant une zone d'occupation en Allemagne et l'un des cinq sièges permanents au Conseil de sécurité de l'ONU.

- Tout en réaffirmant son indépendance nationale, la France, qui adopte en 1946 la Constitution de la IVᵉ République [doc. 2 p. 178], se range dans le camp atlantique lorsque débute la guerre froide. Les contraintes économiques auxquelles elle fait face la conduisent à accepter l'aide du plan Marshall [doc. 1] et à intégrer l'Organisation européenne de coopération économique (OECE).

- Face à la perception d'une menace communiste, la France sollicite une protection militaire américaine. La France, la Grande-Bretagne et le Benelux signent en 1948 à Bruxelles un traité d'autodéfense collective, avant de rejoindre l'OTAN en 1949 puis de former en 1954, avec la RFA et l'Italie, l'Union de l'Europe occidentale* (UEO).

B Un acteur de la construction européenne

- Le projet d'une Europe politique s'inscrit dans le contexte des craintes françaises de voir l'Allemagne redevenir belliqueuse. Jean Monnet [ÉTUDE p. 174] et Robert Schuman proposent d'organiser la coopération européenne dans les secteurs économiques clés.

- À la suite de la déclaration Schuman [doc. 2] est instituée la CECA, le 18 avril 1951. En revanche, le projet de Communauté européenne de défense (CED), visant à intégrer l'armée ouest-allemande dans une armée européenne, est rejeté par le Parlement français le 30 août 1954 [ÉTUDE p. 175].

- La relance du projet européen par les pays de la CECA aboutit le 25 mars 1957 à la signature des traités de Rome, qui instituent la Communauté économique européenne* (CEE) [doc. 4] et la Communauté européenne de l'énergie atomique (Euratom). Grâce à l'influence que lui confère la construction européenne, la France compense en partie la fragilisation de son empire.

C La crise coloniale de la République française

- La France s'efforce de restaurer son autorité sur ses colonies, d'une part en instituant l'Union française, d'autre part en recourant à la force : en 1946, l'amiral d'Argenlieu bombarde le port de Haiphong dans le Tonkin, et en 1947, une révolte paysanne est réprimée dans le sang à Madagascar.

- La France ne parvient toutefois pas à enrayer la décolonisation d'une partie de son empire. En 1954, à l'issue de la guerre d'Indochine [POINT DE PASSAGE p. 146], qui mobilise des soldats en provenance de tout l'empire [doc. 3], le Vietnam, le Laos et le Cambodge deviennent indépendants. En 1956, la Tunisie et le Maroc le deviennent à leur tour, pacifiquement, tandis qu'est adoptée la loi-cadre Defferre*, qui encourage l'autonomie des colonies.

- À partir de 1954, la France mène une nouvelle guerre en Algérie [POINT DE PASSAGE p. 172], qui fragilise davantage un régime affaibli par les oppositions et l'instabilité gouvernementale. La crise du 13 mai 1958 [doc. 5] précipite la chute du régime et l'arrivée au pouvoir du général de Gaulle.

1 La France soutenue par les États-Unis

Affiche du Français Alban Wyss, 4ᵉ prix du concours international de graphisme organisé par l'OECE en faveur du plan Marshall, 1950.

▶ Comment cette affiche présente-t-elle l'aide américaine ?

Mots clés

Atlantisme : doctrine politique plaçant l'Europe de l'Ouest sous la protection et la conduite des États-Unis.

CECA (Communauté européenne du charbon et de l'acier) : marché commun du charbon et de l'acier, qui regroupe la France, la RFA, l'Italie et le Benelux.

Décolonisation : processus par lequel les pays colonisés sortent de la tutelle des puissances coloniales et deviennent indépendants.

Indépendance nationale : politique visant à assurer à un pays les moyens de mener sa propre politique sans dépendre d'un État plus puissant.

Puissance : faculté ou capacité d'un État de produire un effet, ou d'empêcher un effet de se produire, qui repose d'une part sur le pouvoir militaire et économique (*hard power*), et d'autre part sur sa culture et ses valeurs (*soft power*).

Personnage clé

Robert Schuman (1886-1963)
Ministre des Finances (1946), président du Conseil (1947-1948) puis ministre des Affaires étrangères (1948-1953), ce démocrate-chrétien est avec Jean Monnet le principal initiateur de la construction européenne.

2 La CECA, une réalisation française

« L'Europe ne se fera pas d'un coup, ni dans une construction d'ensemble : elle se fera par des réalisations concrètes créant d'abord une solidarité de fait. Le rassemblement des nations européennes exige que l'opposition séculaire de la France et de l'Allemagne soit éliminée : l'action entreprise doit toucher au premier chef la France et l'Allemagne. Dans ce but, le gouvernement français propose de porter immédiatement l'action sur un point limité mais décisif : [il] propose de placer l'ensemble de la production franco-allemande de charbon et d'acier sous une Haute Autorité commune, dans une organisation ouverte à la participation des autres pays d'Europe.

La mise en commun des productions de charbon et d'acier assurera immédiatement l'établissement de bases communes de développement économique, première étape de la fédération européenne [...].

Par la mise en commun de productions de base et l'institution d'une Haute Autorité nouvelle, dont les décisions lieront la France, l'Allemagne et les pays qui y adhéreront, cette proposition réalisera les premières assises concrètes d'une fédération européenne indispensable à la préservation de la paix. »

Robert Schuman, déclaration faite à Paris le 9 mai 1950.

ARTICLE ▸ Quel est l'objectif recherché par la France à travers la CECA ?

3 L'Indochine : une guerre pour maintenir l'empire colonial

Soldats français en Indochine, photographie de Pierre Ferrari, mai 1953. De gauche à droite, soldat du génie (origine non connue), caporal-chef du génie originaire de Biscarosse (Landes), deuxième classe du 8e bataillon parachutiste de choc originaire de Saigon (Vietnam), première classe du génie originaire de Martinique, deuxième classe du 41e régiment d'artillerie coloniale originaire de Marrakech (Maroc).

▸ Qu'indique l'origine de ces soldats ?

4 Les institutions de la Communauté économique européenne

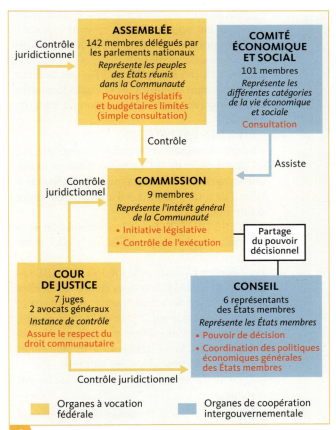

▸ Quelle place occupent les États comme la France dans le fonctionnement de la CEE ?

5 La crise du 13 mai 1958

Manifestation en faveur de l'Algérie française, Alger, 13 mai 1958.

Le 13 mai 1958, une foule favorable à l'Algérie française manifeste contre l'investiture à la présidence du Conseil de Pierre Pflimlin, favorable à une négociation avec le FLN. La manifestation dégénère en insurrection et un comité de salut public appelle le général de Gaulle à revenir au pouvoir.

▸ Que révèle cette photographie de la pression de la rue ?

ANALYSER UN SCHÉMA INSTITUTIONNEL

Présentez le document 4 et montrez ce qu'il révèle de la complexité des institutions de la CEE et du rôle respectif des citoyens et des États. Expliquez comment un État comme la France peut y exercer son influence.

CHAPITRE 6 La France, une nouvelle place dans le monde 171

POINT DE PASSAGE
La guerre d'Algérie (1954-1962)

En 1954, les colonies françaises d'Afrique du Nord réclament leur indépendance. Le gouvernement français accepte de négocier pour le Maroc et la Tunisie, mais il refuse pour l'Algérie, au motif que « l'Algérie, c'est la France ». C'est en effet une colonie de peuplement avec près d'un million de Français, surnommés les « pieds-noirs », sur un total de dix millions d'habitants. Malgré sa supériorité militaire, la métropole perd l'Algérie qui obtient son indépendance en 1962.

▶ **Pourquoi et comment la France a-t-elle perdu l'Algérie ?**

Dates clés

8 mai 1945	Répression de manifestations indépendantistes
1er nov. 1954	Attentats du FLN, début de la guerre d'Algérie
Août 1955	Soulèvement de nombreuses régions algériennes
Automne 1956	Attentats du FLN contre des lieux publics en Algérie
Janv.-oct. 1957	Recours à la torture lors de la « Bataille d'Alger »
Mai 1958	Retour au pouvoir du général de Gaulle sous la pression des Français d'Algérie
Printemps 1960	Début des négociations entre la France et le FLN
18 mars 1962	Accords de cessez-le-feu signés à Évian
5 juil. 1962	Indépendance de l'Algérie

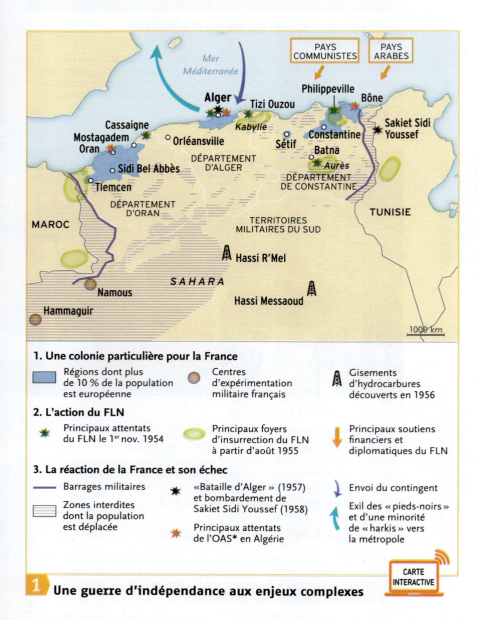

1 Une guerre d'indépendance aux enjeux complexes

2 Le programme du Front de libération nationale (FLN)

Le FLN est la principale organisation indépendantiste algérienne.

« PEUPLE ALGÉRIEN, [...]
Notre souci, en diffusant la présente proclamation, est de vous éclairer sur les raisons profondes qui nous ont poussés à agir, en vous exposant notre programme, [...] dont le but demeure l'indépendance nationale [...].
OBJECTIFS INTÉRIEURS : [...] Rassemblement et organisation de toutes les énergies saines du peuple algérien pour la liquidation du système colonial.
OBJECTIFS EXTÉRIEURS :
– Internationalisation du problème algérien ; [...]
– Dans le cadre de la Charte des Nations unies, affermissement de notre sympathie agissante à l'égard de toutes nations qui appuieraient notre action libératrice[1].
MOYENS DE LUTTE : [...] La continuation de la lutte par tous les moyens jusqu'à la réalisation de notre but.
Pour parvenir à ces fins, le FRONT DE LIBÉRATION NATIONALE aura deux tâches essentielles à mener [...] : une action intérieure tant sur le plan politique que sur le plan de l'action propre, et une action extérieure en vue de faire du problème algérien une réalité pour le monde entier avec l'appui de tous nos alliés naturels.
[...] La lutte sera longue, mais l'issue est certaine. »

Proclamation du FLN, diffusée le 1er novembre 1954 sous forme de tracts en Algérie et lue sur la radio égyptienne La Voix des Arabes.

1. Le FLN cherche le soutien de pays étrangers et obtient ainsi, en décembre 1960, que l'ONU reconnaisse le droit de l'Algérie à l'indépendance.

3 La torture utilisée et justifiée par l'armée française

« Nous nous retrouvons en face d'une guerre d'un type nouveau [...]. Nous sommes en face du TERRORISME dans toute sa lâcheté, dans toute son horreur. [...] À vrai dire il ne s'agit plus de faire la guerre, mais d'annihiler une entreprise d'assassinat organisée, généralisée... Dans ce cas, qu'exige de vous votre conscience de chrétien, d'homme civilisé ? [...] C'est que, d'une part, vous protégiez efficacement les innocents [...] et que, d'autre part, vous évitiez tout arbitraire. [...] Il n'est jamais permis de prendre au hasard un passant, le premier venu, et d'essayer par la violence de lui extorquer l'aveu d'une culpabilité dont on prétend le charger – sans avoir recueilli par ailleurs aucune véritable preuve. [...] Entre deux maux : faire souffrir passagèrement un bandit pris sur le fait – et qui d'ailleurs mérite la mort – en venant à bout de son obstination criminelle par le moyen d'un interrogatoire obstiné, harassant, et, d'autre part, laisser massacrer des innocents que l'on sauverait si, de par les révélations de ce criminel, on parvenait à anéantir le gang, il faut sans hésiter choisir le moindre : un interrogatoire sans sadisme mais efficace. »

Louis Delarue, prêtre aumônier de la 10ᵉ division de parachutistes, tract distribué dans toutes les unités de l'armée française, 10 février 1957.

VIDÉO

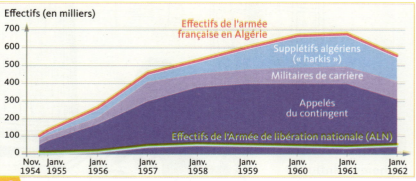

4 Une guerre asymétrique
D'après Guy Pervillé, *Atlas de la guerre d'Algérie*, Autrement, 2011.

Face à la guérilla de l'ALN (l'armée du FLN), l'armée française recrute des Algériens (les «harkis») et envoie en Algérie les jeunes Français effectuant leur service militaire (les appelés).

5 Des Algériens de plus en plus engagés pour l'indépendance

Membres du FLN et villageois algériens manifestant pour l'indépendance, début 1962.

En 1954, les Algériens doutent de la capacité du FLN à lutter contre la France, mais au fur et à mesure de la guerre, le FLN obtient un soutien de plus en plus massif de la population algérienne.

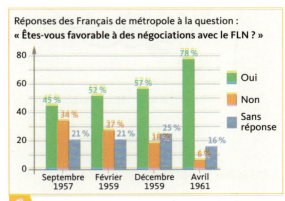

6 Une guerre de plus en plus mal vue en métropole

Résultats de sondages IFOP. D'après Charles-Robert Ageron, « L'opinion française devant la guerre d'Algérie » et Hartmut Elsenhaus, *La Guerre d'Algérie (1954-1962)*.

Le nombre de victimes (au total 50 000 Français et 400 000 Algériens) fait basculer l'opinion en métropole, poussant de Gaulle à négocier avec le FLN, malgré l'opposition des «pieds-noirs».

PROCÉDER À L'ANALYSE CRITIQUE DES DOCUMENTS

PARCOURS A

▶ **Lire, comprendre et analyser les documents**

1. Quels sont les modes d'action du FLN ? [doc. 1, 2, 4]
2. Pourquoi et comment la France lutte-t-elle contre le FLN ? [doc. 1, 3, 4]
3. Pourquoi la France accepte-t-elle finalement de négocier avec le FLN ? [doc. 2, 5, 6]
4. Quelles divisions la guerre suscite-t-elle dans les deux camps ? [doc. 1, 4, 6]

▶ **Synthétiser**

Expliquez pourquoi et comment la France a perdu la guerre d'Algérie. Pour ce faire, montrez comment les indépendantistes luttent contre la présence française, puis comment la France tente de conserver l'Algérie. Enfin, expliquez pourquoi la France négocie et accepte l'indépendance.

PARCOURS B

▶ **Analyser un texte**

En analysant le document 2, vous présenterez les modes d'action que privilégie le FLN en Algérie, avant d'expliquer pourquoi et comment le FLN développe aussi une action extérieure.

ÉTUDE
Jean Monnet, « père de l'Europe »

Commissaire général au Plan de modernisation et d'équipement de la France, Jean Monnet voit dans le charbon et l'acier le moyen d'établir, à « petits pas », une communauté concrète d'intérêt. Il prend une part décisive dans le plan Schuman qui donne naissance à la CECA.

▶ **Pourquoi Jean Monnet défend-il le projet d'une Europe unie ?**

Personnage clé

Jean Monnet (1888-1979)
Économiste, proche des États-Unis et du Royaume-Uni pendant la guerre, il est commissaire général au Plan de 1946 à 1952. Il prend une part décisive dans la création de la CECA, dont il préside la Haute Autorité de 1952 à 1955 avant de fonder un Comité d'action pour les États-Unis d'Europe.

VIDÉO

1 L'ambition de reconstruire et de moderniser la France

Jean Monnet au siège du conseil du Plan de modernisation et d'équipement, Paris, 1949. Au mur, la carte des productions avant-guerre, à la fin de la guerre et en 1949.

Au lendemain de la guerre, Jean Monnet élabore et met en œuvre le premier Plan de modernisation et d'équipement (1946-1953), dit « plan Monnet », qui, avec l'aide du plan Marshall, relance l'activité économique de la France.

2 Un homme influent

« Il est partisan d'une MONNÉ-rchie absolûe », caricature de Pinatel, v. 1950. En arrière-plan, Vincent Auriol, président de la République.

En 1950, de nombreux commentateurs s'étonnent de l'influence grandissante de Jean Monnet, qui n'est pourtant ni ministre, ni député. Il convainc en effet le ministre des Affaires étrangères, Robert Schuman, d'endosser son projet de CECA.

3 L'Europe, une nécessité pour la France

« C'est à cette époque [1946] que je touchai du doigt les limites de la capacité nationale. Les Français ne seraient pas modernes et ne seraient pas grands tout seuls, aux côtés de voisins ou face à des concurrents européens. [...] Je commençais à voir clair : l'action devait être portée là où le malentendu était le plus tangible, là où allaient se nouer à nouveau les erreurs du passé. Si l'on pouvait éliminer chez nous la crainte de la domination industrielle allemande, le plus grand obstacle à l'union de l'Europe serait levé. Une solution qui mettrait l'industrie française sur la même base de départ que l'industrie allemande [...], rétablirait les conditions économiques et politiques d'une entente indispensable à l'Europe. Bien plus, elle pourrait être le ferment même de l'unité européenne. »

Jean Monnet, *Mémoires*, Fayard, 1976.

ANALYSER LES DOCUMENTS

1. Expliquez pourquoi la fonction de Jean Monnet le conduit à envisager le projet d'une Communauté du charbon et de l'acier. **[doc. 1, 3]**
2. Montrez que la motivation première de son projet est liée à la puissance industrielle de la France. **[doc. 1, 3]**
3. Analysez le rôle de Jean Monnet dans le projet de CECA en tenant compte des critiques dont il a fait l'objet. **[doc. 2, 3]**

ÉTUDE
La Communauté européenne de défense (CED)

En 1950, Jean Monnet convainc le président du Conseil, René Pleven, de présenter un projet d'« armée européenne » placée sous le commandement de l'OTAN. Le traité, signé en 1952 par les gouvernements des pays de la CECA, suscite de vifs débats avant d'être rejeté par le Parlement français.

▶ Pourquoi la CED divise-t-elle tant ?

Dates clés

26 oct. 1950	Adoption du plan Pleven par l'Assemblée nationale (343 voix contre 225)
27 mai 1952	Signature du traité de Paris
30 août 1954	Rejet de la CED par l'Assemblée nationale (319 voix contre 264)

1 Le projet d'une organisation supranationale
D'après le Centre virtuel de connaissance sur l'Europe (CVCE).

Le traité de Paris qui institue la CED est signé le lendemain du traité de Bonn qui a mis fin à l'occupation de la RFA. Soutenu par les États-Unis, il prévoit la création d'une armée de quarante divisions nationales – dont douze allemandes – de 13 000 soldats portant un uniforme commun.

2 Une armée commune
Paul Colin, affiche commandée par le gouvernement français, 1954.

En 1953 et 1954, le gouvernement s'efforce, avec le soutien d'une partie de sa majorité, de convaincre l'opinion de l'intérêt pour la France de ratifier le traité, que les gaullistes, les communistes et une partie des socialistes et des modérés rejettent fermement.

3 L'opposition du général de Gaulle

« L'Allemagne est, sans relâche, en proie à l'instinct de la domination [...]! Rien n'est plus simple que d'arranger cela. Mélangeons cette France et cette Allemagne ! En particulier, puisque la France victorieuse a une armée, que l'Allemagne vaincue n'en a pas, supprimons l'armée française ! Créons ensuite une armée apatride faite de Français et d'Allemands. Il est vrai qu'au-dessus d'une armée il faut un gouvernement. Qu'à cela ne tienne ! Fabriquons-en un, apatride lui aussi, une technocratie commode que nous appellerons "communauté de défense". En dehors des apparences, la chose, d'ailleurs, importe peu, car nous remettrons cette armée, qualifiée d'"européenne", au commandement américain. [...] Monsieur Adenauer[1] ne croit-il pas qu'il y aurait beaucoup mieux à faire ? »

Charles de Gaulle, conférence de presse à l'hôtel Continental, Paris, 12 novembre 1953.

1. Chancelier de la RFA.

ANALYSER LES DOCUMENTS

1. Décrivez les buts de la CED et sa future organisation. [doc. 1, 2]
2. Analysez le principal argument avancé par ses partisans. [doc. 1, 2]
3. Expliquez pourquoi la CED rencontre tant de résistances. [doc. 1, 3]

FAIRE UNE RECHERCHE SUR INTERNET B2i

Recherchez sur Internet, notamment sur le site cvce.eu, des affiches consacrées à la CED. Réalisez ensuite un tableau synthétisant les arguments pour ou contre la CED en les classant par sensibilité politique. Rédigez enfin un court paragraphe résumant les principaux enjeux du débat.

CHAPITRE 6 La France, une nouvelle place dans le monde

COURS 2 — Les débuts de la Ve République

Comment la France lie-t-elle volonté d'indépendance nationale et modernisation du pays ?

A Un nouveau régime politique

- La crise du 13 mai 1958 entraîne la chute de la IVe République. Le 14 mai, les émeutiers demandent le retour au pouvoir du général de Gaulle, qui est investi président du Conseil le 1er juin et reçoit les pleins pouvoirs pour élaborer une nouvelle constitution.
- La Constitution de la Ve République [POINT DE PASSAGE p. 180], rédigée sous la direction de Michel Debré, met en place un régime parlementaire bicaméral dans lequel le pouvoir exécutif est renforcé : le président, élu par un collège de grands électeurs, peut dissoudre l'Assemblée et consulter les Français par référendum.
- En octobre 1962, le général de Gaulle fait approuver par référendum l'élection du président au suffrage universel direct [ÉTUDE p. 182] afin de renforcer la légitimité démocratique de cette fonction. La Ve République devient dès lors un régime semi-présidentiel, en dépit des oppositions que rencontre la conception gaullienne de la République, notamment de la part de Pierre Mendès France [POINT DE PASSAGE p. 178] et de François Mitterrand*.

B Une politique de grandeur et d'indépendance nationale

- En 1958, la Constitution remplace l'Union française par la Communauté, qui permet aux dernières colonies africaines, à l'exception de l'Algérie, des Comores et de Djibouti, d'accéder à l'indépendance complète en 1960. La France maintient des liens avec ses anciennes colonies à travers la coopération [doc. 1] et l'assistance militaire.
- Désireux de mener une politique de grandeur et d'indépendance nationale, de Gaulle dote dès 1960 la France de l'arme atomique [doc. 4] et s'oppose au sein de la CEE au projet d'une Europe supranationale [EX. 2 p. 190].
- La volonté d'indépendance nationale de la France se traduit par une inflexion de sa politique étrangère [doc. 2]. De Gaulle signe en 1963 avec l'Allemagne le traité de l'Élysée, qui renforce la coopération franco-allemande en Europe. Désireux de sortir de la logique des blocs, il prend ses distances à l'égard des États-Unis et se rapproche prudemment de l'URSS. En 1964, la France reconnaît la Chine communiste.

C La modernisation de la France

- En politique intérieure, le général de Gaulle entreprend une politique de modernisation. Il reconstruit un État fort qui intervient directement dans la vie économique au profit notamment de la décentralisation* industrielle [doc. 3]. Sur le plan financier, il recherche la stabilité monétaire avec le nouveau franc (1960).
- Le rayonnement de la France gaullienne passe également par celui de sa culture : en 1959 est créé un ministère des Affaires culturelles, confié à André Malraux [doc. 5], et en 1964, les médias audiovisuels, étroitement contrôlés, sont réunis au sein de l'Office de radiodiffusion-télévision française (ORTF*) [ÉTUDE p. 183].
- Les missions de l'État sont étendues à de nombreux secteurs, comme la santé, avec la création des Centres hospitaliers universitaires (1958), l'aménagement du territoire, avec la création en 1963 de la Délégation interministérielle à l'aménagement du territoire et à l'attractivité régionale (DATAR*) ou la construction d'autoroutes et d'aéroports.

1 La coopération franco-africaine

« Je construis, tu construis… nous construisons l'Afrique nouvelle », affiche de Massacrier pour le ministère de la Coopération, 1962.

▶ Quelle image est donnée de la coopération ?

Mots clés

Communauté : régime d'association politique entre la France et ses colonies, qui acquièrent en 1958 le statut d'États tout en restant sous la tutelle de la métropole.

Coopération : politique de soutien au développement économique et culturel des anciennes colonies.

Modernisation : action de moderniser, par la mise en œuvre de nouvelles méthodes ou de nouveaux équipements.

Régime parlementaire : système politique dans lequel le gouvernement est responsable devant le Parlement, qui a la prééminence sur les autres institutions.

Régime semi-présidentiel : système politique dans lequel le président joue un rôle important mais où le gouvernement reste responsable devant le Parlement.

Supranational : caractère de ce qui se place au-dessus des nations ou des États.

Personnage clé

Michel Debré (1912-1996)
Ancien résistant gaulliste, il est nommé ministre de la Justice en 1958 et préside les travaux d'élaboration de la nouvelle Constitution. En 1959, il devient Premier ministre.

176 LA MULTIPLICATION DES ACTEURS INTERNATIONAUX DANS UN MONDE BIPOLAIRE (DE 1945 AU DÉBUT DES ANNÉES 1970)

2 De Gaulle fait le bilan de sa politique étrangère

« Afin que l'Europe cessât d'être un champ de haines et de dangers, d'étaler de part et d'autre du Rhin sa division économique et politique, de dresser les uns contre les autres ses peuples de l'Ouest et de l'Est sous prétexte d'idéologies, j'ai voulu que la France et l'Allemagne deviennent de bonnes voisines [...]. Tandis que la France renonçait à elle-même en s'égarant dans d'astucieuses nuées supranationales, en abandonnant sa défense, sa politique, son destin, à l'hégémonie atlantique, en laissant à d'autres les champs d'influence, de coopération, d'amitié qui lui étaient jadis familiers dans le tiers-monde, j'ai voulu que parmi ses voisins elle fasse valoir sa personnalité tout en respectant la leur, que sans renier l'alliance, elle refuse le protectorat, qu'elle se dote d'une force de dissuader toute agression et comportant, au premier chef, un armement nucléaire, qu'elle reparaisse dans les pensées, les activités et les espoirs de l'univers, au total qu'elle recouvre son indépendance et son rayonnement. C'est bien là ce qui se passe ! »

Charles de Gaulle, *Mémoires d'Espoir. I, Le renouveau (1958-1962)*, Plon, 1970.

▶ Quelles sont, selon de Gaulle, les conditions de l'indépendance et du rayonnement de la France ?

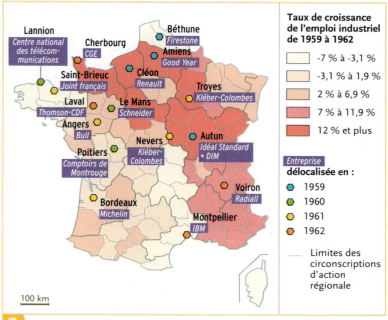

3 L'État gaullien, acteur de la décentralisation industrielle

De 1959 à 1962, le ministre de l'Industrie et du Commerce, Jean-Marcel Jeanneney, met en œuvre à la demande du général de Gaulle une politique de décentralisation des industries dans les circonscriptions d'action régionale (22 régions métropolitaines, les territoires d'outre-mer et l'Algérie) nouvellement créées.

▶ Que révèle cette carte du pouvoir de l'État gaullien en matière industrielle ?

5 Une politique culturelle d'envergure

De 1961 à 1968, André Malraux inaugure en région huit maisons de la Culture, des établissements culturels qui visent à « rendre accessibles les œuvres capitales de l'humanité, et d'abord de la France, au plus grand nombre possible de Français ».

« Il y a cinq ans nous avons dit que la France reprenait sa mission dans l'ordre de l'esprit [...]. Si nous voulons que la France reprenne sa mission, si nous voulons qu'en face du cinéma et de la télévision les plus détestables, il y ait quelque chose qui compte [...], il faut qu'à tous les jeunes hommes de cette ville, soit apporté un contact avec ce qui compte au moins autant que le sexe et le sang. [...] Il se trouve que certains pays ne sont jamais grands que lorsqu'ils sont grands pour les autres. La France, ce n'est pas la France fermée sur elle. Pour le monde entier, c'est à la fois les croisades et la Révolution ; sur toutes les routes de l'Orient, il y a des tombes de chevaliers français ; sur toutes les routes de l'Europe, il y a des tombes de révolutionnaires français. Reprendre le sens de notre pays, c'est vouloir être pour tous ce que nous avons pu porter en nous. Il faut que nous puissions rassembler le plus grand nombre d'œuvres pour le plus grand nombre d'hommes. »

André Malraux, discours d'inauguration de la maison de la Culture de Bourges, 18 avril 1964.

▶ Quelle conception de la France cette politique culturelle reflète-t-elle ?

4 La France, une puissance nucléaire

« Ration périodique d'armes nucléaires », *Krokodil* (revue satirique soviétique), 1958.

En 1958, la France officialise son programme nucléaire, lancé en 1954. La première bombe atomique française, « Gerboise bleue », explose le 13 février 1960 à Reggane dans le Sahara algérien.

▶ Comment la puissance française est-elle critiquée ?

ANALYSER UN TEXTE POLITIQUE

Présentez le document **2** en le replaçant dans son contexte, puis montrez quel but recherche son auteur à travers cette description de son action.

POINT DE PASSAGE

Charles de Gaulle et Pierre Mendès France, deux conceptions de la République

Après avoir mené un combat commun au service de la France Libre, Charles de Gaulle et Pierre Mendès France s'opposent sur leur vision des institutions. Alors que le général de Gaulle dénonce les faiblesses de la IVe République et son « régime des partis », le député radical-socialiste, devenu président du Conseil en juin 1954, incarne brièvement les espoirs de renouveau du régime. Sous la Ve République, Mendès dénonce le « caractère personnel et plébiscitaire » du régime incarné par de Gaulle.

▶ **Quels désaccords institutionnels opposent Charles de Gaulle et Pierre Mendès France ?**

Dates clés

Juin 1940–janv. 1946	De Gaulle, chef de la France Libre puis président du Gouvernement provisoire
1942–déc. 1945	Mendès France dans la France Libre puis ministre (Finances, Économie) du Gouvernement provisoire
7 avr. 1947	Fondation du Rassemblement du peuple français (RPF) par de Gaulle
Juin 1954–fév. 1955	Mendès France président du Conseil
1er juin 1958	Retour au pouvoir du général de Gaulle : Mendès France vote contre son investiture
28 sept. 1958	Adoption de la Constitution de la Ve République rejetée par Mendès
Nov.–déc. 1958	Mendès France abandonne ses mandats électifs. De Gaulle élu premier président de la Ve République
Oct. 1962	Adoption par référendum de l'élection du président de la République au suffrage universel
Déc. 1965	Premières élections présidentielles
Avr.–juin 1969	Démission de De Gaulle et élections présidentielles : le « ticket » Defferre–Mendès obtient 5 % des voix

1 Le projet constitutionnel de Charles de Gaulle

Après avoir démissionné du gouvernement le 20 janvier par opposition au projet de Constitution, le général de Gaulle expose sa conception des institutions.

« En vérité, l'unité, la cohésion, la discipline intérieure du gouvernement de la France doivent être des choses sacrées, sous peine de voir rapidement la direction même du pays impuissante et disqualifiée. Or, comment cette unité, cette cohésion, cette discipline, seraient-elles maintenues à la longue si le pouvoir exécutif émanait de l'autre pouvoir auquel il doit faire équilibre, et si chacun des membres du gouvernement, lequel est collectivement responsable devant la représentation nationale tout entière, n'était à son poste que le mandataire d'un parti ?

C'est donc du chef de l'État, placé au-dessus des partis, élu par un collège qui englobe le Parlement mais beaucoup plus large et composé de manière à faire de lui le président de l'Union française en même temps que celui de la République, que doit procéder le pouvoir exécutif. […] À lui l'attribution de servir d'arbitre au-dessus des contingences politiques, soit normalement par le conseil, soit, dans les moments de grave confusion, en invitant le pays à faire connaître par des élections sa décision souveraine. À lui, s'il devait arriver que la patrie fût en péril, le devoir d'être le garant de l'indépendance nationale et des traités conclus par la France. »

Charles de Gaulle, discours de Bayeux, 16 juin 1946.

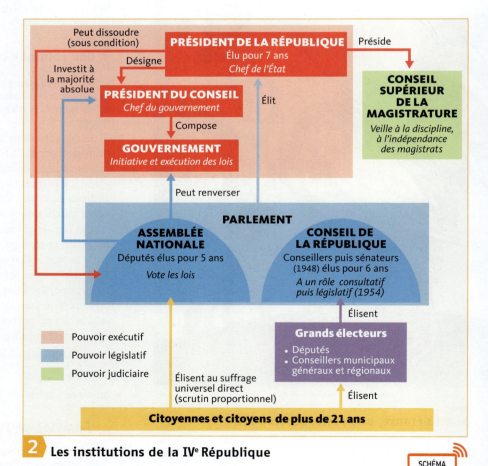

2 Les institutions de la IVe République

La IVe République est un régime parlementaire au sein duquel l'Assemblée nationale, qui investit le gouvernement et peut le renverser, a un rôle prépondérant sur les autres institutions.

3 La République gaullienne

Marie-Claire Lefor, Marie-Francin Openo, « J'ai 7 ans laissez-moi grandir », affiche pour les présidentielles de 1965.

En décembre 1965, la première élection au suffrage universel direct du président sous la Ve République aboutit, après une mise en ballotage au premier tour, à l'élection du général de Gaulle avec 55,2 % des suffrages face à François Mitterrand.

ARTICLE

4 L'affirmation d'un pouvoir exécutif bicéphale

Gaston Defferre, Pierre Mendès France, affiche pour les élections présidentielles de 1969.

Après la démission du général de Gaulle, Pierre Mendès France échoue aux élections présidentielles (avec 5 % des voix) en se présentant en tant que futur Premier ministre du socialiste Gaston Defferre, afin de promouvoir une meilleure répartition des rôles au sein du pouvoir exécutif.

5 Mendès France propose une nouvelle organisation institutionnelle

« Si, sous la IVe République, le gouvernement était comme dissous dans l'Assemblée, il est aujourd'hui dissous dans la personne du chef de l'État. Un homme seul conçoit la politique, décide et ordonne. [...]
Les membres du Parlement, partageant avec le gouvernement l'initiative législative, [...] chaque Assemblée est maîtresse de son ordre du jour[1]. Toutefois, le gouvernement peut, lui aussi, faire inscrire à l'ordre du jour les projets auxquels il tient, sans aller jusqu'à encombrer l'emploi du temps parlementaire, au point de le monopoliser. [...] Le gouvernement qui sollicite l'investiture parlementaire le fait sur la base d'un programme de travail précis et concret, comportant l'énumération des mesures qu'il entend prendre et un calendrier de réalisation. [...]
Dès lors que le gouvernement et le Parlement sont face à face, chacun avec ses prérogatives, que l'Assemblée nationale a le droit de censurer le gouvernement, mais que ce dernier peut en appeler au pays en dernier ressort, la présence d'un arbitre supérieur, gardien de la Constitution et symbole de l'équilibre organisé, devient, de toute évidence, nécessaire. On est ainsi conduit à distinguer le rôle de chef de l'État de celui de chef du gouvernement, et à rétablir un président de la République sans responsabilité politique directe, comme c'est le cas dans tous les pays de démocratie parlementaire. »

Pierre Mendès France, *Pour une République moderne (1955-1962)*, Gallimard, 1962.

1. Selon la Constitution de 1958 (et avant la révision constitutionnelle de 2008), le gouvernement fixe la liste et l'ordre des projets et propositions de loi à examiner par le Parlement.

PROCÉDER À L'ANALYSE CRITIQUE DES DOCUMENTS

PARCOURS A

Lire, comprendre et analyser les documents

1. Quelles sont les critiques communes émises par de Gaulle et Mendès France à l'encontre de la IVe République ? [doc. 1, 2, 5]

2. Que Pierre Mendès France reproche-t-il au général de Gaulle et au fonctionnement de la Ve République ? [doc. 5]

3. Pourquoi le rôle du président de la République est-il aussi déterminant selon Charles de Gaulle ? [doc. 1, 3]

4. Quelles sont les propositions émises par Pierre Mendès France en faveur d'une « République moderne » ? [doc. 4, 5]

Synthétiser

Après avoir rappelé les faiblesses institutionnelles qui conduisent à la chute de la IVe République, vous énumérerez les arguments opposant Charles de Gaulle et Pierre Mendès France sur l'équilibre des pouvoirs et le rôle du chef de l'État au sein de la République.

PARCOURS B

Confronter et critiquer deux documents
[Voir Méthode, p. 39]

À travers l'analyse comparée des documents 3 et 4, montrez que ces affiches électorales illustrent la différence de conception de la fonction présidentielle défendue par Charles de Gaulle et par Pierre Mendès France.

POINT DE PASSAGE

La Constitution de 1958

Le passage de la IVe à la Ve République s'effectue dans un contexte d'instabilité ministérielle chronique et de crise algérienne. Le général de Gaulle, investi le 1er juin 1958 en tant que président du Conseil, obtient les pleins pouvoirs pour élaborer une nouvelle Constitution. Rédigé par Michel Debré, le projet constitutionnel, adopté par référendum le 28 septembre 1958 avec 82,6 % des suffrages exprimés, reste en vigueur depuis plus de 60 ans malgré quelques révisions institutionnelles.

▶ **Quelles sont les innovations institutionnelles introduites par la Constitution de 1958 ?**

Dates clés

13 mai 1958	Émeutes et coup de force militaire à Alger
15 mai 1958	De Gaulle se dit prêt à assumer le pouvoir
1er juin 1958	De Gaulle investi président du Conseil
3 juin 1958	Pleins pouvoirs pour élaborer une nouvelle Constitution
4 sept. 1958	Présentation du projet constitutionnel
28 sept. 1958	Adoption de la Constitution par référendum
21 déc. 1958	De Gaulle élu président de la République
28 oct. 1962	Adoption par référendum de l'élection du président de la République au suffrage universel direct

1 Le renforcement du pouvoir exécutif

« Art. 8. Le Président de la République nomme le Premier Ministre. [...] Sur la proposition du Premier ministre, il nomme les autres membres du Gouvernement et met fin à leurs fonctions.

Art. 9. Le Président de la République préside le Conseil des ministres. [...]

Art. 12. Le Président de la République peut, après consultation du Premier ministre et des présidents des assemblées, prononcer la dissolution de l'Assemblée nationale. [...]

Art. 15. Le Président de la République est le chef des armées. [...]

Art. 16. Lorsque les institutions de la République, l'indépendance de la Nation, l'intégrité de son territoire [...] sont menacées d'une manière grave et immédiate et que le fonctionnement régulier des pouvoirs publics constitutionnels est interrompu, le Président de la République prend les mesures exigées par ces circonstances, après consultation officielle du Premier ministre, des présidents des assemblées ainsi que du Conseil constitutionnel. [...]

Art. 49-3. Le Premier ministre peut, après délibération du Conseil des ministres, engager la responsabilité du Gouvernement devant l'Assemblée nationale sur le vote d'un texte. Dans ce cas, ce texte est considéré comme adopté, sauf si une motion de censure[1], déposée dans les vingt-quatre heures qui suivent, est votée. »

Constitution de la Ve République, 1958.

1. Elle doit être signée par un dixième au moins des membres de l'Assemblée nationale.

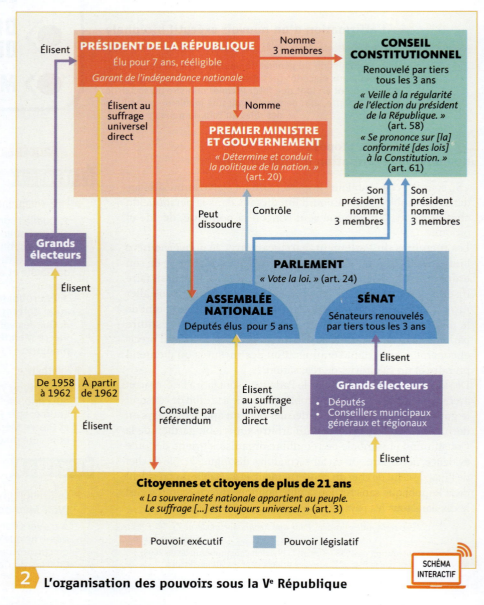

2 L'organisation des pouvoirs sous la Ve République

3 L'approbation de la Constitution par référendum

Affiches gaulliste et communiste de la campagne pour le référendum du 28 septembre 1958.

Ces affiches électorales réalisées à l'occasion du référendum du 28 septembre 1958 illustrent l'opposition entre les gaullistes, qui critiquent la IVe République et le « système des partis », et le parti communiste, qui dénonce le « coup d'État » opéré par le général de Gaulle à l'occasion de la crise du 13 mai 1958.

4 Vers un régime semi-présidentiel

« Voici quatre ans, le peuple français s'est donné à lui-même une constitution. [...] Elle institue un président qui doit être le garant de ce qui est vital et permanent dans le destin du pays, qui doit assurer la continuité de l'État républicain et qui doit répondre de la France en cas de péril public. Comme, à l'appel général du pays, j'ai assumé la fonction, le mode d'élection du président était, d'abord, secondaire puisque le rôle était rempli. [...] Mais pour être, vis-à-vis de lui-même et vis-à-vis des autres, en mesure de remplir une pareille mission, le président a besoin de la confiance directe de la nation. [...]

Françaises, Français, le projet de loi que je vous soumets propose que le président de la République, votre président, sera élu par vous-mêmes. Rien n'est plus républicain. Rien n'est plus démocratique. [...] Une fois de plus, le peuple français va faire usage du référendum, ce droit souverain, qui, à mon initiative, lui fut reconnu en 1945, qu'il a, de même, recouvré en 1958 et qui a, depuis lors, permis à la République de se donner des institutions valables et de trancher au fond le grave problème algérien[1]. Une fois de plus, le résultat exprimera la décision de la nation sur un sujet essentiel. [...] Ce sont donc vos réponses qui, le 28 octobre, me diront si je peux et si je dois poursuivre ma tâche au service de la France. »

Charles de Gaulle, allocution radiotélévisée du 4 octobre 1962.

1. De Gaulle a recours au référendum le 8 janvier 1961 (les Français approuvent à 74,99 % sa politique de l'autodétermination en Algérie) et le 8 avril 1962 (ils s'expriment à 90,81 % en faveur des accords d'Évian).

5 Une vision critique de la nouvelle Constitution

« Vous voterez non parce que... », affiche du parti de l'Union de la gauche socialiste, dessins de Maurice Henry, 1962.

Cette caricature socialiste dénonce les conditions dans lesquelles le général de Gaulle est revenu au pouvoir ainsi que les prérogatives qui lui sont offertes par la Constitution de 1958 en tant que président de la République.

PROCÉDER À L'ANALYSE CRITIQUE DES DOCUMENTS

PARCOURS A

▸ **Lire, comprendre et analyser les documents**

1. Dans quel contexte la Constitution de 1958 a-t-elle été adoptée ? [doc. 3, 5]

2. Comment la Constitution de 1958 renforce-t-elle le pouvoir exécutif ? [doc. 1, 2]

3. Pourquoi le rôle du président de la République fait-il débat ? [doc. 1, 4, 5]

4. Par quels moyens le général de Gaulle s'adresse-t-il aux Français ? [doc. 3, 4]

▸ **Synthétiser**

Après avoir rappelé les circonstances menant au retour au pouvoir du général de Gaulle, vous décrirez les innovations institutionnelles introduites par la Constitution de 1958 et la réforme de 1962.

PARCOURS B

▸ **Analyser une caricature** [Voir Méthode, p. 296]

Après avoir décrit le document 5, vous expliquerez les principales critiques émises à l'encontre du nouveau régime.

CHAPITRE 6 La France, une nouvelle place dans le monde **181**

ÉTUDE
L'élection du président au suffrage universel

À la suite d'un attentat manqué de l'OAS, le général de Gaulle fait adopter par référendum en 1962 le principe de l'élection du président de la République au suffrage universel. En 1965, il est élu au second tour face à François Mitterrand.

▶ **Comment évolue le pouvoir exécutif entre 1958 et 1965 ?**

Dates clés
22 août 1962	Attentat du Petit-Clamart
28 oct. 1962	Victoire du « oui » (62,25 % des suffrages exprimés) au référendum
19 déc. 1965	Élection au second tour de Charles de Gaulle avec 55,2 % des suffrages exprimés

1 Le référendum de 1962
« Oui c'est vous qui élirez le président de la République », campagne d'affichage, Paris, 19 octobre 1962.
La campagne électorale est marquée par une forte mobilisation. À l'exception du parti gaulliste, toutes les forces politiques appellent à voter « non ».

2 De Gaulle pour un président disposant d'une légitimité populaire

« En somme, comme vous le voyez, un des caractères essentiels de la Constitution de la Ve République, c'est qu'elle donne une tête à l'État. [...] Cependant, pour que le président de la République puisse porter et exercer effectivement une charge pareille, il lui faut la confiance explicite de la nation. [...] Il y a entre vous, Françaises, Français, et moi-même un lien exceptionnel qui m'investit et qui m'oblige. Je n'ai donc pas attaché [en 1958] une importance particulière aux modalités qui allaient entourer ma désignation, puisque celle-ci était d'avance prononcée par la force des choses. [...] J'ai alors accepté que le texte initial de notre Constitution soumît l'élection du président à un collège relativement restreint d'environ 80 000 élus. Mais [...] la question serait très différente pour ceux qui [...] viendront après moi [...]. Ceux-là, pour qu'ils soient entièrement en mesure et complètement obligés de porter la charge suprême, quel que puisse être son poids, [...] et qu'ainsi notre République continue d'avoir une bonne chance de demeurer solide, efficace et populaire en dépit des démons de nos divisions, il faudra qu'ils en reçoivent directement mission de l'ensemble des citoyens. Sans que doivent être modifiés les droits respectifs, ni les rapports réciproques des pouvoirs, exécutif, législatif, judiciaire, tels que les fixe la Constitution, mais [...] en vue de maintenir et d'affirmer dans l'avenir nos institutions. »

Charles de Gaulle, allocution radiotélédiffusée du 20 septembre 1962.

3 Pierre Mendès France contre l'élection directe du président

« Le suffrage universel, consulté d'une manière directe [...], a choisi Louis-Napoléon, a ensuite approuvé son coup d'État et, finalement, ne peut pas se comporter autrement dans un système de ce genre. [...] En fait, tous les candidats refusent de traiter des vraies options politiques sous le contrôle et l'arbitrage du suffrage universel. Ils cherchent à prendre les positions qui peuvent flatter telle tentation, telle réaction élémentaire dans le corps électoral, c'est-à-dire qu'ils cherchent à obtenir une délégation de pouvoir pure et simple, un véritable blanc-seing. [...] Si, à un siècle d'intervalle, Louis-Napoléon et de Gaulle ont écrasé le Parlement [...], ce n'est pas par hasard, c'est que cela résulte du système lui-même dans lequel ils s'étaient enfermés. »

Pierre Mendès France, lettre à François Goguel, secrétaire général du Sénat, 10 mai 1965.

ANALYSER LES DOCUMENTS
1. Décrivez les arguments avancés par de Gaulle pour justifier la révision de la Constitution. [doc. 2]
2. Confrontez les arguments de Mendès France à ceux de De Gaulle et montrez en quoi ils reflètent chacun une conception différente de la démocratie et de la République. [doc. 2, 3]
3. Expliquez pourquoi cette réforme divise autant. [doc. 1, 2]

ÉTUDE — De Gaulle et les médias

Dès son retour au pouvoir, le général de Gaulle accentue, avec l'aide de son ministre de l'Information Alain Peyrefitte, le contrôle de l'État sur l'audiovisuel, faisant de la télévision l'outil privilégié de sa communication en direction des Français et de l'opinion publique internationale.

Personnage clé

Alain Peyrefitte (1925-1999)
Entré en politique en 1958, Alain Peyrefitte est un proche collaborateur du général de Gaulle. Porte-parole du gouvernement, ministre de l'Information de 1962 à 1966, il contrôle étroitement le contenu de l'information sur les chaînes publiques.

▶ **Comment le général de Gaulle utilise-t-il les médias ?**

1 De l'homme de radio à l'homme de télévision

« Voici que la combinaison du micro et de l'écran s'offre à moi au moment même où l'innovation commence son foudroyant développement. Pour être présent partout, c'est là soudain un moyen sans égal. À condition toutefois que je réussisse dans mes apparitions. [...]
Les téléspectateurs regardent de Gaulle sur l'écran en l'entendant sur les ondes. Pour être fidèle à mon personnage, il me faut m'adresser à eux comme si c'était les yeux dans les yeux, sans papier et sans lunettes. [...] Pour ce septuagénaire, assis seul derrière une table sous d'implacables lumières, il s'agit qu'il paraisse assez animé et spontané pour saisir et retenir l'attention, sans se commettre en gestes excessifs et en mimiques déplacées.
Maintes fois en ces quatre ans [1958-1962], les Français, par millions et par millions, rencontrent ainsi le général de Gaulle. »

Charles de Gaulle, *Mémoires d'espoir. I, Le renouveau (1958-1962)*, Plon, 1970.

2 Un style de communication critiqué dans la presse écrite

Dessin de Jean Effel, *L'Express*, 30 janvier 1964.

De Gaulle modernise la prise de parole présidentielle par la diffusion de vœux télévisés (31 décembre 1960) et par l'organisation, une à deux fois par an, d'une grande conférence de presse dans la salle des fêtes de l'Élysée, qui voit le président présenter un discours introductif, puis répondre à des questions faussement improvisées de journalistes triés sur le volet.

3 Une parole rare et solennelle

D'après Danielle Bahu-Leyser, « De Gaulle et les médias (1958-1969) », *Espoir*, mars 1989.

À l'exception des rares entretiens qu'il choisit d'accorder au journaliste Michel Droit à partir de 1965, le général de Gaulle privilégie les monologues lors de ses interventions. Ses interventions à la radio et à la télévision sont le plus souvent reprises en intégralité par la presse écrite d'information.

Graphique : Nombre d'interventions (1958-1965)
- Allocutions radio-TV
- Allocutions radiodiffusées
- Conférences de presse
- Entretiens avec Michel Droit

ANALYSER LES DOCUMENTS

1. Montrez que le général de Gaulle conçoit une stratégie de communication reposant sur la télévision et la radio. [doc. 1, 3]
2. Calculez le nombre moyen d'interventions médiatiques du général de Gaulle par an entre 1958 et 1965 et montrez ce que cela révèle. [doc. 3]
3. Expliquez la nature des critiques adressées à la communication du général de Gaulle, en les reliant à sa conception du pouvoir exécutif. [doc. 2]

FAIRE UNE RECHERCHE SUR INTERNET — B2i

Cherchez sur Internet le texte ou la vidéo de l'allocution radiotélévisée du 20 septembre 1962 et, après l'avoir lue ou écoutée, rédigez un paragraphe synthétisant la conception du pouvoir exécutif qu'y expose le général de Gaulle.

CHAPITRE 6 La France, une nouvelle place dans le monde

FAIRE LE POINT : La France, une nouvelle place dans le monde

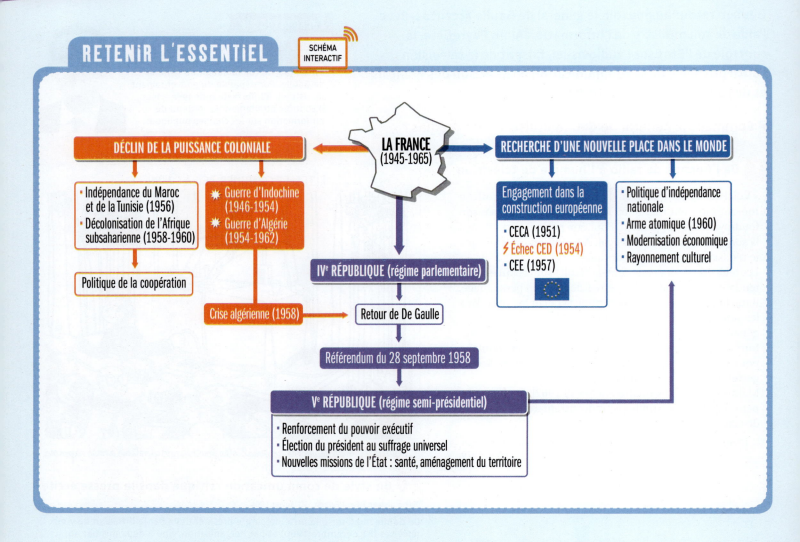

ÉVÉNEMENTS CLÉS

● **1958 : la Constitution de la Ve République.** La crise algérienne précipite la chute de la IVe République, le retour au pouvoir du général de Gaulle et l'avènement d'un nouveau régime au sein duquel le pouvoir exécutif est renforcé.

● **1962 : l'indépendance de l'Algérie.** Acquise après les accords d'Évian du 18 mars 1962, effective le 3 juillet, l'indépendance de l'Algérie marque la fin de huit années de guerre et consacre le recul colonial de la France.

PERSONNAGES CLÉS

● **Jean Monnet (1888-1979) :** économiste, proche des États-Unis et du Royaume-Uni pendant la guerre, il est commissaire général au Plan de 1946 à 1952. Il prend une part décisive dans la création de la CECA, dont il préside la Haute Autorité de 1952 à 1955 avant de fonder un Comité d'action pour les États-Unis d'Europe.

● **Michel Debré (1912-1996) :** ancien résistant gaulliste, il est nommé ministre de la Justice en 1958 et préside les travaux d'élaboration de la nouvelle Constitution. En 1959, il devient Premier ministre.

NE PAS CONFONDRE

● **CECA (Communauté européenne du charbon et de l'acier) :** organisation internationale fondée en 1952 pour établir entre la France, l'Italie, la RFA et le Benelux, un marché commun de l'acier et du charbon, placé sous le contrôle d'une assemblée de 78 parlementaires et d'une Haute autorité présidée à sa fondation par Jean Monnet.

● **Communauté :** régime d'association politique entre la France et ses colonies, qui acquièrent en 1958 le statut d'État tout en restant sous la tutelle de la métropole.

RÉVISER AUTREMENT

Compléter un tableau

Objectif : Hiérarchiser et organiser ses connaissances

ÉTAPE 1
Cherchez dans le cours les éléments qui caractérisent l'évolution de la place de la France dans le monde.

ÉTAPE 2
Complétez le tableau en plaçant chaque élément dans la colonne appropriée.

L'évolution de la place de la France dans le monde	Moins importante qu'auparavant	Plus importante qu'auparavant	Identique
Dans le domaine colonial			
Dans les organisations internationales			
Dans le domaine militaire			
Dans le domaine économique			

VÉRIFIER SES CONNAISSANCES

1 Notions clés à relier

Reliez chaque notion clé à sa définition.

1. Régime parlementaire
2. Coopération
3. Modernisation
4. Indépendance nationale
5. Régime semi-présidentiel

a. Politique visant à assurer à un pays les moyens de mener sa propre politique sans dépendre d'un État plus puissant.

b. Politique de soutien au développement économique et culturel des anciennes colonies.

c. Système politique dans lequel le président joue un rôle important mais où le gouvernement reste responsable devant le Parlement.

d. Action de moderniser, par la mise en œuvre de nouvelles méthodes ou de nouveaux équipements.

e. Système politique dans lequel le gouvernement est responsable devant le Parlement, qui a la prééminence sur les autres institutions.

2 Acronymes à définir

Indiquez à quoi correspondent les initiales.

1. **CEE :**
   C ...... E ...... E ......

2. **CED :**
   C ...... E ...... D ......

3. **DATAR :**
   D ...... A ...... T ...... A ...... R ......

4. **FLN :**
   F ...... L ...... N ......

5. **ORTF :**
   O ...... R ...... T ...... F ......

6. **OTAN :**
   O ...... T ...... A ...... N ......

7. **UO :**
   U ...... O ......

CHAPITRE 6 La France, une nouvelle place dans le monde

BAC Méthode — Analyser un discours politique

Analyse de document
Sujet : De Gaulle et l'Algérie

Consigne : Replacez ce discours dans son contexte, puis montrez ce que Charles de Gaulle recherche à travers ce discours tout en soulignant les limites de ce dernier.

« Je vous ai compris ! »

« Je vous ai compris !
Je sais ce qui s'est passé ici. Je vois ce que vous avez voulu faire. Je vois que la route que vous avez ouverte en Algérie, c'est celle de la rénovation et de la fraternité.

Je dis la rénovation à tous égards. Mais très justement vous avez voulu que celle-ci commence par le commencement, c'est-à-dire par nos institutions, et c'est pourquoi me voilà. Et je dis la fraternité parce que vous offrez ce spectacle magnifique d'hommes qui, d'un bout à l'autre, quelles que soient leurs communautés, communient dans la même ardeur et se tiennent par la main.

Eh bien ! de tout cela, je prends acte au nom de la France et je déclare, qu'à partir d'aujourd'hui, la France considère que, dans toute l'Algérie, il n'y a qu'une seule catégorie d'habitants : il n'y a que des Français à part entière, des Français à part entière, avec les mêmes droits et les mêmes devoirs. [...]

L'armée, l'armée française, cohérente, ardente, disciplinée, sous les ordres de ses chefs, l'armée éprouvée en tant de circonstances et qui n'en a pas moins accompli ici une œuvre magnifique de compréhension et de pacification, l'armée française a été sur cette terre le ferment, le témoin, et elle est le garant, du mouvement qui s'y est développé.

Elle a su endiguer le torrent pour en capter l'énergie. Je lui rends hommage. Je lui exprime ma confiance. Je compte sur elle pour aujourd'hui et pour demain. Français à part entière, dans un seul et même collège ! Nous allons le montrer, pas plus tard que dans trois mois, dans l'occasion solennelle où tous les Français, y compris les dix millions de Français d'Algérie, auront à décider de leur propre destin. [...]

Ah ! Puissent-ils participer en masse à cette immense démonstration tous ceux de vos villes, de vos douars, de vos plaines, de vos djebels ! Puissent-ils même y participer ceux qui, par désespoir, ont cru devoir mener sur ce sol un combat dont je reconnais, moi, qu'il est courageux – car le courage ne manque pas sur la terre d'Algérie – qu'il est courageux mais qu'il n'en est pas moins cruel et fratricide !

Oui, moi, de Gaulle, à ceux-là, j'ouvre les portes de la réconciliation.
Jamais plus qu'ici et jamais plus que ce soir, je n'ai compris combien c'est beau, combien c'est grand, combien c'est généreux, la France ! »

Charles de Gaulle, discours au forum d'Alger, 4 juin 1958.

Notes :

- « Je vous ai compris ! » : Cette phrase, devenue célèbre, a donné lieu à de nombreuses interprétations contradictoires, les « pieds-noirs » y voyant un soutien à l'Algérie française.

- **pacification** : Euphémisme employé par l'armée pour qualifier son action en Algérie.

- **un seul et même collège** : Depuis 1947, citoyens Français (1 million) et citoyens musulmans (9 millions) votaient dans deux collèges qui avaient le même poids.

- **dans trois mois** : Le 28 septembre a lieu le référendum sur la nouvelle constitution. La participation y est massive (80 %), en dépit de l'appel au boycott lancé par le FLN.

- **douars** : Villages algériens. **djebels** : Montagnes.

- **Charles de Gaulle** : Alors président du Conseil, il se rend en Algérie du 4 au 7 juin 1958 pour y manifester la restauration du pouvoir de l'État.

FICHE MÉTHODE

ÉTAPE 1 — Identifier et présenter le discours

→ **Identifier l'auteur** et les destinataires du discours.

→ **Situer le discours** dans son contexte historique, et identifier la situation dans lequel il est prononcé.

① Montrez à qui s'adresse de Gaulle dans ce discours.

CONSEIL Distinguez le public auquel il s'adresse directement de celui auquel il s'adresse indirectement.

ÉTAPE 2 — Analyser le contenu du discours

→ **Identifier son caractère idéologique,** les idées politiques dont il est porteur et la façon dont l'orateur s'y prend pour emporter la conviction de son auditoire (style, formules, répétitions).

→ **Extraire de façon critique les informations qu'il contient,** ses idées générales, les thèmes abordés, les revendications politiques et sociales, les allusions, mais aussi ses exagérations ou ses omissions.

② Expliquez pourquoi l'on peut parler d'un discours de réconciliation.

CONSEIL Qualifiez la tonalité et le style du discours et demandez-vous s'il contient des propositions concrètes sur le devenir du territoire algérien.

ÉTAPE 3 — Dégager l'intérêt historique du discours

→ **Analyser l'intérêt** du discours au regard du thème abordé.

→ **Étudier sa portée** en évoquant ses conséquences directes et à plus long terme.

③ Analysez les limites de ce discours.

CONSEIL Considérez d'une part ce que de Gaulle ne dit pas de la situation en Algérie, et d'autre part l'ambiguïté de son propos.

S'entraîner

Sujet — Le « devoir de vérité » sur la guerre d'Algérie

Consigne : Montrez comment François Hollande conçoit la réconciliation des mémoires de la guerre d'Algérie et quel rôle il assigne à l'histoire.

Le discours de vérité de François Hollande

« La question qui est posée à nos deux pays, l'Algérie et la France, elle est simple, elle est grave : sommes-nous capables d'écrire ensemble une nouvelle page de notre histoire ? Je le crois. Je le souhaite. Je le veux. [...]
La vérité, je vais la dire ici, devant vous. Pendant 132 ans, l'Algérie a été soumise à un système profondément injuste et brutal, ce système a un nom, c'est la colonisation, et je reconnais ici les souffrances que la colonisation a infligées au peuple algérien. [...]
La vérité, elle doit être dite aussi sur les circonstances dans lesquelles l'Algérie s'est délivrée du système colonial, sur cette guerre qui, longtemps, n'a pas dit son nom en France, la guerre d'Algérie. [...] Nous avons ce devoir de vérité sur la violence, sur les injustices, sur les massacres, sur la torture. Connaître la vérité, c'est une obligation, et elle lie les Algériens et les Français. Et c'est pourquoi il est nécessaire que les historiens aient accès aux archives, et [...] que progressivement, cette vérité puisse être connue de tous. »

François Hollande, président de la République française, discours devant l'Assemblée nationale algérienne, Alger, 20 décembre 2012.

CHAPITRE 6 La France, une nouvelle place dans le monde **187**

BAC Méthode

Élaborer le plan

Question problématisée

Sujet La France de l'après-guerre est-elle une grande puissance?

FICHE MÉTHODE

Rappel

→ **Définir et délimiter les termes du sujet.** Voir Méthode, p. 66

Délimitez géographiquement le sujet.

CONSEIL N'oubliez pas d'intégrer à votre réflexion les colonies et départements d'outre-mer.

ÉTAPE 1 Choisir un type de plan adapté au sujet

→ **Choisir un plan chronologique si le sujet est diachronique,** c'est-à-dire invite à étudier l'évolution d'un phénomène

→ **Choisir un plan thématique si le sujet est synchronique,** c'est-à-dire aborde un thème indépendamment de son évolution.

→ **Choisir un plan chrono-thématique si le sujet est analytique** et renvoie à des enjeux historiques.

→ **Choisir un plan dialectique si le sujet appelle une réponse nuancée** (thèse, antithèse, synthèse).

1 Expliquez pourquoi un plan dialectique est ici adapté.

CONSEIL Considérez les raisons pour lesquelles un autre type de plan n'est pas adapté.

ÉTAPE 2 Mobiliser ses connaissances pour construire le plan

→ **Regrouper et hiérarchiser les informations** (acteurs, lieux, événements, idées, faits) se rapportant au sujet.

→ **Identifier les idées principales** qui permettent de traiter le sujet.

→ **Établir des liens** entre elles afin de les articuler de façon logique.

2 Formulez les idées principales permettant de répondre au sujet.

CONSEIL Considérez les atouts puis les faiblesses de la France avant d'envisager qu'elle puisse jouer un rôle international sans être une grande puissance.

ÉTAPE 3 Formuler les titres des parties structurant le plan

→ **Trouver pour chaque partie une idée principale.**

→ **Formuler chaque idée principale par une phrase,** de préférence verbale (démonstrative).

→ **Les parties doivent se lire comme une réponse rapide, mais complète, au sujet posé.**

3 Formulez le titre de votre première partie.

CONSEIL Appuyez-vous sur les atouts de la France, notamment sa présence dans le monde et son rôle diplomatique.

Prolongement

→ **Bâtir un plan détaillé.** Voir Méthode, p. 220

Détaillez les faiblesses de la France dans une deuxième partie et le rôle qu'elle peut jouer en tant que moyenne puissance dans une troisième partie.

CONSEIL Considérez la situation internationale de la France, celle de son empire colonial et les succès et les échecs qu'elle rencontre.

188 LA MULTIPLICATION DES ACTEURS INTERNATIONAUX DANS UN MONDE BIPOLAIRE (DE 1945 AU DÉBUT DES ANNÉES 1970)

BAC Méthode
Mettre en relation un texte et une image

Capacités et méthodes

Sujet : Le retour au pouvoir du général de Gaulle (mai 1958)

Consigne : Montrez ce que la confrontation de ces documents apporte à la compréhension de la façon dont Charles de Gaulle est revenu au pouvoir en mai 1958.

1 La conquête du pouvoir vue par un dessinateur proche du parti communiste

Dessin de Jean Effel, *L'Express*, 18 septembre 1958. Le général Massu debout face à de Gaulle, tandis que la République est tenue par Félix Gaillard (radical) et Guy Mollet (socialiste).

2 La conquête du pouvoir racontée par un gaulliste

« Je suis reçu par le Général le 14 au matin [...]. "Surtout, me dit-il, qu'ici on ne se mêle de rien." [...]. Le délégué général du gouvernement à l'Algérie [...] lance un appel à de Gaulle pour dénouer la crise. [...] Le 15 mai, dans une déclaration, de Gaulle annonce "qu'il se tient prêt à assumer les pouvoirs de la République". [...] Nous créons le 16 mai "l'Association nationale pour l'appel au général de Gaulle dans le respect de la légalité républicaine". [...] Avec les militaires, le problème est plus épineux. Naturellement, ils poussent à l'action, ne paraissent guère s'embarrasser de la légalité [...]. Nous sommes partagés : [...] le retour du Général aux affaires dans les bagages des parachutistes constituerait un manquement à ses principes dont il ne se remettrait jamais. [...] C'est alors que de Gaulle nous demande d'organiser une conférence de presse. [...] Cinq jours après la conférence de presse, un comité de salut public semblable à celui d'Alger se constitue en Corse. Le Général ne s'est pas prononcé sur l'éventualité d'une initiative militaire, il laisse peser la menace dès lors que la voie légitime n'est pas ouverte. [...] Enfin, le 26 mai, le président du Conseil des ministres, Pierre Pflimlin, demande à rencontrer le Général et, le lendemain, ce dernier déclare que le processus régulier nécessaire à l'établissement d'un gouvernement républicain capable d'assurer l'unité du pays est entamé. Dès lors, la voie constitutionnelle est ouverte. »

Pierre Lefranc, chef de cabinet du général de Gaulle en 1958-1959, « Souvenirs de mai 1958 », *Espoir*, n° 116, 1998.

FICHE MÉTHODE

ÉTAPE 1 Identifier et présenter les documents

→ **Identifier chaque document** : son auteur, son commanditaire éventuel, sa nature, son ou ses destinataires et l'objectif recherché par l'auteur.
→ **Replacer chaque document dans son contexte historique** : la date de réalisation du document et la date des événements évoqués, si celle-ci est différente.

1 Replacez les documents dans le contexte des événements de mai 58.
CONSEIL Aidez-vous du Cours p. 176.

ÉTAPE 2 Mettre en relation les documents

→ **Analyser le contenu de chaque document** : son style, sa structure, les références aux personnages, aux événements, aux institutions, les symboles.
→ **Identifier ce qui rapproche ou au contraire éloigne les documents** : il peut s'agir aussi bien du style que du contenu.

2 Montrez ce qui oppose les deux documents.
CONSEIL Considérez le caractère légal ou non de la prise de pouvoir du général de Gaulle.

ÉTAPE 3 Dégager de façon critique les apports des documents

→ **Déduire les intentions des auteurs** de l'analyse comparée des documents.
→ **Montrer ce que cette confrontation révèle de l'époque ou du sujet considéré** en la replaçant dans un contexte plus large.

3 Analysez l'attitude du général de Gaulle d'après ces documents.
CONSEIL Demandez-vous pourquoi il apparaît en retrait.

CHAPITRE 6 La France, une nouvelle place dans le monde

EXERCiCES

1 Les mémoires de la guerre d'Algérie

METTRE EN RELATION UN TEXTE ET UNE IMAGE
Voir Méthode, p. 189

Consigne : En analysant les documents, vous montrerez que les mémoires officielles de la guerre d'Algérie diffèrent en France et en Algérie. Puis vous expliquerez que dans les deux pays les États ont des difficultés à reconnaître et honorer toutes les mémoires.

1 Une guerre commémorée et célébrée dès 1962 en Algérie

Monument aux martyrs, Ouled Fayet, banlieue d'Alger, 2020.

Dès 1962, l'Algérie se couvre de monuments aux morts. La guerre y est célébrée comme la victoire d'un peuple uni contre la France, passant ainsi sous silence les divisions entre Algériens.

2 Une guerre tardivement reconnue et commémorée en France [VIDÉO]

Pendant la guerre, les autorités françaises minimisent sa gravité, ne parlant que des «événements d'Algérie». Après 1962, elles continuent à nier la guerre qui n'est pas commémorée avant 2002.

« Comme la loi du 18 octobre 1999, votée à l'unanimité[1], ce monument était attendu par beaucoup de nos compatriotes. [...] Soldats de métier, combattants volontaires, Français musulmans engagés dans les forces supplétives, appelés et rappelés du contingent : tous ont connu les mêmes épreuves. [...] Près d'un million et demi d'appelés et de rappelés ont participé à la guerre d'Algérie. [...] De retour en France, beaucoup [...] ont porté seuls le poids de cette guerre dont on ne parlait pas. [...] Les harkis [...] ont également payé un très lourd tribut. [...] Quarante ans après la fin de la guerre d'Algérie, [...] notre République doit assumer pleinement son devoir de mémoire. Au-delà des ombres et des lumières. Au-delà de la mort et des souffrances, elle doit garder vivante la mémoire des deux millions de soldats qui ont combattu, de tous ceux qui ont été tués ou blessés. [...] »

Déclaration du président de la République, Jacques Chirac, pour l'inauguration du mémorial national de la guerre d'Algérie, à Paris, le 5 décembre 2002.

1. Par cette loi, les dirigeants français reconnaissent pour la première fois la guerre d'Algérie.

2 De Gaulle et l'Europe

CONFRONTER ET CRITIQUER DEUX DOCUMENTS
Voir Méthode, p. 39

Consigne : Confrontez ces deux déclarations du général de Gaulle en mettant en évidence leurs points communs. Montrez qu'elles relèvent d'une volonté d'indépendance nationale et traduisent une même crainte en la matière.

1 Contre une Europe supranationale

« On nous [dit] : "Fondons ensemble les six États dans une entité supranationale ; ainsi ce sera très simple et très pratique." [...] Bien qu'il y ait déjà six parlements nationaux plus l'Assemblée parlementaire européenne, plus l'Assemblée parlementaire du Conseil de l'Europe [...], il faudrait [...] élire un parlement de plus, qualifié d'européen, et qui ferait la loi aux six États. [...] Ce sont des idées qui peuvent peut-être charmer quelques esprits, mais je ne vois pas du tout comment on pourrait les réaliser pratiquement. [...] Il est vrai que, dans cette Europe "intégrée" comme on dit, il n'y aurait peut-être pas de politique du tout. Cela simplifierait beaucoup les choses. [...] Mais alors, peut-être, ce monde se mettrait-il à la suite de quelqu'un du dehors qui, lui, en aurait une. Il y aurait peut-être un fédérateur, mais il ne serait pas européen. »

Charles de Gaulle, conférence de presse, 15 mai 1962.

2 Contre l'entrée de la Grande-Bretagne

« Le traité de Rome a été conclu entre six États continentaux. Des États qui, économiquement parlant, sont en somme de même nature. [...] La Grande-Bretagne a posé sa candidature au Marché commun. Elle l'a fait après s'être naguère refusée à participer à la Communauté que l'on était en train de bâtir [...]. L'Angleterre donc a demandé à son tour à y entrer, mais suivant ses propres conditions. [...] L'Angleterre, en effet, est insulaire, maritime, liée par ses échanges, ses marchés, son ravitaillement, aux pays les plus divers et souvent les plus lointains. [...] Il faut convenir que l'entrée de la Grande-Bretagne, d'abord, et puis celle de ces États-là changera complètement l'ensemble des ajustements, des ententes, des compensations, des règles, qui ont été établies déjà entre les Six. [...] Il est à prévoir que la cohésion de tous ses membres [...] n'y résisterait pas longtemps et, qu'en définitive, il apparaîtrait une Communauté atlantique colossale sous dépendance et direction américaines et qui aurait tôt fait d'absorber la Communauté européenne. »

Charles de Gaulle, conférence de presse, 14 janvier 1963.

3 Les voyages du président de la République

S'APPROPRIER UN QUESTIONNEMENT HISTORIQUE
Voir Méthode, p. 277

Consigne : À partir des documents, analysez les voyages présidentiels du général de Gaulle suivant l'hypothèse qu'ils relèvent à la fois d'une stratégie politique et d'une stratégie de communication.

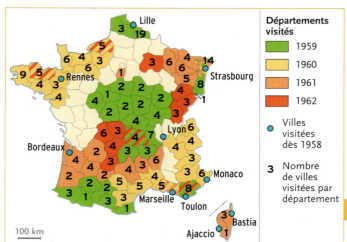

2 Une « politique cérémonielle »

Le général de Gaulle à Millau (Aveyron), photographie de Henri Cartier-Bresson, 21 septembre 1961.

Lors de ses déplacements en région, le général de Gaulle est toujours accompagné de photographes et de journalistes de l'ORTF. Chaque visite donne lieu à un bain de foule soigneusement organisé et une rencontre avec les élus locaux.

1 Les voyages présidentiels (1958-1962)

4 La candidature de Jean Lecanuet (1965)

METTRE UNE FIGURE EN PERSPECTIVE
Voir Méthode, p. 221

Consigne : Analysez la communication de Jean Lecanuet en montrant comment elle fait du manque de notoriété et d'expérience du candidat un atout face au général de Gaulle. Montrez ensuite ce qu'elle révèle de la modernisation de la vie politique française.

1 Jean Lecanuet se présente aux Français

« Voici notre première rencontre. Vous allez donner vos voix, il est naturel que vous connaissiez celui qui vous les demande, surtout lorsqu'il s'agit d'un homme neuf ! Je dois donc me présenter à vous. Reconnaissez qu'il est très difficile de parler de soi. Enfin… essayons. Je suis Jean Lecanuet, j'ai 45 ans, c'est l'âge des responsables des grandes nations modernes. Je suis né à Rouen, d'une famille de souche terrienne, normande et bretonne, une famille de commerçants et d'artisans qui a toujours su qu'il fallait lutter pour construire sa vie. À mon tour, j'ai une famille. Elle comprend trois enfants : deux filles, l'une de vingt ans, l'autre de dix-sept et un jeune fils de treize ans. Je ne suis pas un héros de légende, mais un homme parmi les hommes, partageant vos préoccupations et vos aspirations. »

Jean Lecanuet, allocution télédiffusée dans le cadre de la campagne officielle, 20 novembre 1965.

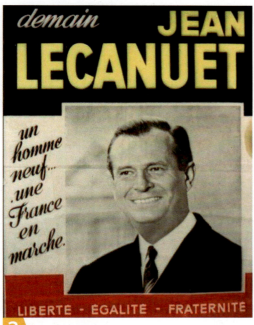

2 Une campagne politique moderne

Affiche électorale diffusée à 800 000 exemplaires, 1965.

Candidat centriste, Jean Lecanuet s'inspire de la campagne victorieuse de John Fitzgerald Kennedy en 1960. Faisant appel à un publicitaire, il innove en recourant aux techniques du marketing. Il obtient 15,57 % des voix au premier tour, derrière Charles de Gaulle (44,65 %) et François Mitterrand (31,72 %).

CHAPITRE 6 La France, une nouvelle place dans le monde   191

BAC Sujets EC ÉVALUATIONS COMMUNES

> **AIDE** **Bien comprendre le sujet :** Considérez non seulement le bilan humain et matériel, mais aussi le bilan moral.
> **Élaborer le plan :** Décrivez d'abord le monde détruit par la guerre, puis les caractères du monde nouveau en construction.

▶ Question problématisée

Sujet Quel est le bilan de la Seconde Guerre mondiale ?

▶ Analyse de documents

Sujet Les femmes à la Libération en France

Consigne : Montrez comment la Libération et la reconstruction se traduisent en France par un nouveau statut pour les femmes, tant politique que social.

1 **Le vote des femmes**

Femmes votant lors des élections générales et du référendum, Paris, 21 octobre 1945.

Les femmes obtiennent le 21 avril 1944 le droit de vote, qu'elles exercent pour la première fois en avril 1945 aux élections municipales.

2 **L'engagement des femmes dans la vie politique**

Affiche du service artistique du journal socialiste *Le Populaire*, septembre 1945.

> **AIDE** **Analyser une photographie :** Décrivez les femmes présentes sur l'image et soulignez la solennité de la scène.
> **Analyser une affiche :** Identifiez les différents rôles attribués aux femmes, en distinguant ce qui est neuf de ce qui est traditionnel.

Question problématisée

Sujet Comment le tiers-monde s'affirme-t-il dans les relations internationales ?

> **AIDE** **Définir et délimiter le sujet :** Les relations internationales désignent aussi bien la guerre froide que l'évolution des rapports Nord-Sud.
> **Comprendre les enjeux du sujet :** Vous pouvez vous demander dans quelle mesure l'affirmation du tiers-monde remet en cause le monde bipolaire.

Analyse de document

Sujet La guerre d'Indochine

Consigne : Montrez comment et dans quel but la défaite de Dien Bien Phu est reliée par cette affiche aux enjeux de la guerre froide.

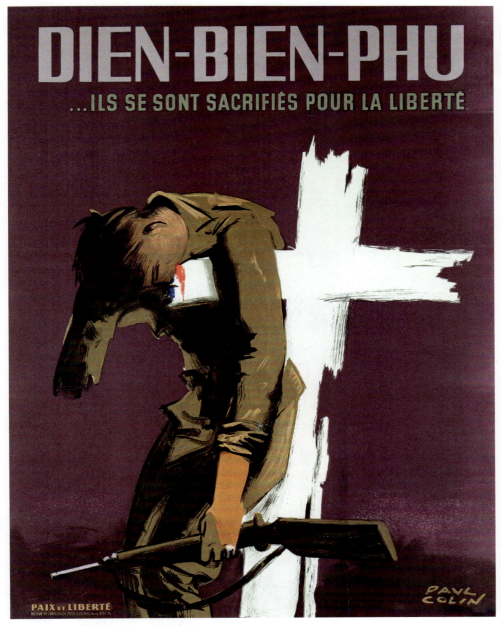

Le traumatisme de la défaite
Paul Colin, affiche pour le mouvement anticommuniste Paix et Liberté, 1954.

> **AIDE** **Analyser une affiche :** Identifiez le commanditaire de l'affiche et montrez ce que l'on peut en déduire.
> **Dégager la portée du document :** Montrez dans quelle mesure ce document reflète l'évolution de la place de la France dans le monde.

LA MULTIPLICATION DES ACTEURS INTERNATIONAUX DANS UN MONDE BIPOLAIRE (DE 1945 AU DÉBUT DES ANNÉES 1970)

BAC Sujets EC ÉVALUATIONS COMMUNES

Question problématisée

Sujet Quel type de régime le général de Gaulle institue-t-il en 1958 ?

> **AIDE** **Définir et délimiter le sujet :** Donnez la définition d'un régime politique et rappelez le contexte de l'instauration de la Ve République.
>
> **Comprendre les enjeux du sujet :** Analysez le renforcement du pouvoir exécutif en soulignant ce qu'incarne le général de Gaulle.

Analyse de document

Sujet La proclamation de la Ve République

Consigne : Montrez comment le dessinateur tourne en dérision la Ve République et analysez sa vision du général du Gaulle.

« De Gaulle à la place de la République »

« Le programme de demain : de Gaulle à la place de la République », caricature de Pol Ferjac, *Le Canard Enchaîné*, 3 septembre 1958.

De Gaulle assis sur le socle de la statue de la République, avec, à sa gauche, quelques acteurs majeurs de son retour au pouvoir (de gauche à droite : le général Massu, Alain de Sérigny, le général Raoul Salan, Michel Debré et Jacques Soustelle), et à sa droite, ses partisans ou les chefs de partis politiques favorables au nouveau régime (de gauche à droite : François Mauriac, Pierre Pflimlin, André Malraux, Guy Mollet et Antoine Pinay).

> **AIDE Analyser une caricature :** Montrez ce que révèle la comparaison des quatre premières Républiques avec la Ve.
>
> **Dégager la portée du document :** Montrez ce que ce document révèle du contexte dans lequel de Gaulle est revenu au pouvoir.

Question problématisée

Sujet Quel est l'impact de la guerre d'Algérie sur la vie politique française ?

> **AIDE** **Définir et délimiter le sujet :** Montrez que le sujet concerne autant la IVe République que les débuts de la Ve.
> **Reformuler la problématique :** Demandez-vous dans quelle mesure on peut parler d'une crise algérienne de la République française.

Analyse de documents

Sujet L'Organisation armée secrète (OAS)

Consigne : Analysez de façon critique les motivations et les buts de l'OAS, en montrant comment cette organisation conçoit la République.

1 **Contre de Gaulle**
Affichette gaulliste détournée, Alger, 1961.

2 **Une opposition radicale**

« Français de métropole, mon Frère, essaie de nous comprendre. Nous ne sommes ni des fascistes, ni des assassins professionnels, ni des ambitieux avides de pouvoir et sans scrupule. Nous avons supporté durant plus de sept ans une guerre ignoble où votre fils et les nôtres ont été lâchement assassinés autant par le FLN que par le pouvoir gaulliste qui, d'abandons en abandons, mène ce pays à la ruine et à la désolation.

Depuis plus de sept ans, nous avons cherché à dessiller les yeux du pouvoir, mais la veulerie des uns et la trahison des autres ont rendu vains nos efforts. Le 13 mai ne fut que l'imposture la plus vile d'un régime qui n'est plus aujourd'hui que celui d'un homme seul soutenu pour quelque temps encore par une mafia qui s'accroche désespérément à ses prébendes.

Toutes les formes d'opposition légale nous ayant été successivement retirées, il ne nous est resté que l'action clandestine pour faire respecter nos droits les plus imprescriptibles à un moment où malgré les engagements les plus solennels le pouvoir se prépare à livrer l'Algérie aux assassins du FLN totalitaire et communisant. Ses crimes recevront-ils ainsi la caution gratuite de notre Patrie ? Derrière des officiers qui n'ont qu'un but : leur fidélité à une parole donnée, c'est-à-dire garder l'Algérie à la France, nous sommes prêts à tous les sacrifices pour défendre cette cause. »

Tract de l'OAS distribué en métropole, mars 1962.

> **AIDE** **Analyser une affiche :** Expliquez ce que le détournement de l'affiche révèle des cibles de l'OAS.
> **Construire une argumentation historique :** Montrez que l'OAS, au-delà de la question algérienne, critique les institutions de la Ve République.

1973				Deuxième choc pétrolier		
• Guerre du Kippour • Premier choc pétrolier	1975 • Création du G6 • Légalisation de l'IVG en France	1978 Accession au pouvoir de Deng Xiaoping en Chine	1979 Révolution iranienne	1980 R. Reagan président des États-Unis	1981 • Élection de F. Mitterrand • Abolition de la peine de mort

THÈME 3

Les remises en cause économiques, politiques et sociales (des années 1970 à 1991)

Les chocs pétroliers de 1973 et 1979 et la crise économique fragilisent les démocraties occidentales et modifient les hiérarchies et les modèles économiques mondiaux. À l'image de la France, les sociétés occidentales connaissent alors de profondes mutations sociales et culturelles. La démocratie occidentale, rejetée par la révolution iranienne puis par un nombre croissant de pays musulmans, connaît un essor dans le cadre de la CEE et semble triompher lorsque s'achève la guerre froide et que s'effondre l'URSS.

Chapitre 7 La modification des grands équilibres économiques et politiques mondiaux 198
Chapitre 8 Un tournant social, politique et culturel : la France de 1974 à 1988 224

Des manifestants brandissant des images de l'ayatollah Khomeiny et des affiches antiaméricaines devant l'ambassade des États-Unis, où sont retenus en otage 52 diplomates et civils américains, Téhéran, décembre 1979.

- 1982 — Fin du monopole de l'État sur l'audiovisuel
- 1983 — Début de l'épidémie du SIDA
- 1986 — Élargissement de la CEE à l'Espagne et au Portugal
- 1989 — Chute du mur de Berlin ; Fin de la guerre froide
- **1991 — Disparition de l'URSS**

7 La modification des grands équilibres économiques et politiques mondiaux

▶ **Quelles sont les conséquences sociales, économiques et géopolitiques des chocs pétroliers ?**

1 Le pétrole, un nouvel enjeu économique et géopolitique

Un soldat iranien regarde la fumée s'échapper de plusieurs raffineries de pétrole en feu, photographie de Henri Bureau, Abadan (Iran), 27 septembre 1980.

Dans les années 1970, les variations brutales de l'offre de pétrole provoquent des bouleversements économiques et politiques majeurs dans le monde. À partir de la guerre Iran-Irak (1980-1988), le pétrole devient un enjeu direct des conflits.

Une nouvelle donne économique

- **1971** Fin de la convertibilité du dollar en or
- **1973** Guerre du Kippour ; Premier choc pétrolier
- **1975** Accords de Kingston
- **1976** Création du G6
- **1979** Deuxième choc pétrolier
- **1980** Entrée de la Chine au FMI
- **1991** Création du MERCOSUR

Les modifications des équilibres économiques et sociaux

- **1978** Prise de pouvoir de Deng Xiaoping en Chine
- **1979** Margaret Thatcher Première ministre britannique
- **1980** Ronald Reagan élu président des États-Unis
- **1981** Élargissement de la CEE à la Grèce
- **1986** Élargissement de la CEE à l'Espagne et au Portugal
- **1989** Chute du mur de Berlin
- **1990** Réunification allemande
- **1991** Disparition de l'URSS

2 L'effondrement de l'URSS et la fin de la guerre froide

Démantèlement de la statue de Lénine, photographie de Patrick Piel, Berlin, 13 novembre 1991.

Dans les années 1980, le monde connaît de profonds bouleversements géopolitiques. Tandis que la Communauté économique européenne (CEE) s'élargit, le bloc soviétique s'effondre en 1989 et l'URSS disparaît deux ans plus tard.

METTRE EN RELATION DES FAITS DE NATURE ET DE PÉRIODISATION DIFFÉRENTES

Confrontez les documents en montrant qu'il n'y a pas de lien de causalité entre les événements qu'ils évoquent. Analysez ensuite ce qu'ils révèlent des évolutions des grands équilibres mondiaux.

CHAPITRE 7 La modification des grands équilibres économiques et politiques mondiaux

GRAND ANGLE

Le monde nouveau dans la crise

À partir des années 1970, le monde connaît de profondes évolutions politiques et géopolitiques. Dans le contexte de la détente, le retrait des États-Unis du Vietnam encourage l'expansionnisme soviétique. La guerre du Liban (1975-1989) puis la révolution iranienne (1979) accentuent l'instabilité au Moyen-Orient, tandis que plusieurs pays autoritaires d'Europe méridionale évoluent vers la démocratie. L'élection de Ronald Reagan* à la présidence des États-Unis en 1980 est suivie d'une reprise de la guerre froide, jusqu'à l'effondrement du bloc soviétique en 1991.

1 · 1973 : la guerre israélo-arabe du Kippour

Le 6 octobre 1973, jour de la fête juive du Kippour, les armées égyptienne et syrienne attaquent conjointement Israël et mettent son armée en difficulté. L'ONU obtient difficilement la fin du conflit.

2 · 1989 : la chute du mur de Berlin

Des gardes-frontières est-allemands de la *Volkspolizei* (« police du peuple ») ouvrent un nouveau point de passage dans le mur de Berlin près de la Potsdamer Platz devant une foule d'Allemands de l'Ouest, Berlin, 11 novembre 1989.

Le 9 novembre 1989, autorisés par les autorités de la RDA à voyager à l'étranger « sans condition particulière », des dizaines de milliers de Berlinois de l'Est se pressent aux postes-frontières, dont ils forcent pacifiquement le passage. Dans les semaines qui suivent, le mur de Berlin est peu à peu démantelé.

COURS 1 — Les chocs pétroliers et la nouvelle donne économique internationale

Quelles sont les conséquences des chocs pétroliers ?

A Les deux chocs pétroliers

- En 1973 puis de nouveau en 1979, le monde subit deux chocs pétroliers. Après être restés à un niveau relativement bas durant les Trente Glorieuses, les prix du pétrole augmentent très brutalement [doc. 1].
- Ces chocs sont une conséquence des tensions géopolitiques au Proche-Orient. Après la guerre du Kippour, les États arabes membres de l'OPEP [ÉTUDE p. 204], notamment l'Arabie saoudite du roi Fayçal, font pression sur les États occidentaux en réduisant leur production et leurs exportations de pétrole. La révolution iranienne provoque de nouvelles tensions sur le marché.
- Le modèle énergétique des pays occidentaux reposant sur l'automobile et un pétrole bon marché est remis en cause. Les gouvernements revoient leurs politiques énergétiques en lançant des campagnes anti-gaspillage [doc. 2], en développant d'autres énergies, comme le nucléaire, ou encore de nouvelles zones de production comme la mer du Nord.

B Une crise plus profonde

- L'envolée des prix du pétrole se répercute sur l'ensemble des biens produits avec des conséquences négatives sur les économies des pays industriels développés qui traversent dans les années 1970 une période de stagflation. Toutefois, dès les années 1980 l'inflation retombe mais la croissance économique reste inférieure à 2 % par an en moyenne.
- À partir des années 1970, les pays occidentaux subissent un ralentissement de longue durée de leur croissance économique, entrecoupé par des années de récession [doc. 4]. C'est la fin des Trente Glorieuses et les chocs pétroliers en sont la preuve plus que la cause profonde.
- Dès le début de la décennie, le modèle de la croissance fordiste, fondé sur la très grande entreprise, la production en masse, le travail à la chaîne et la productivité, donne des signes d'essoufflement. La productivité ne progresse plus [doc. 3]. La croissance commence également à être critiquée pour ses effets négatifs sur l'environnement.

C Un choc social et industriel

- La crise économique crée un choc social avec une brusque montée du chômage qui dépasse 10 % de la population active dans la plupart des pays occidentaux au cours des années 1980, voire plus dans certaines villes industrielles. C'est la fin du plein-emploi.
- Les pays occidentaux entament un processus de désindustrialisation. Les industries anciennes (mines, textile, métallurgie) ferment des usines avec des conséquences graves pour les régions concernées qui voient disparaître leur principale activité économique, comme le Nord de la France ou la *Manufacturing Belt* aux États-Unis qui devient la *Rust Belt* (la « ceinture de rouille ») [doc. 5].
- La période est marquée également par l'essor de la mondialisation* avec un développement rapide des échanges commerciaux internationaux et la mise en place d'une nouvelle division internationale du travail qui profite aux récents pays industrialisés, notamment les quatre dragons asiatiques (Corée du Sud, Taïwan, Hong Kong, Singapour) dans les années 1980.

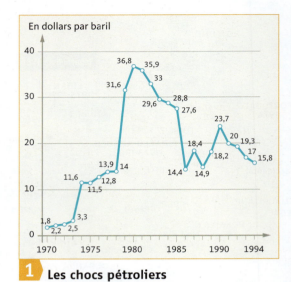

1 Les chocs pétroliers

Prix du baril de pétrole en dollars courants. Source : *BP Statistical Review of World Energy*, juin 2019.

▶ Que signifient concrètement les chocs pétroliers à la lecture du graphique ?

Mots clés

Choc pétrolier : baisse de la production de pétrole qui entraîne une forte et rapide hausse de son prix.

Désindustrialisation : diminution de la part de l'industrie dans la population active et le PIB.

OPEP (Organisation des pays exportateurs de pétrole) : fondée en 1960, cette organisation intergouvernementale regroupe les principaux pays producteurs de pétrole, majoritairement situés au Moyen-Orient.

Récession : diminution temporaire du PIB.

Stagflation : combinaison inédite dans les années 1970 d'une forte inflation (une hausse des prix) et d'une faible croissance du produit intérieur brut (PIB).

Trente Glorieuses : l'expression désigne les trente années qui suivent la fin de la Seconde Guerre mondiale, marquées par une vive croissance économique et de profondes transformations sociales.

Personnage clé

Fayçal ben Abdelaziz Al Saoud (1906-1975)
Roi d'Arabie saoudite qui lors du premier choc pétrolier réduit la production pétrolière de son pays, retire ses avoirs en or des États-Unis et menace de nationaliser la compagnie pétrolière américaine Aramco, provoquant une crise diplomatique avec Washington.

2 La chasse au « gaspi »

Jean Poulit, directeur de l'Agence pour les économies d'énergie, juillet 1979.

Pour faire face à la montée des prix de l'énergie et réduire sa dépendance au pétrole, le gouvernement crée en 1974 l'Agence pour les économies d'énergie et lance une campagne de communication, « La chasse au gaspi », incitant les Français à réduire leur consommation.

▶ Quel est l'objectif recherché par le gouvernement français ?

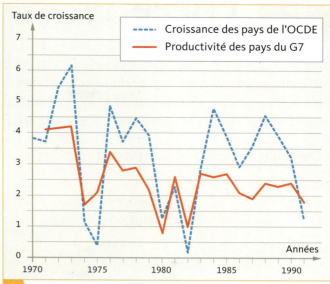

3 La productivité dans les pays développés (1973-1991)

Taux de croissance de la productivité annuelle du travail et taux de croissance des pays de l'OCDE. Source : OCDE.

▶ Quel lien apparaît entre l'évolution de la productivité et la dégradation économique entre 1973 et 1991 ?

4 Les effets des chocs pétroliers en France

« Les effets du premier choc pétrolier furent rapides et brutaux : un déficit[1] très sensible apparut pendant quelques mois ; dès septembre 1974 la récession commençait, et en décembre, soit 14 mois après le choc initial, le déficit était résorbé ; il faisait place à un excédent jusqu'à septembre 1975, où la reprise de l'expansion s'accompagnait de la réapparition du déficit extérieur, lequel allait s'accroître de façon quasi continue jusqu'en octobre 1976.

Les effets du second choc pétrolier – ou plutôt de la succession de "chocs" que l'on rassemble habituellement sous ce nom – se manifestèrent un peu plus tardivement et de façon nettement moins marquée que ceux du premier choc. Mais en dépit de la récession, elle aussi plus tardive et moins brutale que celle de 1974-75, l'équilibre de nos échanges extérieurs n'était toujours pas retrouvé en mai 1981, soit 29 mois après le début de ce qu'on appelle le second choc pétrolier. »

Conseil économique et social, « La conjoncture économique au premier semestre 1981 », *Journal officiel de la République française*, 5 septembre 1981.

1. Du commerce extérieur.

▶ Quelles sont les conséquences à court terme des chocs pétroliers sur la croissance économique française ?

5 La désindustrialisation des pays occidentaux

Usine désaffectée à Liverpool, Royaume-Uni, 1983.

▶ Quelle conséquence des mutations économiques des années 1970-1980 apparaît sur cette photographie ?

CONFRONTER ET CRITIQUER DEUX DOCUMENTS

À partir de l'analyse des documents 3 et 4, montrez dans quelle mesure les chocs pétroliers sont la cause de la dégradation des économies industrialisées.

ÉTUDE
L'OPEP

Fondée en 1960, l'Organisation des pays exportateurs de pétrole (OPEP) voit s'affirmer en son sein les pays arabes exportateurs de pétrole, qui fondent en 1968 leur propre organisation (l'OPAEP) et déclenchent en 1973 le premier choc pétrolier, renforçant ainsi leur poids sur la scène mondiale.

Dates clés
1960	Création de l'OPEP
1968	Création de l'OPAEP
1973	Premier choc pétrolier

▶ **Comment le pétrole modifie-t-il le rôle des pays arabes dans le monde ?**

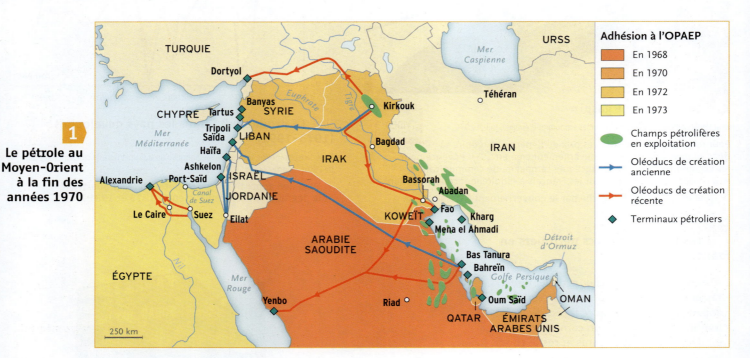

1 Le pétrole au Moyen-Orient à la fin des années 1970

2 L'usage du pétrole comme arme politique

Lors de la guerre du Kippour, les pays pétroliers réduisent leur production et bloquent leurs ventes aux alliés d'Israël.

« Le 16 octobre 1973, les ministres du Pétrole des six pays du Golfe membres de l'OPEP décidaient, pour la première fois de l'histoire de leurs pays, que les prix du pétrole seraient désormais fixés unilatéralement par les pays exportateurs et non plus par les compagnies concessionnaires, en même temps qu'ils décrétaient une augmentation générale de 70 % des prix […]. Le lendemain 17 octobre, les ministres arabes du Pétrole décidaient pour la première fois également l'utilisation du pétrole comme une arme politique dans le conflit israélo-palestinien. […] Depuis, le mouvement d'émancipation pétrolière […] est allé en s'accélérant : nouvelle augmentation unilatérale de 111,49 % des prix [de] décembre 1973 ; nationalisation de ce qui restait des intérêts américains et hollandais en Irak ; augmentation de la participation gouvernementale de 25 à 60 % dans les pays du Golfe et ouverture de négociations en vue d'une prise de contrôle à 100 % sur les sociétés étrangères. »

Nicolas Sarkis (ancien conseiller auprès de pays producteurs de pétrole), *Le Pétrole à l'heure arabe*, Stock, 1975.

3 La remise en cause de la domination occidentale

Répartition du capital de l'Irak Petroleum Company (IPC).

En 1971, l'IPC, qui avait le monopole sur l'exploitation du pétrole irakien et dont le capital était partagé depuis 1927 entre des sociétés pétrolières occidentales et un financier arménien (Calouste Gulbenkian), est nationalisée. En 1975 et 1976, le Koweït et l'Arabie saoudite nationalisent à leur tour le pétrole.

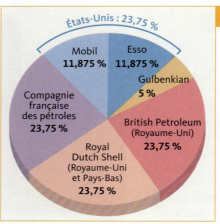

ANALYSER LES DOCUMENTS

1. Montrez comment les pays arabes exportateurs de pétrole contestent la domination occidentale. [doc. 2, 3]
2. Expliquez pourquoi la guerre du Kippour a des conséquences majeures sur l'économie mondiale. [doc. 2, 3]
3. Analysez l'influence du pétrole sur l'évolution de la hiérarchie des puissances au profit des pays arabes. [doc. 1, 2]

ÉTUDE — Le G6

Du 15 au 17 novembre 1975, les chefs d'État et de gouvernement des six plus grandes puissances économiques mondiales du monde occidental se réunissent à Rambouillet, en France, pour un sommet économique et monétaire, en vue d'accroître la coopération internationale.

▶ **Quel type de coopération économique se met en place ?**

Mot clé

G6 : groupe de discussion et de partenariat économique des pays économiquement les plus puissants. Créé en 1975, il devient le G7 en 1976 lorsque le Canada le rejoint.

1 Une « diplomatie de club »

Conférence de presse des chefs d'État et de gouvernement réunis à Rambouillet le 17 novembre 1975. De gauche à droite : Aldo Moro (président du Conseil italien), Harold Wilson (Premier ministre britannique), Gerald Ford (président des États-Unis), Valéry Giscard d'Estaing (président français), Helmut Schmidt (chancelier allemand), Takeo Miki (Premier ministre japonais).

La création de ce groupe informel et restreint de réflexion et d'action illustre le déclin du rôle des organisations internationales au profit d'une « diplomatie de club ».

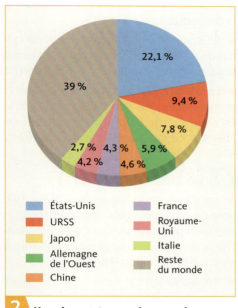

2 Une importance économique relative

Part du PIB mondial en 1973. Source : Banque mondiale.

- États-Unis : 22,1 %
- URSS : 9,4 %
- Japon : 7,8 %
- Allemagne de l'Ouest : 5,9 %
- Chine : 4,6 %
- France : 4,3 %
- Royaume-Uni : 4,2 %
- Italie : 2,7 %
- Reste du monde : 39 %

3 Pour une coopération internationale accrue

« Nous nous sommes réunis parce que nous partageons les mêmes convictions et les mêmes responsabilités. Nous sommes chacun pour notre part responsables de la conduite d'une société ouverte, démocratique, profondément attachée à la liberté individuelle et au progrès social. Notre succès renforcera, et cela de façon décisive, l'ensemble des sociétés démocratiques. Chacun d'entre nous a la responsabilité d'assurer la prospérité de l'économie d'un pays industriel important. La croissance et la stabilité de nos économies aideront à la prospérité de l'ensemble du monde industriel et des pays en développement.
Pour atteindre ces objectifs, dans un monde marqué par une interdépendance croissante, nous sommes décidés à assumer pleinement nos responsabilités et à développer nos efforts en vue d'une coopération internationale accrue et d'un dialogue constructif entre tous les pays, dépassant les disparités de leur développement économique, l'inégalité des ressources dont ils disposent et les différences de leurs systèmes politiques et sociaux. »

Déclaration des chefs d'État et de gouvernement, château de Rambouillet, 17 novembre 1975.

ANALYSER LES DOCUMENTS

1. Présentez le sommet et expliquez comment les pays du G6 justifient leur coopération. [doc. 1, 3]
2. Analysez le type de coopération internationale qu'ils envisagent et le rôle qu'ils s'y donnent. [doc. 1, 3]
3. Décrivez et analysez les limites de leur conception de la coopération économique internationale. [doc. 1, 2]

CONSTRUIRE ET VÉRIFIER DES HYPOTHÈSES SUR UNE SITUATION HISTORIQUE

Rédigez un paragraphe dans lequel vous analyserez l'hypothèse selon laquelle le rôle de l'OPEP et le G6 témoignent de l'affaiblissement des grandes organisations internationales.

COURS 2 — Une nouvelle gouvernance du capitalisme : libéralisation et dérégulation

Comment les États gèrent-ils la nouvelle situation économique ?

A La remise en cause du système de Bretton Woods

- Avant même le premier choc pétrolier, les institutions économiques internationales nées à Bretton Woods à la fin de la Seconde Guerre mondiale sont ébranlées. Le 15 août 1971, le président des États-Unis, Richard Nixon, suspend la convertibilité-or du dollar.
- Le Système monétaire international (SMI), géré par le Fonds monétaire international (FMI), s'en trouve remis en cause car la monnaie étasunienne en était la valeur de référence. En 1976, les accords de Kingston actent la fin du SMI.
- Le rôle du FMI et de la Banque mondiale évolue alors de la régulation économique et monétaire internationale vers le conseil et l'assistance aux États endettés. En contrepartie de prêts, ces institutions exigent des mesures économiques libérales, connues sous le nom de consensus de Washington [doc. 4].

B Le tournant libéral

- Les crises économiques des années 1970 conduisent les États à s'éloigner des politiques de régulation keynésiennes qui prévalaient depuis 1945. Les théories économiques libérales, portées notamment par l'École de Chicago et Milton Friedman, connaissent un renouveau (le néolibéralisme) et influencent les droites américaines et européennes.
- Ronald Reagan [POINT DE PASSAGE p. 208] aux États-Unis et Margaret Thatcher au Royaume-Uni adoptent alors des politiques économiques d'inspiration libérale. Ils baissent les impôts et diminuent les dépenses publiques en démantelant certains services publics [doc. 3]. D'autres gouvernements, y compris de gauche, suivent rapidement la même voie dans les années 1980.
- En Chine, Deng Xiaoping* [POINT DE PASSAGE p. 208] tourne le dos à l'économie socialiste planifiée avec une série de réformes votées en 1978 qui libéralisent partiellement l'économie chinoise, ouvrent le pays aux investisseurs étrangers et instaurent une économie socialiste de marché [doc. 5]. En 1980, la République populaire de Chine intègre le FMI et la Banque mondiale.

C Une nouvelle gouvernance économique mondiale

- Alors que les chocs pétroliers et la fin du SMI perturbent les échanges économiques mondiaux, des États tentent de coordonner leurs politiques pour faire face à la crise. De nouvelles institutions naissent à l'exemple du G6 lors du sommet de Rambouillet en 1975 [ÉTUDE p. 205].
- Les États de la Communauté économique européenne (CEE) compensent, à leur échelle, la disparition du SMI en instituant un Système monétaire européen (SME) [doc. 2] fondé sur une unité monétaire commune, l'ECU (*European currency unit*). De nouvelles organisations régionales de libre-échange apparaissent comme l'ASEAN (1967) et le MERCOSUR (1991).
- Institutions internationales et gouvernements mettent en place une nouvelle gouvernance du capitalisme mondial fondée sur la libéralisation et la dérégulation des échanges qui accompagnent ce que l'on commence à appeler la mondialisation dans les années 1980. L'abaissement des tarifs douaniers au sein du GATT favorise les échanges commerciaux [doc. 1] tandis que la dérégulation des marchés financiers stimule les flux de capitaux.

1 Les cycles de négociation du GATT

Source : OMC.

▶ Comment ont évolué les tarifs douaniers dans le cadre du GATT ? Dans quel but ?

Mots clés

ASEAN : Association des nations du Sud-Est asiatique, fondée par cinq États de la région en 1967.

Capitalisme : système économique fondé sur la propriété privée des moyens de production, les échanges et la recherche du profit.

Dérégulation : suppression de la régulation d'un secteur économique, généralement dans le but d'encourager la concurrence et le libre marché.

GATT : *General Agreement on Tariffs and Trade* (Accord général sur les tarifs douaniers et le commerce) signé par 23 pays en 1947 et approfondi ensuite au cours de plusieurs cycles de négociations jusqu'à la création de l'Organisation mondiale du commerce (OMC) en 1995.

Gouvernance : capacité d'une institution à assurer son bon fonctionnement. La gouvernance économique désigne celle des États à prendre des décisions et à s'entendre entre eux pour gérer les problèmes économiques.

Libéralisation : action de rendre libre l'accès d'un secteur économique aux différents agents économiques, le plus souvent par la fin du monopole de l'État.

MERCOSUR : Marché commun de l'Amérique du Sud (*Mercado del sur* en espagnol). C'est un espace de libre-échange créé par le traité d'Asunción de 1991.

Personnage clé

Margaret Thatcher (1925-2013)

Cheffe du Parti conservateur britannique puis Première ministre du Royaume-Uni de 1979 à 1990, elle conduit une politique libérale pour affronter le déclin économique du pays. Elle incarne avec Ronald Reagan le virage libéral des gouvernements occidentaux.

3 Margaret Thatcher et l'économie de l'Europe

« La leçon de l'histoire économique de l'Europe des années 1970 et 1980 est que la planification centrale ne marche pas, contrairement à l'effort et à l'initiative personnels. Qu'une économie dirigée par l'État est une recette de croissance lente, et que la libre entreprise dans le cadre du droit donne de meilleurs résultats. L'objectif d'une Europe ouverte à l'entreprise est la force motrice de la création du Marché unique* européen d'ici à 1992. C'est en nous débarrassant des barrières et en donnant aux entreprises la possibilité d'opérer à l'échelle européenne que nous pourrons le mieux concurrencer les États-Unis, le Japon et les autres puissances économiques qui naissent en Asie et ailleurs. Cela signifie agir pour libérer les marchés, élargir les choix, réduire l'intervention gouvernementale et donc entraîner une plus grande convergence économique. Notre objectif ne doit pas être de fabriquer à partir du centre des règlements toujours plus nombreux et détaillés ; il doit être de déréglementer, d'éliminer les contraintes commerciales, de nous ouvrir. La Grande-Bretagne a montré l'exemple en ouvrant ses marchés aux autres. »

Margaret Thatcher, discours prononcé à Bruges, 20 septembre 1988.

▶ Quel type de politique économique l'auteur veut-elle voir se diffuser en Europe ?

4 Le consensus de Washington

Au début des années 1980, les pays d'Amérique latine subissent une grave crise économique. Le FMI et la Banque mondiale acceptent de les aider à condition qu'ils changent de politiques économiques pour adopter des mesures libérales qui se sont ensuite diffusées dans le monde sous le nom de consensus de Washington.

« Le terme "consensus de Washington" a été inventé en 1989. La première utilisation écrite était dans mon document de travail pour une conférence que l'Institut d'économie internationale a organisée afin d'examiner dans quelle mesure les anciennes idées de l'économie du développement qui avaient gouverné l'économie latino-américaine depuis les années 1950 ont été balayées par celles acceptées depuis longtemps au sein de l'OCDE. [...]
Les dix réformes qui constituaient ma liste étaient les suivantes.
1. Discipline financière. [...]
2. Réorganisation des priorités de dépenses publiques. [...]
3. Réforme fiscale. [...]
4. Libéralisation des taux d'intérêt. [...]
5. Un taux de change concurrentiel. [...]
6. Libéralisation du commerce. [...]
7. Libéralisation des investissements étrangers directs. [...]
8. Privatisation*. [...]
9. Déréglementation. [...]
10. Droits de propriété. [...] »

John Williamson (économiste anglais, conseiller du FMI), « A Short History of the Washington Consensus », Institute for International Economics, 2004 (trad. C. Perrin).

▶ Selon l'auteur, sur quoi doit reposer la croissance économique ? Quel acteur doit limiter ses interventions ?

2 Le Système monétaire européen (SME)

« Le Système monétaire européen » (*Europäisches Währungssystem*), caricature de Peter Leger, *Süddeutsche Zeitung*, 18 décembre 1978.

Le SME encadre la fluctuation des monnaies européennes autour d'un cours monétaire de référence, l'ECU (*European currency unit*), établi à partir des cours de change d'un panier de monnaies européennes.

▶ Que cherche à montrer l'auteur de ce document ?

5 L'ouverture de l'économie chinoise

Le vice-président des États-Unis George Bush visite l'usine de la Beijing Jeep Corporation, première coentreprise (*joint-venture*) sino-étrangère fondée en 1984 et contrôlée à 43 % par le constructeur automobile Chrysler, Pékin, 1er octobre 1985.

▶ Que suggère cette image de l'évolution des rapports entre les États-Unis et la Chine ?

CONFRONTER ET CRITIQUER DEUX DOCUMENTS

En confrontant les documents **3** et **4**, vous montrerez comment la pensée économique libérale a influencé les politiques publiques dans les années 1980.

CHAPITRE 7 La modification des grands équilibres économiques et politiques mondiaux

POINT DE PASSAGE

Ronald Reagan et Deng Xiaoping : deux acteurs majeurs d'un nouveau capitalisme

Dans les années 1980, le dirigeant chinois Deng Xiaoping et le président américain Ronald Reagan engagent de profondes réformes économiques. Tous deux s'inspirent du libéralisme, à divers degrés. Pourtant, les économies américaine et chinoise suivaient jusque-là des modèles différents. Dans la Chine communiste, les moyens de production appartiennent à l'État depuis 1949. Au contraire, aux États-Unis, le capitalisme repose sur la propriété privée et la liberté d'entreprendre.

▶ **En quoi Ronald Reagan et Deng Xiaoping transforment-ils l'économie de leur pays ?**

Dates clés

Déc. 1978	Prise de pouvoir de Deng Xiaoping en Chine
Juil. 1979	Autorisation des entreprises à capitaux mixtes chinois et étrangers en Chine
Mai 1980	Entrée de la Chine au FMI et à la Banque mondiale. Ouverture de la première zone économique spéciale (ZES) en Chine à Shenzhen
Nov. 1980	Ronald Reagan élu président des États-Unis
Fév. 1981	Lancement des « Reaganomics »
Avr. 1984	Accords commerciaux conclus lors de la visite de Ronald Reagan à Deng Xiaoping en Chine
Janv. 1989	Fin du second mandat de Ronald Reagan
Oct. 1992	Retrait de Deng Xiaoping de la vie politique

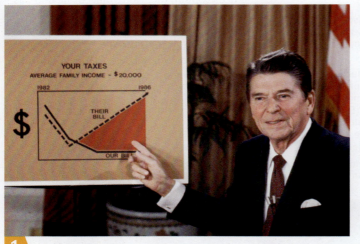

1 Ronald Reagan défend une réduction des impôts

« Vos impôts. Revenu moyen par ménage – 20 000 $. Leur projet de loi [celui des démocrates]. Le nôtre [celui de Ronald Reagan et des républicains] », adresse du président Ronald Reagan à la nation depuis le Bureau ovale concernant les réductions de taxes, 27 juillet 1981.

Le président républicain présente son projet de réduction des impôts de 30 % sur trois ans. Selon lui, l'État intervient trop : le budget fédéral doit être réduit, ce qui permet une baisse des taxes.

2 L'accroissement des inégalités sous Ronald Reagan

« Étrange que certains choisissent de vivre comme ça au lieu de choisir d'être riches comme nous », dessin de Herbert Block, *Washington Post*, 2 février 1984.

Pour réduire les dépenses de l'État, des programmes sociaux sont amputés : l'aide alimentaire, l'assurance maladie pour les pauvres, le logement social, l'assurance chômage, etc.

3 Les « Reaganomics » : les réformes économiques de Reagan

« Près de huit millions d'Américains sont sans emploi [...] et ceux qui travaillent sont frustrés parce qu'ils ne peuvent soutenir le rythme de l'inflation. [...] La dette publique approche du million de millions de dollars. [...]
Le tableau que je viens de brosser est sombre, mais [...] il est en notre pouvoir de le modifier [...].
Ce plan a pour objectif de freiner l'augmentation des dépenses et des taxes du gouvernement fédéral, de réformer ou de supprimer les réglementations inutiles et néfastes à la production [...].
Notre plan remettra notre économie en marche, donnera un nouvel élan à l'accroissement de notre productivité et créera ainsi les emplois dont notre peuple a besoin. [...]
Nous continuerons à remplir les obligations que nous impose notre conscience nationale. [...] Tous ceux qui se trouvent vraiment dans le besoin peuvent être assurés que le filet de sécurité que représentent pour eux les programmes d'aide sociale ne souffrira pas de ces coupes budgétaires. [...] Mais le gouvernement ne continuera pas à subventionner des individus [...] dont les besoins ne sont pas dûment établis. [...]
Voilà [...] ce que nous proposons – un nouveau départ pour l'Amérique : un programme de redressement économique. [...] Je suis ici ce soir pour vous demander de vous joindre à moi [...]. »

Message du président des États-Unis au Congrès, diffusé en direct à la radio et à la télévision, 18 février 1981 (trad. T. Rigaud).

4 L'ouverture de la Chine sur le monde

Les ZES et autres régions ouvertes créées par Deng Xiaoping sont des territoires bénéficiant d'avantages fiscaux visant à attirer les capitaux étrangers et à produire pour l'exportation.

5 Deng Xiaoping, l'homme clé du décollage économique chinois

Deng Xiaoping et Ronald Reagan, Pékin, 28 avril 1984.

En 1984, la visite officielle du président Reagan, anticommuniste notoire, souligne l'ampleur des réformes engagées par Deng Xiaoping, qui démantèle le système économique maoïste en ouvrant la Chine communiste aux pays occidentaux capitalistes.

6 Le « socialisme de marché » : le programme de Deng Xiaoping

PODCAST

« Si l'on adopte le mode de répartition capitaliste, l'immense majorité des Chinois restera pauvre, mais si l'on applique le principe de répartition socialiste, toute la population mènera une vie relativement aisée. Voilà pourquoi nous voulons maintenir le socialisme. [...] Nous avons ouvert 14 villes côtières, grandes et moyennes. Nous accueillons à bras ouverts les capitaux étrangers et sommes prêts à nous initier aux techniques de pointe, y compris les méthodes de gestion avancées. Cette politique va-t-elle saper les fondements de notre économie socialiste ? [...] L'introduction des capitaux étrangers, même s'ils s'élèvent à des dizaines de milliards de dollars américains, ne saurait mettre en cause le caractère intrinsèque de notre économie socialiste. Par contre, ces capitaux étrangers pourront donner un coup de pouce non négligeable à l'édification socialiste [...]. En fin de compte, notre politique doit aboutir à l'instauration d'un socialisme à la chinoise [...]. Depuis que nous nous y sommes engagés il y a de cela cinq ans et demi, l'économie chinoise se porte bien et la croissance dépasse tous nos espoirs. »

Entretien de Deng Xiaoping avec une délégation japonaise composée de personnalités non gouvernementales, 30 juin 1984.

PROCÉDER À L'ANALYSE CRITIQUE DES DOCUMENTS

PARCOURS A

▶ **Lire, comprendre et analyser les documents**

1. Comment Ronald Reagan propose-t-il d'améliorer la situation économique du pays ? [doc. 1, 3]
2. Quelles critiques les « Reaganomics » ont-elles suscitées ? [doc. 2, 3]
3. Comment Deng Xiaoping souhaite-t-il développer l'économie chinoise ? [doc. 4, 6]
4. Quelles sont les conséquences des réformes sur l'économie chinoise ? [doc. 4, 5, 6]

▶ **Synthétiser**

Expliquez en quoi Ronald Reagan et Deng Xiaoping ont transformé l'économie de leurs pays. Pour ce faire, montrez que Ronald Reagan et Deng Xiaoping sont tous deux influencés par le libéralisme, mais à des degrés différents.

PARCOURS B

▶ **Mettre une figure en perspective** [Voir Méthode, p. 221]

En analysant les documents 4 et 6, vous montrerez en quoi les réformes de Deng Xiaoping ont transformé l'économie chinoise, puis vous expliquerez comment il justifie son projet capitaliste dans un pays communiste.

CHAPITRE 7 La modification des grands équilibres économiques et politiques mondiaux

COURS 3 — De nouveaux équilibres internationaux

Quelles sont les conséquences géopolitiques de la crise économique ?

A La révolution islamique d'Iran et l'affirmation de l'islamisme

● La crise économique favorise l'essor de l'islamisme politique. En 1979, une révolution renverse en Iran le régime monarchique pro-occidental au profit d'une république islamique chiite sous l'autorité du « Guide de la révolution », l'ayatollah Khomeiny [doc. 1].

● La révolution iranienne consacre l'affirmation de l'islamisme sur la scène internationale. Au Liban, en guerre depuis 1975, l'Iran soutient en 1982 la création du Hezbollah. De 1980 à 1988, l'Iran est en guerre contre l'Irak, soutenu par les puissances occidentales [doc. 2]. L'Iran réagit en commanditant des attentats en Occident, notamment en France en 1986.

● L'islamisme s'affirme également dans la guerre d'Afghanistan (1979-1988), où les États-Unis soutiennent militairement la rébellion afghane face aux troupes soviétiques, et dans le conflit israélo-palestinien. En effet, lors de l'*intifada* (« guerre des pierres »), déclenchée en 1987, l'islamisme progresse dans la jeunesse palestinienne sous l'influence du Hamas.

B L'accélération de la construction européenne

● Dans les années 1980, la CEE connaît un élargissement* à trois pays d'Europe méridionale récemment sortis de la dictature : la Grèce, démocratisée en 1974, rejoint la CEE en 1981 [ÉTUDE p. 212], l'Espagne et le Portugal, démocratisés en 1975, la rejoignent en 1986.

● Le défi que représente l'intégration de ces pays économiquement moins développés rend nécessaire un approfondissement* de la construction européenne. Jacques Delors, président de la Commission européenne de 1985 à 1995, initie l'Acte unique* européen [doc. 3] et les négociations qui aboutissent en 1992 à la signature du traité de Maastricht.

● La libre circulation des personnes est encouragée par les accords de Schengen (1985), qui prévoient la suppression des contrôles aux frontières des pays signataires, et le programme Erasmus, qui favorise les échanges universitaires.

C La fin de la guerre froide

● L'URSS traverse une profonde crise économique dans les années 1980, liée aux cours du pétrole, à la reprise de la course aux armements et à la guerre d'Afghanistan. Accédant au pouvoir en 1985, Mikhaïl Gorbatchev* [ÉTUDE p. 213] engage de profondes réformes, la *Perestroïka* et la *Glasnost*.

● Toutefois, ces réformes fragilisent davantage l'URSS en aggravant les pénuries, en favorisant le réveil des nationalités et en affaiblissant l'autorité du parti communiste. La catastrophe de la centrale nucléaire de Tchernobyl (1986) révèle la vétusté et le délabrement des installations soviétiques.

● L'année 1989 [POINT DE PASSAGE p. 214] est marquée par la chute du mur de Berlin et l'effondrement des régimes communistes du bloc de l'Est, suivis dans les deux années qui suivent de l'implosion de l'URSS [doc. 4].

1 La révolution iranienne
Membre des forces révolutionnaires brandissant un fusil d'assaut, photographie de Kaveh Kazemi, Téhéran, 12 février 1979.

▶ Quelles particularités de la révolution iranienne cette photographie souligne-t-elle ?

Mots clés

Glasnost (« transparence ») : libéralisation de l'information visant à susciter l'adhésion aux réformes.

Hamas : mouvement islamiste sunnite fondé en 1987 qui prône la destruction de l'État d'Israël et l'instauration d'un État islamique palestinien.

Hezbollah (« parti de Dieu ») : mouvement islamiste chiite soutenu par l'Iran, créé en 1982 et reconnu comme une organisation terroriste par de nombreux États.

Islamisme : idéologie politique et religieuse affirmant la primauté de l'islam, le rejet de l'Occident, et revendiquant l'application partout de la loi coranique (charia).

Perestroïka (« restructuration ») : mouvement de réformes économiques encourageant les investissements étrangers.

Personnage clé

Ruhollah Khomeiny (1902-1989)
Chef religieux (ayatollah) et homme politique iranien, exilé pendant 14 ans en France, il inspire la révolution islamique de 1979, instaure la République islamique d'Iran puis la dirige politiquement et spirituellement jusqu'à sa mort.

2 La guerre Iran-Irak

Le front du côté iranien près de Bassora, photographie de Jacques Pavlosky, 24 février 1984.

Après deux années d'offensives, la stabilisation du front en 1982 conduit à une guerre de tranchées qui cause près de 800 000 morts.

▶ Comment peut-on caractériser le conflit ?

3 L'Acte unique européen

L'Acte unique prévoit la réalisation du Marché unique le 1er janvier 1993, étend les compétences du Parlement et de la Commission, et réduit la souveraineté des États par un nouveau processus de décision.

« Trop souvent le débat d'idées autour de la construction européenne oscille entre l'incantation politique et le pragmatisme sans perspectives. [...] Cet affrontement latent nous devons le dépasser, le transcender, c'est la tâche qui nous incombe aujourd'hui. [...] L'Acte unique [...] prévoit un certain nombre de dispositions destinées à améliorer le processus des décisions et à les démocratiser, en associant davantage le Parlement européen. Cette réforme, la première de cette importance, du traité de Rome pose en effet la base économique et sociale de la relance de l'Europe, après des années de stagnation. Tous ces objectifs sont indissolublement liés, le grand marché, la coopération technologique, le renforcement du système monétaire européen, la cohésion économique et sociale, et la dimension sociale de l'action collective. »

Jacques Delors, discours prononcé à l'Institut universitaire européen de Florence, 21 novembre 1986.

▶ Qu'apporte l'Acte unique à la construction européenne selon Jacques Delors ?

4 L'implosion de l'URSS (1989-1991)

Le 8 décembre 1991 est créée la Communauté des États indépendants (CEI), composée de 9 des 15 anciennes républiques soviétiques. L'URSS disparaît officiellement le 26 décembre 1991.

▶ Comment l'implosion de l'URSS se manifeste-t-elle ?

METTRE UNE FIGURE EN PERSPECTIVE

À partir des documents **1** et **2**, analysez l'impact de Khomeiny et de la révolution iranienne sur le monde musulman et sur l'équilibre régional.

CHAPITRE 7 La modification des grands équilibres économiques et politiques mondiaux

ÉTUDE
L'adhésion de la Grèce à la CEE

Devenue une république, la Grèce présente en 1975 sa candidature à la Communauté européenne pour consolider sa démocratie renaissante. Au terme de longues négociations, et en dépit de son retard économique, la Grèce entre officiellement dans la CEE en 1981.

Dates clés
- 1974 Fin de la dictature des colonels
- 1975 Candidature de la Grèce à la CEE
- 1981 Entrée de la Grèce dans la CEE

▶ **Quels enjeux soulève l'élargissement de l'Europe vers le sud ?**

1 Un enjeu démocratique

« La Grèce a inventé la démocratie, mais ne l'a pas beaucoup pratiquée au cours de son histoire. [...] Or, la pratique de ce genre de sport est l'une des conditions exigées pour faire partie de la Communauté européenne. Voyez l'Espagne, le temps qu'elle a mis pour obtenir simplement une promesse[1]. La Grèce, elle avait déjà été associée au Marché commun en 1962. Malheureusement, cinq ans plus tard, les célèbres colonels s'emparaient du pouvoir et la Communauté européenne fermait sa porte, une porte qui est maintenant largement ouverte à ce petit pays que fréquentent six millions de touristes par an mais encore trop peu d'industriels [...]. Bien avant d'avoir inventé la démocratie, les Grecs avaient inventé l'Europe. [...] Il y a sans doute là une symbolique qui autorise les Grecs, plus que tout autres, à se vouloir Européens à part entière. »

Éditorial de Georges Penchenier, RTL, 1er janvier 1979.

1. Les négociations d'adhésion de l'Espagne, candidate depuis 1977, débutent en 1979 mais ne s'achèvent qu'en 1985.

2 Un élargissement vers l'est de la Méditerranée
Affiche de la Commission européenne, 1981.

La volonté de consolider la démocratie en Grèce conduit les 9 États de la CEE à accorder à la Grèce des conditions d'adhésion très favorables, dont une période transitoire de cinq ans et l'engagement à intégrer la drachme (la monnaie grecque) dans le SME où elle ne représente que 1,3 % de l'ECU.

3 Un État fragile économiquement
« Le nouveau pilier de la Communauté européenne (EG) », caricature de l'Allemand Walter Hanel, 1980.

ANALYSER LES DOCUMENTS

1. Expliquez pourquoi la transition démocratique de la Grèce permet son entrée dans la Communauté économique européenne. [doc. 1]
2. Décrivez l'enjeu que représente pour l'Europe l'adhésion de la Grèce. [doc. 1, 2]
3. Montrez quelles sont les fragilités de la Grèce et comment les pays membres de la CEE entendent les surmonter. [doc. 2, 3]

212 LES REMISES EN CAUSE ÉCONOMIQUES, POLITIQUES ET SOCIALES (DES ANNÉES 1970 À 1991)

ÉTUDE
Mikhaïl Gorbatchev et la fin de l'URSS

Secrétaire général du Parti communiste de l'Union soviétique en 1985, Mikhaïl Gorbatchev engage l'URSS dans des réformes de grande ampleur, qui ne le rendent pas populaire dans son pays. Sa démission en 1991 consacre la fin de l'Union soviétique.

▶ **Quels sont les objectifs et les limites des réformes de Mikhaïl Gorbatchev ?**

Dates clés
1986	Lancement de la *Perestroïka*
1989	Premières élections libres en URSS
1991	Dissolution du pacte de Varsovie, démission de Gorbatchev et disparition de l'URSS

1 « Accélérer le progrès social et économique »

« *"Perestroïka"*, cela signifie surmonter le processus de stagnation, rompre le mécanisme de freinage, créer des systèmes fiables et efficaces pour accélérer le progrès social et économique et lui donner un plus grand dynamisme. [...] C'est le développement complet de la démocratie, l'autonomie socialiste, l'encouragement de l'initiative et des attitudes créatives, c'est aussi davantage d'ordre et de discipline, davantage de transparence, la critique et l'autocritique dans tous les domaines de notre société. C'est [...] le renoncement à une gestion fondée sur l'injonction et les méthodes administratives [...]. *"Perestroïka"*, cela signifie le développement prioritaire du domaine social, avec pour objectif de satisfaire les aspirations du peuple soviétique à de meilleures conditions d'existence et de travail, à de meilleurs loisirs, à une meilleure éducation et de meilleurs soins médicaux. »

Mikhaïl Gorbatchev, *Perestroïka. Vues neuves sur notre pays et le monde*, Flammarion, 1987 (trad. J. Bonnefoy et W. Bonnefond).

2 L'image d'un dirigeant moderne

« Démocratie, *Perestroïka, Glasnost* », affiche de Sergei Veprev, 1988.

Très populaire en Occident, Mikhaïl Gorbatchev l'est moins en URSS, en dépit de l'obtention du prix Nobel de la paix en 1990 et d'un vaste effort de propagande relayée notamment par l'Union des artistes d'URSS.

3 Un constat d'échec

« Je mets fin à mes fonctions de président de l'URSS. En cette heure difficile, pour moi et pour tout le pays, alors qu'un grand État cesse d'exister, je reste fidèle à mes principes [...]. Le destin a voulu qu'au moment où j'accédais aux plus hautes fonctions de l'État, il était déjà clair que le pays allait mal. [...] Toutes les tentatives de réforme partielle [...] ont échoué l'une après l'autre. [...] Il fallait tout changer radicalement. [...] Aujourd'hui encore, je suis persuadé de la justesse historique des réformes démocratiques entamées au printemps 1985. [...] Une œuvre d'une importance historique a été accomplie : le système totalitaire [...] a été liquidé. Une percée a été effectuée sur la voie des transformations démocratiques. Les élections libres, la liberté de la presse, les libertés religieuses [...] et le multipartisme sont devenus une réalité. Les droits de l'homme sont reconnus comme le principe suprême. La marche vers une économie multiforme a commencé [...]. Des changements radicaux, dans un pays si grand et avec un tel héritage, ne peuvent se dérouler sans douleur, sans difficultés et sans secousses. »

Mikhaïl Gorbatchev, allocution télévisée, 25 décembre 1991, traduite et publiée le lendemain par *Le Figaro*.

ANALYSER LES DOCUMENTS

1. Identifiez les principales réformes engagées par Mikhaïl Gorbatchev, tant dans le domaine politique que dans le domaine économique et social. **[doc. 1, 2, 3]**
2. Montrez que ces réformes ont pour objectif de moderniser l'URSS, et expliquez dans quel but. **[doc. 1, 2]**
3. Présentez les limites de ces réformes et analysez le constat d'échec qu'en fait Mikhaïl Gorbatchev. **[doc. 3]**

CONSTRUIRE UN ARGUMENTAIRE ORAL

En vous appuyant sur les exemples de la Grèce et de l'URSS, construisez un argumentaire dans lequel vous montrerez comment la démocratisation des États peut conduire à modifier les équilibres géopolitiques.

POINT DE PASSAGE

L'année 1989 dans le monde

Dans un contexte d'affaiblissement de l'URSS, l'année 1989 marque la libération du communisme des peuples d'Europe de l'Est. Alors qu'une vague de révolutions pacifiques anticommunistes gagne les pays baltes et la Pologne, la chute le 9 novembre du mur de Berlin, qui symbolisait la division entre les deux blocs, marque la fin de la guerre froide. En Chine, le parti communiste affronte une importante contestation étudiante, le « printemps de Pékin ».

▶ **Dans quelle mesure l'année 1989 marque-t-elle une avancée majeure pour la démocratie ?**

Dates clés

11 fév.	Le Parti communiste hongrois autorise le multipartisme
Avr.–juin	Mouvement étudiant chinois
18 juin	Victoire électorale en Pologne de Solidarnosc
23 août	Chaîne humaine dans les pays baltes pour revendiquer l'indépendance nationale (Voie balte)
10 sept.	Ouverture de la frontière entre la Hongrie et l'Autriche. Exode des habitants de RDA vers la RFA *via* la Hongrie
20 sept.	Frederik De Klerk élu président de l'Afrique du Sud sur un programme de réformes de l'apartheid
18 oct.	Erich Honecker quitte le pouvoir en RDA
4 nov.	Grandes manifestations dans toute la RDA contre le pouvoir communiste
9 nov.	Ouverture du mur de Berlin
19 déc.	Élection du président Fernando Collor au Brésil à l'issue des premières élections démocratiques tenues depuis 29 ans
22 déc.	Le dictateur communiste roumain Nicolae Ceausescu perd le pouvoir

1 **Le « printemps de Pékin » de 1989**
Manifestation d'étudiants brandissant une copie de la statue de la Liberté face au portrait de Mao Zedong, photographie de Stuart Franklin, place Tienanmen à Pékin, 28 mai 1989.

En Chine, les milieux étudiants soutenus par plusieurs intellectuels demandent une ouverture démocratique du régime. Au printemps 1989, la mort de Hu Yaobang, dignitaire du parti et défenseur d'une refonte idéologique du pays, pousse une partie de la jeunesse chinoise dans les rues. Leur révolte est violemment réprimée par l'armée chinoise du 4 au 6 juin 1989.

2 **Une analyse des bouleversements de l'année 1989**

Chercheur américain, Francis Fukuyama analyse les causes et les conséquences de l'effondrement du bloc soviétique. Si certaines de ses thèses sont aujourd'hui discutées, il n'en reste pas moins un spécialiste renommé de la fin de la guerre froide.

« Le triomphe de l'Occident [...] éclate d'abord dans le fait que tout système viable qui puisse se substituer au libéralisme occidental a été totalement discrédité. Au cours de la dernière décennie, on a assisté à des changements manifestes dans le climat intellectuel des deux plus grands pays communistes du monde et au début de mouvements de réformes dans l'un et dans l'autre [...]. La disparition du marxisme-léninisme d'abord en Chine puis en Union soviétique équivaudra à sa mort en tant qu'idéologie dotée d'une importance historique mondiale. Il peut certes demeurer quelques croyants isolés dans des lieux tels que [...] Pyongyang [Corée du Nord] [...]. La mort de cette idéologie signifie que l'esprit du marché commun ne cessera de se renforcer dans les relations internationales. Cela n'implique nullement la fin des conflits internationaux en tant que tels [...]. Il y aurait toujours un niveau élevé voire croissant de violence ethnique ou nationaliste [...]. Ce qui implique que le terrorisme et les guerres de libération nationale continueront de représenter un chapitre important de l'ordre du jour international. »

Francis Fukuyama, « La fin de l'Histoire ? », *Commentaire*, automne 1989 (trad. P. Alexandre).

3 La défaite électorale du communisme en Pologne

Plusieurs membres de Solidarnosc, dont Tadeusz Mazowiecki (premier rang, à gauche), un proche de Lech Walesa, célèbrent la légalisation du syndicat Solidarnosc, Varsovie, 17 avril 1989.

Après une décennie d'opposition contre le pouvoir communiste polonais, le syndicat Solidarnosc, dirigé par Lech Walesa et rassemblant autour de lui les opposants au régime depuis sa fondation en 1980, est légalisé et remporte les élections législatives en juin 1989. L'un de ses leaders, Tadeusz Mazowiecki, devient le premier dirigeant non communiste du pays depuis 1945.

4 La chute du mur de Berlin : symbole de la fin de la guerre froide

 VIDÉO

Le 9 novembre 1989, le gouvernement de la RDA autorise la libre circulation des Berlinois de l'Est vers les pays étrangers « sans condition particulière ».

« Les Berlinois ont fêté sans discontinuer, pendant tout le week-end, la liberté reconquise d'aller et de venir entre les deux parties de la ville dans une effervescence fraternelle où dominait le sentiment qu'une époque nouvelle commençait et que l'ancienne capitale meurtrie de la nation allemande prenait un nouveau départ. [...] Si le mur de Berlin, qui ceint les secteurs occidentaux sur une longueur de 155 kilomètres, est toujours là, l'ouverture de nouveaux points de passage et la visite à Berlin-Ouest de 1 à 2 millions d'Allemands de l'Est en trois jours, font maintenant penser aux habitants que le mur n'est plus que le symbole d'une époque révolue. »

Télégramme de l'ambassade de France en RDA, 13 novembre 1989.

5 La fin des États communistes en Europe de l'Est

En moins d'une année, les pays communistes d'Europe de l'Est connaissent des révolutions aboutissant plus ou moins pacifiquement à la naissance de nouvelles démocraties.

1. Des régimes contestés et affaiblis
- Transition démocratique à la suite de négociations avec une opposition légalisée
- Transition démocratique non préparée conduisant à une rupture brutale avec le système communiste
- États autonomes de l'URSS qui demeurent communistes jusqu'en 1991
- Républiques membres de l'URSS marquées par une opposition indépendantiste
- La Voie balte (23 août 1989)

2. La fin de l'Europe communiste
- Défaite électorale communiste
- Ouverture de la frontière austro-hongroise (10 septembre 1989)
- Flux de réfugiés est-allemands
- Chute du mur de Berlin
- Insurrection armée contre Nicolae Ceausescu
- Date de chute du régime communiste

PROCÉDER À L'ANALYSE CRITIQUE DES DOCUMENTS

PARCOURS A

▶ **Lire, comprendre et analyser les documents**

1. Quels sont les lieux majeurs de la contestation des pouvoirs communistes ? [doc. 3, 4, 5]

2. En quoi peut-on parler d'une révolution pacifique des peuples européens en 1989 ? [doc. 3, 4, 5]

3. Quels pays se caractérisent par une situation conflictuelle violente ? [doc. 1, 5]

4. En quoi l'année 1989, et donc la fin de la guerre froide, peut-elle être analysée comme le « triomphe de l'Occident » ? [doc. 2]

▶ **Synthétiser**

Montrez que l'année 1989 est une année bouleversant l'ordre politique et géopolitique en place. Vous pourrez aborder les transformations politiques en Europe et les conséquences de la contestation des régimes communistes ailleurs dans le monde.

PARCOURS B

▶ **Analyser une carte** [Voir Méthode, p. 274]

En analysant le document 5, identifiez les lieux majeurs de la contestation du système communiste tant en Europe de l'Est qu'en URSS et montrez en quoi ils témoignent de la fin de l'ordre établi depuis 1945.

CHAPITRE 7 La modification des grands équilibres économiques et politiques mondiaux 215

FAIRE LE POINT
La modification des grands équilibres économiques et politiques mondiaux

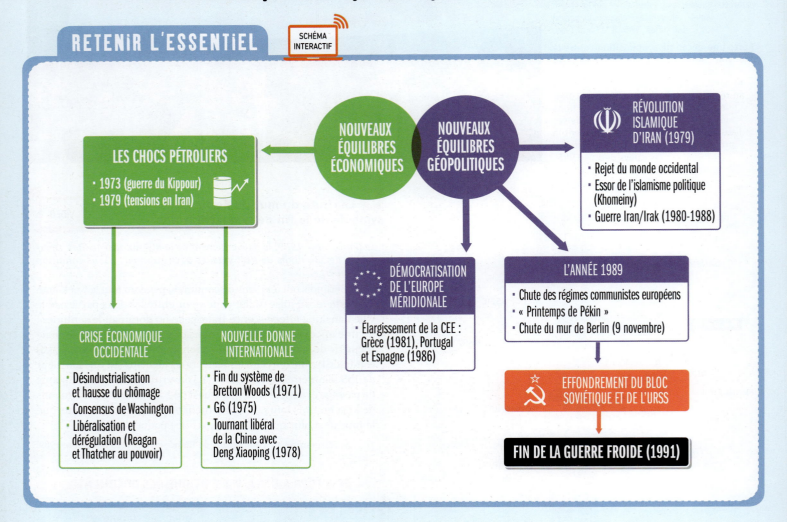

ÉVÉNEMENTS CLÉS

● **1979 : la révolution islamique d'Iran.** L'instauration de la République islamique d'Iran par l'ayatollah Khomeiny est un revers pour les États-Unis et consacre l'essor de l'islamisme politique au Moyen-Orient.

● **1989 : la chute du mur de Berlin.** La chute du mur de Berlin le 9 novembre 1989, lorsque les autorités est-allemandes autorisent les citoyens de RDA à voyager à l'Ouest, est le point culminant de l'effondrement du bloc de l'Est et symbolise la fin de la guerre froide.

PERSONNAGES CLÉS

● **Margaret Thatcher (1925-2013) :** cheffe du Parti conservateur britannique puis Première ministre du Royaume-Uni de 1979 à 1990, elle conduit une politique libérale pour affronter le déclin économique du pays. Elle incarne avec Ronald Reagan le virage néolibéral des gouvernements occidentaux.

● **Ruhollah Khomeiny (1902-1989) :** chef religieux (ayatollah) et homme politique iranien, exilé pendant 14 ans en France, il inspire la révolution islamique de 1979, instaure la République islamique d'Iran puis la dirige politiquement et spirituellement jusqu'à sa mort.

NE PAS CONFONDRE

● **Libéralisation :** dans le domaine économique, désigne l'action de rendre libre l'accès d'un secteur économique aux différents agents économiques, le plus souvent par la fin du monopole de l'État.

● **Dérégulation :** suppression de la régulation d'un secteur économique, généralement dans le but d'encourager la concurrence et le libre marché. On parle aussi de déréglementation.

RÉVISER AUTREMENT

Compléter une carte

Objectif : Identifier et localiser les acteurs et les enjeux du nouvel ordre international

ÉTAPE 1
Complétez la carte en identifiant les pays membres du G6 et en nommant les organisations internationales représentées sur la carte.

ÉTAPE 2
Nommez et datez les guerres mentionnées sur la carte.

ÉTAPE 3
Identifiez les pays du sud de l'Europe en transition démocratique avant 1991 et situez le lieu symbole de la fin de la guerre froide en 1989.

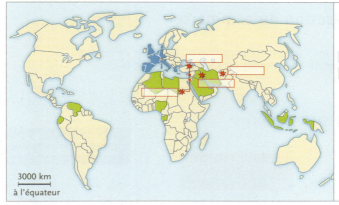

Les organisations internationales en 1989
- ♦ Les membres du G6
- ▬ - - - - - - - - - - - -
- ▬ - - - - - - - - - - - -
- ✳ Principales guerres

Les transitions démocratiques
- ★ Pays du sud de l'Europe en transition démocratique avant 1991
- ◉ Lieu symbole de la fin de la guerre froide

3000 km à l'équateur

VÉRIFIER SES CONNAISSANCES

1 Notions clés à relier

Reliez chaque notion clé à sa définition.

1. Stagflation
2. Récession
3. Désindustrialisation
4. Capitalisme
5. Islamisme

- a. Système économique fondé sur la propriété privée des moyens de production, les échanges et la recherche du profit.
- b. Diminution temporaire du PIB.
- c. Idéologie politique et religieuse affirmant la primauté de l'islam, le rejet de l'Occident, et revendiquant l'application partout de la loi coranique (charia).
- d. Diminution de la part de l'industrie dans la population active et le PIB.
- e. Combinaison inédite dans les années 1970 d'une forte inflation (une hausse des prix) et d'une faible croissance du produit intérieur brut (PIB).

2 Événements et acteurs à relier

Reliez chaque événement à l'acteur politique qui lui correspond.

1. Baisse de la production de pétrole à la suite de la guerre du Kippour
2. Fin de la convertibilité du dollar en or
3. Ouverture de la Chine communiste aux capitaux étrangers
4. Organisation du premier G6 en novembre 1975
5. Renversement du régime pro-occidental en Iran
6. Mise en place de la *Glasnost* et de la *Perestroïka*

- a. Ayatollah Khomeiny
- b. Richard Nixon
- c. Deng Xiaoping
- d. Fayçal ben Abdelaziz Al Saoud
- e. Valéry Giscard d'Estaing
- f. Mikhaïl Gorbatchev

CHAPITRE 7 La modification des grands équilibres économiques et politiques mondiaux 217

BAC Méthode : Analyser un graphique

Analyse de document

Sujet : La libéralisation du commerce

Consigne : Analysez l'impact des cycles de négociation du GATT sur l'évolution des protections aux frontières, qu'elles soient tarifaires ou non tarifaires.

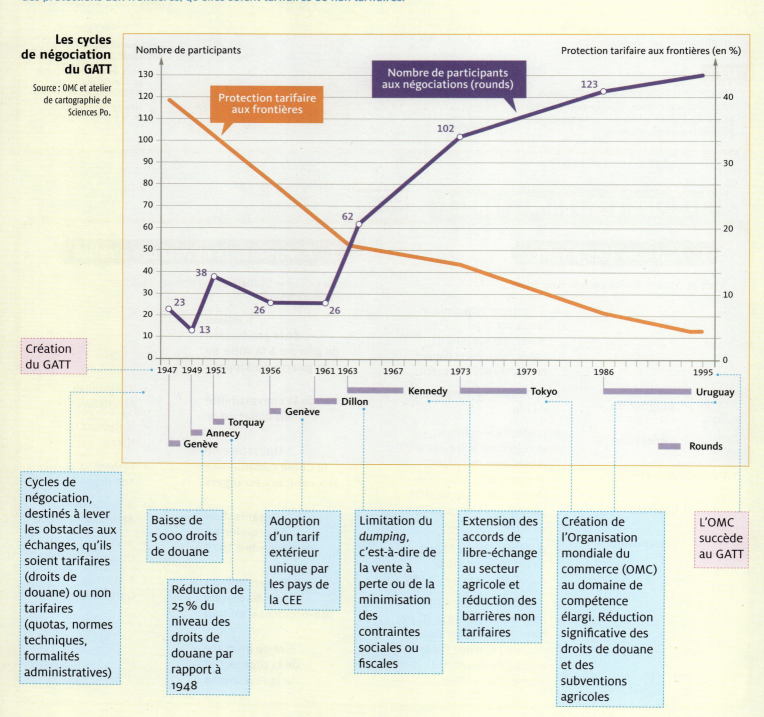

Les cycles de négociation du GATT
Source : OMC et atelier de cartographie de Sciences Po.

- **Création du GATT**
- **Cycles de négociation**, destinés à lever les obstacles aux échanges, qu'ils soient tarifaires (droits de douane) ou non tarifaires (quotas, normes techniques, formalités administratives)
- **Baisse de 5 000 droits de douane**
- **Réduction de 25 % du niveau des droits de douane par rapport à 1948**
- **Adoption d'un tarif extérieur unique par les pays de la CEE**
- **Limitation du *dumping*,** c'est-à-dire de la vente à perte ou de la minimisation des contraintes sociales ou fiscales
- **Extension des accords de libre-échange au secteur agricole et réduction des barrières non tarifaires**
- **Création de l'Organisation mondiale du commerce (OMC)** au domaine de compétence élargi. Réduction significative des droits de douane et des subventions agricoles
- **L'OMC succède au GATT**

218 LES REMISES EN CAUSE ÉCONOMIQUES, POLITIQUES ET SOCIALES (DES ANNÉES 1970 À 1991)

FICHE MÉTHODE

ÉTAPE 1 — Identifier et présenter le graphique

→ **Identifier le type de graphique :** courbe, qui représente l'évolution d'un phénomène continue ; diagramme en bâtons ou histogramme, qui représente une série discontinue ou des cumuls ; diagramme circulaire ou « camembert », qui représente une répartition ou une proportion.

→ **Identifier également les données statistiques,** les unités employées, la légende, le sujet traité.

→ **Justifier l'intérêt visuel de cette représentation.** Elle doit permettre de mettre en valeur les grandes tendances du phénomène étudié.

❶ Identifiez le type de graphique et justifiez l'intérêt visuel de cette représentation.

CONSEIL Analysez la différence entre ce graphique et le doc. 1 p. 206.

ÉTAPE 2 — Comprendre le contenu du graphique

→ **Prélever les informations,** en identifiant une tendance générale (hausse, baisse, stagnation, évolution régulière/irrégulière) et en calculant des rapports (proportion, indice, taux).

→ **Interpréter le graphique** en confrontant les informations qu'il contient avec vos connaissances.

❷ Décrivez conjointement l'évolution du nombre de participants aux négociations et celle des barrières tarifaires.

CONSEIL Expliquez pourquoi il est important de prendre également en considération les barrières non tarifaires.

ÉTAPE 3 — Dégager les apports et les limites du graphique

→ **Présenter l'intérêt du graphique pour la compréhension du thème abordé,** sans négliger ses limites.

❸ Montrez ce que ce document révèle de la libéralisation et de la dérégulation des échanges.

CONSEIL Soulignez les limites du graphique, en vous demandant quelles données mériteraient d'y figurer.

S'entraîner

Sujet : L'évolution du commerce mondial

Consigne : Décrivez l'évolution du commerce mondial, puis analysez la contribution des pays du GATT à cette évolution. Montrez ce que cela implique ensuite pour les États-Unis et l'Europe.

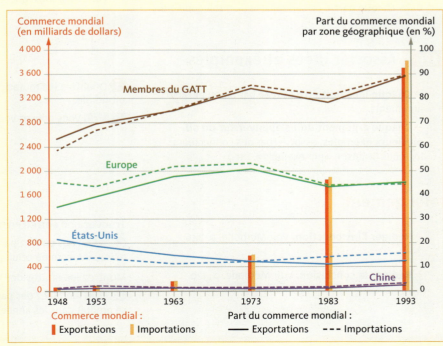

Le commerce mondial de marchandises (1948-1993)

Source : OMC, statistiques du commerce mondial international, 2011.

CHAPITRE 7 La modification des grands équilibres économiques et politiques mondiaux — 219

BAC
Méthode

Bâtir un plan détaillé

▶ Question problématisée

Sujet **En quoi la période des années 1970 et 1980 marque-t-elle un tournant?**

FICHE MÉTHODE

Rappel

→ **Définir et délimiter les termes du sujet.**
Voir Méthode, p. 66

→ **Reformuler la problématique.**
Voir Méthode, p. 134

Expliquez à quelle phase de l'économie mondiale correspond le sujet.
CONSEIL Mentionnez et datez les chocs pétroliers.

Identifiez les enjeux du sujet.
CONSEIL Interrogez-vous sur les conséquences tant économiques et sociales que géopolitiques des chocs pétroliers.

ÉTAPE 1 Formuler deux ou trois idées directrices (parties)

→ **Bâtir le plan** sur les idées directrices, en veillant à les articuler de façon logique et à les hiérarchiser.

→ **Formuler le titre de chaque partie** par une phrase verbale et démonstrative, qui peut reprendre tout ou partie du sujet.

❶ Identifiez les principaux thèmes du sujet.
CONSEIL Considérez non seulement la nouvelle donne économique, mais aussi l'essor de la démocratisation en Europe méridionale et l'impact de la révolution islamique d'Iran.

ÉTAPE 2 Pour chaque idée directrice, construire une démonstration (sous-parties)

→ **Veiller à ce que ces idées s'enchaînent logiquement** et forment un ensemble cohérent.

→ **Retenir un nombre de sous-parties identique dans chaque partie** de sorte que le plan soit équilibré.

❷ Identifiez deux ou trois idées qui étayent l'hypothèse d'une nouvelle donne économique.
CONSEIL Considérez par exemple la fin de la convertibilité du dollar en or et ses conséquences sur le système financier.

ÉTAPE 3 Associer idées et exemples

→ **Chaque idée doit être étayée** par un ou plusieurs arguments.

→ **Chaque argument doit s'appuyer sur un ou plusieurs exemples,** associés par des connecteurs logiques («ainsi», «par exemple», etc.)

❸ Qualifiez les mutations de la gouvernance économique mondiale.
CONSEIL Vous pouvez vous appuyer sur l'exemple du G6.

Prolongement

→ **Rédiger l'introduction.** Voir Méthode, p. 246

→ **Rédiger la conclusion.** Voir Méthode, p. 320

Trouvez une entrée en matière pour ce sujet.
CONSEIL Vous pouvez partir par exemple d'un fait, ou d'un événement marquant, comme celui qui précède le premier choc pétrolier.

Montrez les limites des mutations des années 1970.
CONSEIL Identifiez des pays dont l'évolution la plus marquante se produit dans les années 1980.

220 LES REMISES EN CAUSE ÉCONOMIQUES, POLITIQUES ET SOCIALES (DES ANNÉES 1970 À 1991)

BAC Méthode — Mettre une figure en perspective

Capacités et méthodes

Sujet : Margaret Thatcher face à l'Europe

Consigne : Analysez le rôle de Margaret Thatcher dans la construction européenne, en mettant en évidence la place particulière qu'elle assigne à la Grande-Bretagne.

1 L'intransigeance de la « Dame de fer »

« Règne Britannia dans un splendide isolement », caricature de Fritz Behrendt (1925-2008), 30 mars 1984. Margaret Thatcher est représentée en Britannia, personnification de la Grande-Bretagne et de l'Empire britannique, accompagnée de son taureau et de John Bull, personnage symbolisant l'Angleterre.

En mars 1984, le Conseil européen de Bruxelles échoue devant le refus de Margaret Thatcher, célèbre pour sa formule « *I want my money back* » (« Je veux qu'on me rende mon argent »), d'augmenter la contribution britannique au budget de la CEE.

2 La Grande-Bretagne et l'Europe vus par Thatcher

« L'Europe n'est pas l'œuvre du traité de Rome. Et l'idée européenne n'est pas non plus la propriété d'un groupe ou d'une institution. Nous, Britanniques, sommes tout autant porteurs de l'héritage culturel européen que toute autre nation. Nos liens avec le reste de l'Europe, avec le continent, ont été le facteur dominant de notre histoire. [...] Oui, nous sommes également tournés vers de plus vastes horizons, comme d'autres, et heureusement car grâce à cela, l'Europe n'est jamais devenue, ne deviendra jamais, un club étroit d'esprit, replié sur lui-même. [...] La Grande-Bretagne ne songe nullement à une autre formule que la Communauté européenne, à une existence douillette et isolée en marge. Notre destin est en Europe, car nous sommes membres de la Communauté. [...] Une coopération volontaire et active entre États souverains indépendants est le meilleur moyen de construire une Communauté européenne réussie. »

Margaret Thatcher, discours inaugural de la 39e année universitaire du Collège de l'Europe (Bruges), spécialisé dans les études européennes, 20 septembre 1988.

FICHE MÉTHODE

ÉTAPE 1 Identifier et présenter les documents

- **Identifier les documents :** leur auteur, leur commanditaire éventuel, leur nature.
- **Replacer les documents dans leur contexte historique** en situant leur date de réalisation.

1 Situez l'événement représenté dans l'histoire de la construction européenne.
CONSEIL Aidez-vous du cours p. 206.

ÉTAPE 2 Analyser la figure évoquée dans les documents

- **Analyser la manière dont est représentée la figure principale :** sa place, son environnement, le ton de l'auteur ou le but du peintre.
- **Porter un regard critique sur le contenu des documents** en se demandant si les auteurs sont neutres et quelle est leur intention ou celle du commanditaire.

2 Analysez la place de la Grande-Bretagne en Europe telle que la défend Thatcher.
CONSEIL Expliquez à quoi correspondent les « vastes horizons » auxquels elle fait référence dans son discours.

ÉTAPE 3 Dégager la portée des documents

- **Comparer la figure à ses contemporains :** évoquer d'autres grandes figures de la période et leur traitement par des artistes.

3 Montrez de quoi Margaret Thatcher devient le symbole.
CONSEIL Considérez en particulier son rôle dans la construction européenne.

CHAPITRE 7 La modification des grands équilibres économiques et politiques mondiaux

EXERCICES

1 La CEE face aux nouveaux équilibres mondiaux

S'APPROPRIER UN QUESTIONNEMENT HISTORIQUE
Voir Méthode, p. 277

Consigne : Montrez comment les réformes des institutions européennes répondent aux évolutions des équilibres politiques et économiques mondiaux. Analysez ensuite le sens de ces réformes.

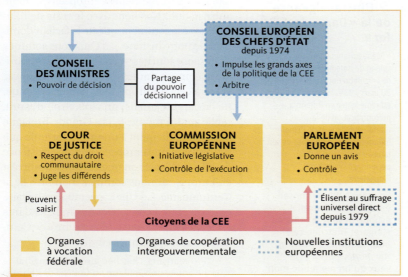

1 Les nouvelles institutions européennes

En décembre 1974 est décidée lors du sommet européen de Paris la mise en place d'un Conseil européen des chefs d'État. En juin 1979 ont lieu les premières élections au suffrage universel du Parlement européen.

2 Les défis auxquels l'Europe est confrontée

« La novation historique que représente l'élection du Parlement européen au suffrage universel [...] se produit précisément à un moment crucial pour les peuples de la Communauté. Tous les États de celle-ci sont en effet, aujourd'hui, confrontés à trois défis majeurs [...]. Le défi de la paix, tout d'abord. [...] La situation de paix qui a prévalu en Europe constitue un bien exceptionnel, mais aucun de nous ne saurait sous-estimer sa fragilité. [...]
Le second défi fondamental, c'est celui de la liberté. Sur la carte du monde, les frontières du totalitarisme se sont étendues si largement que les îlots de la liberté sont cernés par ces régimes où règne la force. Notre Europe est l'un de ces îlots, et il faut se réjouir qu'au groupe des pays de liberté qui la composent soient venus se joindre la Grèce, l'Espagne et le Portugal [...]. Enfin, l'Europe est soumise au grand défi du bien-être, je veux dire à la menace que constitue, pour le niveau de vie de nos populations, le bouleversement fondamental dont la crise pétrolière a été, depuis quelque cinq ans, à la fois le détonateur et le révélateur. [...] Nous avons tous conscience que ces défis, ressentis d'un bout à l'autre de l'Europe avec la même acuité, ne peuvent être efficacement relevés qu'en commun. »

Simone Veil, présidente du Parlement européen, discours prononcé lors de la première session du premier Parlement européen élu au suffrage universel direct, 17 juillet 1979.

2 La répression du « printemps de Pékin »

PROCÉDER À L'ANALYSE CRITIQUE D'UN DOCUMENT B2i
Voir Méthode, p. 101

Consigne : À partir de recherches sur Internet, rédigez une notice biographique du photographe Jeff Widener en insistant d'une part sur le contexte dans lequel il a pris cette photo, et d'autre part sur la portée et le destin de cette dernière.

Un symbole de la résistance à l'oppression

Un homme se tient devant une colonne de chars à proximité de la place Tienanmen, photographie de Jeff Widener, Pékin, 5 juin 1989.

Dans la nuit du 3 au 4 juin 1989, l'armée chinoise écrase dans le sang et devant les journalistes du monde entier les manifestations en faveur de la démocratie. Interdite en Chine, la photo de « L'Homme de Tienanmen » est l'une des plus connues dans le monde.

3 Le déclenchement de la guerre Iran-Irak

CONFRONTER DEUX POINTS DE VUE

Voir Méthode, p. 321

Consigne : Présentez les documents en les replaçant dans leur contexte, puis analysez de façon critique le rôle de la religion dans le déclenchement du conflit.

1 L'Iran appelle les Irakiens à reconnaître son autorité religieuse

La tension monte entre les deux pays au printemps 1980, lorsque l'ayatollah Khomeiny, chiite, appelle au renversement du régime irakien.

« Saddam [Hussein] et son gouvernement illégitime veulent revenir à la période d'avant l'islam, temps de l'ignorance, [...] pour faire prévaloir le seul pouvoir des Arabes en ignorant l'influence de l'islam. Ces gens ne croient pas à l'islam. [...] Armée irakienne, rejoins ton peuple comme l'armée iranienne a rejoint le sien. Tu es responsable devant Dieu. Aucune excuse ne justifierait que tu fasses la guerre contre le peuple iranien et l'Iran musulman. Ce serait une guerre contre le Prophète Muhammad. L'armée irakienne accepterait-elle de faire la guerre contre le Coran et le Prophète ? L'Iran est aujourd'hui le pays du messager de Dieu. Sa révolution, son gouvernement et ses lois sont islamiques. Nous voulons fonder un État islamique qui réunisse l'Arabe, le Persan, le Turc et les autres nationalités sous la bannière de l'islam. »

Ayatollah Khomeiny, discours radiodiffusé, avril 1980.

2 L'Irak dénonce l'usage politique de la religion

Saddam Hussein, musulman sunnite à la tête de l'Irak, prépare son pays à entrer en guerre contre l'Iran. Il déclenche l'attaque le 22 septembre.

« Nous avons pris la décision de recouvrer notre pleine souveraineté sur nos territoires et nos eaux. Nous réagirons avec fermeté aux tentatives de contrecarrer cette décision légitime...
Nous déclarons au monde et à la nation arabe que nous avons levé le masque que porte la clique au pouvoir en Iran. Cette clique a fallacieusement utilisé la religion pour assurer son expansion aux dépens de la souveraineté et des intérêts supérieurs de la nation arabe, pour provoquer des conflits et diviser les fils de la nation, sans se soucier des conditions difficiles que connaît la nation arabe ni la lutte que celle-ci mène contre les agresseurs sionistes et les forces impérialistes. La religion n'est qu'un voile pour dissimuler le racisme et la haine millénaire des Persans à l'égard des Arabes. Elle est brandie pour attiser le fanatisme et la haine et dresser les peuples de la région les uns contre les autres, servant ainsi consciemment ou non les plans mondiaux du sionisme. »

Saddam Hussein, discours devant le Parlement irakien, 16 septembre 1980.

4 La mémoire du communisme

EMPREINTES DE L'HISTOIRE

CONFRONTER ET CRITIQUER DEUX DOCUMENTS

Voir Méthode, p. 39

Consigne : Présentez les documents et replacez-les dans leur contexte, avant de montrer qu'ils illustrent deux formes très différentes de mémoire du communisme et de la figure de Lénine.

1 La décommunisation en Ukraine

Statue de Lénine, que le village de Korji tente en vain de vendre pour financer les rénovations de sa crèche et de son école, photographie de Niels Ackermann, 3 juin 2016.

En Ukraine, les monuments dédiés à Lénine ont disparu de l'espace public. La mémoire de l'URSS fait néanmoins toujours débat.

2 « L'Ostalgie » en Allemagne

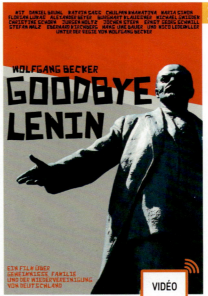

« Un film sur les secrets, la famille et la réunification de l'Allemagne », affiche de *Good Bye Lenin !*, film allemand de Wolfgang Becker, 2003.

Le film raconte les efforts d'un jeune Berlinois de l'Est pour reconstruire l'environnement de la RDA autour de sa mère qui était dans le coma pendant la chute du mur et la réunification. Le succès du film a révélé l'ampleur de « l'Ostalgie » (la nostalgie de l'ancienne Allemagne de l'Est) en Allemagne et dans d'autres pays de l'ancien bloc de l'Est.

8 Un tournant social, politique et culturel : la France de 1974 à 1988

▶ **Quelles mutations connaît la France après les Trente Glorieuses ?**

1
1974 : Le rajeunissement de la vie politique

Le chanteur Johnny Halliday au milieu de jeunes militants devant le siège de campagne de Valéry Giscard d'Estaing en 1974. En arrière-plan, l'affiche de campagne représentant ce dernier en compagnie de sa fille.

Âgé de 48 ans, l'ancien ministre de l'Économie et des Finances du général de Gaulle, Valéry Giscard d'Estaing*, remporte en 1974 l'élection présidentielle face à François Mitterrand, au terme d'une campagne qui l'a vu s'afficher aux côtés de plusieurs chanteurs célèbres et proposer un programme à la connotation nettement sociale.

	1975	1980	1985	1988

DE NOUVEAUX ENJEUX POLITIQUES

- **1974** Valéry Giscard d'Estaing élu président
- **1981** François Mitterrand élu président
- **1982-1983** Lois Defferre sur la décentralisation
- **1986-1988** Première cohabitation
- **1988** Réélection de François Mitterrand

UNE SOCIÉTÉ EN MUTATION

- **1974** Abaissement à 18 ans de l'âge de la majorité
- **1975** Loi Veil sur l'interruption volontaire de grossesse (IVG)
- **1981**
  • Abolition de la peine de mort
  • Semaine de 39 heures
  • 5ᵉ semaine de congés payés
  • Retraite à 60 ans
- **1983** Loi Roudy sur l'égalité professionnelle entre les femmes et les hommes

DES TRANSFORMATIONS CULTURELLES

- **1974** Suppression de l'ORTF
- **1975** Loi Haby sur le collège unique
- **1982** Fin du monopole de l'État sur l'audiovisuel
- **1984** Première chaîne de télévision privée

FRISE INTERACTIVE

2 1981 : L'alternance politique

François Mitterrand* au Panthéon, brandissant une rose, emblème du Parti socialiste, le jour de son entrée en fonction, 21 mai 1981.

Le 10 mai 1981, François Mitterrand, qui avait été battu au second tour en 1965 et 1974, est élu président de la République. Pour la première fois sous la Cinquième République, la gauche est au pouvoir et des ministres communistes entrent au gouvernement.

VIDÉO

IDENTIFIER LES CONTINUITÉS ET RUPTURES CHRONOLOGIQUES

Identifiez dans les documents des éléments de rupture par rapport à la période gaullienne, tout en soulignant ce que l'alternance a de nouveau.

CHAPITRE 8 Un tournant social, politique et culturel : la France de 1974 à 1988

GRAND ANGLE

La France face à la crise

La crise économique provoque de profondes mutations économiques et sociales en France à partir des années 1970. Les gouvernements successifs font face aux chocs pétroliers en mettant fin à l'immigration* de masse, en développant l'énergie nucléaire, en réorganisant l'industrie et les transports et en décentralisant le pouvoir et la culture.

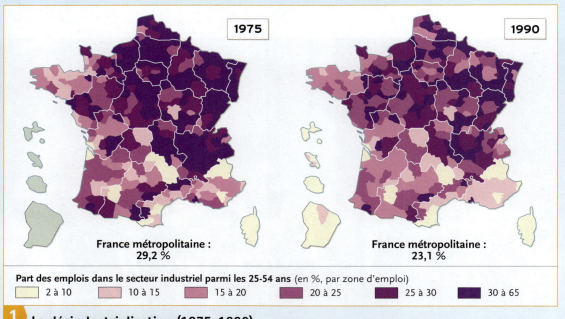

1 La désindustrialisation (1975-1990)
Source : INSEE.

En 1975, le nombre d'ouvriers enregistre son maximum historique : 8,7 millions, soit 38 % de la population active. La crise et la libéralisation de l'économie provoquent ensuite un déclin massif de l'emploi ouvrier.

2 L'essor des mouvements sociaux

Manifestation de sidérurgistes lorrains contre le plan gouvernemental de « sauvetage de la sidérurgie française », qui implique 22 000 suppressions d'emplois, Paris, 23 mars 1979.

226 LES REMISES EN CAUSE ÉCONOMIQUES, POLITIQUES ET SOCIALES (DES ANNÉES 1970 À 1991)

COURS 1 — La France des années Giscard

Comment la France s'est-elle modernisée de 1974 à 1981 ?

A Valéry Giscard d'Estaing, entre changement et continuité

- En 1974, Valéry Giscard d'Estaing devient le premier président non gaulliste de la Ve République. Imprimant à la fonction présidentielle un nouveau style [doc. 2], tout en s'inscrivant dans la continuité de ses prédécesseurs, Georges Pompidou et Charles de Gaulle, il nomme Premier ministre un gaulliste, Jacques Chirac*.

- Face à la crise économique, qui se traduit par la hausse du chômage et de l'inflation [doc. 3], l'État met fin à l'immigration de travail [ÉTUDE p. 232] pour favoriser l'intégration, encourage les Français à économiser l'énergie et lance un programme de construction de centrales nucléaires.

- En 1976, le nouveau Premier ministre Raymond Barre se rend impopulaire par sa politique d'austérité, tandis que la majorité se divise : Jacques Chirac, qui a démissionné de Matignon, fonde un nouveau parti politique, le RPR, tandis que les partisans de Giscard fondent l'UDF en 1978.

B Une société en mutation

- Dès 1974, le gouvernement mène de grandes réformes de société. Les femmes obtiennent de nouveaux droits : Simone Veil fait adopter la loi sur l'interruption volontaire de grossesse [POINT DE PASSAGE p. 230], et le divorce par consentement mutuel est instauré en 1975. L'émancipation des femmes bouleverse la famille traditionnelle : le nombre de divorces et de naissances hors mariage augmente.

- La loi Haby renforce la démocratisation* de l'enseignement secondaire en instaurant le collège unique et en généralisant la mixité [doc. 5]. La crise conduit à une réflexion sur les revers environnementaux de la croissance, ce qui encourage l'essor de l'écologie politique [ÉTUDE p. 233].

- Les mesures prises par le gouvernement, y compris l'abaissement de l'âge de la majorité électorale [doc. 1], ne dissuadent pas l'électorat jeune et féminin de se tourner de plus en plus vers l'opposition de gauche. La gauche, unie depuis 1972 autour d'un programme commun préconisant une politique de relance et un accroissement du rôle de l'État [voir doc. p. 252], progresse aux élections municipales de 1977 et législatives de 1978.

C L'évolution des pratiques culturelles

- Dans la continuité des années 1960, la France connaît l'essor d'une culture de masse encouragée par la diffusion de la télévision. La société de consommation devient une société des loisirs, à la faveur de la réduction du temps de travail. La publicité prend une place de plus en plus importante dans les médias.

- Les pratiques culturelles des Français évoluent [doc. 4]. Le jazz et le rock ont conquis leurs lettres de noblesse et la bande dessinée séduit désormais un public adulte. Les années 1970 sont marquées par des codes vestimentaires nouveaux et une libération des mœurs.

- L'État accompagne ces évolutions en libéralisant l'audiovisuel par le démantèlement de l'ORTF (1974), et en participant activement à la diffusion de la culture. Des institutions culturelles sont inaugurées en dehors de Paris et le Centre national d'art et de culture Georges Pompidou est inauguré en 1977.

1 La majorité abaissée à 18 ans

Affiche du Parti communiste français, 1974.

▶ Quel bénéfice les communistes espèrent-ils tirer de cette réforme ?

Mots clés

Austérité : politique économique visant à réduire les dépenses de l'État et à restreindre la consommation par la restriction du crédit ou la hausse des impôts.

Immigration : entrée de personnes étrangères dans un pays en vue d'y résider.

Intégration : processus de mise en relation et de rapprochement des immigrés avec la société d'accueil.

RPR (Rassemblement pour la République) : parti politique se réclamant du gaullisme fondé et présidé en 1976 par Jacques Chirac, qui est en conflit jusqu'en 1981 avec le président Giscard d'Estaing.

Société des loisirs : société encourageant les services de loisirs, qu'il s'agisse d'activités culturelles, touristiques ou sportives, dans l'espoir de stimuler l'activité économique.

UDF (Union pour la démocratie française) : parti politique fondé en 1978 par des proches de Valéry Giscard d'Estaing pour fédérer différents partis de droite et de centre-droit non gaullistes.

Personnage clé

Simone Veil (1927-2017)
Rescapée d'Auschwitz, magistrate, elle est nommée ministre de la Santé en 1974 et fait adopter la loi sur l'interruption volontaire de grossesse qui porte son nom. De 1979 à 1982, elle préside le Parlement européen.

2 Un nouveau style présidentiel

Le président de la République Valéry Giscard d'Estaing abordant les problèmes de la croissance et de l'emploi lors d'une de ses allocutions mensuelles, appelées parfois les « Causeries au coin du feu » en référence à Franklin Roosevelt, 25 février 1975.

Le nouveau président affiche sa jeunesse et sa décontraction dans une communication soignée qui le montre pratiquant le ski, s'invitant à dîner chez les Français ou faisant preuve de pédagogie en s'adressant directement aux téléspectateurs.

▶ Que recherche Valéry Giscard d'Estaing par cet exposé sur la croissance et l'emploi ?

Sur 100 Français de 15 ans et plus	1973	1981	1988
Regardent la télévision	88	91	90
Dont : tous les jours ou presque	65	69	73
Dont : 20 heures ou plus par semaine	29	35	39
Durée moyenne d'écoute (en heures par semaine)	16	16	20
Écoutent la radio	89	90	85
Dont : tous les jours ou presque	72	72	66
Durée moyenne d'écoute (en heures par semaine)	17	16	18
Écoutent de la musique (hors radio)	66	75	73
Dont : tous les jours ou presque	9	19	21
Lisent un quotidien	77	71	79
Dont : tous les jours ou presque	55	46	43
Ont lu au moins 1 livre	70	74	75
Dont 20 et plus	28	26	24
Sont inscrits et ont fréquenté une bibliothèque	13	14	16
Ont pratiqué en amateur			
Musique dans une organisation ou avec des amis	5	5	8
Une activité artistique autre que musicale	11	13	17
Sont allés au cinéma au moins une fois	52	50	49
Ont assisté à un(e)			
Pièce de théâtre interprétée par des professionnels	12	10	14
Concert de musique classique	7	7	9
Concert de rock ou jazz	6	10	13
Spectacle d'amateurs	10	12	14
Ont visité un musée ou une exposition	33	36	38

4 Les nouvelles formes de la culture de masse

Évolution des pratiques culturelles des Français de 1973 à 1988. Source : ministère de la Culture.

▶ Quelles pratiques culturelles se développent le plus sous le mandat de Valéry Giscard d'Estaing ?

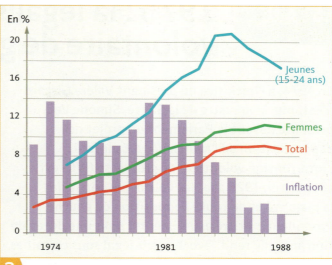

3 La France frappée par le chômage et l'inflation

Évolution du taux de chômage (selon la définition du BIT) et d'inflation en France de 1973 à 1988. Source : INSEE.

▶ Comment évolue le chômage et quelles catégories sont les plus touchées ?

5 L'instauration du collège unique

Jusqu'en 1975, l'enseignement primaire ne conduisait pas automatiquement à l'enseignement secondaire, dont la loi Haby fait désormais la continuité.

« Art. 1er.
Tout enfant a droit à une formation scolaire qui, complétant l'action de sa famille, concourt à son éducation.
Cette formation scolaire est obligatoire entre six et seize ans. Elle favorise l'épanouissement de l'enfant, lui permet d'acquérir une culture, le prépare à la vie professionnelle et à l'exercice de ses responsabilités d'homme et de citoyen. Elle constitue la base de l'éducation permanente. Les familles sont associées à l'accomplissement de ces missions.
Pour favoriser l'égalité des chances, des dispositions appropriées rendent possible l'accès de chacun, en fonction de ses aptitudes, aux différents types ou niveaux de la formation scolaire.
Ces dispositions assurent la gratuité de l'enseignement durant la période de scolarité obligatoire. [...]
Art. 4.
Tous les enfants reçoivent dans les collèges une formation secondaire. Celle-ci succède sans discontinuité à la formation primaire en vue de donner aux élèves une culture accordée à la société de leur temps. [...] Les collèges dispensent un enseignement commun, réparti sur quatre niveaux successifs. »

Loi du 11 juillet 1975 relative à l'éducation, dite loi Haby.

▶ Quel est l'objectif de cette loi ?

CONFRONTER ET CRITIQUER DEUX DOCUMENTS

Estimez la variation des taux de chômage et d'inflation à partir du document 3, émettez une hypothèse sur le taux de croissance à partir du document 2 et qualifiez la situation économique de la France en 1975.

CHAPITRE 8 Un tournant social, politique et culturel : la France de 1974 à 1988

POINT DE PASSAGE

1975 : la légalisation de l'interruption volontaire de grossesse (IVG)

En 1974, à l'initiative du président Valéry Giscard d'Estaing, la ministre de la Santé, Simone Veil, présente devant le Parlement un projet de dépénalisation de l'avortement. La loi sur l'interruption volontaire de grossesse (IVG) est adoptée en 1975 avec les voix d'une partie de la majorité et de toute l'opposition de gauche. Promulguée à titre expérimental pour une durée de cinq ans, elle rend l'avortement légal sous certaines conditions restrictives et sans qu'il soit remboursé par la Sécurité sociale.

▶ **Pourquoi peut-on parler d'un tournant dans l'évolution des droits des femmes ?**

Dates clés

1920	Loi assimilant l'avortement à un crime
1967	Loi Neuwirth légalisant les produits contraceptifs
1971	Publication du Manifeste des 343 femmes déclarant avoir avorté. Création par Gisèle Halimi* et Simone de Beauvoir* de l'association Choisir pour la dépénalisation de l'avortement et la libéralisation de la contraception
1972	Procès à Bobigny de cinq femmes jugées pour avortement
1973	Publication du Manifeste des 331 médecins revendiquant avoir pratiqué des avortements. Création du Mouvement pour la liberté de l'avortement et de la contraception (MLAC)
12 janv. 1975	Loi sur la contraception libre et gratuite
17 janv. 1975	Loi sur l'interruption volontaire de grossesse
31 déc. 1979	Reconduction de la loi sur l'IVG sans limite de temps
31 déc. 1982	Remboursement de l'IVG par la Sécurité sociale

1 Une revendication des mouvements féministes

« Notre bon droit prime la loi », affiche du MLAC, 1974.

Fondé en 1973 sur le modèle de l'association Choisir, le Mouvement pour la liberté de l'avortement et de la contraception (MLAC) regroupe de nombreux membres d'organisations favorables à la libéralisation de l'avortement et de la contraception, dont le Planning familial et le Mouvement pour la libération de la femme (MLF).

2 Un projet visant à adapter la loi à un état de fait

« Nous sommes arrivés à un point où, en ce domaine, les pouvoirs publics ne peuvent plus éluder leurs responsabilités. [...] On ne peut empêcher les avortements clandestins et [...] on ne peut non plus appliquer la loi pénale à toutes les femmes qui seraient passibles de ses rigueurs. [...] Lorsque des médecins, dans leurs cabinets, enfreignent la loi et le font connaître publiquement, [...] lorsque des services sociaux d'organismes publics fournissent à des femmes en détresse les renseignements susceptibles de faciliter une interruption de grossesse, lorsque, aux mêmes fins, sont organisés ouvertement et même par charter des voyages à l'étranger, alors je dis que nous sommes dans une situation de désordre et d'anarchie qui ne peut plus continuer. [...] Parce qu'en face d'une femme décidée à interrompre sa grossesse, ils savent qu'en refusant leur conseil et leur soutien ils la rejettent dans la solitude et l'angoisse d'un acte perpétré dans les pires conditions, qui risque de la laisser mutilée à jamais. [...]
Je voudrais [...] vous faire partager une conviction de femme – je m'excuse de le faire devant cette Assemblée presque exclusivement composée d'hommes : aucune femme ne recourt de gaieté de cœur à l'avortement. [...] C'est pourquoi, si le projet qui vous est présenté tient compte de la situation de fait existante, s'il admet la possibilité d'une interruption de grossesse, c'est pour la contrôler et, autant que possible, en dissuader la femme. »

Simone Veil, discours à l'Assemblée nationale, 26 novembre 1974.

3 La loi Veil, un symbole de la cause des femmes

Marche nationale pour l'avortement, Paris, 6 octobre 1979.

En 1979, la reconduction de la loi Veil donne lieu à des débats publics passionnés et à plusieurs manifestations, les opposants à l'avortement entendant restreindre l'accès à l'IVG. La loi, reconduite sans limite de temps, est adoptée le 30 novembre 1979 et promulguée le 31 décembre.

4 L'opposition d'un ancien ministre de la Santé gaulliste

Le projet de loi est soutenu par la quasi-totalité des partis de la gauche et du centre, et combattu par une large part des députés de la majorité gouvernementale, conduits par Jean Foyer.

« N'en doutez pas : déjà, des capitaux sont impatients de s'investir dans l'industrie de la mort, et le temps n'est pas loin où nous connaîtrons en France ces "avortoirs" – ces abattoirs – où s'entassent des cadavres de petits d'hommes et que certains de nos collègues ont eu l'occasion de visiter à l'étranger ! [...] Plus tard, lorsque, dans une France dépeuplée, le nombre des vieillards et des handicapés sera devenu insupportable parce que disproportionné à celui des actifs, on expliquera à nos successeurs qu'une vie diminuée ou ralentie n'est plus une véritable vie humaine et qu'elle ne vaut plus la peine d'être vécue [...]. Connaître l'âge, le milieu, la situation sociale d'un nombre significatif de femmes avortées, les circonstances, les motivations personnelles, aurait, je le crois, permis de définir le dispositif de dissuasion indispensable, dans le cadre d'une politique familiale rénovée qu'exigent la justice sociale et la démographie et qui semble se heurter, au sein du gouvernement, à certaines difficultés financières. [...] Le grand défaut de votre texte [...], c'est que les pouvoirs publics paraissent, à cette heure, se préoccuper bien plus des femmes qui veulent supprimer leur enfant que de celles qui souhaitent le conserver. »

Jean Foyer, ancien ministre de la Justice (1962-1967) puis de la Santé (1972-1973), discours à l'Assemblée nationale, 26 novembre 1974.

5 La mobilisation des opposants à l'avortement

« Simone Veille sur la dénatalité », affiche du Front national, 1974.

L'opposition à la loi Veil est le fait de la droite extrême, incarnée depuis 1972 par le Front national, mais aussi de la grande majorité de la droite, dont est pourtant issu le gouvernement.

PROCÉDER À L'ANALYSE CRITIQUE DES DOCUMENTS

PARCOURS A

▶ **Lire, comprendre et analyser les documents**

1. Quels sont les arguments en faveur de la dépénalisation de l'avortement ? [doc. 1, 2, 3]
2. Qui sont les opposants à la loi et quels sont leurs arguments ? [doc. 4, 5]
3. Quelles sont les conséquences attendues de la loi selon ses partisans et ses opposants ? [doc. 2, 3, 4]

▶ **Synthétiser**

Expliquez pourquoi la loi sur l'IVG constitue un tournant dans l'histoire des droits des femmes, en présentant les différents enjeux qu'elle représente.

PARCOURS B

▶ **Analyser un discours politique** [Voir Méthode, p. 186]

Analysez le document 2 en le replaçant dans son contexte et en montrant comment Simone Veil adapte son discours à l'hostilité d'une partie de sa propre majorité.

CHAPITRE 8 Un tournant social, politique et culturel : la France de 1974 à 1988

ÉTUDE — La fin de l'immigration de travail

En 1974, l'immigration des travailleurs étrangers est suspendue par Valéry Giscard d'Estaing, dans l'espoir de résorber le chômage. À la suite de cette mesure, les modes de migrations évoluent : les travailleurs arrivent avec leurs familles et désirent s'installer durablement en France.

Dates clés

1974	Fin de l'immigration de travail
1976	Loi sur le regroupement familial
1981	Régularisation de 132 000 immigrés clandestins

▶ **Comment évolue l'immigration entre 1974 et 1981 ?**

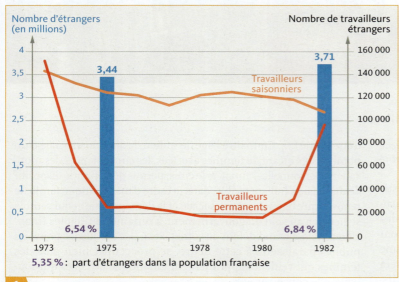

1 Une évolution contrastée des flux migratoires

Sources : Office des migrations internationales et ministère du Travail.

La fin de l'immigration de travail ne met pas fin aux flux migratoires. En 1976 est instauré le droit au retour familial, qui permet au conjoint et aux enfants mineurs d'un ressortissant étranger en situation régulière de le rejoindre.

2 L'État à la recherche d'une « immigration maîtrisée »

« À la fin de la politique spontanée, anarchique, de l'immigration dans le monde des travailleurs correspond une immigration organisée, maîtrisée, dans le domaine de l'immigration familiale. [...] Les immigrés qui vont venir en France vont bénéficier d'un effort très important de logement. [...] Aujourd'hui, nous lançons une politique de l'immigration familiale qui va permettre aux immigrés de faire venir leur famille. Les immigrés qui vont venir en France vont bénéficier d'un effort très important de logement, que nous avons déjà lancé, et qui vise à assurer à toute famille immigrée un logement convenable. Elles vont bénéficier aussi d'un très important effort de scolarisation. Ces familles vont bénéficier aussi de tout un effort d'adaptation, en particulier dirigé vis-à-vis des femmes étrangères qui sont quelquefois les victimes [...] de l'immigration, mais qui sont aussi notre espoir, car c'est sur elles que repose l'équilibre de la famille. »

Paul Dijoud, secrétaire d'État aux Travailleurs immigrés, interview au journal télévisé de 13 heures de TF1, 27 juillet 1976.

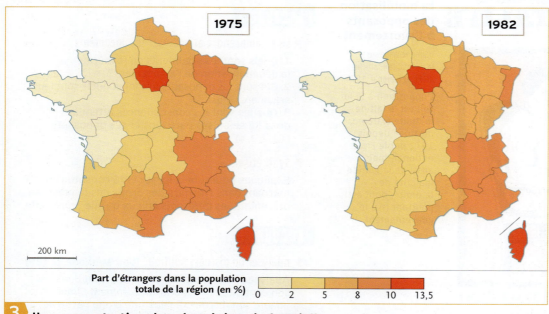

3 Une concentration dans les régions industrielles

Source : INSEE.

ANALYSER LES DOCUMENTS

1. Analysez la politique migratoire du gouvernement et ses conséquences sur les flux migratoires. [doc. 1, 2]
2. Expliquez ce que le gouvernement attend du regroupement familial. [doc. 2]
3. Identifiez les régions françaises les plus concernées par l'immigration et expliquez pourquoi. [doc. 1, 3]

ÉTUDE

La naissance de l'écologie politique

En 1974 est créé le Mouvement écologique, le premier mouvement d'écologie politique. La crise pétrolière et les marées noires favorisent l'essor de ce courant qui dénonce les méfaits du productivisme et rejette le modèle de croissance issu des Trente Glorieuses.

▶ **Comment expliquer l'essor du mouvement écologiste ?**

Dates clés

1974	René Dumont obtient 1,3 % des suffrages à l'élection présidentielle
1979	La liste « Europe écologie » obtient 4,39 % des suffrages aux élections européennes
1981	Brice Lalonde obtient 3,9 % des suffrages à l'élection présidentielle

1 L'essor des préoccupations écologiques dans l'opinion

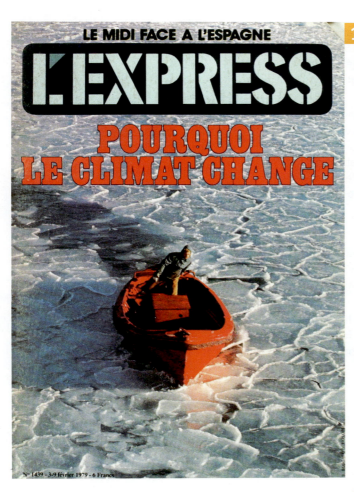

Couverture de *L'Express*, 3-9 février 1979.

À la fin des années 1970, l'opinion publique est sensibilisée à la question écologique par une série de marées noires comme celle de l'*Amoco Cadiz* (mars 1978), par l'accident nucléaire de Three Mile Island aux États-Unis (mars 1979) et par la publication en 1979 de plusieurs rapports scientifiques sur l'impact des activités humaines sur le climat.

2 Un mouvement politique préoccupé par l'avenir

Affiche de la liste « Europe écologie » pour les élections européennes de 1979.

En 1979, la liste « Europe écologie », menée par Solange Fernex*, regroupe le Mouvement écologique et le Réseau des amis de la Terre (RAT).

3 L'élection présidentielle de 1974 : une tribune

VIDÉO

En 1974, l'agronome et sociologue René Dumont est le premier écologiste candidat à l'élection présidentielle.

« Nous, les écologistes, on nous accuse d'être des prophètes de malheur et d'annoncer l'apocalypse. Mais l'apocalypse, nous ne l'annonçons pas, elle est là parmi nous, elle se trouve dans les nuages de pollution qui nous dominent, dans les eaux d'égout que sont devenues nos rivières, nos estuaires et nos littoraux marins. [...]
La France consommait 5 millions de tonnes de pétrole en 1939, la France consommait 120 millions de tonnes de pétrole en 1973. Une telle expansion illimitée ne peut pas se poursuivre. [...] Nous allons bientôt manquer d'eau, et c'est pourquoi je bois devant vous un verre d'eau précieuse puisque, avant la fin du siècle, si nous continuons un tel débordement, elle manquera. »

René Dumont, intervention télévisée, 19 avril 1974.

ANALYSER LES DOCUMENTS

1. Expliquez comment les candidatures écologistes aux élections ont pu contribuer à l'essor du mouvement écologiste. [doc. 2, 3]
2. Montrez à quelles préoccupations entend répondre l'écologie politique. [doc. 1, 2]
3. Expliquez la faible portée du discours écologiste en le replaçant dans son contexte. [doc. 1, 2, 3]

CONSTRUIRE UN TABLEAU

À partir des études et en vous aidant du cours, réalisez un tableau décrivant et hiérarchisant les enjeux de société auxquels est confronté le gouvernement de 1974 à 1981.

COURS 2 — La France mitterrandienne

Quelles sont les conséquences de l'alternance politique de 1981 à 1988 ?

A La rupture de l'alternance

- Le 10 mai 1981, François Mitterrand est élu président de la République. La Cinquième République connaît pour la première fois l'alternance [doc. 1] et des ministres communistes au gouvernement.

- Le Parti socialiste, qui dispose d'une majorité absolue à l'Assemblée nationale, engage de vastes réformes économiques et sociales : l'augmentation du SMIC de 10 % (1981), la semaine de 39 heures et la cinquième semaine de congés payés (1982), un plan de nationalisations dans le secteur industriel et financier (1982) et la retraite à 60 ans (1983).

- Face à la persistance de l'inflation et du chômage, le gouvernement engage en 1983 une politique d'austérité, la « rigueur », qui provoque le départ des communistes du gouvernement. En 1986, le RPR et l'UDF remportent les élections législatives. Jacques Chirac (RPR) devient Premier ministre. Cette première cohabitation, qui voit la droite engager des privatisations et faire face à des grèves et des manifestations étudiantes, s'achève en 1988 par la réélection de François Mitterrand.

B L'ambition de transformer la société

- Le premier mandat de François Mitterrand est caractérisé par l'ambition de « changer la vie », selon le titre donné au programme socialiste depuis 1972. Cela se traduit par l'adoption de mesures hautement symboliques, comme l'abolition de la peine de mort [POINT DE PASSAGE p. 236].

- Les rapports entre l'État et les collectivités territoriales* sont modifiés en profondeur par les lois de décentralisation [doc. 3] et la création d'une fonction publique territoriale en 1987. En 1991, l'École nationale d'administration (ENA) est symboliquement délocalisée à Strasbourg.

- Dans le domaine social, les articles de loi discriminant les homosexuels sont abrogés et Yvette Roudy fait adopter en 1983 une loi sur l'égalité salariale entre les femmes et les hommes [ÉTUDE p. 240]. L'État fait face à l'épidémie de sida par une politique de prévention [POINT DE PASSAGE p. 238].

C Le projet de démocratiser l'accès à la culture et au savoir

- Tandis que la massification de l'enseignement s'accentue [doc. 4], le gouvernement prend des mesures en faveur de sa démocratisation, comme les zones d'éducation prioritaire en 1981 et le bac professionnel en 1985. Il échoue cependant en 1984 à créer un grand service public laïque et unifié de l'éducation (loi Savary).

- À l'initiative de François Mitterrand, l'État entreprend une vaste politique culturelle [ÉTUDE p. 241] qui accompagne le développement de la culture populaire, y compris de nouvelles pratiques comme le rap ou le street art. Elle se traduit également par d'ambitieux projets présidentiels, à l'instar de l'opéra Bastille ou du Grand Louvre en 1989 [doc. 2].

- Le paysage audiovisuel est lui aussi transformé en profondeur : le monopole de l'État est aboli en 1982, la mesure d'audience est systématisée et de nouvelles chaînes sont créées (Canal + en 1984, TV6 et la Cinq en 1986), tandis que TF1 est privatisée (1987).

1 Le « séisme » du 10 mai 1981
Dessin de Plantu, *Le Monde*, 11 mai 1981.
L'élection de François Mitterrand suscite d'immenses espoirs à gauche et de vives inquiétudes à droite.

▶ Comment Plantu tourne-t-il l'alternance en dérision ?

Mots clés

Cohabitation : période au cours de laquelle le président de la République est contraint de gouverner avec un gouvernement et une majorité relevant d'une tendance politique opposée à la sienne.

Culture populaire : forme de culture produite ou appréciée par le plus grand nombre, par opposition avec une culture élitiste ou avant-gardiste.

Démocratisation : désigne le fait de mettre un bien, comme l'enseignement, à la portée de toutes les classes de la société.

Massification : désigne le fait de donner une dimension de masse à une activité (comme l'enseignement ou la culture) autrefois réservée à une élite.

Privatisation : transfert total ou partiel de la propriété du capital d'une entreprise publique vers le secteur privé.

Personnage clé

Yvette Roudy (née en 1929)
Féministe et militante socialiste, députée européenne (1979-1981), elle est ministre des Droits de la femme de 1981 à 1986. Elle œuvre en faveur du remboursement de l'IVG par la Sécurité sociale et de l'égalité professionnelle entre femmes et hommes.

2 Les grands travaux du président Mitterrand

François Mitterrand sur le chantier de la grande pyramide du Louvre, Paris, 31 octobre 1986.

▶ Quelle image le président entend-il donner de lui-même ?

VIDÉO

3 La décentralisation, une nouvelle organisation de l'État

En 1982 et 1983, le ministre de l'Intérieur et de la Décentralisation Gaston Defferre fait adopter trois lois qui suppriment la tutelle du préfet sur les collectivités territoriales, leur transfèrent des compétences de l'État et font de la région une collectivité administrée par un conseil régional dont les membres sont élus au suffrage universel.

« Deux principes, qui se complètent, sont à la base de cette grande transformation politique et administrative : la liberté et la responsabilité.

La liberté, c'est le droit, pour les collectivités territoriales, de s'administrer librement […]. Le projet de loi, présenté par le gouvernement, a pour objet de transférer le pouvoir aux élus, aux représentants des collectivités territoriales, désignés par leurs concitoyens […]. Désormais, les élus seront libres, libres d'exercer pleinement leur mandat, libres de prendre leurs responsabilités sans entraves, sans les limitations, sans les détournements imposés par les services ministériels contre leur volonté et parfois contre l'intérêt de leurs communes. La liberté de chacun est toutefois […] limitée par la liberté d'autrui, par la loi et donc par la responsabilité.

La responsabilité – deuxième principe – est la contrepartie normale de la confiance et de la liberté. Si l'élu décide librement, mais ne respecte pas la loi […], il doit faire l'objet de sanctions. La décentralisation ne doit être ni la facilité, ni le laisser-aller, ni le désordre. Enfin, la décentralisation doit être complétée par une réelle déconcentration* des décisions de l'État. Il faut que les décisions soient prises là où elles devront être appliquées, sur le terrain, par des hommes en contact direct avec les problèmes. Il ne faut plus que les dossiers soient traités à Paris. »

Gaston Defferre, présentation devant l'Assemblée nationale du projet de loi relatif aux droits et libertés des communes, des départements et des régions, 27 juillet 1981.

▶ Comment Gaston Defferre conçoit-il le rôle de l'État ?

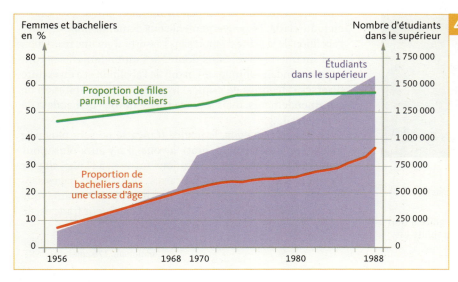

4 La massification de l'enseignement secondaire et supérieur

Source : ministère de l'Enseignement Supérieur, de la Recherche et de l'Innovation.

▶ Comment évolue la proportion de bacheliers parmi une classe d'âge dans les années 1980 ?

IDENTIFIER LES CONTINUITÉS ET RUPTURES CHRONOLOGIQUES

À partir des documents **1** et **3**, analysez l'alternance de 1981 en montrant dans quelle mesure il est justifié de parler d'une rupture.

CHAPITRE 8 Un tournant social, politique et culturel : la France de 1974 à 1988

POINT DE PASSAGE

1981 : l'abolition de la peine de mort

En janvier 1981, François Mitterrand inscrit l'abrogation de la peine de mort au programme des « 110 propositions » de la gauche. Encore largement soutenue par l'opinion, mais de plus en plus rarement exécutée, la peine capitale est alors vivement combattue par un mouvement abolitionniste porté par l'avocat Robert Badinter. L'abolition de la peine de mort, qui est l'une des premières mesures présentées par le nouveau gouvernement, devient l'un des symboles de l'alternance politique.

▶ **Dans quelles conditions la peine de mort est-elle abolie ?**

Dates clés

1791	Inscription de la peine de mort dans le code pénal et première proposition d'abolition
1848	Abolition de la peine de mort en matière politique
1908	Échec d'un projet gouvernemental d'abolition
1977	Dernier condamné à mort guillotiné
1978	Proposition de loi d'abolition soutenue par Philippe Séguin (RPR)
9 oct. 1981	Promulgation de la loi d'abolition de la peine de mort

1 L'essor du mouvement abolitionniste

Jean-Michel Folon, *Contre la peine de mort*, affiche pour l'Association française contre la peine de mort, 1978.

En 1976 et 1977, Valéry Giscard d'Estaing refuse d'accorder la grâce à trois condamnés à mort, notamment Christian Ranucci, dont la culpabilité est mise en doute par l'écrivain Gilles Perrault dans *Le Pull-Over rouge*. L'affaire Ranucci ravive le débat, ancien, sur la peine capitale.

2 Le plaidoyer de Robert Badinter à l'Assemblée VIDÉO

Robert Badinter, qui incarne depuis 1972 en tant qu'avocat des condamnés à mort le combat contre la peine capitale, est nommé ministre de la Justice par François Mitterrand.

« Monsieur le président, Mesdames, Messieurs les députés, j'ai l'honneur au nom du gouvernement de la République, de demander à l'Assemblée nationale l'abolition de la peine de mort en France. [...] Pour tous les abolitionnistes, il est impossible de reconnaître à la justice des hommes ce pouvoir de mort parce qu'ils savent qu'elle est faillible.

Le choix qui s'offre à vos consciences est donc clair : ou notre société refuse une justice qui tue et accepte d'assumer, au nom de ses valeurs fondamentales – celles qui l'ont faite grande et respectée entre toutes – la vie de ceux qui font horreur, déments ou criminels ou les deux à la fois, et c'est le choix de l'abolition ; ou cette société croit, en dépit de l'expérience des siècles, faire disparaître le crime avec le criminel, et c'est l'élimination. Cette justice d'élimination cette justice d'angoisse et de mort, décidée avec sa marge de hasard, nous la refusons. Nous la refusons parce qu'elle est pour nous l'anti-justice, parce qu'elle est la passion et la peur triomphant de la raison et de l'humanité. [...] Parce que l'abolition est un choix moral, il faut se prononcer en toute clarté. Le gouvernement vous demande donc de voter l'abolition de la peine de mort sans l'assortir d'aucune restriction ni d'aucune réserve. Sans doute, des amendements seront déposés tendant à limiter le champ de l'abolition et à en exclure diverses catégories de crimes. Je comprends l'inspiration de ces amendements, mais le gouvernement vous demandera de les rejeter. [...]

Demain, grâce à vous, la justice française ne sera plus une justice qui tue. Demain, grâce à vous, il n'y aura plus, pour notre honte commune, d'exécutions furtives, à l'aube, sous le dais noir, dans les prisons françaises. Demain, les pages sanglantes de notre justice seront tournées. [...] Demain, vous voterez l'abolition de la peine de mort. Législateur français, de tout mon cœur, je vous en remercie. »

Robert Badinter, garde des Sceaux, discours devant l'Assemblée nationale, 17 septembre 1981.

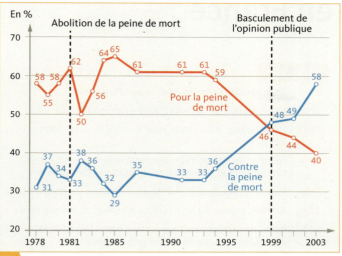

3 Une opinion publique largement hostile à l'abolition

Part des Français pour ou contre la peine de mort. Source : TNS-Sofres.

4 Une mesure hautement symbolique

Dessin de Plantu, *Le Monde*, 20-21 septembre 1981.

5 L'opposition d'un député RPR à l'abolition

La majorité des députés de droite et du centre droit se prononce contre l'abolition, à l'exception de 37 d'entre eux, dont Jacques Chirac, qui votent pour.

« Monsieur le garde des Sceaux, l'issue de ce débat ne fait pas de doute : la peine de mort sera abolie. Votre plaidoirie ou, plutôt, votre premier réquisitoire contre la peine capitale sera donc couronné de succès. Pourtant, [...] je n'ai pas été convaincu, et je ne voterai pas l'abolition. [...]

Pour moi, la peine de mort a pour objet de protéger la société contre des éléments particulièrement dangereux, et dans des cas exceptionnels. Cette peine traduit le droit à l'autodéfense de la société. [...] On a longtemps justifié la peine de mort par son caractère d'exemplarité. Je concède [...] que les démonstrations et les statistiques ne sont pas convaincantes, ni dans un sens ni dans un autre. L'effet de dissuasion réside moins dans l'horreur de la peine que dans une notion quelque peu différente, celle de risque. Même si la peine de mort est rarement appliquée, tant que le risque existe, il entre dans les calculs de bon nombre de criminels en puissance. [...] Cela pourrait être une triste lapalissade, ou de l'humour noir, mais ce n'est que la réalité : la peine de mort est une garantie contre toute récidive. Vous avez dit, Monsieur le garde des Sceaux, que, depuis la Libération, le nombre de condamnés à mort a été relativement faible. Or le nombre de crimes commis par des condamnés à mort graciés est, lui, relativement élevé. »

Claude-Gérard Marcus, député RPR de Paris de 1968 à 1997, intervention à l'Assemblée nationale, 18 septembre 1981.

6 La tentation du rétablissement

Manifestation pour le rétablissement de la peine de mort, Nice, 15 septembre 1988.

Régulièrement, des faits divers ravivent le débat sur la peine de mort. De 1984 à 1988, 15 propositions de lois visant à la rétablir pour les crimes les plus graves sont déposées par des députés de droite ou du Front national.

PROCÉDER À L'ANALYSE CRITIQUE DES DOCUMENTS

PARCOURS A

▶ **Lire, comprendre et analyser les documents**

1. Comment la gauche au pouvoir justifie-t-elle l'abolition de la peine de mort ? [doc. 1, 2, 4]
2. Quels sont les arguments des partisans de la peine de mort ? [doc. 5, 6]
3. Quels sont les obstacles à l'abolition de la peine de mort. [doc. 3, 5]

▶ **Synthétiser**

Analysez l'abolition de la peine de mort en montrant ce qui l'a rendue possible, puis montrez ce qui fait d'elle une mesure emblématique de l'alternance.

PARCOURS B

▶ **Confronter deux points de vue** [Voir Méthode, p. 321]

Présentez les documents 2 et 5 en les replaçant dans leur contexte, puis montrez dans quelle mesure ils reflètent deux projets de société très différents.

POINT DE PASSAGE

L'épidémie du sida en France

En juin 1981, aux États-Unis, cinq jeunes homosexuels sont atteints d'une pneumonie rare. L'année suivante, l'épidémie est baptisée du nom de syndrome de l'immunodéficience acquise, ou sida. Ce n'est qu'en 1983 qu'une équipe française dirigée pas le professeur Luc Montagnier isole le virus et son mode de transmission. En l'absence de traitement, les efforts se concentrent sur la prévention. Les médias, des artistes et des associations se mobilisent contre la maladie et les discriminations des personnes qui en sont atteintes.

▸ **Quelles luttes ont été conduites contre l'épidémie du sida dans les années 1980 ?**

Dates clés

1981	Premiers cas reconnus de sida aux États-Unis
1982	Mise en place de la surveillance épidémiologique
1983	Le professeur Montagnier isole le virus du sida. Premiers cas en France
1984	Création de l'association des artistes contre le sida par Line Renaud et de l'association AIDES par Daniel Defert
1985	Mise en place de la détection du sida dans les dons du sang
1986	Reconnaissance du sida comme affection de longue durée
1987	Première campagne de prévention grand public et loi autorisant la publicité sur les préservatifs
1988	Dispositif de dépistage anonyme et gratuit
1989	Création de l'association Act Up-Paris
1991	Le ruban rouge devient le symbole mondial de lutte contre le sida

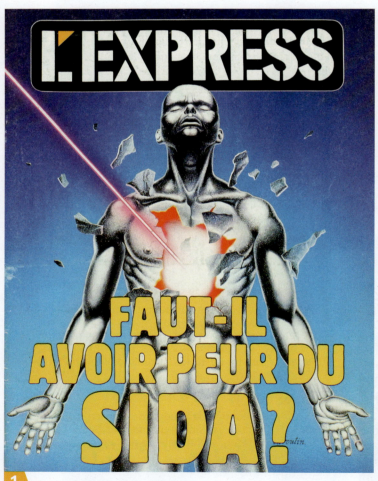

1 **Une médiatisation intense**

Couverture de *L'Express*, 26 juillet-1er août 1985.

À partir de 1985, le sida fait l'objet d'une forte médiatisation. La peur de la maladie est alimentée par le rejet des premières personnes atteintes, pour beaucoup homosexuelles et toxicomanes, qui sont souvent considérées à tort par l'opinion publique comme responsables de leur contamination.

2 **La mise en place d'un plan de lutte contre la maladie**

« Le plan mis en place par le gouvernement porte sur quatre points : la prévention, les soins, la recherche et la coopération internationale.

1. La prévention
Une importante campagne d'information, de prévention et d'éducation, qui s'adresse notamment aux jeunes, a été lancée par le gouvernement. Outre le recours à des spots télévisés, elle s'est traduite par la distribution d'un million de brochures aux professionnels de santé, la mise à la disposition de la population de 13 millions de fascicules d'information et l'envoi, en même temps que les relevés téléphoniques, de 24 millions de dépliants.
Le dépistage à l'occasion des dons du sang a été rendu obligatoire dès 1985. En outre, sera ouvert dans chaque département un centre assurant un dépistage anonyme et gratuit à toute personne qui le souhaitera. La publicité sur les préservatifs a été libérée. [...]

2. Les soins
Onze centres d'information, de soins et de surveillance clinique et biologique du sida seront ouverts à Paris et en province dès le mois d'octobre prochain. [...]

3. La recherche
La recherche constitue l'unique espoir de vaincre le sida. Une dotation supplémentaire de 100 millions de francs a été dégagée pour permettre la mise au point de nouvelles méthodes de diagnostic et de traitement et la préparation de vaccins. [...]

4. La coopération internationale
La France a déjà renforcé le potentiel de l'Organisation mondiale de la santé, qui doit rester en première ligne dans la lutte contre le sida à l'échelon international. »

Plan national de lutte contre le sida, présenté en Conseil des ministres le 24 juin 1987.

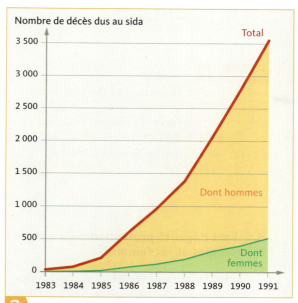

3 La rapide progression de l'épidémie

Source : INSERM.

Le sida se transmet par voie sexuelle, par le sang ou de la mère à l'enfant pendant la grossesse, l'accouchement ou l'allaitement. En 1991, 15 000 Français ont développé un cas de sida. Jusqu'au milieu des années 1990, il n'existe pas de traitement efficace contre la maladie.

5 Le temps des luttes politiques [VIDÉO]

Le 9 juin 1989, des militants homosexuels, qui trouvent insuffisante la politique menée par l'État pour lutter contre le sida, fondent Act Up-Paris, sur le modèle d'Act Up-New York fondé deux ans plus tôt.

« Nous sommes en 1989, la Gay Pride parisienne bat son plein. Philippe, qui se sait séropositif depuis 4 ans, remarque dans la foule "des mecs qui s'allongent" et qui entravent la marche. Il reconnaît les tee-shirts, fraîchement importés du Québec et traduits en français d'Act Up-New York : "Silence = mort". C'est le premier *die-in* et un acte pionnier pour Act Up-Paris. [...] La vie à Act Up se déroule au rythme des réunions, des commissions ou des actions qui scandent la semaine. [...] On y meurt presque parfois. Mais même dans la mort, "les militants d'Act Up-Paris ont continué d'agir" ajoute Gwen. Ainsi les *die-in* représentent-ils la mort des corps [...]. La scène actupienne est orchestrée avec passion et colère. Dans les multiples rapports de force qui s'engagent avec le gouvernement, les laboratoires mais aussi les médias, qu'il faut convaincre à chaque fois. Avec la communauté gay aussi, "qui en avait marre d'entendre parler du sida", rappelle Didier. L'esthétique militante et son décorum sont ainsi brandis fièrement. [...] Capote rose sur obélisque grisâtre, rouge sang sur bureaux aseptisés, collage sauvage sur espace public politiquement correct, l'histoire de l'activisme en restera marquée. »

Cy Lecerf-Maulpoix, « Témoignages : la passion et la colère des anciens membres d'Act Up-Paris », *Têtu*, 22 août 2017.

4 Les campagnes de prévention contre le sida

« Il court, il court, le sida », dernière image du clip réalisé par Jean-Jacques Beineix dans le cadre de la première campagne nationale d'information pour la lutte contre le sida lancée par le ministère de la Santé, 28 avril 1987.

6 L'engagement des artistes

« Ignorance = Peur. Silence = Mort. Combattez le sida, ACT UP (*AIDS coalition to unleash power*) », affiche de Keith Haring, 1989.

En 1987, des artistes de renommée mondiale, dont Keith Haring, malade du sida, fondent le collectif Gran Fury, qui s'inspire des méthodes développées durant les luttes sociales et politiques des années 1970 en cherchant à marquer les esprits. Ils détournent ainsi le symbole du triangle rose qui servait à marquer les homosexuels dans les camps nazis pour en faire un signe de fierté.

PROCÉDER À L'ANALYSE CRITIQUE DES DOCUMENTS

PARCOURS A

▶ **Lire, comprendre et analyser les documents**

1. Comment se développe l'épidémie du sida et comment est-elle perçue par l'opinion publique ? [doc. 1, 3]
2. Quels moyens ont été mis en œuvre par le gouvernement pour lutter contre l'épidémie ? [doc. 2, 4]
3. Quelles formes prennent les luttes des militants associatifs et des artistes ? [doc. 5, 6]

▶ **Synthétiser**

Analysez les différentes luttes conduites dans les années 1980 contre l'épidémie du sida, en montrant ce qui explique l'essor du militantisme politique et artistique.

PARCOURS B

▶ **Mettre en relation un texte et une image** [Voir Méthode, p. 189]

Mettez en relation les documents 5 et 6 et montrez ce qu'ils révèlent de la nature et de l'ambition d'Act Up et de ses militants.

ÉTUDE — Le travail des femmes

Sous l'effet conjugué des progrès de l'instruction, de la conquête de nouveaux droits mais aussi de la crise économique, les femmes entrent de plus en plus massivement, à partir des années 1970, sur le marché du travail, souvent comme salariées, et font la conquête de nouveaux métiers.

▶ **Comment évolue l'emploi féminin de 1974 à 1988 ?**

Dates clés

1974	Création du secrétariat d'État à la Condition féminine
1983	Loi Roudy pour l'égalité professionnelle entre les femmes et les hommes
1986	Féminisation des noms de métiers et de fonctions

1 La conquête de bastions masculins

Yvette Chassagne*, première femme nommée préfet, juillet 1981.

À partir des années 1970, des postes prestigieux longtemps considérés comme réservés aux hommes sont confiés à des femmes : ambassadeur (1972), sous-préfet (1974), préfet (1981), recteur de l'université de Paris (1982), Premier président de la Cour de cassation (1984).

2 Vers l'égalité professionnelle entre les hommes et les femmes

« Sauf si l'appartenance à l'un ou l'autre sexe est la condition déterminante de l'exercice d'un emploi ou d'une activité professionnelle, nul ne peut :
a) Mentionner ou faire mentionner dans une offre d'emploi, quels que soient les caractères du contrat de travail envisagé, ou dans toute autre forme de publicité relative à une embauche, le sexe ou la situation de famille du candidat recherché ;
b) Refuser d'embaucher une personne, prononcer une mutation, résilier ou refuser de renouveler le contrat de travail d'un salarié en considération du sexe ou de la situation de famille ou sur la base de critères de choix différents selon le sexe ou la situation de famille ;
c) Prendre en considération du sexe toute mesure, notamment en matière de rémunération, de formation, d'affectation, de qualification, de classification, de promotion professionnelle ou de mutation. Un décret en Conseil d'État détermine [...] la liste des emplois et des activités professionnelles pour l'exercice desquels l'appartenance à l'un ou l'autre sexe constitue la condition déterminante. »

Article 1er de la loi du 13 juillet 1983 portant modification du Code pénal et du Code du travail en ce qui concerne l'égalité professionnelle entre les femmes et les hommes.

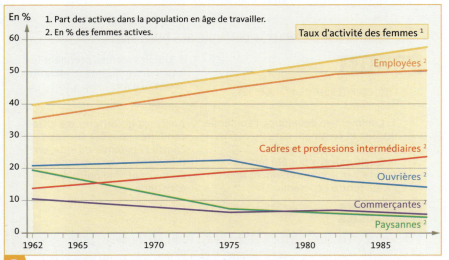

3 La féminisation du marché du travail

Les femmes dans la population active de 1962 à 1990. Source : INSEE.

ANALYSER LES DOCUMENTS

1. Analysez l'évolution de la population active en identifiant les secteurs dans lesquels l'emploi féminin progresse le plus. [doc. 3]

2. Montrez ce que la loi Roudy apporte à l'évolution du travail féminin tout en vous questionnant sur son application réelle. [doc. 2, 3]

3. Expliquez ce qu'apporte à l'emploi féminin dans son ensemble l'accès des femmes à des fonctions importantes. [doc. 1, 3]

ÉTUDE
Une nouvelle politique culturelle

La culture est l'une des priorités des présidents de la République depuis le général de Gaulle. En 1981, toutefois, François Mitterrand mène la plus vaste politique culturelle jamais entreprise, afin de démocratiser la culture sous toutes ses formes.

Dates clés
- 1981 Lancement d'une vaste politique culturelle
- 1982 Instauration de la Fête de la musique
- 1989 Inauguration de l'opéra Bastille et du Grand Louvre

▶ **Comment se traduit la politique culturelle après 1981 ?**

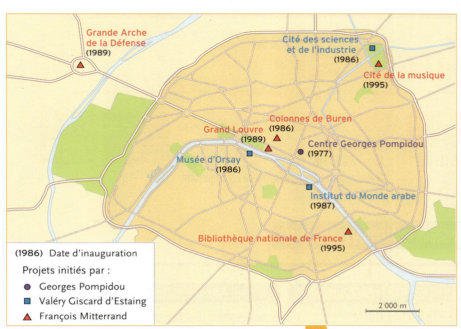

1 Les grands travaux présidentiels

Le 24 septembre 1981, lors de sa première conférence de presse, François Mitterrand lance un grand programme architectural pour symboliser le rôle de la France dans la culture, en reprenant les projets de ses prédécesseurs tout en amorçant les siens.

2 La promotion d'une culture populaire

Fête de la musique, affiche de Tomi Ungerer, 1986.

Ministre de la Culture (1981-1986, 1988-1993), Jack Lang obtient la multiplication par cinq du budget de son ministère sur la période, crée de nouvelles manifestations culturelles (Fête de la musique, 1982 ; Journées du patrimoine, 1984 ; Fête du cinéma, 1985 ; La Fureur de lire, 1989) et étend son champ d'action à de nouvelles formes d'art populaire.

3 La contestation de l'« État culturel »

À la fin des années 1980, les livres dénonçant la politique culturelle de la France mitterrandienne se multiplient.

« En France, la "sphère culturelle" étant dans son ensemble de la responsabilité de l'État, qui jouit d'un monopole de fait sur l'éducation, sur la télévision, et qui pratique en outre une "politique culturelle" ambitieuse, on a affaire à un *État culturel*. [...] Englobant dans son empire à la fois les loisirs de masse et les œuvres de l'esprit, il accoutume si bien la société civile à cet amalgame que celle-ci n'ose plus développer d'elle-même des initiatives et des institutions protectrices distinctes de l'État. [...] La puissance de l'État-providence français est devenue si envahissante qu'elle a besoin de se légitimer, de se célébrer. Ni l'État douanier, ni l'État éducateur, ni l'État banquier ne le font ni le peuvent. L'État culturel, le plus contestable de tous, s'en est chargé. La culture est un autre nom de la propagande. »

Marc Fumaroli, professeur au Collège de France, *L'État culturel. Essai sur une religion moderne*, Éditions de Fallois, 1991.

ANALYSER LES DOCUMENTS

1. Décrivez les axes de la politique culturelle après 1981. **[doc. 1, 2]**
2. Montrez comment l'État cherche à concilier une ambition de démocratisation avec une politique de prestige. **[doc. 1, 2]**
3. Analysez et caractérisez les critiques adressées par Marc Fumaroli à la politique de l'État. **[doc. 3]**

PRÉSENTER UN EXPOSÉ

Recherchez des informations sur le Grand Louvre, puis construisez un exposé qui en décrit le projet et ses ambitions ainsi que les polémiques qui ont entouré la réalisation de la pyramide de verre.

CHAPITRE 8 Un tournant social, politique et culturel : la France de 1974 à 1988

FAIRE LE POINT
Un tournant social, politique et culturel : la France de 1974 à 1988

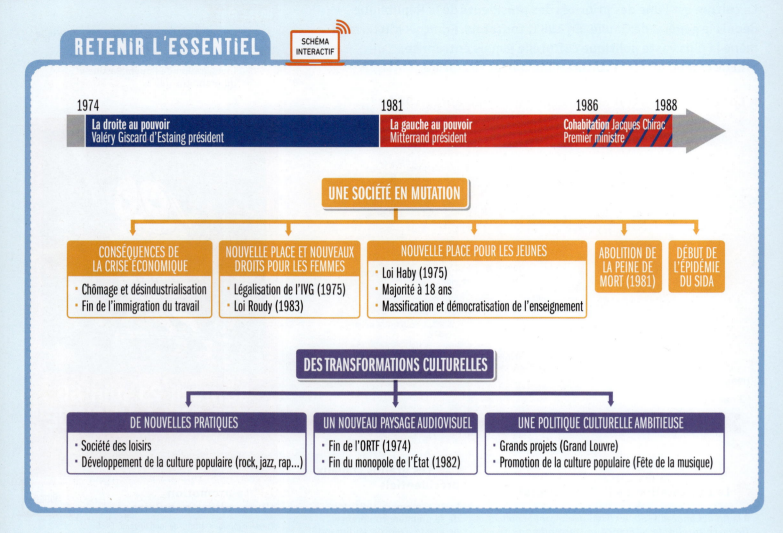

ÉVÉNEMENTS CLÉS

● **1975 : libéralisation de l'IVG.** La ministre de la Santé Simone Veil fait adopter par le Parlement une loi de dépénalisation de l'avortement. Cette mesure marque un tournant dans l'évolution du droit des femmes.

● **1981 : abolition de la peine de mort.** En 1981, la gauche au pouvoir fait adopter l'abrogation de la peine de mort. Cette mesure, portée par le ministre de la Justice Robert Badinter, devient l'un des symboles de l'alternance.

PERSONNAGES CLÉS

● **Valéry Giscard d'Estaing (né en 1926) :** premier président de la République non gaulliste (1974 à 1981), il fait adopter de nombreuses réformes de société dont l'IVG et l'abaissement de l'âge de la majorité.

● **François Mitterrand (1916-1996) :** plusieurs fois ministre sous la IVe République, il prend la tête du Parti socialiste en 1971, élabore un programme commun avec le PCF et bat Valéry Giscard d'Estaing à l'élection présidentielle de 1981. Il fait adopter de nombreuses réformes dont l'abolition de la peine de mort et la décentralisation.

NE PAS CONFONDRE

● **Massification de l'enseignement :** fait de donner une dimension de masse à une activité autrefois réservée à une élite, en repoussant l'âge jusqu'auquel l'enseignement est obligatoire ou en encourageant la poursuite d'études au-delà.

● **Démocratisation de l'enseignement :** fait de mettre l'enseignement à la portée de toutes les classes de la société, en développant des systèmes d'aides sociales ou des dispositifs d'éducation prioritaire ou d'égalité des chances.

RÉVISER AUTREMENT

EXERCICE INTERACTIF

Compléter une chronologie

Objectif : Identifier et nommer les dates et acteurs clés des grands événements

ÉTAPE 1
Identifiez les vainqueurs des élections présidentielles.

ÉTAPE 2
Situez sur la chronologie la fin de l'immigration de travail, la création du RPR et de l'UDF, la reconduction de la loi sur l'IVG, l'apparition des premiers cas de sida en France, et la cohabitation.

ÉTAPE 3
Datez la fin de l'ORTF et celle du monopole de l'État sur l'audiovisuel, ainsi que les lois de décentralisation.

1974 — 1981 — 1988

- 1974 : élection de ....
- 1974 : ....
- .... : fin de l'ORTF
- 1975 : légalisation de l'IVG
- 1976 : ....
- 1978 : ....
- 1979 : ....
- 1981 : élection de ....
- .... : fin du monopole d'État sur l'audiovisuel
- .... : lois de décentralisation
- 1983 : ....
- 1986-1988 : ....

VÉRIFIER SES CONNAISSANCES

EXERCICES INTERACTIFS

1 QCM

Choisissez la (ou les) bonne(s) réponse(s).

1. En 1974, Valéry Giscard d'Estaing :
a. met fin à l'immigration de travail.
b. présente un projet de légalisation de l'IVG.
c. fait adopter la loi Haby sur le collège unique.

2. Le premier candidat écologiste à l'élection présidentielle est :
a. Brice Lalonde.
b. René Dumont.
c. Nicolas Hulot.

3. François Mitterrand inaugure :
a. le centre Georges Pompidou.
b. le musée d'Orsay.
c. le Grand Louvre.

4. Yvette Roudy fait adopter en 1983 :
a. une politique de prévention du sida.
b. une loi sur l'égalité salariale entre femmes et hommes.
c. l'abolition de la peine de mort.

2 Notions clés à relier

Reliez chaque notion clé à sa définition.

1. Intégration
2. RPR (Rassemblement pour la République)
3. Immigration
4. UDF (Union pour la démocratie française)
5. Privatisation
6. Cohabitation

a. Entrée de personnes étrangères dans un pays en vue d'y résider.

b. Période au cours de laquelle le président de la République est contraint de gouverner avec un gouvernement et une majorité relevant d'une tendance politique opposée à la sienne.

c. Parti politique fondé en 1978 par des proches de Valéry Giscard d'Estaing pour fédérer différents partis de droite et de centre droit non gaullistes.

d. Transfert total ou partiel de la propriété du capital d'une entreprise publique vers le secteur privé.

e. Processus de mise en relation et de rapprochement des immigrés avec la société d'accueil.

f. Parti politique se réclamant du gaullisme fondé et présidé en 1976 par Jacques Chirac, qui est en conflit jusqu'en 1981 avec le président Giscard d'Estaing.

CHAPITRE 8 Un tournant social, politique et culturel : la France de 1974 à 1988 — 243

Analyser un témoignage

Analyse de document

Sujet : L'engagement d'une féministe en politique

Consigne : Analysez l'apport du témoignage de Gisèle Halimi à la compréhension des enjeux liés à l'engagement des femmes en politique en décrivant les obstacles qu'elle a rencontrés.

Le témoignage autobiographique de Gisèle Halimi

« En 1978, j'entraînai Choisir dans des élections législatives purement féministes. En dehors de tous les partis que nous jugions nuls ou insuffisants pour les droits des femmes, nous présentâmes "100 femmes pour les femmes". Délicieux souvenirs de meetings aux salles combles, de discours émouvants de nos candidates novices (beaucoup s'exprimaient pour la première fois en public), du succès particulier auprès des médias étrangers.

Notre *Programme commun des femmes*, publié comme soutien à notre campagne, fourmillait de propositions féministes concrètes. Je me souviens, surtout, de cette solidarité si forte et si gaie qui nous souda toutes dans cette campagne peu commune. Nous créâmes des élections d'un "genre" – dans tous les sens du mot – nouveau, singulier.

Combattues par la droite (l'avortement, la libération des femmes) et par la gauche (nous la mettions, disaient ses chefs, en danger), nous fumes isolées. Notre aventure se solda par un échec électoral, mais nous enrichit prodigieusement. Nous avions osé, nous avions dit aux femmes d'oser. [...] Les féministes avaient levé l'étendard et parlé. [...]

1981. [...] Donne différente. Un parti, des candidats, l'Isère (une circonscription où je suis parachutée), une équipe composée en majorité de féministes de Choisir. Des affiches, des mots d'ordre, des réunions qui firent la part belle au féminisme que je liais constamment à la responsabilité d'alors. Le tout dans la dynamique puissante de la vague rose (socialiste) d'alors.

Je suis élue députée à l'Assemblée nationale. J'entre concrètement en politique. »

Gisèle Halimi, Ne vous résignez jamais, Plon, 2009.

Choisir : Mouvement de lutte pour la dépénalisation de l'avortement fondé peu après le procès de Bobigny par Simone de Beauvoir et Gisèle Halimi.

Programme commun des femmes : Le titre fait allusion au programme commun de gouvernement qui unit depuis 1972 le PCF et le PS [voir bac, p. 252].

propositions féministes concrètes : Parmi elles, la parité dans les jurys d'assises pour les violeurs, la sanction pénale des discriminations sexistes, un quota de femmes dans les instances dirigeantes des partis et la création d'un ministère des Femmes.

Notre aventure se solda par un échec électoral : Aucune candidate n'est élue.

Gisèle Halimi : Née en 1927 en Tunisie, avocate et militante féministe, elle est députée socialiste de l'Isère de 1981 à 1984.

LES REMISES EN CAUSE ÉCONOMIQUES, POLITIQUES ET SOCIALES (DES ANNÉES 1970 À 1991)

FICHE MÉTHODE

ÉTAPE 1 · Identifier et présenter un témoignage

→ **Identifier le document,** son auteur (sa nationalité, sa religion, sa fonction) puis les faits relatés.

→ **Identifier la nature et la date exacte du texte :** en relevant s'il s'agit d'un témoignage privé ou public (journal de bord, récit de voyage, autobiographie) et s'il y a un décalage entre les faits racontés et la date de publication.

1 Analysez le décalage entre la date de publication et les faits évoqués.

CONSEIL Décrivez les avancées obtenues par les femmes dans l'intervalle.

ÉTAPE 2 · Comprendre et analyser le contenu d'un témoignage

→ **Prélever des informations dans le texte :** les références aux événements, peuples et lieux cités afin de démontrer l'apport du texte en termes de connaissance historique.

→ **Étudier la manière dont l'auteur met en scène son action :** comment l'auteur se présente ou justifie son action, le ton du témoignage (informatif, ironique, critique).

2 Analysez le regard que porte Gisèle Halimi sur son propre parcours.

CONSEIL Montrez qu'il est empreint de nostalgie pour la période antérieure à 1981.

ÉTAPE 3 · Dégager les apports et les limites d'un témoignage

→ **Dégager sa portée** en identifiant son impact, ses conséquences ou ce qu'il révèle d'une séquence historique.

→ **Insister sur son originalité et son impact** éventuels à l'époque.

3 Montrez ce que ce témoignage révèle du tournant que représente 1981 pour l'entrée des femmes dans la vie politique.

CONSEIL Faites preuve de nuance en expliquant en quoi le parcours de Gisèle Halimi relève davantage de l'exception que de la règle.

S'entraîner

Sujet · **Le regard d'une femme politique sur le sexisme en politique**

Consigne : Montrez ce que le témoignage d'Édith Cresson* révèle des obstacles qu'ont rencontrés les femmes politiques dans les années 1980.

Le témoignage d'Édith Cresson

« Je n'ai pas été nommée Premier ministre par accident. Élue maire, députée, conseiller général, j'ai été cinq fois ministre avant d'être Premier ministre, j'ai aussi siégé au Parlement européen. Je ne vois pas pourquoi on s'étonne toujours qu'une femme ait accédé à cette fonction. Il n'y a qu'en France qu'on se pose la question. C'est une mentalité très particulière. [...]

Quand François Mitterrand m'a demandé de devenir Premier ministre, j'ai commencé par refuser. Il m'a dit alors vouloir qu'une femme occupe ce poste avant la fin de son mandat. Je lui ai répondu qu'il fallait peut-être y penser avant... Évidemment, ça a été très mal considéré. Comment une femme peut-elle être Premier ministre ! Curieux comme commentaire, non ! On ne voit ça qu'en France.

Déjà, lorsque j'étais ministre de l'Agriculture, le président de la Fédération nationale des syndicats d'exploitants agricoles (FNSEA) avait ainsi commenté ma nomination : "On voit le mépris dans lequel le président de la République tient l'agriculture puisqu'il a nommé une femme à ce poste." Lors du congrès de la FNSEA, je fus accueillie par une banderole "Édith, on t'espère meilleure au lit qu'au ministère". Ce à quoi j'avais répondu : "Ça tombe bien. En tant que ministre de l'Agriculture, comme j'ai affaire à des porcs, je vais pouvoir m'occuper de vous." Durant toute ma carrière, le sexisme, le machisme ont été omniprésents. J'eus droit à des séries de pourquoi. Pourquoi porte-t-elle ce bracelet, ces boucles d'oreilles ? [...] Une femme, c'est un objet. Son apparence physique, ses tenues, sa coiffure, voilà ce qui compte. Le reste, ce qu'elle fait, la volonté qu'elle a, ses idées, c'est secondaire. »

Édith Cresson, « Une femme est considérée comme un objet », *Femme Actuelle*, 24 septembre 2019.

CHAPITRE 8 Un tournant social, politique et culturel : la France de 1974 à 1988 **245**

BAC
Méthode
Rédiger l'introduction

▶ Question problématisée

Sujet **Quels changements connaît la société française de 1974 à 1988?**

FICHE MÉTHODE

Rappel

→ **Définir et délimiter les termes du sujet.**
Voir Méthode, p. 66

→ **Choisir un plan adapté au sujet.** Voir Méthode, p. 162

Délimitez chronologiquement le sujet.
CONSEIL Expliquez à quoi correspondent les deux dates mentionnées.

Expliquez ce qui peut justifier un plan chronologique.
CONSEIL Identifiez une césure politique importante entre ces deux dates.

ÉTAPE 1 Introduire au sujet

→ **Formuler une entrée en matière** sous la forme d'un paragraphe synthétique débutant par une citation ou un fait.

→ **Reprendre dans ce court paragraphe les éléments de définition** et de délimitation des termes du sujet.

❶ Expliquez ce qu'il faut entendre par la société française.
CONSEIL Montrez que le sujet ne se réduit pas à ses aspects sociaux.

ÉTAPE 2 Introduire à la problématique

→ **Formuler les enjeux du sujet** aussi clairement que possible dans un court paragraphe.

→ **Exposer l'intérêt historique** de la question posée.

❷ Identifiez l'origine des changements.
CONSEIL Considérez le contexte, mais aussi les acteurs de ces changements et leurs motivations.

ÉTAPE 3 Annoncer le plan

→ **Formuler la réponse à la problématique** par des phrases verbales et affirmatives.

→ **Lier les phrases par des liens logiques** (« d'abord », « ensuite », « enfin », « par exemple », etc.).

❸ Formulez un plan en réponse au sujet.
CONSEIL Soyez concis en ne formulant qu'une phrase par partie.

Prolongement

→ **Rédiger la conclusion.** Voir Méthode, p. 320

Décrivez de façon synthétique l'ampleur des changements, puis montrez ses limites.
CONSEIL Mentionnez les questions politiques et sociales qui émergent à la fin des années 1980.

246 LES REMISES EN CAUSE ÉCONOMIQUES, POLITIQUES ET SOCIALES (DES ANNÉES 1970 À 1991)

BAC
Méthode

Construire une argumentation historique

▶ Capacités et méthodes

Sujet | **Jacques Chirac et les mutations de la société française**

Consigne: Analysez ces deux discours de Jacques Chirac et montrez ce qu'ils révèlent de l'évolution du rôle de l'État face aux mutations de la société française entre 1974 et 1986.

1 Les orientations du Premier ministre en 1974

« Il nous faudra préparer l'avenir à plus long terme de notre économie. Dans ce but, la préparation du VIIe Plan sera immédiatement entreprise. [...] La finalité profonde du Plan devra être de rendre les Français plus heureux. [...]

D'abord, en assurant une meilleure sécurité de l'emploi. Celle-ci dépend bien entendu de la politique économique générale, qui s'appliquera à maintenir un niveau d'emploi satisfaisant, mais qui ne peut éviter tel ou tel accident. Il faut donc assurer à chacun une protection plus réelle contre le risque de licenciement collectif. [...] Sécurité aussi à l'égard des risques majeurs de l'existence : la maladie et la vieillesse [...]. Ces engagements seront rigoureusement tenus par le gouvernement. [...] Sécurité pour les familles. Dès maintenant, le gouvernement engagera avec leurs organisations représentatives une concertation pour que les allocations familiales assurent à leurs bénéficiaires, non seulement le maintien, mais aussi un accroissement de leur pouvoir d'achat. »

Jacques Chirac, déclaration de politique générale devant l'Assemblée nationale, 5 juin 1974.

2 Les orientations du Premier ministre en 1986

« Depuis des décennies, [...] la tentation française par excellence a été celle du dirigisme d'État. [...] Ce système de gouvernement [...] n'est pas dénué de qualités : [...] il se concilie parfaitement avec le besoin de sécurité qui s'incarne dans l'État-providence. Mais il présente deux défauts rédhibitoires : il se détruit lui-même, par obésité ; et surtout, il menace d'amoindrir ses libertés individuelles. [...]

Il faut aller vers les valeurs qui nous ouvrent l'avenir [...] : liberté, création, responsabilité. [...] D'une part, les grands équilibres doivent être établis [...] ; à cette fin, la politique monétaire fera preuve de rigueur, les dépenses et les déficits publics seront sévèrement comprimés [...]. D'autre part, l'économie française a besoin d'un supplément de liberté [...] : liberté de fixer les prix, liberté de commercer avec l'étranger sans contrôle, plus grande liberté dans la gestion des effectifs en vue d'éliminer les entraves à l'emploi. [...] La liste des entreprises qui pourront être dénationalisées dans les cinq prochaines années sera clairement indiquée. »

Jacques Chirac, déclaration de politique générale devant l'Assemblée nationale, 9 avril 1986.

FICHE MÉTHODE

ÉTAPE 1 Identifier et présenter les documents

→ **Identifier les documents :** leur auteur, leur nature et leurs destinataires.
→ **Les replacer dans leur contexte historique** en situant leur date dans la chronologie de la période.

❶ Identifiez l'auteur et la nature des discours.

CONSEIL Insistez sur le caractère solennel des discours.

ÉTAPE 2 Analyser les documents

→ **Analyser le contenu des documents** en prélevant les informations pertinentes pour la compréhension du sujet abordé.
→ **Expliquer les références** aux événements ou aux personnages.

❷ Analysez l'évolution du discours de Jacques Chirac entre 1974 et 1986.

CONSEIL Décrivez le contexte politique, économique et social de chaque discours.

ÉTAPE 3 Construire une argumentation à partir des documents

→ **Formuler une hypothèse sur le sens des documents,** en veillant à donner des exemples précis.
→ **Montrer les limites des documents,** en analysant leur portée et en les confrontant aux faits historiques.

❸ Formulez l'hypothèse que cette évolution du discours est le reflet d'une nouvelle conception du rôle de l'État.

CONSEIL Mentionnez notamment l'État-providence et le néolibéralisme.

CHAPITRE 8 Un tournant social, politique et culturel : la France de 1974 à 1988 **247**

EXERCiCES

1 Le planning familial

ANALYSER UNE AFFICHE

Voir Méthode, p. 64

Consigne : Identifiez les conquêtes auxquelles fait référence cette affiche puis expliquez quelle forme d'émancipation féminine y est illustrée.

Les lents progrès du droit des femmes sur leur corps

Affiche du Mouvement français pour le planning familial, 1980.

Créé en 1960 et issu de la « Maternité heureuse » fondée en 1956, le Mouvement français pour le planning familial regroupe des associations féministes qui partagent pour objectif l'éducation sexuelle, le contrôle des naissances et la lutte pour le droit à la contraception et à l'avortement.

2 Les mémoires de la loi Veil

ANALYSER DES TÉMOIGNAGES

Voir Méthode, p. 244

Consigne : Montrez ce que ces témoignages révèlent du rôle de Valéry Giscard d'Estaing dans l'adoption de la loi Veil, puis analysez de façon critique le regard que Simone Veil porte sur son propre rôle.

1 La loi Veil vue par Valéry Giscard d'Estaing

« Le problème de l'avortement était difficile à traiter pour moi. D'éducation et de convictions catholiques, très ignorant des données médicales et sociologiques, j'avais assisté, comme chacun, à la montée en puissance du problème.
La comparution de femmes soupçonnées d'avortement devant les tribunaux donnait lieu à des manifestations pénibles. [...] Les législations libérales existant dans les pays voisins, en Grande-Bretagne, en Belgique et en Suisse, permettaient aux femmes de condition aisée de résoudre leur problème par un rapide aller et retour, qui restait anonyme. Les autres en étaient réduites à la clandestinité et au recours à des moyens [...] qui compromettaient souvent leur santé et laissaient des séquelles psychologiques durables.
On ne pouvait pas en rester là. La loi civile devait être rendue compatible avec l'état social réel. Il ne s'agissait pour personne [...] d'" approuver " l'avortement, mais de transférer sur la responsabilité individuelle une partie de ce qui était jusqu'ici du domaine de la loi collective. Chacun devait respecter les impératifs de sa conscience ou de sa foi, mais ne déciderait plus pour les autres. »

Valéry Giscard d'Estaing, *Le Pouvoir et la vie*, Éditions Compagnie, 1988.

2 La loi de 1975 racontée par Simone Veil

« L'année 1976 marque l'achèvement d'une longue bataille menée essentiellement par les femmes pour réformer la législation sur l'avortement. J'en garde le souvenir de moments très durs, du fait de l'agressivité parfois ordurière de certains parlementaires de la majorité, alors que celle-ci était très divisée. [...] Tous les ministres savaient que c'était une réforme à laquelle le président tenait personnellement, ne serait-ce que pour une question d'ordre public [...]. En outre, Giscard fait partie de ces hommes qui portent un intérêt à la promotion du rôle des femmes dans la société. [...] Les débats parlementaires sur l'avortement ont sans doute été parmi les plus passionnés du XXe siècle. Mais je ne voudrais pas qu'on oublie que le véritable tournant du point de vue de la liberté sexuelle des femmes, c'est la loi Neuwirth sur la contraception, votée en 1967. C'est elle qui leur confère la maîtrise de la procréation, ce qui pour beaucoup d'hommes représentait une forme d'aliénation. Encore aujourd'hui, je croise des jeunes femmes qui m'arrêtent dans la rue et me disent : "Merci, vous avez changé ma vie." Cela me touche, mais je m'étonne que, même pour les jeunes, cette loi qui a plus de vingt ans ait encore un tel impact. »

Simone Veil, propos recueillis par Bruno Cabanes, *L'Histoire*, mai 2003.

3 L'élection présidentielle de 1981

CONFRONTER ET CRITIQUER DEUX DOCUMENTS
Voir Méthode, p. 39

Consigne : Analysez la composition des affiches et montrez qu'elles reflètent deux visions différentes de la France, tout en soulignant le décalage entre l'image que les Français ont des deux hommes et l'image qu'ils veulent donner par ces affiches.

1 La « France forte » selon Valéry Giscard d'Estaing
Affiche de campagne de Valéry Giscard d'Estaing, 1981.

2 La « force tranquille » selon François Mitterrand
Affiche de campagne de François Mitterrand, 1981.

4 Les femmes dans l'art

FAIRE UNE RECHERCHE SUR INTERNET B2i

Consigne : Recherchez sur Internet des informations sur Niki de Saint Phalle et sur le courant auquel elle est rattachée, le nouveau réalisme. Montrez comment son œuvre reflète la place nouvelle des femmes dans les années 1970 et 1980.

Les *Nanas* de Niki de Saint Phalle

Niki de Saint Phalle, *Nana Boa*, statue en résine de polyester peinte, 228 x 120 x 87 cm, 1983. Collection particulière.

À partir de 1964, la plasticienne franco-américaine Niki de Saint Phalle (1930-2002) réalise des sculptures décalées aux couleurs violentes représentant d'énormes « nanas » à petite tête qui renouvellent l'image de la femme.

CHAPITRE 8 Un tournant social, politique et culturel : la France de 1974 à 1988

BAC Sujets EC — ÉVALUATIONS COMMUNES

> **AIDE** **Bien comprendre le sujet :** Rappelez brièvement les facteurs de la crise économique et sociale.
>
> **Comprendre les enjeux du sujet :** Considérez aussi bien la réponse apportée à l'échelle internationale que l'essor de la dérégulation et de la libéralisation des économies.

Question problématisée

Sujet Comment les pays industriels font-ils face à la crise des années 1970 ?

Analyse de documents

Sujet Le premier élargissement de l'Europe (1973)

Consigne : Analysez de façon critique les arguments en faveur de l'élargissement. Montrez ensuite les limites de ce dernier en vous aidant de vos connaissances.

1 L'enjeu de l'élargissement selon Georges Pompidou

« Demain, va s'ouvrir officiellement la campagne du référendum. Je voudrais ce soir, rapidement, simplement, vous parler de la construction européenne, de ses conséquences pour notre pays, vous dire pourquoi je vous consulte directement et pourquoi il faut que le "oui" recueille une imposante majorité. [...]
En vérité, notre prospérité, notre niveau de vie dépendent étroitement de la Communauté économique qui s'est créée et qui va s'élargir si vous le voulez. C'est un marché de près de 300 millions de consommateurs qui s'ouvrira à notre agriculture, à notre industrie, à notre commerce. C'est l'ensemble où l'expansion est la plus visible dans le monde [...].
Oui, j'affirme que l'Europe sera demain une zone de prospérité privilégiée dans le monde.
Mais c'est peut-être sur le plan de la politique que la construction européenne a le plus d'importance pour notre pays [...]. La France ne peut garder et accroître son rôle dans le monde qu'en s'unissant aux autres nations européennes y compris l'Angleterre. [...] Parce que vous voulez une France forte, prospère et libre et que son destin ne peut s'accomplir que dans une Europe puissante et maîtresse d'elle-même, vous répondrez en masse à mon appel. Dimanche 23 avril, vous irez aux urnes remplir votre devoir de citoyen, vous direz "oui", "oui" à l'avenir de vos enfants, "oui" à l'Europe. »

Georges Pompidou, président de la République, allocution télévisée, 11 avril 1972.

2 L'entrée du Royaume-Uni, du Danemark et de l'Irlande dans la CEE

Affiche officielle pour le référendum du 23 avril 1972.

Le 23 avril 1972, l'adhésion à la CEE du Royaume-Uni, du Danemark, de l'Irlande et de la Norvège est approuvée avec plus de 68 % des suffrages exprimés, mais avec un taux d'abstention de 40 %. En septembre, les Norvégiens rejettent par référendum l'adhésion de leur pays.

> **AIDE** **Analyser un discours politique :** Montrez comment le président de la République associe l'intérêt de la France à celui de l'Europe.
>
> **Analyser une affiche :** Expliquez le choix de représenter les pays européens par des enfants.

250 LES REMISES EN CAUSE ÉCONOMIQUES, POLITIQUES ET SOCIALES (DES ANNÉES 1970 À 1991)

Question problématisée

Sujet Peut-on parler d'un triomphe de la démocratie libérale en 1991 ?

AIDE Comprendre les enjeux du sujet : Considérez d'une part la démocratisation de l'Europe méridionale, et d'autre part l'effondrement du bloc soviétique.
Élaborer le plan : Choisissez un plan nuancé, qui permette de montrer les limites de la démocratisation à l'échelle du monde.

Analyse de documents

Sujet L'ouverture de la Chine sur le monde

Consigne : En mettant en relation le texte et l'image, analysez les axes et les ambitions de la modernisation voulue par Deng Xiaoping à la fin des années 1970.

1 Une image symbole

Enfant chinois sur la grande muraille de Chine, photographie de James Andanson, 30 mars 1979.

En 1979, l'image d'un enfant chinois buvant une canette de Coca-Cola apportée en Chine par le photographe, quinze ans avant l'arrivée des premiers produits américains, fait le tour du monde.

2 La modernisation de la Chine selon Deng Xiaoping

« Nous voici encore une fois à un tournant de l'histoire de la Chine. En 1978, nous avons lancé un vaste programme que nous appelons "les quatre modernisations" : modernisation de l'industrie chinoise, de l'agriculture, du secteur scientifique et technologique, et de la défense nationale. Pour nous autres Chinois, il s'agit là, en un sens bien réel, d'une nouvelle révolution ; et c'est une révolution socialiste. Le but d'une révolution socialiste, au fond, consiste à libérer les forces productives d'un pays et à les développer. [...] La Chine a maintenant adopté une politique d'ouverture sur le monde dans un esprit de coopération internationale. [...] Nous voudrions, à mesure que notre développement se poursuit, élargir le rôle de l'économie de marché. Au sein du système socialiste, une économie de marché et une économie fondée sur la planification de la production peuvent coexister et il est possible d'établir entre elles une coordination. »

Deng Xiaoping, discours prononcé en 1979 (trad. R. Pérès).

AIDE Analyser un discours politique : Présentez Deng Xiaoping et replacez son discours dans le contexte de la fin des années 1970.
Analyser une photographie : Analysez et expliquez le décalage entre l'image et la réalité qu'elle prétend décrire.

LES REMISES EN CAUSE ÉCONOMIQUES, POLITIQUES ET SOCIALES (DES ANNÉES 1970 À 1991)

BAC Sujets EC ÉVALUATIONS COMMUNES

▶ Question problématisée

Sujet **Dans quelle mesure l'alternance politique de 1981 marque-t-elle une rupture ?**

> **AIDE** **Bien comprendre le sujet :** Rappelez de quelle alternance politique il s'agit en la replaçant dans l'histoire de la Ve République.
>
> **Reformuler la problématique :** Considérez la dimension politique, économique, sociale mais aussi culturelle du sujet.

▶ Analyse de document

Sujet **Le programme commun de la gauche**

Consigne : Analysez le programme commun en identifiant ses axes principaux puis en montrant qu'il contient en creux une critique de la droite au pouvoir.

Un texte de rupture

« En présentant un programme commun de gouvernement, le Parti socialiste et le Parti communiste français ont conscience d'accomplir un acte politique de grande importance. Ils affirment ensemble leur volonté de mettre fin aux injustices et aux incohérences du régime actuel. Pour y parvenir et pour ouvrir la voie au socialisme, des changements profonds sont nécessaires dans la vie politique, économique et sociale de la France. [...] Les perspectives ouvertes par l'union de la gauche et le rassemblement de toutes les forces du peuple, les propositions développées dans ce programme sont les moyens qui permettront aux Françaises et aux Français de vivre mieux, de changer leur vie. [...]

Pour briser la domination du grand capital et mettre en œuvre une politique économique et sociale nouvelle, rompant avec celle qu'il pratique, le gouvernement réalisera progressivement le transfert à la collectivité des moyens de production les plus importants et des instruments financiers actuellement entre les mains de groupes capitalistes dominants.

Le secteur public sera étendu, démocratisé et restructuré. Les entreprises nationales, dotées d'une large autonomie de gestion, respecteront dans leurs activités les orientations du Plan.

Dans le régime actuel, le chef de l'État détient dans la conduite de la politique intérieure et extérieure des pouvoirs exorbitants qu'il exerce sans contrôle. Les dispositions du texte constitutionnel qui ont servi à l'instauration et aux abus du pouvoir personnel doivent être supprimées ou corrigées. [...]

L'article 16 qui permet au président de la République de s'arroger tous les pouvoirs sera abrogé. [...] Le référendum ne pourra être utilisé comme un moyen de faire plébisciter la politique présidentielle contre le Parlement [...].

La durée du mandat du président de la République sera fixée à cinq ans, un délai suffisant entre son élection et celle des députés à l'Assemblée nationale évitant toute simultanéité.

Le Parlement disposera des moyens d'exercer le pouvoir législatif, de contrôler l'exécutif et de prendre les décisions qui lui incombent sur le plan national. »

> *Programme commun de gouvernement, adopté par le PS, le PCF et les radicaux de gauche, Paris, 27 juin 1972.*

> **AIDE** **Procéder à l'analyse critique d'un document :** Identifiez la nature du texte et relevez les principaux thèmes qu'il aborde.
>
> **S'approprier un questionnement historique :** Relevez et analysez les critiques adressées aux institutions et au rôle du chef de l'État.

252 LES REMISES EN CAUSE ÉCONOMIQUES, POLITIQUES ET SOCIALES (DES ANNÉES 1970 À 1991)

Question problématisée

Sujet **Comment la place des femmes évolue-t-elle dans la société française de 1974 à 1988 ?**

> **AIDE** **Bien comprendre le sujet :** Considérez non seulement leur place politique, mais aussi économique et sociale.
>
> **Comprendre les enjeux du sujet :** Comparez la situation des femmes au début et à la fin de la période.

Analyse de documents

Sujet **Le débat sur l'immigration dans les années 1970**

Consigne : Après avoir replacé ces documents dans leur contexte respectif, montrez ce qu'ils révèlent de l'enjeu de l'intégration des immigrés dans la société française.

2 **La condition des immigrés vue par Pierre Mendès France**

« Je suis indigné par une situation sur laquelle règne une sorte de complot du silence. On a compté certains mois une dizaine de meurtres de Nord-Africains[1], sans que jamais il y ait eu de suites judiciaires. Appelez cela racisme ou autrement, cherchez d'autres explications. Peu importe. C'est déshonorant pour un pays comme le nôtre [...].

Ce côté sanglant mis à part, il y a tout le problème social. Les immigrés constituent un sous-prolétariat mal rémunéré, parqué dans des taudis, affecté aux postes les plus pénibles, les plus salissants. Cherchant à gagner un peu plus d'argent dans les plus brefs délais, ils sont disposés à faire plus d'heures et des travaux plus durs (c'est ainsi qu'ils servent de moyens de pression sur les autres OS[2]). Peut-on leur refuser des possibilités de travail et d'existence plus conformes à leur dignité d'hommes, des salaires plus convenables, une protection contre mille formes insidieuses de discrimination ? [...] On leur reproche une criminalité anormale ? D'après les statistiques, il n'y a pas plus de crimes et de délits parmi les travailleurs algériens que parmi les Français. On leur reproche leur état sanitaire ? En réalité, ils paient plus à la Sécurité sociale qu'ils ne lui coûtent. Tout ce qu'on raconte là-dessus ne tient pas debout. »

Pierre Mendès France, *Choisir*, Stock, 1974.

1. En 1973, la France connaît une vague de meurtres à caractère raciste, qui coûte la vie à 52 Maghrébins.
2. Ouvriers spécialisés.

1 **L'immigration dénoncée par le Front national**

Affiche du Front national pour les élections législatives, mars 1978.

> **AIDE** **Procéder à l'analyse critique d'un document :** Montrez ce que le texte de Pierre Mendès France révèle des conditions de vie et de travail des immigrés.
>
> **Analysez une affiche :** Montrez à quelle dimension l'affiche du Front national entend réduire la question de l'immigration.

LES REMISES EN CAUSE ÉCONOMIQUES, POLITIQUES ET SOCIALES (DES ANNÉES 1970 À 1991) 253

1990-1991 Guerre du Golfe

1991 Abolition de l'apartheid en Afrique du Sud

1992 Traité de Maastricht

1994
• Génocide au Rwanda
• Inauguration du tunnel sous la Manche

Attentats du 11 septembre

2000 Loi sur la parité en France

2001 Début de la guerre d'Afghanistan

2002 Mise en circulation de l'euro

2003 Début de la guerre d'Irak

THÈME 4

Le monde, l'Europe et la France depuis les années 1990, entre coopérations et conflits

La chute de l'URSS en 1991 met fin à la guerre froide. En même temps que se met en place un nouvel ordre international, le projet européen connaît un approfondissement sans précédent, et la République française, un renforcement de son pouvoir exécutif. Toutefois, la fin de l'ordre bipolaire favorise l'essor de nouveaux conflits entre États, et l'apparition de nouvelles formes de conflictualité.

Chapitre 9 Nouveaux rapports de puissance et enjeux mondiaux............ 256
Chapitre 10 La construction européenne, entre élargissement, approfondissement et remises en question........................ 280
Chapitre 11 La République française... 302

Un soldat de l'opération Atalante, menée depuis 2008 par l'Union européenne au large de la Somalie pour lutter contre l'insécurité dans le golfe d'Aden et l'océan Indien.

2007	2011	2013	2015	2017	2020
Europe des 27	Début de la guerre civile syrienne	Acte III de la décentralisation en France	Attentats de Paris	Loi renforçant la sécurité intérieure et la lutte contre le terrorisme	Crise du coronavirus

9 Nouveaux rapports de puissance et enjeux mondiaux

▶ **Quelles tensions affectent le monde après 1991 ?**

1 Un nouvel ordre mondial

Un soldat américain près du front pendant la guerre du Golfe, photographie de Christopher Morris qui a fait la couverture de *Life*, mars 1991.

La fin du monde bipolaire se traduit par la recomposition des relations internationales au profit de la superpuissance américaine et par la naissance de nouveaux types de conflits. En 1991, sous l'impulsion des États-Unis, une coalition internationale libère le Koweït envahi par l'Irak.

Frise chronologique

1990 — 1995 — 2000 — 2005 — 2010 — 2015 — 2020

De nouveaux enjeux internationaux

- **1990-1991** Guerre du Golfe
- **1991** Fin de l'apartheid
- **1994** Génocide au Rwanda
- **1992-1995** Guerre de Bosnie-Herzégovine
- **1998-1999** Guerre du Kosovo
- **2001** Attentats du 11 septembre
- **2001-2014** Guerre d'Afghanistan
- **2003-2011** Guerre d'Irak
- **2011** Début de la guerre de Syrie
- **2014** Début de la guerre du Donbass
- **2020** Crise du coronavirus

Une nouvelle gouvernance mondiale

- **1993**
  - Accords israélo-palestiniens d'Oslo
  - Tribunal pénal pour l'ex-Yougoslavie (TPIY)
- **1994** Tribunal pénal pour le Rwanda (TPIR)
- **1997** Protocole de Kyoto
- **2002** Cour pénale internationale (CPI)
- **2006** Tribunaux cambodgiens pour juger le génocide
- **2008** Première réunion des chefs d'État du G20
- **2011** Première réunion des BRICS
- **2015** Accords de Paris

FRISE INTERACTIVE

2 La recherche d'une nouvelle gouvernance

Sommet du G20, Washington, 15 novembre 2008.

Pour faire face aux nouveaux enjeux planétaires, les pays du G20 (les 19 plus grandes puissances économiques mondiales et l'Union européenne) se réunissent chaque année à partir de 2008.

CONFRONTER DEUX IMAGES

Analysez de façon critique ce que ces documents révèlent de la place des États-Unis dans les relations internationales après la fin de la guerre froide.

GRAND ANGLE

Le monde depuis la fin de la guerre froide

À partir de 1991, l'affrontement idéologique entre les deux grandes puissances de la guerre froide cède la place à la prédominance des États-Unis dans le maintien de l'ordre mondial. Les interventions militaires en Irak et en Afghanistan alimentent la haine contre les États-Unis dans le monde musulman, tandis que des conflits identitaires, ethniques ou religieux naissent ou renaissent rapidement. La période est donc marquée par la multiplication des conflits, des guérillas, des actions terroristes et des crimes de masse.

1 La permanence de conflits anciens

Un Palestinien touché par une balle alors qu'il lance des pierres sur des soldats israéliens, photographie de Wendy Sue Lamm, Hébron, 6 avril 1997.

En dépit des accords de reconnaissance mutuelle signés à Oslo en 1993 sous l'égide des États-Unis et de la « feuille de route » établie en 2003 par les grandes puissances, le conflit israélo-palestinien se poursuit, marqué par une série de « guerres des pierres » (intifada) et d'interventions israéliennes dans les territoires palestiniens.

2 L'avènement de nouveaux conflits

Un homme apprend au jeune Bilal, 11 ans, à se servir d'un lance-roquettes, photographie de Rodrigo Abd, Idlib (nord de la Syrie), 4 mars 2012.

La guerre civile syrienne, débutée en 2011, prend une dimension internationale avec l'intervention d'une coalition menée par les États-Unis, la Grande-Bretagne et la France (2014), puis de la Russie (2015) et de la Turquie (2019). En 2019, l'Observatoire syrien des droits de l'homme estime à plus de 500 000 le nombre total de victimes du conflit.

COURS 1 — De nouvelles formes de conflits

Quelles sont les formes et l'étendue des conflits après la guerre froide ?

A Des guerres menées au nom du droit international

- À la faveur de la disparition de l'URSS, les États-Unis s'affirment comme une puissance sans rival. Au nom de leur supériorité militaire, économique, technologique et médiatique, ils entendent fixer les règles d'un nouvel ordre international unipolaire.

- En 1991, les États-Unis interviennent militairement au Koweït envahi par l'Irak [doc. 3]. En 1992, ils interviennent en Somalie dans le but de mettre un terme à la guerre civile. Dans les deux cas, ils agissent au nom du droit international et avec l'aval de l'ONU.

- La reconnaissance du droit d'ingérence et l'usage plus réduit du droit de veto permettent à l'ONU d'intervenir davantage dans le maintien de la paix entre 1989 et 2001 que pendant toute la guerre froide [doc. 2]. De nombreux conflits sont résolus ou s'apaisent. En 1992, l'Afrique du Sud renonce à l'apartheid [POINT DE PASSAGE p. 262]. En 1993, les accords d'Oslo, conclus sous l'égide des États-Unis, marquent le début d'un processus de paix entre Israël et les Palestiniens.

B La multiplication de conflits d'un type nouveau

- Toutefois, la fin de la guerre froide fait également resurgir des tensions nationalistes, ethniques ou religieuses. Le démembrement de l'ancien bloc soviétique conduit ainsi à une certaine balkanisation de l'Europe centrale. La Tchécoslovaquie se scinde en deux et la Yougoslavie implose puis connaît une guerre civile en Bosnie-Herzégovine (1992-1995) marquée par le siège de Sarajevo [ÉTUDE p. 264].

- La prépondérance américaine au Moyen-Orient renforce l'antiaméricanisme au sein des populations arabes ou musulmanes. Les islamistes radicaux du réseau Al-Qaïda d'Oussama Ben Laden, implanté en Afghanistan, commettent un attentat à l'explosif au World Trade Center de New York en 1993. Les attentats du 11 septembre 2001 [POINT DE PASSAGE p. 266] marquent une nouvelle étape du terrorisme global.

- Les années 1990 voient le nombre de guerres civiles augmenter fortement [doc. 1]. Les nouveaux conflits sont souvent le fait d'armées non régulières. Il s'agit tantôt de guerres asymétriques, comme les guerres de Tchétchénie (1994-1996 et 1999-2000), tantôt de guerres civiles internationalisées, comme celles de Syrie et du Donbass (en Ukraine) depuis 2014.

C La résurgence des crimes de masse

- Les civils représentent désormais la majorité des victimes des conflits. En Afrique et en ex-Yougoslavie, le nettoyage ethnique évolue parfois jusqu'au génocide. Au Rwanda, en 1994, le gouvernement, aux mains de membres radicaux de l'ethnie hutu, organise un génocide de la minorité tutsi [ÉTUDE p. 265]. En 1995, à Srebrenica, plus de 8 000 hommes et adolescents bosniaques sont exécutés par des soldats de l'armée serbe de Bosnie.

- En Algérie ou en Afghanistan, les guerres civiles sont liées à l'essor de l'islamisme. De 1992 à 2002, la guerre opposant les groupes islamistes algériens au pouvoir militaire cause 150 000 morts [doc. 4].

- Débutée en 2011, la guerre civile de Syrie, qui a fait plus de 500 000 victimes, allie crimes de masse, bombardements massifs et déplacements de plusieurs millions de réfugiés.

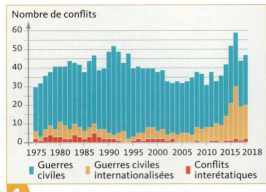

1 De nouveaux types de conflits
Nombre de conflits impliquant un État, par type (1975-2018).
Source : OCDE et université d'Uppsala.

▶ Comment évoluent les conflits depuis la guerre froide ?

Mots clés

Al-Qaïda (« la base ») : mouvance islamiste et terroriste internationale fondée en 1987 par Oussama Ben Laden, responsable notamment des attentats du 11 septembre 2001.

Balkanisation : éclatement en plusieurs petits États d'un territoire jusqu'alors uni politiquement, à l'image de la péninsule balkanique avant la Première Guerre mondiale.

Droit d'ingérence : droit conféré à un ou plusieurs États par une organisation internationale de violer la souveraineté nationale d'un autre État pour répondre à des urgences humanitaires.

Guerre asymétrique : type de conflit opposant deux forces inégales dans leurs moyens et leurs tactiques militaires, généralement un État et un mouvement terroriste ou de guérilla.

Guerre civile internationalisée : type de conflit civil dans lequel les armées d'un État extérieur soutiennent l'un des belligérants.

Nettoyage ethnique : pratique consistant à rendre une zone ethniquement homogène en en faisant disparaître des personnes appartenant à des groupes déterminés par le recours à la force ou l'intimidation.

Terrorisme : ensemble des actes de violence qu'une organisation exécute dans le but de désorganiser une société et de favoriser ses projets politiques par le développement d'un climat de terreur.

Personnage clé

Oussama Ben Laden (1957-2011)
Issu d'une famille saoudienne fortunée, il se rallie à l'islamisme lors de l'invasion soviétique en Afghanistan (1979) et fonde le réseau terroriste Al-Qaïda qui fait, après la guerre du Golfe, des États-Unis sa cible prioritaire.

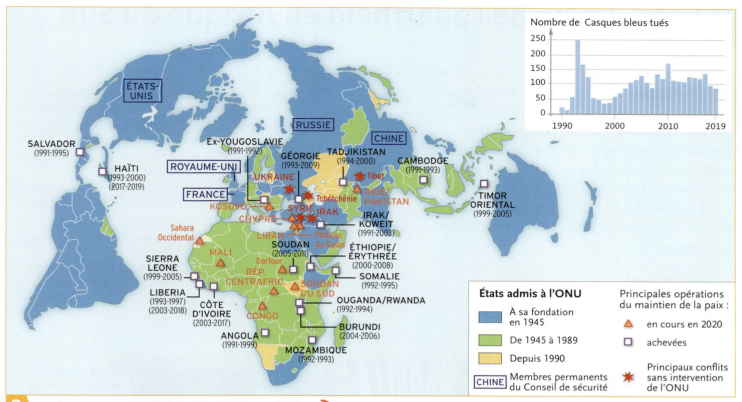

2 L'implication croissante de l'ONU

▶ Quelles régions du monde connaissent la plus forte implication de l'ONU et pourquoi ?

CARTE INTERACTIVE

3 La guerre du Golfe justifiée par le président américain

À la suite de l'invasion du Koweït, le 2 août 1990, le Conseil de sécurité de l'ONU fixe un ultimatum à l'Irak, au terme duquel une coalition internationale menée par les États-Unis lance une offensive aérienne, le 16 janvier, puis terrestre, le 23 février.

« Cette action militaire, engagée en accord avec les résolutions de l'Organisation des Nations unies et avec le consentement du Congrès américain, est le résultat de plusieurs mois de tentatives diplomatiques constantes. [...]
À l'heure actuelle, les 28 pays ayant des forces dans le Golfe [...] n'ont d'autre choix que de chasser Saddam du Koweït par la force. [...]
Saddam Hussein a systématiquement violé, volé et pillé une minuscule nation qui ne constituait pas une menace pour la sienne. [...] Saddam a cherché à ajouter à l'arsenal d'armes chimiques qu'il possède, une arme de destruction massive infiniment plus dangereuse – l'arme nucléaire. [...]
C'est un moment historique. Nous avons fait au cours de l'année écoulée de grands progrès pour mettre fin à la longue période conflictuelle de la guerre froide. [...] Nous avons une occasion réelle d'instaurer ce nouvel ordre mondial, un ordre dans lequel une ONU crédible peut jouer son rôle de maintien de la paix et tenir la promesse visionnaire de ses fondateurs. »

George H. Bush, président des États-Unis, adresse à la nation, 16 janvier 1991 (trad. N. Davieau).

▶ Quels principes fait valoir le président américain pour justifier l'intervention en Irak ?

4 Le retentissement de la guerre civile algérienne

PODCAST

Femme endeuillée à l'hôpital Zmirli près d'Alger, photographie de Hocine Zaourar, 23 septembre 1997.

La photographie prise à la suite du massacre de Bentalha, près d'Alger, qui a fait près de 200 victimes, fait la Une de plusieurs centaines de journaux internationaux. Surnommée la « Madone de Bentalha », cette photographie a donné au conflit algérien un retentissement mondial.

▶ Qu'est-ce qui confère à cette image un fort impact ?

CONSTRUIRE ET VÉRIFIER DES HYPOTHÈSES SUR UNE SITUATION HISTORIQUE

En mettant en relation les documents **1** et **2**, construisez une hypothèse pour expliquer l'augmentation du nombre de victimes parmi les Casques bleus déployés dans des opérations de maintien de la paix.

POINT DE PASSAGE
La fin de l'apartheid en Afrique du Sud

L'apartheid est un système raciste mis en place en 1948 en Afrique du Sud. Après des décennies de contestation et de combat aussi bien dans le pays qu'à l'extérieur, les tensions politiques internes et la pression diplomatique et médiatique internationale conduisent au début des années 1990 à une rapide évolution politique. En 1990, la libération de Nelson Mandela* ouvre un processus de négociations qui aboutit à une fin pacifique de l'apartheid, même si des tensions ont pu survenir.

▶ **Comment l'apartheid a-t-il pris fin en Afrique du Sud ?**

Dates clés

1976	Émeutes de Soweto et première sanction internationale contre l'Afrique du Sud (embargo sur les ventes d'armes)
1986	État d'urgence dans les *townships*, ghettos noirs des principales villes sud-africaines
1989	De Klerk, membre du Parti national, élu président sur un programme de réforme de l'apartheid
1990	De Klerk accepte les négociations avec le Congrès national africain, parti de Nelson Mandela. Libération de Mandela
1991	Abrogation des lois d'apartheid
Avril 1994	Premières élections libres et multiraciales : Mandela élu président
1994-1996	Révolte du parti Inkatha, opposé au Congrès national africain, prônant un territoire zoulou autonome
1996-1997	Commission Vérité et Réconciliation, pour l'amnistie des crimes de l'apartheid

1 La pression internationale et médiatique contre l'apartheid

Concert au profit de Nelson Mandela, retransmis dans 60 pays du monde, Londres, stade de Wembley, 11 juin 1988.

La communauté internationale dénonce l'apartheid à la fois par des sanctions – notamment économiques – visant l'Afrique du Sud, mais également par une mobilisation de très nombreux artistes, de l'opinion publique, ou encore des boycotts (sportifs, académiques).

 VIDÉO

2 L'évolution politique démocratique de l'Afrique du Sud

En 1989, il existe trois chambres composant le Parlement : une, prédominante, pour les Blancs, une pour les *Coloured* (métis), et une pour les Indiens. Les Noirs ne sont pas représentés et le Congrès national africain est interdit depuis 1960 ; il est à nouveau autorisé en 1990.

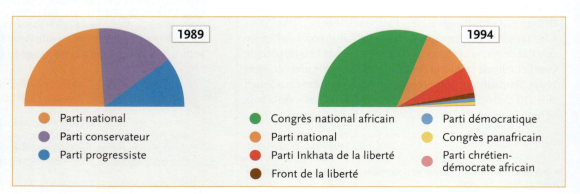

3 Mandela, président d'une « nation arc-en-ciel »

Élu président à la suite des premières élections libres et multiraciales, Nelson Mandela célèbre dans son discours d'investiture devant les délégations étrangères l'émergence d'une nation où les différentes communautés raciales coexistent sans heurts.

« Nous avons vu notre pays se déchirer dans un conflit terrible, et [...] nous l'avons vu rejeté, proscrit et isolé par les peuples du monde, précisément parce qu'il était devenu la base universelle de l'idéologie et de la pratique pernicieuse du racisme et de l'oppression raciale.
Nous, le peuple d'Afrique du Sud, nous sentons profondément satisfaits que l'humanité nous ait repris en son sein, [...] nous qui étions hors-la-loi il n'y a pas si longtemps. [...] Nous avons enfin accompli notre émancipation politique. Nous nous engageons à libérer tout notre peuple de l'état permanent d'esclavage à la pauvreté, à la privation, à la souffrance, à la discrimination liée au sexe ou à toute autre discrimination. Nous avons réussi à franchir le dernier pas vers la liberté dans des conditions de paix relative. Nous nous engageons à construire une paix durable, juste et totale. [...] Nous prenons l'engagement de bâtir une société dans laquelle tous les Sud-Africains, blancs ou noirs, pourront marcher la tête haute sans aucune crainte au fond de leur cœur, assurés de leur droit inaliénable à la dignité – une nation arc-en-ciel en paix avec elle-même et avec le monde. »

Discours d'investiture de Nelson Mandela, Pretoria, 10 mai 1994.

5 Vérité et Réconciliation : dire l'histoire sans juger

La Commission Vérité et Réconciliation qui travaille durant 18 mois, de 1996 à 1997, vise à purger le passé sans procédure judiciaire.

« La création, en 1993, de la Commission Vérité et Réconciliation a sans doute contribué à épargner un bain de sang à l'Afrique du Sud libérée de l'apartheid. La personnalité de Mgr Desmond Tutu, archevêque anglican de Johannesbourg, prix Nobel de la paix, qui l'a présidée, n'est évidemment pas étrangère à la réussite de cette expérience d'amnistie. Une expérience aussi originale sur le plan juridique qu'éprouvante pour les victimes (en majorité noires) et les bourreaux (blancs pour la plupart) du régime de discrimination raciale sud-africain.
Le principe en était simple : bénéficieraient d'une amnistie tous ceux qui viendraient devant la commission "confesser" en quelque sorte leurs exactions – il s'agissait surtout de membres de la police qui avaient torturé, et parfois tué, des militants des mouvements de libération noirs [...]. L'amnistie des requérants était soumise à deux conditions : d'abord de ne rien omettre de leurs crimes et délits dans leur déposition, ensuite d'avoir agi sur ordre de leur hiérarchie tout en croyant servir un "objectif politique" (une prétendue défense de la race blanche, par exemple). »

Claude Wauthier, « Vérité et Réconciliation en Afrique du Sud », *Le Monde diplomatique*, janvier 2005.

4 La libération de Mandela, une ouverture politique

Un habitant de Soweto célèbre la libération de Mandela, 11 février 1990.

Prisonnier politique condamné à la réclusion à perpétuité depuis 1964 en raison de son opposition – y compris armée – au régime d'apartheid, Nelson Mandela est libéré le 11 février 1990. Cet événement au retentissement mondial s'inscrit dans la politique d'apaisement engagée par le président Frederik de Klerk.

PROCÉDER À L'ANALYSE CRITIQUE DES DOCUMENTS

PARCOURS A

▶ **Lire, comprendre et analyser les documents**

1. Quels facteurs sont à l'origine de la fin de l'apartheid ? [doc. 1, 3, 4]
2. Quel a été le rôle des dirigeants politiques sud-africains dans ce processus ? [doc. 2, 3, 4]
3. Pourquoi la fin de l'apartheid a-t-elle pu se réaliser de façon pacifique ? [doc. 2, 3, 5]

▶ **Synthétiser**

Montrez que la fin pacifique de l'apartheid en Afrique du Sud repose sur un contexte international favorable, sur l'action des dirigeants politiques sud-africains, et sur un processus judiciaire d'amnistie.

PARCOURS B

▶ **Analyser un graphique** [Voir Méthode, p. 218]

À l'aide du document 2, analysez les effets de la fin de l'apartheid sur la vie politique sud-africaine en montrant comment la démocratisation entraîne un changement de majorité politique.

CHAPITRE 9 Nouveaux rapports de puissance et enjeux mondiaux

ÉTUDE

Le siège de Sarajevo

Capitale de la Bosnie-Herzégovine multiethnique, Sarajevo est de 1992 à 1995 l'épicentre de la guerre de Bosnie opposant les nationalistes serbes orthodoxes, les Bosniaques musulmans et les Croates catholiques. Assiégée et bombardée, Sarajevo devient un symbole du droit international bafoué.

▶ Que révèle le siège de Sarajevo des nouvelles conflictualités ?

Dates clés

16 avril 1992	Début du siège de Sarajevo
Février 1993	Ultimatum de l'OTAN adressé aux Serbes
14 décembre 1995	Accords de Dayton

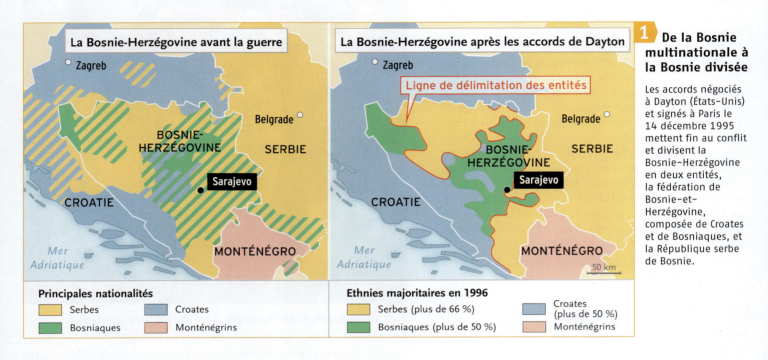

1 De la Bosnie multinationale à la Bosnie divisée

Les accords négociés à Dayton (États-Unis) et signés à Paris le 14 décembre 1995 mettent fin au conflit et divisent la Bosnie-Herzégovine en deux entités, la fédération de Bosnie-et-Herzégovine, composée de Croates et de Bosniaques, et la République serbe de Bosnie.

2 Une ville assiégée

La ville est assiégée par les soldats serbes de Bosnie, positionnés sur les hauteurs dominant l'agglomération.

« Pendant un mois et demi j'ai vécu les vraies souffrances de la guerre. Pas une guerre civile, une vraie agression. Nous habitions au rez-de-chaussée. Le jour, nous n'osions pas nous déplacer autrement qu'à quatre pattes, et nous passions la nuit aux abris. [...] Il y avait des alertes trois ou quatre fois par jour. Comme l'abri de la maison où nous étions était trop incertain, nous devions aller dans un abri atomique éloigné d'une centaine de mètres de chez nous. Mais le trajet à parcourir était très dangereux. [...]

Les pires attaques avaient lieu la nuit. J'ai passé des nuits entières dans cet abri avec les enfants. [...] Il y avait environ deux cents personnes. [...] L'endroit n'était pas préparé pour les bombardements. Il était très humide et puait horriblement. Nous utilisions comme toilettes une sorte de dépôt en métal. Rien n'était prêt parce que tout le monde était persuadé qu'ils n'oseraient pas attaquer une grande ville comme Sarajevo. Les réserves de nourriture étaient assez faibles. »

Témoignage de madame N. P., avocate de 41 ans réfugiée dans le nord de la Croatie, dans C. Boulanger, P. Granjon, B. Jacquemart, *L'Enfer yougoslave. Les victimes de la guerre témoignent*, Belfond, 1994.

	1991	1998
Population totale	416 697	274 526
Bosniaques	50,1 %	78,3 %
Serbes	26 %	3,6 %
Croates	7,4 %	Données non disponibles
« Yougoslaves » refusant les distinctions	12,5 %	Données non disponibles
Autres	4 %	Données non disponibles

3 D'une ville multiethnique à une ville bosniaque

ANALYSER LES DOCUMENTS

1. Décrivez les conséquences du siège sur la vie quotidienne des habitants de Sarajevo. [doc. 2]
2. Analysez l'évolution de la population de Sarajevo en la replaçant dans le contexte des accords de Dayton. [doc. 1, 3]
3. Montrez que le siège de Sarajevo reflète une nouvelle forme de conflit, en insistant sur sa dimension ethnique. [doc. 1, 2, 3]

ÉTUDE
Le génocide des Tutsi

En 1994, au Rwanda, l'antagonisme entre Tutsi et Hutu aboutit à un génocide. En trois mois, entre 800 000 et 1 300 000 Tutsi et Hutu modérés sont exterminés par des extrémistes Hutu, dans l'indifférence puis l'impuissance de la communauté internationale.

▶ **Comment le génocide des Tutsi a-t-il pu avoir lieu ?**

Dates clés

6 avril 1994	Attentat contre l'avion du président rwandais (hutu). Début du génocide
17 juillet 1994	Victoire du Front patriotique rwandais (tutsi) sur les Forces armées rwandaises (hutu). Fin du génocide
8 novembre 1994	Création par l'ONU du Tribunal pénal international pour le Rwanda (TIPR)

1 Le génocide au quotidien

« Tous les matins, je préparais aux enfants de la nourriture avec des aliments arrachés des parcelles ; ensuite, je les emmenais à l'avance se dissimuler sous les feuillages des papyrus [...]. Quand les massacreurs arrivaient, ils chantaient [...]. Ils venaient vers 9 heures ou parfois 10 ou 11 heures, s'ils ne voulaient pas trop travailler. [...] Quand ils attrapaient une famille, ils frappaient premièrement le papa, deuxièmement la maman, puis les enfants, pour que tout le monde observe tout comme il faut. Ils passaient vers 16 h 30 sans tarder, parce qu'ils voulaient rentrer chez eux avant la nuit. Alors, les fuyards chanceux fuyaient et se mettaient à fouiller dans les cachettes, pour essayer de trouver ceux qui avaient été tués. [...] Nous, la nuit, parce qu'on avait notre maison dans les parages, on rôdait dans nos parcelles attenantes pour amasser des aliments. »

Témoignage de Berthe Mwanankabandi, 20 ans, cultivatrice, 2000, dans A. Spiessens, *Quand le bourreau prend la parole*, Librairie Droz, 2016.

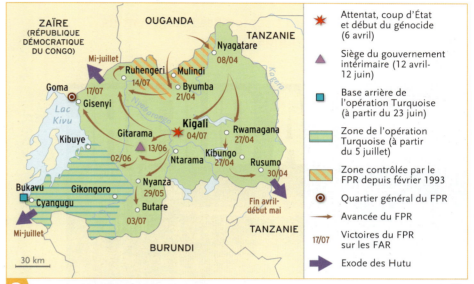

2 Le Rwanda en 1994, entre génocide et offensives militaires

D'après Vincent Duclert, *La Documentation photographique*, mars 2019.

Le 7 avril 1994, la communauté internationale décide de rapatrier les ressortissants et les Casques bleus, puis le Conseil de sécurité refuse de reconnaître le génocide en cours pour ne pas gêner l'évacuation. Toutefois, le 22 juin, la France, alliée du régime en place, décide de mener une intervention militaire au Rwanda. Vouée officiellement à mettre un terme au génocide, l'opération Turquoise vise surtout à repousser l'offensive du Front patriotique rwandais (FPR) face aux Forces armées rwandaises (FAR).

3 Un charnier dans une église

Église de Ntarama, Rwanda, 16 septembre 1994.

En une seule journée, le 15 avril 1994, plusieurs milliers de Tutsi, dont de nombreux enfants, sont exécutés dans l'église de Ntarama où ils avaient trouvé refuge au début du génocide. L'église est aujourd'hui l'un des six mémoriaux nationaux du génocide.

ANALYSER LES DOCUMENTS

1. Décrivez le contexte dans lequel se déroule le génocide. [doc. 2]
2. Expliquez ce qui permet de parler de génocide, et analysez-en l'ampleur. [doc. 1, 3]
3. Analysez l'attitude de la communauté internationale puis de la France, en expliquant quelle était sa priorité pendant le conflit. [doc. 2]

RÉALISER UN EXPOSÉ

Menez des recherches sur le débat autour du rôle de la France au Rwanda, puis construisez un exposé en faisant état des différents points de vue en présence et en évoquant la création en 2019 d'une commission de chercheurs pour l'étude des archives françaises du Rwanda.

POINT DE PASSAGE

Le 11 septembre 2001

Perpétrés par des terroristes d'Al-Qaïda, les attentats terroristes du 11 septembre, qui font près de 3 000 morts, sont un choc pour les États-Unis et le reste du monde. Ils mettent en évidence la vulnérabilité de la puissance américaine, jusqu'alors garante de la stabilité des relations internationales. Confrontés à un ennemi d'un type nouveau, les États-Unis ripostent en lançant une « guerre contre la terreur », puis en définissant un « Axe du mal » d'États qui ne respectent par les lois internationales.

▶ **En quoi les attentats du 11 septembre inaugurent-ils de nouvelles formes de conflits ?**

- ✈ Détournements ayant atteint leur cible
- ✈ Détournement finissant en crash à la suite d'une révolte des passagers (les terroristes visaient le Capitole)
- ▨ Très forte densité de population

Les attentats sur le sol américain

septembre 2001		janvier 2002
11 sept. Attentats terroristes	**14 nov.** Intervention militaire des États-Unis en Afghanistan	**29 janv.** Désignation de l'« Axe du Mal »

1 La puissance américaine atteinte en plein cœur

« La guerre », Une de *Paris Match*, 13 septembre 2001.

Le 11 septembre 2001, des terroristes islamistes armés de cutters détournent quatre avions de ligne. Trois sont projetés sur le Pentagone (Washington) et le World Trade Center (New York), symboles de la puissance économique et militaire américaine. L'événement, retransmis en direct à la télévision, fait la Une de la presse du monde entier.

2 Des attentats revendiqués par Al-Qaïda

« Voilà l'Amérique frappée par Allah dans son point le plus vulnérable, détruisant, Dieu merci, ses bâtisses les plus prestigieuses, et nous remercions Allah pour cela. Voilà l'Amérique remplie de terreur [...] et nous remercions Dieu pour cela.
Ce que l'Amérique endure aujourd'hui ne constitue qu'une infime partie de ce que nous [les musulmans] endurons depuis des dizaines d'années. Notre nation subit depuis plus de quatre-vingts ans cette humiliation, ses fils sont tués, et son sang coule, ses lieux saints sont agressés sans raison.[...]
Dieu a dirigé les pas d'un groupe de musulmans, un groupe d'avant-gardistes, qui a détruit l'Amérique. [...] Quand ils ont riposté, au nom de leurs fils opprimés et leurs frères et sœurs en Palestine et dans beaucoup d'autres pays musulmans, le monde entier s'est indigné, comme l'ont fait les mécréants et les hypocrites. [...] Après ce que les hauts responsables aux États-Unis, au premier rang desquels le chef des mécréants dans le monde, Bush, ont dit et après qu'ils eurent mobilisé leurs hommes et leurs chevaux et dressé contre nous les pays qui prétendent être musulmans [...], ils sont sortis combattre un groupe qui tient à sa religion et ne s'intéresse pas à ce monde, ils sont sortis combattre l'islam et agresser les peuples sous prétexte de terrorisme. »

Oussama Ben Laden, déclaration diffusée par la chaîne d'information qatarie Al-Jazeera, Doha, 7 octobre 2001 (trad. AFP).

3 Une nation sous le choc

Raising the Flag at Ground Zero («levée de drapeau à Ground Zero»), photographie de Thomas E. Franklin, New York, 11 septembre 2011.

Dans les semaines qui suivent les attentats, l'opinion publique américaine est partagée entre le choc, le recueillement et la ferveur patriotique. Le 7 octobre 2001, les États-Unis interviennent militairement en Afghanistan, où se trouve Oussama Ben Laden.

6 Les limites de la guerre contre le terrorisme

«Cinq ans de guerre contre le terrorisme», dessin de Chappatte, *Le Temps*, 11 septembre 2006.

Malgré deux interventions militaires en Afghanistan (2001) et en Irak (2003), les États-Unis ne sont pas parvenus à remporter de victoire décisive contre Al-Qaïda avant l'élimination de Ben Laden en mai 2011 au Pakistan.

Extension des pouvoirs de l'exécutif	Restriction des droits de la défense	Surveillance de la vie privée
Renforcement de l'autorité du président et du ministre de la Justice	Création d'un statut de «combattant ennemi» pour les prisonniers de guerre	Surveillance par la *National Security Agency* (NSA) des personnes soupçonnées de liens avec des terroristes
Croissance du budget du Pentagone (ministère de la Défense)	Détention à Guantanamo (Cuba) de toute personne suspectée de terrorisme et arrêtée à l'étranger	Accès possible du *Federal Bureau of Investigation* (FBI) aux bases de données personnelles des sociétés privées
Coordination renforcée des actions entre les agences de renseignement	Perquisitions en l'absence des personnes concernées	Échange autorisé de fichiers de données personnelles entre les administrations

4 Le *Patriot Act*, un outil de lutte contre le terrorisme

Le 25 novembre 2001, le Congrès américain adopte le *Patriot Act*, une loi qui vise à prévenir une nouvelle attaque terroriste sur le territoire américain. Ses dispositions ont continuellement été reconduites et renforcées depuis.

5 Une politique étrangère dirigée contre «l'Axe du mal»

«En quatre mois seulement, notre pays a su réconforter les victimes, commencer à reconstruire New York et le Pentagone, réunir une grande coalition, capturer, arrêter et débarrasser le monde de milliers de terroristes, détruire des camps d'entraînement de terroristes en Afghanistan, sauver le peuple de la famine et libérer un pays de l'oppression brutale. [...] Ce soir, nous gagnons la guerre contre le terrorisme. [...]
[Nos] ennemis voient le monde entier comme un champ de bataille, et nous devons les poursuivre, où qu'ils soient. [...] Nous devons empêcher les terroristes et les régimes qui cherchent des armes chimiques, biologiques ou nucléaires de menacer les États-Unis et le monde. [...] Des pays comme la Corée du Nord, l'Iran, l'Irak et leurs alliés terroristes constituent un Axe du mal, s'armant pour menacer la paix dans le monde. [...] L'histoire a appelé l'Amérique et nos alliés à l'action, et c'est à la fois notre responsabilité et notre privilège de lutter au nom de la liberté.»

George W. Bush, président des États-Unis, discours sur l'état de l'Union, 29 janvier 2002 (trad. F. Bonaventure).

PROCÉDER À L'ANALYSE CRITIQUE DES DOCUMENTS

PARCOURS A

▶ **Lire, comprendre et analyser les documents**

1. Quelles sont les cibles des terroristes et que représentent-elles? [doc. 1, 2]
2. Pourquoi peut-on parler de guerre asymétrique? [doc. 1, 2, 5]
3. Quelles sont les conséquences des attentats sur la politique des États-Unis? [doc. 3, 4, 5]
4. Quels sont les effets de la guerre contre le terrorisme? [doc. 4, 5, 6]

▶ **Synthétiser**

Rédigez un paragraphe dans lequel vous montrerez que le 11 septembre inaugure de nouvelles formes de conflits. Évoquez d'abord les conséquences du 11 septembre, avant de présenter les formes prises par la riposte américaine.

PARCOURS B

▶ **Mettre en relation un texte et une image** [Voir Méthode, p. 189]

Présentez les documents 5 et 6 puis expliquez pourquoi la riposte des États-Unis aux attentats s'inscrit dans la durée et affecte en profondeur la politique étrangère américaine.

COURS 2 — Une nouvelle gouvernance mondiale

Quels sont les conditions et les enjeux de la coopération internationale ?

A La mise en place de la justice internationale

- Face à l'essor des crimes de masse, une justice pénale internationale est mise en place pour juger les auteurs de crimes de guerre ou de crimes contre l'humanité. Sont ainsi institués par l'ONU le Tribunal pénal international pour l'ex-Yougoslavie (TPIY) en 1993 et le Tribunal pénal international pour le Rwanda (TPIR) en 1994.

- En 1998 est signé le statut de Rome qui institue une Cour pénale internationale (CPI) [doc. 3], compétente pour les crimes les plus graves (génocide, crime contre l'humanité, crime de guerre) commis à partir de 2002. Elle se heurte toutefois à l'opposition de certaines puissances comme la Chine, la Russie, les États-Unis ou l'Inde, qui craignent de voir leurs soldats mis en cause.

- En 2006, enfin, sont créées avec l'aide de l'ONU des chambres extraordinaires au sein des tribunaux cambodgiens pour juger les responsables du génocide commis entre 1975 et 1979 par le régime des Khmers rouges, un mouvement politique et militaire radical d'inspiration maoïste.

B Une nouvelle hiérarchie des puissances

- Dans les années 2000, sous l'influence des néoconservateurs, les États-Unis adoptent une politique étrangère unilatérale et interviennent militairement en Afghanistan (2001) et en Irak (2003). Ils s'affirment comme les « gendarmes du monde ».

- Leur hégémonie est toutefois contestée par la Chine, qui s'impose comme une grande puissance mondiale [doc. 4], et par la Russie du président Vladimir Poutine. En 2011, ils forment avec d'autres pays émergents, le Brésil, l'Inde et l'Afrique du Sud, le groupe des BRICS, qui concurrence le G8*.

- Dans les années 2010, la Russie adopte à son tour une politique unilatérale en annexant la Crimée (2014) et en promouvant des guerres hybrides au Donbass depuis 2014 ou en Syrie depuis 2015. La communauté internationale se révèle impuissante devant ce nouveau type de conflits comme devant le risque de prolifération nucléaire.

C La gouvernance à l'épreuve des crises

- La gouvernance mondiale est particulièrement fragilisée par les divisions entre les grandes puissances à propos des tensions au Moyen-Orient, où des guerres civiles sévissent en Syrie, en Irak et au Yémen. En dépit des accords d'Oslo en 1993, les négociations entre Israël et les Palestiniens sont au point mort.

- Depuis 2015, les pays européens sont en outre confrontés à un afflux de réfugiés en provenance des pays en guerre [doc. 2]. Plus de quatre millions de Syriens ont fui leur pays et, depuis 2015, plus de 300 000 personnes ont tenté de traverser la Méditerranée, dont 15 000 au moins ont trouvé la mort.

- Face aux nouveaux enjeux globaux auxquels elle fait face, la communauté internationale réorganise sa gouvernance. En matière d'environnement, le protocole de Kyoto (1997) et l'accord de la COP 21 à Paris (2015) visent à réduire les émissions de gaz à effet de serre et leur impact sur le climat [doc. 1]. En 2008, pour la première fois, les chefs d'État du G20 se réunissent pour faire face à la crise économique et sociale en encourageant la concertation internationale. En 2020, cette dernière est mise à mal par la crise du coronavirus.

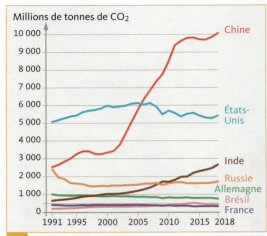

1 La difficile réduction des émissions de gaz à effet de serre

Émissions de CO_2 par pays. Source : Global Carbon Atlas.

▶ Que reflète l'évolution des émissions de CO_2 des pays mentionnés ?

Mots clés

COP (Conference of Parties) : la conférence des États signataires est l'organe suprême de la Convention-cadre des Nations unies sur les changements climatiques, qui se tient chaque année depuis 1995.

Guerre hybride : type de conflit alliant des opérations de guerre asymétrique, de guerre conventionnelle et de cyberguerre.

Prolifération nucléaire : multiplication de missiles nucléaires (prolifération verticale) ou de pays détenteurs de l'arme atomique (prolifération horizontale).

Néoconservateurs : aux États-Unis, partisans (surnommés « les faucons ») d'interventions extérieures au nom des valeurs traditionnelles américaines et de la promotion de la démocratie.

TPIY (Tribunal pénal international pour l'ex-Yougoslavie) : juridiction pénale internationale chargée de juger les individus soupçonnés de violations graves du droit international humanitaire durant les guerres de Croatie, de Bosnie-Herzégovine et du Kosovo.

Unilatéralisme : fait pour un État d'agir seul, sans se préoccuper des règles internationales ni des intérêts des autres États.

Personnage clé

Vladimir Poutine (né en 1952)
Ancien officier du KGB, au pouvoir depuis 1999 comme président ou Premier ministre, il met fin à la libéralisation du régime en restaurant la « verticale du pouvoir » et entreprend de rétablir l'influence internationale de la Russie.

2 La crise des réfugiés

Réfugiés faisant la queue pour s'enregistrer au camp de Moria, sur l'île de Lesbos (Grèce), photographie d'Istvan Bielik, 6 octobre 2015.

▶ Que suggère cette photographie de la réaction des États européens face à l'afflux migratoire ?

3 Les objectifs de la Cour pénale internationale (CPI)

Le traité instituant la CPI a été signé et ratifié par 123 États (dits « États parties »), mais 32 États, dont les États-Unis, la Chine et la Russie, l'ont signé sans le ratifier.

« Les États parties au présent statut,
– Conscients que tous les peuples sont unis par des liens étroits et que leurs cultures forment un patrimoine commun, et soucieux du fait que cette mosaïque délicate puisse être brisée à tout moment,
– Ayant à l'esprit qu'au cours de ce siècle, des millions d'enfants, de femmes et d'hommes ont été victimes d'atrocités [...],
– Reconnaissant que des crimes d'une telle gravité menacent la paix, la sécurité et le bien-être du monde,
– Affirmant que les crimes les plus graves qui touchent l'ensemble de la communauté internationale ne sauraient rester impunis et que leur répression doit être effectivement assurée par des mesures prises dans le cadre national et par le renforcement de la coopération internationale,
– Déterminés à mettre un terme à l'impunité des auteurs de ces crimes et à concourir ainsi à la prévention de nouveaux crimes, [...]
– Déterminés, à ces fins et dans l'intérêt des générations présentes et futures, à créer une Cour pénale internationale permanente et indépendante reliée au système des Nations unies, ayant compétence à l'égard des crimes les plus graves qui touchent l'ensemble de la communauté internationale, [...]
Sont convenus de ce qui suit [...]. »

Préambule du statut de Rome, 17 juillet 1998.

▶ Quel enjeu représente la CPI pour la coopération internationale ?

4 Le nouveau rôle international de la Chine

Départ des Casques bleus chinois pour le Soudan du Sud, reportage diffusé sur New China, 2015.

Depuis 2013, la Chine est le plus important contributeur aux opérations de maintien de la paix de l'ONU parmi les membres permanents du Conseil de sécurité. La plupart de ses Casques bleus sont déployés en Afrique.

▶ Quelle image la Chine cherche-t-elle à donner d'elle à travers sa contribution aux missions de l'ONU ?

MENER UN TRAVAIL PERSONNEL

Identifiez sur le site du Global Carbon Atlas (**globalcarbonatlas.org**) les cinq pays émettant le plus de CO_2, puis analysez de façon critique leur contribution carbone au regard de leur population et de leur PIB.

CHAPITRE 9 Nouveaux rapports de puissance et enjeux mondiaux

HISTOIRE DES ARTS

Arturo di Modica, *Bund Financial Bull*, 2010

Comment l'art reflète-t-il les nouveaux rapports de puissance ?

● Le 15 mai 2010 est dévoilée à Shanghai une statue monumentale représentant un taureau. Œuvre d'Arturo di Modica, elle mesure trois mètres de long et pèse plus de deux tonnes. Inspirée de *Charging Bull*, la célèbre sculpture réalisée par le même artiste en 1987 à New York, l'œuvre fait référence au symbole du zodiaque chinois. La couleur rouge rend hommage à la Chine communiste, tandis que sa queue en spirale et ses cornes, qui pointent vers le ciel, symbolisent la force de l'économie chinoise.

● La sculpture est placée sur le Bund, un boulevard jalonné d'édifices de style européen qui symbolise l'ère du capitalisme colonial et qui fait face au nouveau quartier financier de Pudong, emblème de la réussite économique de la Chine. De façon très symbolique, elle est inaugurée l'année chinoise du buffle, quelques jours avant l'ouverture de l'exposition universelle de Shanghai.

● Aux yeux des autorités de la ville de Shanghai, qui ont commandé cette œuvre, le *Bund Financial Bull* symbolise donc l'économie florissante de la Chine, qui devient en 2010 la 2ᵉ puissance économique mondiale.

L'artiste

Arturo di Modica (né en 1941)
Artiste italo-américain installé à New York depuis 1973, Arturo di Modica a réalisé plusieurs sculptures pour le Rockefeller Center et le Battery Park avant de se rendre célèbre par sa sculpture installée en 1989 devant la bourse de Wall Street.

Le mouvement

L'art public
L'art public désigne des œuvres d'art conçues pour être placées dans un espace accessible au public. Les sculptures situées en pleine rue peuvent ainsi atteindre un très large public qui se fait souvent photographier à proximité de l'œuvre.

Mise en perspective — LE MODÈLE NEW-YORKAIS

La sculpture de Shanghai est ouvertement inspirée du taureau déposé sans autorisation en 1989 par Arturo di Modica devant Wall Street pour rendre hommage à la force de l'économie américaine.

1 *Charging Bull*, emblème de la puissance financière américaine
Arturo di Modica, *Charging Bull*, sculpture en bronze, 1989. Bowling Green Park, New York, États-Unis.

270 LE MONDE, L'EUROPE ET LA FRANCE DEPUIS LES ANNÉES 1990, ENTRE COOPÉRATIONS ET CONFLITS

Arturo di Modica, *Bund Financial Bull*

Sculpture en bronze, 2010. Bund Financial Park, Shanghai, Chine.

◀ **2 Le symbole du «*bull market*»**

«Wall Street est de retour», *The Economist*, 2011.

L'expression «*bull market*» («marché de taureau») désigne un marché en hausse, parce que le taureau attaque en frappant de bas en haut avec ses cornes. *A contrario*, un marché en baisse est appelé «*bear market*» («marché d'ours»), parce que l'ours frappe de haut en bas.

Analyser une sculpture

▶ **Analyser l'œuvre**

1. Que représente la statue ?
2. Qu'ont de symboliques son emplacement et la date de son inauguration ?
3. Quelle image donne-t-elle de l'économie chinoise ?

▶ **Dégager la portée de l'œuvre**

Montrez de quoi la statue est le symbole, en insistant sur l'évolution des rapports entre les grandes puissances mondiales.

CHAPITRE 9 Nouveaux rapports de puissance et enjeux mondiaux

FAIRE LE POINT
Nouveaux rapports de puissance et enjeux mondiaux

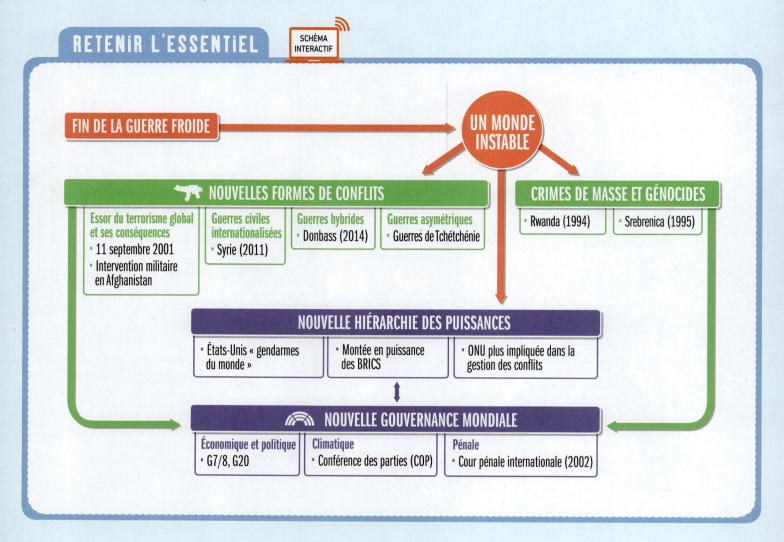

ÉVÉNEMENTS CLÉS

● **1991 : la fin de l'apartheid en Afrique du Sud.** En 1991, le Parlement d'Afrique du Sud met fin aux lois de 1948 qui établissaient la ségrégation raciale. Trois ans plus tard, Nelson Mandela accède la présidence.

● **2001 : les attentats du 11 septembre.** Les attentats terroristes perpétrés par Al-Qaïda causent près de 3 000 morts aux États-Unis et provoquent une riposte de grande ampleur contre ce que le président américain désigne comme « l'Axe du mal ».

PERSONNAGES CLÉS

● **Oussama Ben Laden (1957-2011) :** issu d'une famille saoudienne fortunée, il se rallie à l'islamisme lors de l'invasion soviétique en Afghanistan (1979) et fonde le réseau terroriste Al-Qaïda (« la base »), qui fait, après la guerre du Golfe, des États-Unis sa cible prioritaire.

● **Vladimir Poutine (né en 1952) :** ancien officier du KGB, au pouvoir depuis 1999 comme président ou Premier ministre, il met fin à la libéralisation du régime en restaurant la « verticale du pouvoir », et entreprend de rétablir l'influence internationale de la Russie.

NE PAS CONFONDRE

● **Guerre asymétrique :** type de conflit opposant deux forces inégales dans leurs moyens et leurs tactiques militaires, généralement un État et un mouvement terroriste ou de guérilla.

● **Guerre hybride :** type de conflit alliant des opérations de guerre asymétrique, de guerre conventionnelle et de cyberguerre. La Russie recourt à cette stratégie en Syrie depuis 2015.

RÉVISER AUTREMENT

EXERCICE INTERACTIF

Compléter un schéma

Objectif : Identifier les acteurs des relations internationales

ÉTAPE 1
Placez sur ce schéma tous les pays appartenant aux différentes catégories mentionnées.

ÉTAPE 2
Indiquez les principales puissances, étatiques ou non étatiques, qui n'appartiennent à aucune des catégories citées.

ÉTAPE 3
À partir de ce schéma, qualifiez l'équilibre des puissances au XXIe siècle.

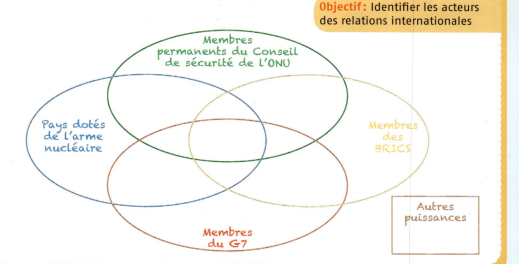

VÉRIFIER SES CONNAISSANCES

EXERCICES INTERACTIFS

1 Notions clés à relier

Reliez chaque notion clé à sa définition.

1. **Balkanisation**
2. **Nettoyage ethnique**
3. **Droit d'ingérence**
4. **Unilatéralisme**

a. Fait pour un État d'agir seul, sans se préoccuper des règles internationales ni des intérêts des autres États.

b. Droit conféré à un ou plusieurs États par une organisation internationale de violer la souveraineté nationale d'un autre État et d'intervenir dans ses affaires intérieures pour répondre à des urgences humanitaires.

c. Éclatement en plusieurs petits États d'un territoire jusqu'alors uni politiquement, à l'image de la péninsule balkanique avant la Première Guerre mondiale.

d. Pratique consistant à rendre une zone ethniquement homogène en en faisant disparaître des personnes appartenant à des groupes déterminés par le recours à la force ou l'intimidation.

2 Noms de guerres à relier

Reliez chaque nom de guerre à sa description.

1. **Guerre du Golfe**
2. **Guerre de Syrie**
3. **Guerre d'Irak**
4. **Guerre du Donbass**
5. **Guerres de Tchétchénie**

a. Guerre déclenchée par les États-Unis et leurs alliés contre l'Irak, faussement accusé de développer des armes de destruction massive.

b. Guerre menée contre l'Irak par une coalition conduite par les États-Unis afin de libérer le Koweït.

c. Guerre civile déclenchée en 2011 et progressivement internationalisée par l'intervention de puissances régionales et de grandes puissances.

d. Guerres menées par la Russie contre des séparatistes d'un pays de la fédération de Russie.

e. Guerre civile déclenchée en 2014 impliquant des séparatistes soutenus par la Russie.

CHAPITRE 9 Nouveaux rapports de puissance et enjeux mondiaux 273

Analyser une carte

Analyse de document

Sujet La Chine dans le monde au XXIe siècle

Consigne: Montrez ce que cette carte révèle de la place et des ambitions de la Chine dans les relations internationales.

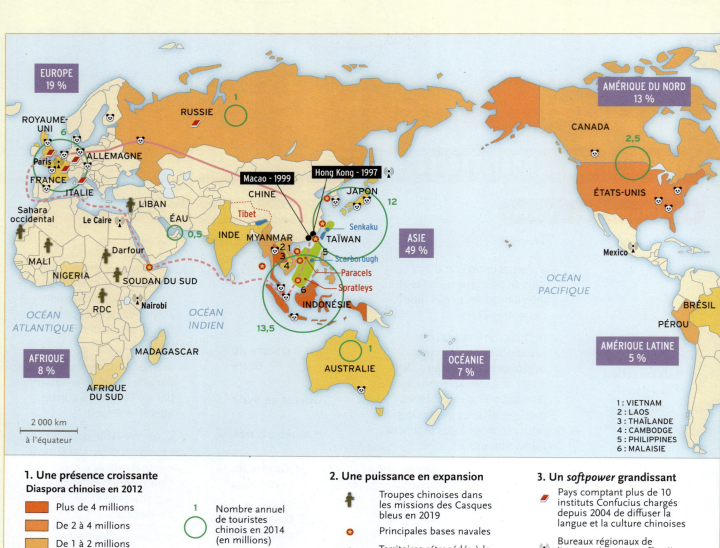

1. Une présence croissante
Diaspora chinoise en 2012
- Plus de 4 millions
- De 2 à 4 millions
- De 1 à 2 millions
- De 100 000 à 1 million
- De 30 000 à 100 000

1 — Nombre annuel de touristes chinois en 2014 (en millions)

«Nouvelles routes» de la soie
- ---- Voie maritime
- —— Voie ferroviaire

ASIE 49 % Investissements directs étrangers par continent en 2013

2. Une puissance en expansion
- Troupes chinoises dans les missions des Casques bleus en 2019
- Principales bases navales
- Territoires rétrocédés à la Chine par les puissances occidentales (Macao - 1999)
- Tibet : Territoires annexés
- Territoires revendiqués
- Zones maritimes contestées

3. Un *softpower* grandissant
- Pays comptant plus de 10 instituts Confucius chargés depuis 2004 de diffuser la langue et la culture chinoises
- Bureaux régionaux de l'agence de presse officielle Xinua en 2015
- Zoos accueillant des pandas géants prêtés par la Chine

1 : VIETNAM
2 : LAOS
3 : THAÏLANDE
4 : CAMBODGE
5 : PHILIPPINES
6 : MALAISIE

FICHE MÉTHODE

ÉTAPE 1 — Identifier et présenter la carte

→ **Identifier la carte**, son titre, son auteur (si son nom est mentionné) et sa source éventuelle.

→ **Cerner le sens général de la carte** et ce sur quoi elle met l'accent, à travers son type (tableau d'un phénomène à un moment donné ou carte d'évolution) et son thème.

❶ Indiquez le sens général de la carte.
CONSEIL Étudiez son titre, sa légende, mais aussi le choix de la représentation cartographique.

ÉTAPE 2 — Analyser le contenu de la carte

→ **Prélever les informations** contenues sur la carte, aussi bien dans la légende que dans la traduction graphique.

→ **Critiquer le document** en tant que document construit : analyser les choix pour la légende, les figurés, les couleurs.

❷ Montrez comment se manifestent les nouvelles ambitions mondiales de la Chine.
CONSEIL Tenez compte de tous les aspects mentionnés sur la carte.

ÉTAPE 3 — Dégager l'intérêt historique de la carte

→ **Mobiliser ses connaissances** pour situer le thème abordé dans son contexte historique, expliquer et interpréter les données de la carte.

→ **Montrer l'intérêt et les limites de la carte** pour la connaissance du sujet.

❸ Analysez les limites de la nouvelle puissance chinoise.
CONSEIL Appuyez-vous sur le Cours p. 268 et tenez compte des éléments absents de la carte.

S'entraîner

Sujet : Le Printemps arabe (2010-2011)

Consigne : Présentez la carte, puis décrivez l'étendue et les conséquences politiques du Printemps arabe, avant d'analyser ce que ce dernier révèle des nouvelles formes de conflictualités.

Le 17 décembre 2010, l'immolation par le feu de Mohamed Bouazizi, un jeune vendeur ambulant tunisien qui protestait contre la saisie de sa marchandise par la police, provoque un vaste mouvement de protestation qui débouche sur le renversement du président tunisien Ben Ali avant de s'étendre à des pays du Moyen-Orient.

CHAPITRE 9 Nouveaux rapports de puissance et enjeux mondiaux 275

BAC Méthode : Organiser et rédiger le développement

Question problématisée
Sujet : Pourquoi peut-on parler d'un nouvel ordre mondial après 1989 ?

FICHE MÉTHODE

Rappel

- → **Définir et délimiter les termes du sujet.** Voir Méthode, p. 66
- → **Choisir un plan adapté au sujet.** Voir Méthode, p. 162

Délimitez les bornes chronologiques du sujet.
CONSEIL Rappelez à quoi correspond l'année 1989.

Indiquez le type de plan le plus adapté au sujet.
CONSEIL Expliquez pourquoi un plan thématique n'est pas adapté.

ÉTAPE 1 — Organiser la réponse au sujet

- → **À l'intérieur du plan, enchaîner de façon logique les différentes idées,** dans des paragraphes structurés.
- → **Pour éviter de les juxtaposer,** lier les paragraphes à l'aide de connecteurs logiques.

❶ Décrivez les nouveaux rapports de puissance après la guerre froide.
CONSEIL Demandez-vous si le monde devient unipolaire ou multipolaire.

ÉTAPE 2 — Veiller à la rigueur et à la précision de l'argumentation

- → **Associer à chaque idée directrice au moins un exemple précis,** de préférence daté et localisé.
- → **Éviter de se contenter de généralités.**

❷ Donnez un exemple de nouvelle forme de conflit.
CONSEIL Vous pouvez choisir l'un des exemples abordés en classe.

ÉTAPE 3 — Rédiger des paragraphes construits

- → **Chaque paragraphe repose sur une idée principale** rédigée sous la forme affirmative et venant à l'appui d'une démonstration.
- → **Chaque idée doit être étayée par un ou plusieurs exemples,** concis et pertinents.

❸ Montrez sur quoi débouchent les crimes de masse et les génocides.
CONSEIL Donnez un exemple précis.

Prolongement

- → **Rédiger la conclusion.** Voir Méthode, p. 320

Montrez en quoi les attentats du 11 septembre 2001 modifient les enjeux mondiaux.
CONSEIL Tenez compte de l'évolution de la politique étrangère des États-Unis.

276 LE MONDE, L'EUROPE ET LA FRANCE DEPUIS LES ANNÉES 1990, ENTRE COOPÉRATIONS ET CONFLITS

BAC
Méthode

S'approprier un questionnement historique

▶ Capacités et méthodes

Sujet Le G20, reflet des hiérarchies économiques mondiales

Consigne : Présentez ce tableau puis montrez ce que révèle l'analyse de l'évolution des hiérarchies économiques mondiales entre 1992 et 2018.

L'évolution du PIB des membres du G20

Créé en 1999 pour favoriser la concertation internationale, le G20 comprend dix-neuf pays et l'Union européenne, qui représentent en 2018 les deux tiers de la population mondiale, 85 % du commerce mondial et 86 % du produit mondial brut (somme des PIB de tous les pays du monde).

	1992			2018		
	Rang	PIB global[1]	% du PIB mondial	Rang	PIB global[1]	% du PIB mondial
Monde	–	24 000	100	–	84 740	100
Union européenne	–	8 120	33,4	–	18 750	22,1
États-Unis	1	6 200	25,8	1	20 494	24,2
Chine	10	422	1,7	2	13 407	15,8
Japon	2	3 800	15,8	3	4 971	5,9
Allemagne	3	2 060	8,6	4	4 000	4,8
Royaume-Uni	6	1 090	4,5	5	2 929	3,4
France	4	1 370	5,7	6	2 775	3,3
Inde	18	245	1	7	2 716	3,2
Italie	5	1 260	5,2	8	2 072	2,5
Brésil	11	390	1,6	9	1 868	2,2
Canada	8	579	2,4	10	1 711	2
Russie	9	460	2	11	1 630	1,9
Corée du Sud	14	330	1,4	12	1 619	1,9
Australie	15	329	1,4	14	1 418	1,7
Mexique	12	360	1,5	15	1 223	1,4
Indonésie	24	139	0,6	16	1 022	1,2
Arabie saoudite	25	136	0,6	18	782	0,9
Turquie	22	159	0,6	19	766	0,9
Argentine	20	228	0,9	25	518	0,6
Afrique du Sud	26	130	0,5	34	368	0,4

1. En milliards de dollars courants.

FICHE MÉTHODE

ÉTAPE 1 Identifier et présenter le document

→ **Présenter le document,** sa nature, les indicateurs qui y figurent.
→ **Décrivez le thème** traité par le document et son intérêt.

❶ Expliquez l'intérêt de ce document pour analyser l'évolution des hiérarchies économiques.

CONSEIL Expliquez le sens des indicateurs.

ÉTAPE 2 Analyser le document et s'approprier un questionnement historique

→ **Identifier les idées principales du document,** en analysant son contenu, tant sur la forme que sur le fond.
→ **Formuler le questionnement historique soulevé par le document** en identifiant ce qu'ils ont en commun ou ce qui les oppose.

❷ Analysez l'évolution du classement des pays et de leur part dans le PIB mondial.

CONSEIL Calculez le cumul des pourcentages des BRICS pour mettre en évidence leur progrès économique.

ÉTAPE 3 Dégager la portée et l'intérêt des documents

→ **Comprendre l'intérêt du document** en vous interrogeant, autant que possible, sur l'objectif de son auteur, sa diffusion et sa réception.

❸ Expliquez pourquoi le G20 est une instance plus représentative que le G7.

CONSEIL Rappelez le contexte dans lequel le G7 a pris de l'importance.

CHAPITRE 9 Nouveaux rapports de puissance et enjeux mondiaux **277**

EXERCiCES

1 L'*intifada* palestinienne

CONFRONTER ET CRITIQUER DEUX DOCUMENTS

Voir Méthode, p. 39

Consigne : Analysez ces photographies et montrez quel point de vue leurs auteurs adoptent et quelle image ils donnent du conflit israélo-palestinien.

1 L'homme au drapeau, symbole de l'*intifada*

Manifestant palestinien sautant par-dessus une barricade, photographie d'Allan Tanenbaum, Naplouse, 1988.

De 1987 à 1991 puis de 2000 à 2004 se déroulent en Cisjordanie et à Gaza deux « guerres des pierres » palestiniennes.

2 L'homme au lance-pierre, symbole de la cause palestinienne

Ahmed Abou Amro lançant une pierre contre les soldats israéliens lors d'une manifestation contre le blocus maritime de la bande de Gaza, photographie de Mustafa Hassounah, Gaza, 22 octobre 2018.

Depuis la fin de la seconde *intifada*, les organisations palestiniennes continuent de mettre en avant l'image de manifestants lançant des pierres.

2 Xi Jinping et le « rêve chinois »

METTRE EN RELATION UN TEXTE ET UNE IMAGE

Voir Méthode, p. 189

Consigne : Analysez, à partir des documents, l'ambition de la Chine, sa conception des relations internationales et le rôle de Xi Jinping.

1 Le nouvel homme fort de la Chine

Cérémonie du 70e anniversaire de la République populaire de Chine, Pékin, 1er octobre 2019.

Secrétaire général du parti communiste (depuis 2012), président de la République (depuis 2013), Xi Jinping, dont la pensée est inscrite dans la Charte du parti (2017) et qui s'est fait proclamer « dirigeant du peuple » (2020), concentre plus de pouvoir que quiconque depuis Mao.

2 Le « rêve chinois » : une ambition de puissance

En 2013, Xi Jinping lance le slogan politique du « rêve chinois », qui résume l'orientation qu'il entend donner à sa politique en faisant écho au « rêve américain ».

« Actuellement, le peuple chinois œuvre pour réaliser le rêve chinois du grand renouveau de la nation chinoise. [...] Le rêve chinois, c'est la recherche de la paix. Il ne peut se réaliser que si la paix est garantie. [...] L'histoire le dira : réaliser le rêve chinois, c'est apporter au monde les opportunités, la paix et le progrès, et non la menace, le trouble et la décadence. Napoléon disait : "La Chine est un lion endormi, le jour où elle s'éveillera, le monde tremblera". Aujourd'hui, ce lion s'est réveillé, et il se veut pacifique, sympathique et civilisé. [...]

Le rêve chinois, c'est le service au monde. [...] Avec notre développement, nous nous sommes efforcés de rendre service à la paix et au développement dans le monde, et nous continuerons à le faire dans l'avenir.

Pour réaliser ce rêve chinois, nous nous sommes fixé deux objectifs grandioses : parachever la construction sur tous les plans d'une société de moyenne aisance avant le centenaire du PCC en doublant d'ici 2020 le PIB chinois et le revenu par habitant par rapport à 2001[1], et réaliser avant le centenaire de la Chine nouvelle le grand renouveau de la nation chinoise en faisant de la Chine un pays socialiste moderne, prospère, démocratique, harmonieux et hautement civilisé à l'horizon 2050. »

Xi Jinping, discours à la conférence commémorant le cinquantenaire des relations diplomatiques entre la Chine et la France, Paris, 27 mars 2014.

1. Objectifs atteints dès 2015.

3 Le 11 septembre vu par un journaliste français

PROCÉDER À L'ANALYSE CRITIQUE D'UN DOCUMENT

Voir Méthode, p. 101

Consigne : Rappelez le contexte du document puis analysez les conséquences géopolitiques du 11 septembre qu'entrevoit l'auteur.

« Nous sommes tous Américains »

« Dans ce moment tragique où les mots paraissent si pauvres pour dire le choc que l'on ressent, la première chose qui vient à l'esprit est celle-ci : nous sommes tous Américains ! Nous sommes tous New-Yorkais, aussi sûrement que John Kennedy se déclarait, en 1963 à Berlin, Berlinois. Comment ne pas se sentir en effet, comme dans les moments les plus graves de notre histoire, profondément solidaires de ce peuple et de ce pays, les États-Unis, dont nous sommes si proches et à qui nous devons la liberté, et donc notre solidarité.

Comment ne pas être en même temps aussitôt assaillis par ce constat : le siècle nouveau est avancé. La journée du 11 septembre 2001 marque l'entrée dans une nouvelle ère, qui nous paraît bien loin des promesses et des espoirs d'une autre journée historique, celle du 9 novembre 1989 [...].

La réalité est plus sûrement celle, en effet, d'un monde sans contrepoids, physiquement déstabilisé donc dangereux, faute d'équilibre multipolaire. Et l'Amérique, dans la solitude de sa puissance, de son hyper-puissance, en l'absence désormais de tout contre-modèle soviétique, a cessé d'attirer les peuples à elle ; ou plus précisément, en certains points du globe, elle ne semble plus attirer que la haine. Dans le monde régulé de la guerre froide où les terrorismes étaient peu ou prou aidés par Moscou, une forme de contrôle était toujours possible ; et le dialogue entre Moscou et Washington ne s'interrompait jamais. Dans le monde monopolistique d'aujourd'hui c'est une nouvelle barbarie, apparemment sans contrôle, qui paraît vouloir s'ériger en contre-pouvoir. »

« Nous sommes tous Américains », éditorial de Jean-Marie Colombani, *Le Monde*, 13 septembre 2001.

4 La mémoire de la fin de l'apartheid

EMPREINTES DE L'HISTOIRE

METTRE UNE FIGURE EN PERSPECTIVE

Voir Méthode, p. 221

Consigne : Décrivez le rôle de Nelson Mandela dans l'unification de la nation africaine en analysant de façon critique le passage de l'histoire à la mémoire à travers le film de Clint Eastwood.

1 Une nation unie autour du sport

Le capitaine de l'équipe de rugby d'Afrique du Sud, François Pienaar, reçoit la Coupe du monde des mains du président Nelson Mandela, qui porte le maillot et la casquette de l'équipe sud-africaine, Johannesbourg (Afrique du Sud), 24 juin 1995.

En 1995, l'équipe de rugby d'Afrique du Sud (les *Springboks*), qui a été très longtemps un symbole des Blancs d'Afrique du Sud et de l'apartheid, remporte à domicile la finale de la Coupe du monde face à l'équipe de Nouvelle-Zélande, avec le soutien affiché du président Mandela.

2 Le mythe de la « nation arc-en-ciel »

Affiche du film *Invictus* de Clint Eastwood, 2009, qui a valu à Morgan Freeman (Nelson Mandela) et Matt Damon (François Pienaar) des nominations aux Oscars du meilleur acteur et du meilleur second rôle masculin.

Dans son film, Clint Eastwood présente la victoire sud-africaine comme le fondement de la « nation arc-en-ciel », en soulignant le rôle de Mandela dans la construction d'un sentiment d'union nationale derrière l'équipe des *Springboks*.

10 La construction européenne, entre élargissement, approfondissement et remises en question

▶ Quelles sont les évolutions, les avancées et les limites de la construction européenne ?

1 L'ambition d'une Europe unie et élargie

Affiche du ministère français des Affaires européennes, diffusée à plus de 100 000 exemplaires sur le réseau France-Rail, 2002.

La chute, en 1989, du rideau de fer qui divisait l'Europe pendant la guerre froide rend à nouveau possible l'unification politique et économique du continent européen. L'Union européenne (UE), fondée en 1992 pour succéder à la Communauté économique européenne (CEE), incarne alors l'espoir d'une Europe unifiée.

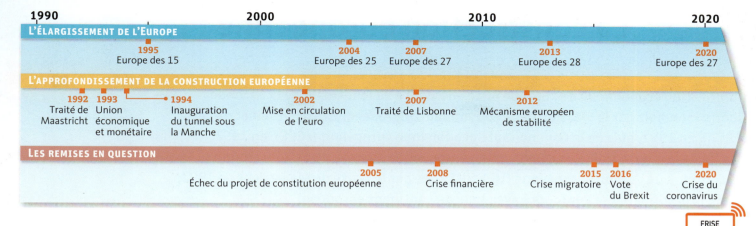

2 Les citoyens européens divisés

« Merci la France, merci la Hollande, nous vous aimons ». En juin 2006, à Londres, le militant britannique antieuropéen Ray Egan, habillé comme John Bull (l'équivalent britannique de Marianne), se félicite du rejet en 2005 par les Français et les Néerlandais du traité établissant une constitution pour l'Europe.

Dans les années 2000 et 2010, le décalage entre l'Europe des États et l'Europe des citoyens se fait fortement ressentir, à mesure que le projet européen rencontre l'hostilité d'une partie des opinions publiques et se heurte à une série de crises économiques et politiques.

ANALYSER LES DOCUMENTS

Situez chaque document dans le temps à l'aide de la frise, puis montrez ce qu'ils révèlent des avancées et des limites de la construction européenne.

GRAND ANGLE
La construction européenne

L'unification économique de l'Europe a été entreprise au lendemain de la Seconde Guerre mondiale par la création de la **Communauté européenne du charbon et de l'acier (CECA)**, en 1951, puis de la **Communauté économique européenne (CEE)**, en 1957. À la fin de la guerre froide, la construction européenne s'accélère et s'approfondit : les contours de l'**Union européenne (UE)**, instituée par le traité de Maastricht en 1992, tendent désormais à se confondre avec ceux du continent européen.

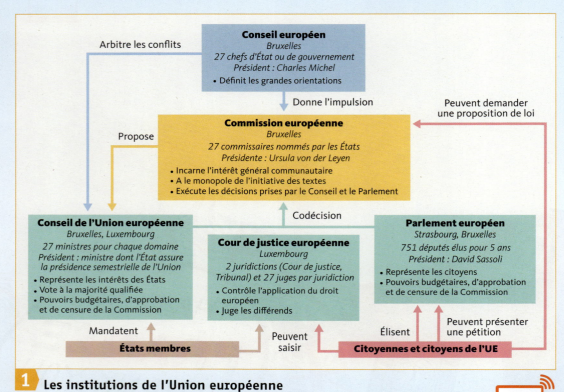

1 Les institutions de l'Union européenne

2 Bruxelles, capitale des institutions européennes

Vue des bâtiments du quartier européen (Commission européenne **1**, Conseil des ministres de l'UE **2**, Parlement européen **3**), Bruxelles.

La capitale de la Belgique est, depuis 1957, le siège de la Commission européenne. Elle accueille également certaines sessions du Parlement européen de Strasbourg.

282 LE MONDE, L'EUROPE ET LA FRANCE DEPUIS LES ANNÉES 1990, ENTRE COOPÉRATIONS ET CONFLITS

SAVOIR LIRE, COMPRENDRE ET CRITIQUER UNE CARTE

Décrivez les principales étapes de l'élargissement géographique de l'Union européenne, puis montrez que tous les pays membres n'ont pas le même degré d'intégration.

CHAPITRE 10 La construction européenne, entre élargissement, approfondissement et remises en question

COURS 1 — De la CEE à l'Union européenne

Comment le projet européen a-t-il évolué ?

A De nouvelles ambitions pour l'Europe

● La fin de la guerre froide et la réunification de l'Allemagne confrontent l'Europe à de nouveaux défis. Le traité de Maastricht, adopté en 1992 sous l'impulsion de Jacques Delors, institue l'Union européenne (UE), qui succède à la CEE.

● Le traité étend les compétences communautaires [doc. 1]. Il met en place une nouvelle politique étrangère commune, la PESC [doc. 2], et une Union économique et monétaire (UEM) qui aboutit à la création d'une monnaie unique, l'euro [POINT DE PASSAGE p. 288].

● Parce qu'elle concilie le fédéralisme et l'unionisme, en associant la logique supranationale et la coopération intergouvernementale, l'UE apparaît comme une « fédération d'États-nations » (Jacques Delors).

B L'approfondissement du projet européen

● Le projet européen connaît un net approfondissement dans les années 1990. Le traité de Maastricht étend le champ des politiques communes à de nouveaux domaines comme l'éducation et la santé. L'Union européenne se dote également de nouveaux symboles [doc. 3].

● Le Marché unique, entré en vigueur en 1993, et l'espace Schengen, mis en œuvre en 1995, confortent la libre circulation des personnes [doc. 4], tandis que les marchés du gaz, de l'électricité et des transports sont libéralisés. Des projets transeuropéens se développent, dont le plus emblématique est le tunnel sous la Manche [POINT DE PASSAGE p. 286].

● La crise économique et financière qui frappe l'Europe à partir de 2008 conduit à la mise en place en 2012 du Mécanisme européen de stabilité (MES), une nouvelle institution financière intergouvernementale chargée de gérer les crises financières et la dette au sein de la zone euro. En 2014 est instituée l'Union bancaire, un processus de surveillance et de gestion des faillites éventuelles des grandes banques de la zone euro. En outre, depuis 2013, en vertu du Pacte budgétaire européen, la politique budgétaire des États membres est encadrée par la Commission. En 2020, l'Europe est durement touchée par la crise du coronavirus.

C L'élargissement de l'Europe et ses limites

● Le projet européen n'est désormais plus limité à l'Europe occidentale. En 1995, l'UE s'élargit à l'Autriche, la Finlande et la Suède, anciens pays neutres. En 2004 et 2007, c'est le tour de dix anciens pays communistes, ainsi que Malte et Chypre. En 2013, la Croatie devient le 28ᵉ pays de l'Union européenne.

● Cet élargissement de grande ampleur a été rendu possible par l'adoption par les pays candidats de l'économie de marché et des droits de l'homme et par un effort d'harmonisation de leurs politiques économiques.

● L'élargissement met à mal l'unité européenne, comme l'illustre en 2003 la division des pays membres et futurs membres face à la guerre en Irak [doc. 5]. Depuis le traité de Nice (2001), qui étend le vote à la majorité qualifiée, et le rejet du traité de Rome qui devait instituer une constitution pour l'Europe, l'UE cherche, non sans mal, un équilibre institutionnel conciliant élargissement et approfondissement.

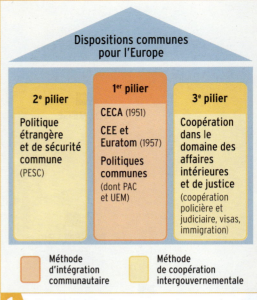

1 Les piliers de l'Union européenne

▶ Quelles sont les nouveautés apportées par le traité de Maastricht ?

Mots clés

Approfondissement : renforcement des institutions ou des politiques communes de l'Union européenne.

Élargissement : adhésion de nouveaux États membres à l'UE.

Fédéralisme : courant de pensée favorable à une fédération au sein de laquelle les États renoncent à une large part de leur souveraineté au profit d'une autorité politique supranationale.

Majorité qualifiée : procédure de vote attribuant à chaque État membre un nombre de voix proportionnel à sa population au Conseil de l'UE.

Marché unique : espace économique doté de frontières douanières communes à l'intérieur duquel est organisé le libre-échange des marchandises, des services, des capitaux et des personnes.

Politiques communes : politiques mises en œuvre par l'UE. La principale est la politique agricole commune (PAC).

Unionisme : courant de pensée favorable à une union d'États indépendants et souverains (confédération), voire à une simple coopération intergouvernementale.

Personnage clé

Jacques Delors (né en 1925)
Ministre français des Finances puis président de la Commission européenne de 1985 à 1995. Il est à l'origine de la relance de l'intégration européenne par l'Acte unique (1986), qui instaure le Marché unique, puis le traité de Maastricht (1992).

2 Les objectifs de la politique étrangère et de sécurité commune (PESC)

« Les objectifs [...] sont :
– la sauvegarde des valeurs communes, des intérêts fondamentaux et de l'indépendance de l'Union [...] ;
– le renforcement de la sécurité de l'Union et de ses États membres [...] ;
– le maintien de la paix et le renforcement de la sécurité internationale [...] ;
– la promotion de la coopération internationale ;
– le développement et le renforcement de la démocratie et de l'État de droit, ainsi que le respect des droits de l'homme et des libertés fondamentales. [...]
L'Union poursuit ces objectifs :
– en instaurant une coopération systématique entre les États membres pour la conduite de leur politique [...] ;
– en mettant graduellement en œuvre [...] des actions communes dans les domaines où les États membres ont des intérêts importants en commun.
Les États membres appuient activement et sans réserve la politique extérieure et de sécurité de l'Union dans un esprit de loyauté et de solidarité mutuelle. Ils s'abstiennent de toute action contraire aux intérêts de l'Union. »

Titre V du traité de Maastricht, 1992.

▶ Qu'est-ce qui rend ces objectifs difficiles à mettre en œuvre ?

3 Les symboles de l'Union européenne
Carte postale éditée par la Commission européenne, 2005.

▶ Quel objectif l'Union européenne recherche-t-elle à travers ces symboles ?

4 Une Europe sans frontières internes
Dessin de Plantu, *Le Monde*, juin 1991.

Signés en 1985 et confirmés en 1990, les accords de Schengen prévoient la suppression des contrôles aux frontières des pays signataires et le renforcement des contrôles aux frontières extérieures. L'espace Schengen entre en vigueur en 1995.

▶ Comment l'Europe est-elle caricaturée ?

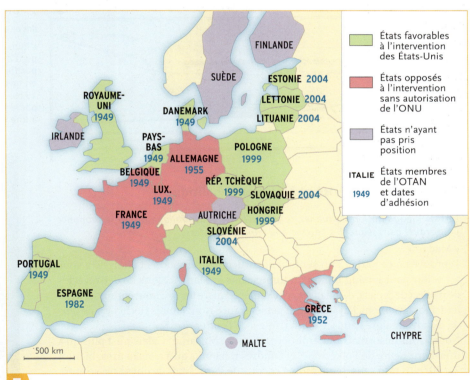

5 Les pays européens divisés face à la guerre en Irak

▶ Qu'ont en commun les pays opposés à l'intervention ?

METTRE UN ÉVÉNEMENT EN PERSPECTIVE

À partir des documents **1** et **2**, montrez que le traité de Maastricht marque un tournant dans la construction européenne, d'abord par son ambition de créer une « Europe puissance », ensuite par celle de créer un sentiment d'appartenance.

CHAPITRE 10 La construction européenne, entre élargissement, approfondissement et remises en question 285

POINT DE PASSAGE

Le tunnel sous la Manche

Idée ancienne, le projet d'un tunnel sous la Manche est réactivé par la France et le Royaume-Uni dans le cadre de la construction européenne au cours des années 1980. Les travaux durent de 1987 à 1993, et le tunnel est inauguré en mai 1994. Il s'agit d'un succès technique et commercial : en 25 ans, près de 430 millions de passagers et 410 millions de tonnes de marchandises ont transité par le tunnel ; mais la liaison doit s'adapter à la concurrence et au Brexit.

▶ **Dans quelle mesure le tunnel sous la Manche a-t-il rapproché le Royaume-Uni de l'Europe ?**

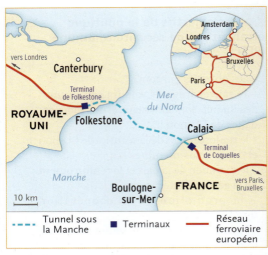

Le tunnel au sein des réseaux de transport européens

- 1801 Premier projet de lien transmanche
- 1987 Début des travaux
- 1994 Inauguration du tunnel

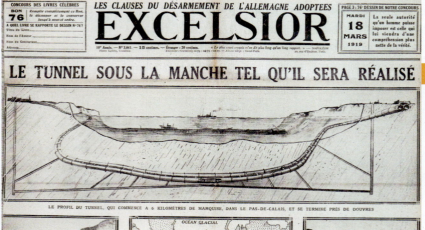

1 Un projet ancien

Une du quotidien français *Excelsior*, 18 mars 1919.

L'idée d'un lien transmanche (sous forme de digue, de pont ou de tunnel) est née au début du XIXᵉ siècle pour pacifier les relations entre la France et le Royaume-Uni en favorisant les échanges commerciaux. Relancé en 1919, le projet d'un tunnel sous la Manche est rejeté par le Parlement britannique, comme il l'avait été à une dizaine de reprises auparavant.

2 Un projet concrétisé par la volonté politique

Lors de l'inauguration du tunnel, le président de la République française prononce un discours dans lequel il s'adresse à la reine d'Angleterre.

« Madame,

J'éprouve en ce jour [...] un sentiment particulier d'émotion et de fierté à vous accueillir pour l'inauguration du tunnel sous la Manche. Plus de deux siècles de rêves et de projets, d'initiatives échelonnées dans le temps, trouvent aujourd'hui leur aboutissement. [...] Volonté et persévérance n'ont jamais fléchi depuis plus de dix ans, malgré l'audace et les risques de l'entreprise. [...]

Nous avons désormais une frontière terrestre, Madame : Calais n'est plus qu'à une demi-heure de Folkestone, et Londres n'est plus qu'à trois heures, bientôt 2 h 30, plus tard sans doute moins encore, de Paris. Mais ce qui se passe entre nous n'est pas indifférent au reste de l'Europe et à son devenir [...]. À terme, cette liaison à grande vitesse reliera également Londres à Bruxelles, puis Amsterdam et Cologne, sans oublier la suite que le siècle prochain décidera. Cette réalisation est donc un atout majeur pour le renforcement de l'Union européenne, un élément décisif dans l'élaboration et la mise en œuvre du Marché unique, un pas supplémentaire pour le rapprochement entre les peuples eux-mêmes. »

François Mitterrand, allocution en présence de la reine Elizabeth II, Coquelles, 6 mai 1994.

3 La première jonction

Jonction des équipes françaises et anglaises dans le tunnel sous la Manche, 1ᵉʳ décembre 1990.

Le 1ᵉʳ décembre 1990, un ouvrier français et un ouvrier britannique se serrent la main après avoir réalisé la première jonction des deux tronçons du tunnel.

4 Un succès technique et commercial

5 Le défi du Brexit

« Le Brexit aurait dû se dérouler le 29 mars 2019 à minuit. La date était connue depuis deux ans et le déclenchement de l'article 50 autorisant le Royaume-Uni à négocier son départ de l'Union européenne. [...] Deux ans après [le déclenchement du Brexit le 29 mars 2017], l'incertitude reste la donnée la mieux partagée en matière de Brexit. [...] L'éventualité d'un "no deal" a conduit les administrations (police aux frontières, douanes pour la France) mais aussi Eurotunnel, les ports à ferries de Calais et Dunkerque à anticiper. Quelle que soit l'issue politique, le pragmatisme économique doit triompher et le flux tendu des marchandises se poursuivre avec le minimum de désagréments.
L'exploitant Eurotunnel (filiale du groupe Getlink) a mené pour 15 millions d'euros de travaux pour adapter sa structure gigantesque (1,7 million de camions, 2,6 millions de voitures, 22 millions de personnes, 140 milliards d'euros de biens échangés par an). [...] "Aujourd'hui, il n'y a pas de frontière, ailleurs, il existe des frontières contrôlées manuellement. Notre ambition est de créer une frontière virtuelle et intelligente, décrit John Keefe, directeur des Affaires publiques d'Eurotunnel. Il faut environ 90 minutes pour aller de l'autoroute française à l'autoroute britannique. Nous voulons maintenir cette ambition après le Brexit." »

Olivier Berger, « Trafic vers le Royaume-Uni : comment Eurotunnel se prépare à tous les scénarios du Brexit », *La Voix du Nord*, 28 mars 2019.

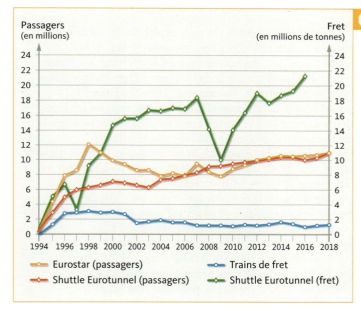

6 L'évolution du trafic dans le tunnel sous la Manche

Source : rapports d'activité d'Eurotunnel.

Si le trafic connaît une croissance globale, le tunnel est concurrencé par d'autres modes de transport (avion, ferry). Alors que l'Eurostar (compagnie ferroviaire) dessert, depuis Londres, Paris, Bruxelles, Amsterdam ou encore Lyon et Marseille, le Shuttle assure simplement le passage du tunnel pour du fret ou des particuliers.

PROCÉDER À L'ANALYSE CRITIQUE DE DOCUMENTS

PARCOURS A

▶ **Lire, comprendre et analyser les documents**

1. Montrez que la liaison transmanche est une idée ancienne. [doc. 1, 2]
2. Montrez que la construction du tunnel est une prouesse technique. [doc. 2, 3, 4]
3. Quels étaient les objectifs de la création du tunnel ? Ont-ils été atteints ? [doc. 2, 3, 6]
4. Quels défis rencontre désormais l'exploitation du tunnel ? [doc. 5, 6]

▶ **Synthétiser**

Montrez que le tunnel sous la Manche a permis un rapprochement franco-britannique, mais également un ancrage de la Grande-Bretagne à l'Union européenne, aujourd'hui remis en cause.

PARCOURS B

▶ **Procéder à l'analyse critique d'un document** [Voir Méthode, p. 101]

À partir du document 4, vous expliquerez en quoi la liaison transmanche permet d'associer le Royaume-Uni à la France et à l'Europe, en développant la coopération technique, le rapprochement géographique ainsi que l'association économique.

POINT DE PASSAGE

L'euro : genèse, mise en place et débats

Le traité de Maastricht, en 1992, institue l'Union économique et monétaire (UEM), qui aboutit à la création d'une monnaie unique, l'euro. Dès sa création, cette monnaie s'affirme comme la deuxième devise internationale, mais l'hétérogénéité des politiques budgétaires des États membres fragilise très vite l'union monétaire. La crise financière de 2008 accentue l'endettement de certains pays de la zone euro, exacerbant les débats sur l'euro et conduisant à une réforme de la gouvernance européenne.

▶ **Quels sont les enjeux de la monnaie unique pour la construction européenne ?**

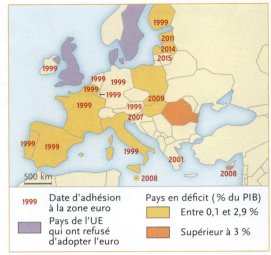

Les pays de la zone euro

1 Une monnaie très débattue

« On nous dit que la monnaie unique est la clé de l'emploi. On nous annonce triomphalement qu'elle créera des millions d'emplois nouveaux [...]. Mais que vaut ce genre de prédiction, alors que, depuis des années, le chômage augmente en même temps que s'accélère la construction de l'Europe technocratique ? Par quel miracle la monnaie unique pourrait-elle renverser cette tendance ? [...]
On nous dit que la monnaie unique va favoriser nos exportations, mais les échanges intraeuropéens sont déjà considérables et l'unification de la monnaie ne supprimera pas les risques de fluctuation vis-à-vis du dollar et du yen. [...]
On nous dit que la monnaie unique favorisera les investissements français dans les autres pays de la Communauté. Or aucune statistique ne permet de conclure à un effet significatif du risque de change sur l'investissement.
On nous dit que la monnaie unique fera économiser d'énormes coûts de transaction, mais personne n'est réellement capable d'évaluer ces coûts et tous les chiffres cités à ce sujet [...] sont le plus souvent totalement fantaisistes. [...]
On dit encore, en effet, que la monnaie unique entre les mains d'une banque centrale indépendante permettra de mieux assurer la lutte contre l'inflation : mais nul ne peut garantir que les dirigeants de cette banque, qui n'auront de comptes à rendre à personne, feront toujours la meilleure politique possible ! »

Philippe Séguin, député RPR et ancien ministre, discours à l'Assemblée nationale, 5 mai 1992.

2 Des critères très contraignants

« Les critères qu'un État membre doit respecter pour pouvoir participer à la zone euro sont au nombre de quatre (dont un double). 1. Une contrainte de stabilité des prix : le taux d'inflation du pays candidat ne doit pas dépasser de plus de 1,5 % celui des trois États membres présentant les meilleurs résultats en matière de stabilité des prix. 2. Une contrainte de soutenabilité des finances publiques : le solde du secteur public ne doit pas faire apparaître un déficit excessif. En situation normale, il ne doit pas excéder 3 % du PIB et la dette publique accumulée ne doit pas dépasser 60 % du même agrégat. [...] 3. Une contrainte de stabilité du change : les États membres doivent respecter les marges normales de fluctuation prévues par le mécanisme de change du système monétaire européen, pendant deux ans au moins, sans connaître de tensions graves [...] 4. Une contrainte d'alignement des taux d'intérêt [...] ; les taux d'intérêt à long terme [...] ne doivent pas excéder de plus de 2 % celui des trois États membres présentant les meilleurs résultats en matière de stabilité des prix. »

Armand-Denis Schor, *Économie politique de l'euro*, La Documentation française, 1999.

3 Une monnaie célébrée en Europe

Célébration de la mise en circulation des pièces et des billets en euro, Athènes, 31 décembre 2001.

Le 1er janvier 2002, quelque 8 milliards de billets et 38 milliards de pièces sont introduits dans les 12 pays de la zone euro.

4 La crise de la zone euro

« Estonie ! Bienvenue à bord du Titanic », affiche des opposants à l'entrée de l'Estonie dans la zone euro, Tallinn, 2010.

Le 1er janvier 2011, l'Estonie, qui a rejoint l'Union européenne et l'OTAN en 2004, est la première ex-république soviétique à rejoindre la zone euro, avec quatre ans de retard sur la date initialement prévue du fait d'une inflation trop importante.

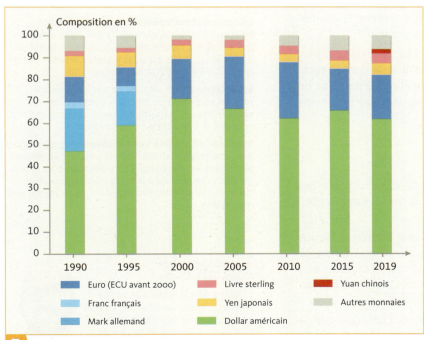

5 Une monnaie de réserve ?

Composition en pourcentage des monnaies des réserves de change officielles, de 1995 à 2019. Source : FMI.

PROCÉDER À L'ANALYSE CRITIQUE DES DOCUMENTS

PARCOURS A

▶ **Lire, comprendre et analyser les documents**

1. Que représente la monnaie unique dans la construction européenne ? [doc. 1, 2, 3]
2. Comment la monnaie unique est-elle mise en œuvre ? [doc. 2, 3]
3. Quelles critiques sont adressées à l'euro ? [doc. 1, 4]
4. Quelles sont les forces et les faiblesses de la monnaie unique ? [doc. 4, 5]

▶ **Synthétiser**

Montrez quels enjeux représente l'euro pour la construction européenne. Vous insisterez d'abord sur les enjeux politiques, puis vous aborderez les enjeux économiques.

PARCOURS B

▶ **Analyser un graphique** [Voir Méthode, p. 218]

Présentez et décrivez le document 5, puis montrez ce qu'il apporte à la compréhension des enjeux représentés par l'euro. Montrez que l'euro est perçu comme une monnaie sûre et stable. Relativisez ensuite ce point de vue.

COURS 2 — Europe des États, Europe des citoyens

Quel rôle les citoyens jouent-ils dans l'évolution de l'Union européenne ?

A Les avancées du traité de Maastricht

- Les citoyens ont longtemps été mis à l'écart du processus de construction européenne, qui a principalement été le fait des États. En 1992, les **eurosceptiques** dénoncent le déficit démocratique contenu dans le traité de Maastricht [doc. 3].
- Cependant, le traité institue une **citoyenneté européenne**, qui garantit à chaque citoyen de l'UE le droit de circuler et de séjourner librement sur le territoire des États membres, le droit de vote et d'éligibilité aux élections municipales pour les ressortissants d'un État membre résidant dans un autre État membre, et le droit de pétition devant le Parlement.
- La difficile ratification du traité de Maastricht par les pays signataires [doc. 1] – il a été adopté de justesse en France [doc. 2] et au Danemark – illustre toutefois la distance qui sépare les instances de gouvernance européenne, jugées lointaines et complexes, et les citoyens.

B L'Union européenne face à la défiance des citoyens

- Le désintérêt des citoyens pour la construction européenne se traduit par un taux de participation en baisse aux élections européennes, tandis que beaucoup d'Européens ont une image négative de l'Europe [doc. 5].
- En 2003, les Suédois refusent par référendum l'entrée de leur pays dans la zone euro. En 2005, le projet de constitution pour l'Europe est rejeté par référendum en France et aux Pays-Bas [ÉTUDE p. 292]. L'UE entre alors dans une période de crise, jusqu'à l'adoption du traité de Lisbonne (2007), qui entre en vigueur en décembre 2009. Ratifié partout par la voie parlementaire, il reprend l'essentiel du projet précédent en écartant toute terminologie constitutionnelle.
- Le traité de Lisbonne réorganise le fonctionnement de l'UE dans un sens plus démocratique : il instaure l'**initiative citoyenne européenne**, dote le Conseil européen d'un président, qui est aujourd'hui **Charles Michel**, et étend le domaine de compétences de l'Union. La gouvernance européenne n'en demeure pas moins très complexe et difficilement lisible par les citoyens.

C La fin du « rêve européen » ?

- À partir de 2008, l'Union européenne est fragilisée par la crise financière, qui déstabilise plusieurs États lourdement endettés, comme la Grèce. L'euroscepticisme progresse dans de nombreux pays membres.
- À partir de 2015, les opinions publiques européennes sont divisées à propos de la crise migratoire [MÉTHODE p. 299]. Face à l'afflux de plus d'un million de migrants, plusieurs pays de l'espace Schengen rétablissent les contrôles aux frontières [doc. 4]. L'arrivée au pouvoir de gouvernements très conservateurs en Hongrie et en Pologne accroît les divisions au sein de l'Union.
- Dans ce contexte, l'UE apparaît moins attractive. En 2015, l'Islande retire sa candidature. En 2016, les citoyens du Royaume-Uni se prononcent en faveur de la sortie de l'Union européenne [ÉTUDE p. 293]. Le Brexit, qui devient effectif en 2020, porte un coup dur au « rêve européen ».

Date	Pays	Mode de ratification	Résultat
Juin 1992	Danemark	Référendum	Non (50,7 %)
Juin –	Irlande	Référendum	Oui (68,7 %)
Juil. –	Luxembourg	Parlement	Oui
Juil. –	Grèce	Parlement	Oui
Sept. –	France	Référendum	Oui (51,04 %)
Oct. –	Italie	Parlement	Oui
Oct. –	Espagne	Parlement	Oui
Nov. –	Belgique	Parlement	Oui
Déc. –	Allemagne	Parlement	Oui
Déc. –	Portugal	Parlement	Oui
Déc. –	Pays-Bas	Parlement	Oui
Mai 1993	Danemark	Référendum	Oui (56,7 %)
Mai –	Royaume-Uni	Parlement	Oui

1 La difficile ratification du traité de Maastricht

▶ Qu'est-ce qui indique que la ratification a été difficile ?

Mots clés

Citoyenneté européenne : créée par le traité de Maastricht, la citoyenneté de l'UE ne se substitue pas à la citoyenneté nationale, mais la complète par de nouveaux droits accordés à toute personne ayant la nationalité d'un État de l'Union.

Euroscepticisme : attitude ou parti pris hostile, méfiant ou pessimiste envers la construction européenne. En majorité, les eurosceptiques mettent en avant la primauté de l'État-nation.

Initiative citoyenne européenne : droit d'initiative politique accordé à tout rassemblement d'au moins un million de citoyens de l'UE provenant d'au moins un quart des pays membres. La Commission peut donner suite à l'initiative citoyenne, mais n'y est pas contrainte.

Personnage clé

Charles Michel (né en 1975)
Premier ministre de Belgique de 2014 à 2019, membre du Mouvement réformateur, Charles Michel a été désigné par les chefs d'État et de gouvernement de l'UE président du Conseil européen en 2019.

2 Un référendum disputé

Affiches de l'Union pour la démocratie française (UDF) et du Front national (FN) lors de la campagne pour le référendum sur le traité de Maastricht.

▶ Quels thèmes opposés sont mis en avant sur ces affiches ?

3 Le déficit démocratique de l'Europe, entre mythe et réalité

« Il n'est pas difficile de voir pourquoi les institutions européennes semblent manquer de légitimité démocratique. Seul un organisme de l'UE est élu directement au niveau européen : le Parlement. Ce dernier a beaucoup moins de pouvoir que ses homologues nationaux [...]. La Commission européenne est très largement perçue comme un organe technocratique et lointain. [...] Le Conseil des ministres, la plus puissante des institutions bruxelloises, rassemble des ministres, des diplomates et des officiels de chaque pays qui délibèrent souvent en secret. À la droite de l'échiquier politique, certains trouvent que l'UE empiète sur les libertés individuelles. À gauche, nombreux sont ceux qui voient l'Union comme un retour au XIXe siècle, à un État néolibéral et fiscalement faible. [...] Pourtant, aucun de ces faits ne permet de remettre en cause la légitimité démocratique des institutions européennes. [...] Il est injuste de juger l'Union européenne en fonction d'exigences auxquelles aucun gouvernement moderne ne peut répondre. Les gouvernements des États délèguent régulièrement leurs pouvoirs à des institutions telles que cours constitutionnelles, banques centrales, organes de régulation et ministère public. »

Andrew Moravcsik (université de Princeton), « Le mythe du déficit démocratique européen », *Raisons politiques*, n° 10, février 2013 (trad. B. Poncharal).

▶ Quels éléments permettent de parler d'un déficit démocratique de l'Europe ?

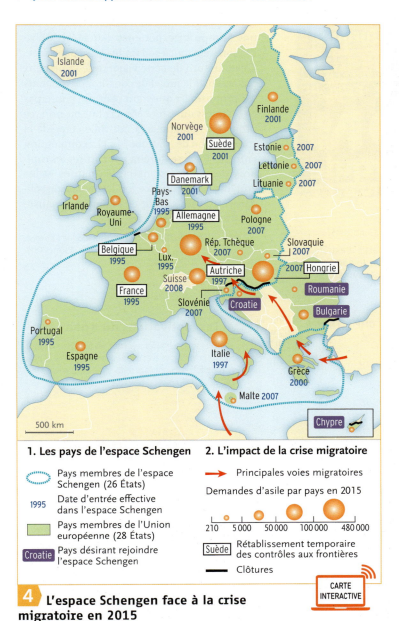

4 L'espace Schengen face à la crise migratoire en 2015

▶ Quels pays sont les plus concernés par la crise migratoire ?

5 L'Europe dans l'opinion des Européens

« Que représente l'UE pour vous personnellement ? », enquête Eurobaromètre standard 90, automne 2018.

▶ Quels reproches sont adressés à l'Europe ? Sont-ils majoritaires ?

ANALYSER UNE CARTE

Présentez le document 4 et décrivez les contours de l'espace Schengen, puis montrez quel est l'impact de la crise migratoire sur la cohésion de l'espace Schengen.

CHAPITRE 10 La construction européenne, entre élargissement, approfondissement et remises en question

ÉTUDE
Le référendum de 2005

Le 29 mai 2005, 54,76 % des électeurs français répondent « non » au référendum portant sur la ratification du traité établissant une constitution pour l'Europe, au terme d'une campagne très disputée qui a vu voler en éclats les clivages politiques traditionnels.

▶ **Pourquoi les Français ont-ils rejeté le projet de constitution européenne ?**

Dates clés
2004	Signature à Rome du traité établissant une constitution pour l'Europe
2005	Rejet de la ratification par référendum en France et aux Pays-Bas
2007	Adoption du traité de Lisbonne

ARTICLE

1 Une opinion divisée
Affiches du Parti socialiste (à gauche) et du Mouvement national républicain (à droite), à Cambrai, le 23 mai 2005.

Lors de la campagne, les partis d'extrême gauche, le parti communiste et les partis d'extrême droite (Front national et MNR) appellent à voter « non ». Les Verts et l'Union pour la démocratie française (UDF) appellent à voter « oui ». Le Parti socialiste et l'Union pour un mouvement populaire (UMP) appellent à voter « oui », mais sont divisés.

2 Un opposant socialiste au traité

Ancien Premier ministre, Laurent Fabius s'oppose à la ratification du traité, contre la décision de son parti.

« Mes convictions ? Républicaines, socialistes et européennes [...]. Mon engagement ? Pour une Europe forte, porteuse d'un idéal de civilisation, œuvrant à son unité et à sa puissance. C'est au nom de cette vision que je ne peux pas accepter le projet de constitution qui nous est proposé. La question centrale posée par ce texte est en effet celle-ci : oui ou non, ce projet est-il adapté à la nouvelle étape de la construction de l'Europe ? [...] La compétition entre les États se durcira pour attirer les capitaux, les sièges sociaux, les usines et les emplois. [...] L'exigence fondamentale de solidarité qui est au cœur de l'identité socialiste [...] n'est pas au rendez-vous. »

Laurent Fabius, *Une certaine idée de l'Europe*, Plon, 2004.

3 Les motivations du « non »

« Quelles sont, parmi les suivantes, les principales raisons pour lesquelles vous avez décidé de voter "non" à ce projet de constitution ? », sondage IPSOS sortie des urnes, 29 mai 2005.

	Ensemble %	PCF %	PS %	Verts %	UDF %	UMP %	FN-MNR %	Proche d'aucun parti %
Vous êtes mécontent de la situation économique et sociale actuelle en France	52	57	54	59	63	40	54	40
La constitution est trop libérale sur le plan économique	40	57	49	50	30	35	18	45
Cela permettra de renégocier une meilleure constitution	39	44	47	55	38	48	17	36
C'est l'occasion de s'opposer à l'entrée de la Turquie dans l'Union européenne	35	23	26	16	44	56	56	37
Cette constitution représente une menace pour l'identité de la France	32	20	22	22	40	38	44	36
Vous souhaitez manifester votre mécontentement à l'égard de la classe politique en général	31	29	31	31	31	26	26	40
Le bilan de la construction européenne est négatif pour la France	27	26	25	27	32	27	29	24
C'est l'occasion de s'opposer au gouvernement et à Jacques Chirac	24	22	26	15	23	11	38	19

ANALYSER LES DOCUMENTS

1. Montrez que l'opposition à la ratification transcende le traditionnel clivage droite-gauche. [doc. 2, 3]
2. Identifiez pour chaque sensibilité politique les principales motivations du vote « non ». [doc. 1, 3]
3. Montrez que la victoire du « non » résulte de multiples facteurs et ne se réduit pas à un rejet de l'Europe.

ÉTUDE — Le Brexit

Le 23 juin 2016, les électeurs britanniques se prononcent en majorité pour la sortie du Royaume-Uni de l'Union européenne. Le Brexit (contraction de « *British exit* ») provoque une crise inédite en Europe et au sein même du Royaume-Uni.

▶ **Pourquoi le Brexit provoque-t-il une crise ?**

Dates clés
- **1975** — Vote des Britanniques en faveur du maintien dans la CEE
- **2016** — Vote des Britanniques en faveur de la sortie de l'UE
- **2020** — Sortie du Royaume-Uni de l'UE

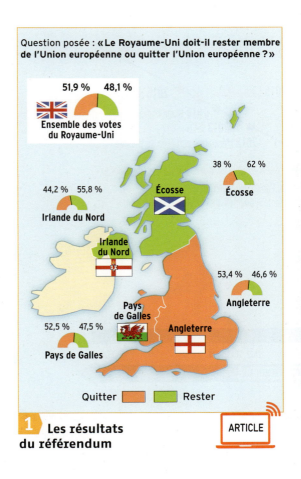

1 Les résultats du référendum — ARTICLE

2 Le Brexit vu par un caricaturiste belge
Dessin de Oli, *Brexit !*, 24 juin 2016.

3 Le Brexit expliqué par l'un de ses partisans — VIDÉO

« Votre plus gros problème, et la raison pour laquelle le Royaume-Uni a voté comme il l'a fait, c'est que vous avez imposé furtivement, par tromperie et sans jamais dire la vérité aux Britanniques et au reste de la population européenne une union politique. Et lorsque les peuples en 2005 aux Pays-Bas et en France ont voté contre cette union politique, lorsqu'ils ont rejeté la constitution, vous les avez tout simplement ignorés en adoptant le traité de Lisbonne par la porte de derrière. Ce qui s'est passé jeudi dernier est [...] un tremblement de terre pas uniquement pour la politique britannique, pour la politique européenne, mais peut-être aussi pour la politique mondiale. [...] Je vais faire une prédiction ce matin : le Royaume-Uni ne sera pas le dernier État membre à quitter l'UE. »

Nigel Farage, leader du Parti pour l'indépendance du Royaume-Uni (UKIP), discours au Parlement européen, 28 juin 2016 (trad. D. Colon).

ANALYSER LES DOCUMENTS

1. Montrez que le Royaume-Uni est très divisé sur la question du Brexit. [doc. 1]
2. Expliquez pourquoi le Brexit marque un tournant dans l'histoire de la construction européenne. [doc. 2, 3]
3. Analysez le discours de Nigel Farage en montrant ce que les partisans du Brexit attendent du référendum. [doc. 3]

RÉDIGER UNE SYNTHÈSE

Rédigez un paragraphe dans lequel vous évoquez les rapports entre l'Europe et les citoyens en intégrant les exemples du référendum de 2005 et du Brexit.

CHAPITRE 10 La construction européenne, entre élargissement, approfondissement et remises en question

La construction européenne, entre élargissement, approfondissement et remises en question

RETENIR L'ESSENTIEL

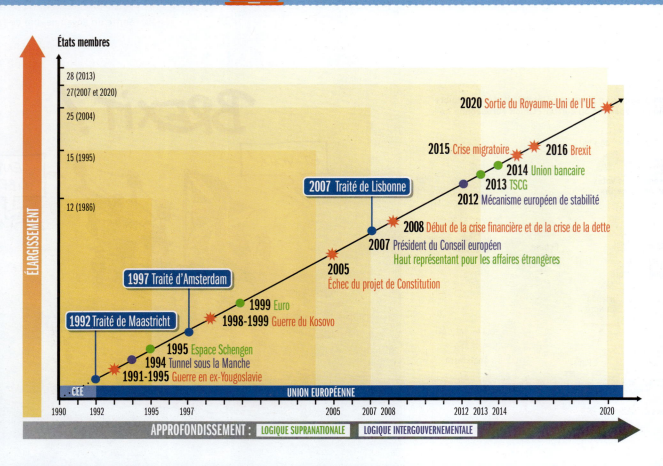

ÉVÉNEMENTS CLÉS

- **1992 : le traité de Maastricht.** Signé le 7 février 1992 et entré en vigueur l'année suivante, il marque une étape importante de la construction européenne en créant l'Union européenne (UE) et en instituant une citoyenneté européenne.
- **2002 : l'euro.** L'Union économique et monétaire (UEM) instituée par le traité de Maastricht aboutit en 1999 à la création de l'euro, dont les pièces et les billets sont mis en circulation le 1er janvier 2002.

PERSONNAGES CLÉS

- **Jacques Delors (né en 1925) :** ministre français des Finances puis président de la Commission européenne de 1985 à 1995. Il est à l'origine de la relance de l'intégration européenne par l'Acte unique (1986), qui instaure le Marché unique, puis le traité de Maastricht (1992).
- **Charles Michel (né en 1975) :** Premier ministre de Belgique de 2014 à 2019, membre du Mouvement réformateur, Charles Michel a été désigné par les chefs d'État et de gouvernement de l'UE président du Conseil européen en 2019.

NE PAS CONFONDRE

- **Approfondissement :** renforcement des institutions ou des politiques communautaires européennes, soit dans un sens supranational, soit dans un sens intergouvernemental.
- **Élargissement :** adhésion de nouveaux États à l'Union européenne. L'Europe a connu sept élargissements depuis la création de la CEE en 1957.

294 LE MONDE, L'EUROPE ET LA FRANCE DEPUIS LES ANNÉES 1990, ENTRE COOPÉRATIONS ET CONFLITS

RÉVISER AUTREMENT

Réaliser une carte mentale

Objectif : Hiérarchiser et organiser visuellement ses connaissances

ÉTAPE 1
Reprenez les éléments du chapitre et établissez la liste des notions les plus importantes.

ÉTAPE 2
Demandez-vous ensuite à quelle partie de la carte mentale ils correspondent, en les classant.

ÉTAPE 3
Complétez la carte mentale avec les éléments ainsi listés et organisés.

- Dans le domaine institutionnel
- Dans le domaine économique
- Vis-à-vis des citoyens

→ **Les avancées de la construction européenne**

Les crises de la construction européenne →
- Politiques et institutionnelles
- Économiques et sociales

VÉRIFIER SES CONNAISSANCES

1 QCM

Choisissez la (ou les) bonne(s) réponse(s).

1. Le traité de Maastricht est signé :
a. En 1989.
b. En 1992.
c. En 1993.

2. Le tunnel sous la Manche est inauguré :
a. En 1992.
b. En 1994.
c. En 2002.

3. Parmi les critères à respecter dans le cadre de l'UEM, il y a :
a. Un taux d'inflation supérieur à 1,5 %.
b. Un déficit public inférieur à 3 % du PIB.
c. Une dette publique inférieure à 60 % du PIB.

4. En 2005, les électeurs français rejettent :
a. La construction européenne.
b. Le projet de constitution pour l'Europe.
c. L'entrée de la Turquie dans l'Union européenne.

2 Notions clés à relier

Reliez chaque notion clé à sa définition.

1. Règle d'or
2. Unionisme
3. Zone euro
4. Fédéralisme
5. Majorité qualifiée

a. Ensemble géographique constitué par les pays de l'Union européenne qui ont adopté l'euro comme monnaie nationale.

b. Courant de pensée favorable à une fédération au sein de laquelle les États renoncent à une large part de leur souveraineté au profit d'une autorité politique supranationale.

c. Principe inscrit en 2012 dans le Traité sur la stabilité, la coordination et la gouvernance au sein de l'UEM (TSCG) selon lequel le budget des États doit être équilibré ou excédentaire.

d. Procédure de vote attribuant à chaque État membre un nombre de voix proportionnel à sa population. Pour être adoptée, une décision doit recueillir l'approbation d'au moins 55 % des États membres représentant au moins 65 % de la population européenne.

e. Courant de pensée favorable à une union d'États indépendants et souverains (confédération), voire à une simple coopération intergouvernementale.

Analyser une caricature

Analyse de document

Sujet Le projet de constitution européenne (2005)

Consigne : Analysez la façon dont le caricaturiste donne une image critique du projet constitutionnel. Vous montrerez en particulier quels aspects du projet il choisit de mettre en avant.

La Turquie fait partie des signataires du traité de Rome de 2004, à titre d'observateur. Les négociations sur sa candidature à l'adhésion, déposée en 1987, débutent en octobre 2005, dans un climat de controverses.

Signataires du traité de Rome à titre d'observateurs, la Roumanie et la Bulgarie deviennent membres de l'Union européenne en janvier 2007.

Partisan convaincu de l'Europe fédérale, Valéry Giscard d'Estaing est nommé en 2002 président de la Convention sur l'avenir de l'Europe, qui présente l'année suivante un projet de constitution pour l'Europe.

Le texte du traité établissant une constitution pour l'Europe comporte 4 parties et 448 articles, précédés d'un préambule.

Sur la base du projet présenté par Valéry Giscard d'Estaing, le traité signé à Rome le 29 octobre 2004 propose d'établir une nouvelle constitution pour l'Europe. L'échec de sa ratification en France et aux Pays-Bas conduit à le remplacer par un traité modificatif (dit « simplifié »), adopté au Conseil européen de Lisbonne le 19 octobre 2007 et entré en vigueur depuis.

Le projet présenté par Valéry Giscard d'Estaing
Philippe Tastet, *Les Clés de l'actualité*, février 2007.

Hebdomadaire à destination notamment des collégiens et des lycéens.

FICHE MÉTHODE

ÉTAPE 1 — Identifier et présenter la caricature

→ **Identifier la nature**, l'auteur de la caricature, ainsi que son support (presse, affiche de propagande, affiche publicitaire).

→ **Identifier son thème** et le public auquel l'auteur de la caricature s'adresse.

① Montrez à quel public s'adresse cette caricature et dans quel but.

CONSEIL Tenez compte du décalage entre la date de la caricature et les événements évoqués.

ÉTAPE 2 — Comprendre le contenu de la caricature

→ **Identifier les éléments** du dessin (composition, contrastes).

→ **Prélever les informations** : les personnages, les références aux événements, les symboles, le texte, les codes de représentation.

→ **Interpréter l'intention du caricaturiste** et la façon dont il simplifie ou déforme la réalité.

② Montrez comment le dessinateur met en évidence la complexité du projet de constitution.

CONSEIL Expliquez le sens de la machine que manie Valéry Giscard d'Estaing.

ÉTAPE 3 — Dégager les apports et les limites de la caricature

→ **Replacer le document dans le contexte** de sa parution.

→ **Dégager sa portée**, à partir de son sens général et de son impact.

③ Analysez la façon dont l'élargissement de l'Europe est traité.

CONSEIL En vous aidant de la carte p. 283, montrez que l'auteur exagère le nombre de pays appelés à rejoindre l'Europe et expliquez dans quel but.

S'entraîner

Sujet : L'Europe élargie

Consigne : Présentez le document et analysez la façon dont il décrit l'élargissement de l'Europe. Montrez ensuite les limites du document.

Les difficultés d'une Europe à 27

Pierre Kroll, « L'Europe en 1957 et en 2010 », *Télémoustique* (hebdomadaire belge), 2007.

CHAPITRE 10 La construction européenne, entre élargissement, approfondissement et remises en question

BAC
Méthode

Rédiger un paragraphe

▶ Question problématisée

Sujet Comment l'Europe s'est-elle élargie depuis 1989 ?

FICHE MÉTHODE

Rappel

→ **Définir et délimiter les termes du sujet.**
Voir Méthode, p. 66

→ **Choisir un plan adapté au sujet.** Voir Méthode, p. 162

Délimitez géographiquement le sujet.

CONSEIL Rappelez combien de pays compte la CEE en 1989 en vous aidant de la carte p. 283.

Justifiez le choix d'un plan chronologique.

CONSEIL Demandez-vous si le sujet est synchronique ou diachronique.

ÉTAPE 1 Identifier et formuler l'idée principale

→ **Veiller à ce que l'idée principale réponde directement au sujet** – au besoin en en reprenant des mots clés – et à la problématique.

→ **Formuler cette idée sous la forme affirmative** et la compléter d'une démonstration.

1 Formulez l'idée principale d'un paragraphe sur l'élargissement de l'Europe aux anciens pays du bloc soviétique.

CONSEIL Appuyez-vous sur la date de cet élargissement.

ÉTAPE 2 Choisir des exemples venant étayer l'idée principale

→ **Sélectionner les exemples les plus pertinents** et les plus variés.

→ **Appuyer chaque idée** par un ou plusieurs exemples.

2 Trouvez un exemple de l'impact de l'élargissement européen.

CONSEIL Vous pouvez vous aider du Cours p. 284.

Prolongement

→ **Rédiger la conclusion.** Voir Méthode, p. 320

Montrez quelles limites rencontre l'élargissement.

CONSEIL Ne mentionnez pas uniquement le Brexit.

BAC Méthode — Mettre en relation deux images

Capacités et méthodes

Sujet : L'Union européenne et la crise des migrants

Consigne : Analysez le regard que portent ces deux artistes sur la crise des migrants et montrez ce qu'il révèle de l'impact de cette crise sur la construction européenne.

1 L'image symbole de la crise des migrants

« L'Europe échouée », dessin d'Elchicotriste (Miguel Villalba Sánchez), septembre 2015.

En septembre 2015, la photo du corps du réfugié syrien Aylan Kurdi (3 ans), mort noyé en même temps que sa mère, son grand frère et neuf autres personnes alors qu'ils tentaient de rejoindre l'île grecque de Kos, fait le tour du monde et devient l'emblème de la crise des réfugiés qui touche alors l'Europe.

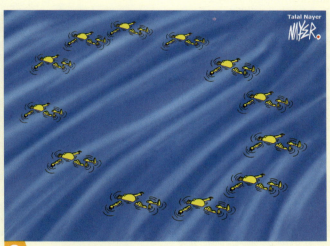

2 Le drapeau de l'Union européenne revisité

« Un bateau de migrants en train de couler », dessin de Talal Nayer, août 2015.

FICHE MÉTHODE

ÉTAPE 1 Identifier et présenter les images

→ **Identifier chaque image :** sa nature, son auteur, son commanditaire éventuel, son ou ses destinataires, son thème principal et l'objectif recherché par l'auteur.
→ **Les replacer dans leur contexte historique,** en tenant compte de leur date de production.

❶ Présentez ces images en les replaçant dans leur contexte.
CONSEIL Indiquez leur nature et leurs destinataires.

ÉTAPE 2 Mettre en relation les images

→ **Analyser le contenu de chaque document en fonction de sa nature :** son style, sa structure, les références aux personnages, aux événements, aux institutions, les symboles.
→ **Identifier ce qui rapproche ou au contraire éloigne les images :** il peut s'agir aussi bien du style que du contenu.

❷ Identifiez l'objectif commun de ces images.
CONSEIL Montrez comment les symboles européens sont utilisés.

ÉTAPE 3 Dégager de façon critique les apports des images

→ **Déduire les intentions des auteurs** de l'analyse comparée des images.
→ **Montrer ce que cette confrontation révèle de l'époque ou du sujet considéré** en la replaçant dans un contexte plus large.

❸ Montrez ce que ces images apportent à l'impact de la crise des réfugiés sur l'Europe.
CONSEIL Demandez-vous ce que la crise des réfugiés révèle des limites de la construction européenne.

CHAPITRE 10 La construction européenne, entre élargissement, approfondissement et remises en question

EXERCICES

1 Les Français face au traité de Maastricht

ANALYSER UN GRAPHIQUE

Voir Méthode, p. 218

Consigne : Présentez le document, puis analysez les clivages qui divisent l'opinion française en établissant le profil type des électeurs qui ont voté « oui », puis celui des électeurs qui ont voté « non ».

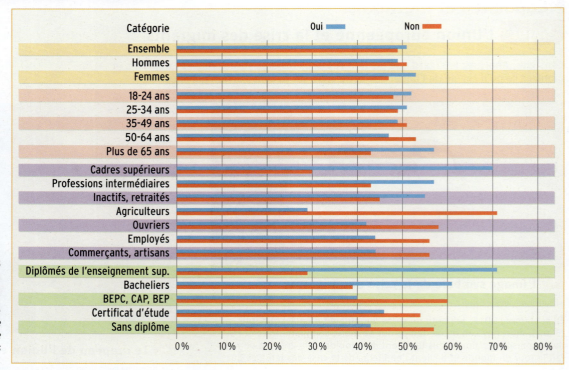

Le vote des Français au référendum du 20 septembre 1992

D'après Anne Dulphy et Christine Manigand, *Les Opinions publiques face à l'Europe communautaire : entre cultures nationales et horizons européens*, Peter Lang, 2004.

2 Le souverainisme en France

CONFRONTER DEUX POINTS DE VUE

Voir Méthode, p. 321

Consigne : Présentez chaque texte en le replaçant dans son contexte, puis montrez ce qui les différencie, avant de mettre en avant ce qu'ils ont en commun.

1 Le souverainisme de gauche

Plusieurs fois ministre de François Mitterrand, Jean-Pierre Chevènement fait campagne en 1992 contre la ratification du traité de Maastricht.

« Il faut faire l'Europe avec les peuples et non pas sans eux, encore moins contre eux. [...] Il est de bon ton de moquer, comme des archaïsmes, les souverainetés et les monnaies nationales, et bien sûr les frontières. Mais ce sont des souplesses bien utiles [...]. La dérive accélérée des institutions européennes vers une démocratie purement juridique ou jurisprudentielle n'est pas acceptable. La démocratie citoyenne, celle de la volonté générale, est trop ancrée dans notre tradition pour que le peuple français mais aussi beaucoup d'autres peuples européens acceptent sans réagir de se voir dépossédés de leurs droits civiques, et leurs élus réduits au rôle de potiches. Sinon l'arrogance des technocrates ne connaîtrait plus de bornes. [...] C'est parce que je crois en la France que je ne me résigne pas à l'Europe de Maastricht. »

Jean-Pierre Chevènement, « Inventer une autre Europe », *Le Monde*, 8 juillet 1992.

2 Le souverainisme de droite

Philippe de Villiers est le président du Mouvement pour la France (MPF), parti politique souverainiste, qui obtient 4,8 % des voix aux élections européennes de 2009.

« C'est aux démocraties nationales de faire la loi, et c'est à l'Union européenne, avec la préférence communautaire, de protéger nos emplois. Or aujourd'hui, l'Europe ne fait pas ce qu'on attend d'elle, c'est-à-dire un protectionnisme européen. Elle interdit dans le traité de Lisbonne toute forme de préférence communautaire, et elle fait au contraire ce qu'on n'attend pas d'elle : elle s'immisce dans la vie quotidienne des Français : vin rosé, camembert, OGM, etc. Je suis pour une Europe de la coopération intergouvernementale et de la préférence communautaire. Une Europe qui accorde une souveraineté et qui tire le meilleur d'elle-même. C'était l'Europe du traité de Rome. »

Entretien avec Philippe de Villiers, *Le Monde*, 27 mai 2009.

3 Le Royaume-Uni face aux référendums français et néerlandais de 2005

PROCÉDER À L'ANALYSE CRITIQUE D'UN DOCUMENT
Voir Méthode, p. 101

Consigne : Présentez ce document et replacez-le dans son contexte, puis analysez ce qu'il apporte à la compréhension de l'attitude du Royaume-Uni envers l'UE. Vous indiquerez ensuite quel sens nouveau ce dessin prend après le Brexit.

Le renoncement au référendum britannique

Dessin de Carlo Schneider, paru dans le quotidien luxembourgeois *Tageblatt*, 7 juin 2005.

Le 6 juin 2005, à la suite de la victoire du « non » aux référendums français et néerlandais de mai et juin, le Royaume-Uni décide de geler le projet de loi prévoyant l'organisation d'un référendum britannique sur le projet de constitution européenne.

4 Le traité de Lisbonne

MENER DES RECHERCHES SUR INTERNET

Consigne : Cherchez sur Internet, notamment sur le site du Centre virtuel de la connaissance sur l'Europe (**cvce.eu**), des textes présentant le traité de Lisbonne. Rédigez ensuite un court paragraphe mettant en avant les différences entre ce traité et le projet de constitution européenne.

Le Centre virtuel de la connaissance sur l'Europe

CHAPITRE 10 La construction européenne, entre élargissement, approfondissement et remises en question

11 La République française

▶ Quelles évolutions connaît la France depuis 1988 ?

1 La permanence des valeurs de la République

Manifestants place de la Nation le 11 janvier lors de la « marche républicaine » en réaction aux attentats des 7, 8 et 9 janvier 2015.

Depuis 1993, de nombreuses réformes institutionnelles ont permis à la République de se moderniser et réaffirmer ses valeurs tout en garantissant sa stabilité en temps de crise.

LES RÉFORMES CONSTITUTIONNELLES

1993	Cour de justice de la République (CJR)
1995	Élargissement des possibilités de recours au référendum
1999	Égal accès des femmes et des hommes aux fonctions électives
2000	Quinquennat
2003-2004	Acte II de la décentralisation
2005	Charte de l'environnement
2008	Modernisation des institutions de la Vᵉ République
2013-2015	Acte III de la décentralisation

L'ÉVOLUTION DES DROITS DES CITOYENS

1998	Réduction du temps de travail à 35 heures
2000	Loi sur la parité
2004	Loi sur les signes religieux dans les écoles publiques
2005	Émeutes dans les banlieues
2010	Loi interdisant la dissimulation du visage dans les espaces publics
2013	Loi sur le mariage pour tous
2017	Loi de sécurité intérieure et de lutte contre le terrorisme
2018	Loi renforçant la lutte contre les violences sexuelles et sexistes

2 Les évolutions de la République et de la société

Le président François Hollande posant à l'Élysée devant des visiteurs à l'occasion des Journées du patrimoine, photographie diffusée sur le compte Twitter de la présidence de la République, 16 septembre 2016.

La République s'efforce de s'adapter aux évolutions de la société française, et notamment la revendication de nouveaux droits. Depuis l'avènement d'Internet, le président de la République adapte sa communication en se montrant plus proche des Français que par le passé.

FAIRE PREUVE D'ESPRIT CRITIQUE

Analysez ce que révèlent ces documents des enjeux auxquels la République fait face. Montrez ensuite leurs limites.

GRAND ANGLE
Une république décentralisée

Depuis la loi constitutionnelle du 28 mars 2003, l'article 1er de la Constitution de la Ve République dispose que « la France est une république décentralisée ». L'approfondissement de la décentralisation a conduit à une profonde refonte de l'organisation territoriale de la France. De nouvelles entités, les intercommunalités, se sont ainsi vu doter de compétences importantes. Pour autant, la prédominance de la capitale, héritée d'une longue histoire, n'a pas été fondamentalement remise en cause.

1 Le poids persistant de Paris

Si l'État central a transféré de nombreuses compétences aux collectivités territoriales depuis 1981, Paris n'en continue pas moins de concentrer les principaux leviers de pouvoir.

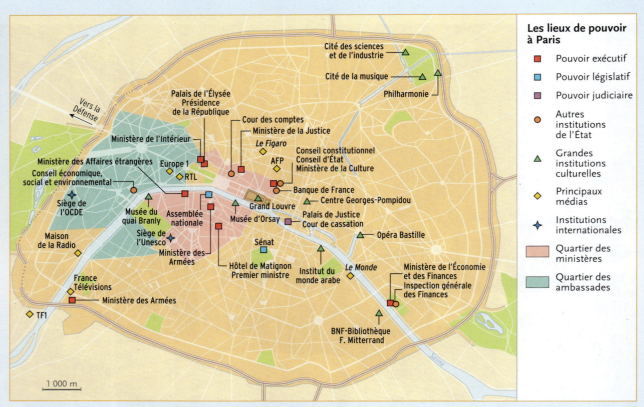

2 Les compétences des collectivités

Type de Collectivité	Principales compétences exclusives ou obligatoires	Principales compétences partagées ou optionnelles
Région	Développement économique, programmes européens, formation professionnelle, apprentissage, lycées, aménagement du territoire, environnement, transports	Tourisme, culture, sport, promotion des langues régionales
Département	Action sociale, collèges, aménagement rural	Tourisme, culture, sport, promotion des langues régionales
Métropole (plus de 400 000 habitants)	Développement économique, social et culturel, aménagement de l'espace métropolitain, politique de l'habitat, politique de la ville, gestion des services d'intérêt collectif, environnement et cadre de vie	Action sociale, gestion des routes, lycées
Communauté urbaine (plus de 250 000 habitants)	Développement économique, social et culturel, équilibre social de l'habitat, politique de la ville, environnement et cadre de vie, gestion des services d'intérêt collectifs	Action sociale et toute compétence transférée par les communes
Communauté d'agglomération (plus de 50 000 habitants)	Aménagement de l'espace, développement économique, équilibre social de l'habitat, politique de la ville	Voirie, assainissement, gestion de l'eau, cadre de vie, équipements culturels et sportifs, action sociale
Communauté de communes	Aménagement de l'espace, zones d'activités, offices du tourisme, déchets, assainissement, gestion de l'eau	Environnement, voirie, logement et cadre de vie, équipements culturels et sportifs, action sociale, maisons de service public

COURS 1 — La Ve République, un régime stable

Quelles évolutions politiques et institutionnelles connaît la République ?

A De fréquentes alternances politiques

- Réélu en 1988 pour un mandat de sept ans, François Mitterrand connaît en 1993 une deuxième cohabitation. En effet, dans un contexte de récession et d'affaires de corruption visant le pouvoir, l'opposition RPR-UDF remporte une très large majorité à l'Assemblée nationale [doc. 1].
- En 1995, Jacques Chirac (RPR) est élu président de la République, à l'issue d'une campagne disputée qui a vu le Premier ministre Édouard Balladur (RPR) se présenter contre lui. En 1997, il provoque une dissolution dans l'espoir de conforter et souder sa majorité, mais l'élection est remportée par la gauche et Lionel Jospin (PS) est nommé Premier ministre. C'est la troisième cohabitation.
- Pour éviter une nouvelle cohabitation, une réforme constitutionnelle réduit de 7 à 5 ans la durée du mandat présidentiel et place les élections législatives juste après les présidentielles [doc. 4]. Depuis lors, la France n'a plus connu de période de cohabitation, mais continue d'expérimenter l'alternance, lorsque François Hollande (PS) succède à Nicolas Sarkozy (UMP) en 2012 et lorsque Emmanuel Macron (En Marche) lui succède à son tour en 2017.

B La modernisation des institutions républicaines

- L'État répond à la défiance croissante dont fait l'objet la classe politique par la création de la Cour de justice de la République (1993) puis d'une Haute autorité pour la transparence de la vie publique (2013) et par la procédure permettant de destituer le président pour un manquement à ses devoirs (2007).
- La modernisation de l'action publique se traduit par l'approfondissement de la décentralisation [POINT DE PASSAGE p. 308] et de la déconcentration au profit des collectivités territoriales et la mise en place de la RGPP. Elle aboutit à une réduction des dépenses de l'État central.
- En 2004, la Charte de l'environnement est introduite dans le préambule de la Constitution [doc. 2]. En 2008, une révision de la Constitution vise à moderniser davantage les institutions en renforçant les prérogatives du Parlement et en instituant la QPC et le Défenseur des droits.

C La solidité de la République face aux crises

- En dépit de ces nombreuses réformes constitutionnelles, la République fait face à l'essor du vote contestataire [doc. 5] et de l'abstention. En 2002, la qualification de Jean-Marie Le Pen (FN) au second tour de l'élection présidentielle fait l'effet d'un choc [doc. 3].
- En 1995, une révision de la Constitution élargit les possibilités de recours au référendum. Toutefois, depuis le rejet par référendum, le 29 mai 2005, du traité établissant une constitution pour l'Europe [ÉTUDE p. 292], aucun référendum n'a plus été organisé. La voie parlementaire est désormais privilégiée.
- Face aux attentats terroristes islamistes, le gouvernement a choisi d'adopter l'état d'urgence (novembre 2015), avant d'en faire entrer les principales dispositions dans la loi de sécurité intérieure et de lutte contre le terrorisme (2017). En 2020, le gouvernement prend des mesures exceptionnelles et inédites pour faire face à la crise du coronavirus.

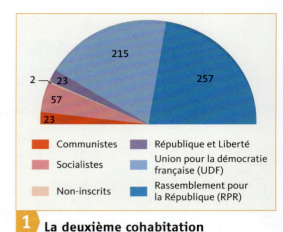

1 La deuxième cohabitation

Composition de l'Assemblée nationale à l'issue des élections des 23 et 28 mars 1993, en nombre de sièges.

▶ Que peut-on déduire de la proportion de sièges obtenue par le RPR et l'UDF ?

Mots clés

CJR (Cour de justice de la République) : juridiction créée en 1993 pour juger les membres du gouvernement des crimes ou délits commis dans l'exercice de leurs fonctions.

Collectivités territoriales : structures administratives locales détenant des compétences, un personnel et un budget qui leur sont propres.

Décentralisation : politique par laquelle l'État confie à des collectivités locales des compétences et des financements.

Déconcentration : délégation par l'État de certains pouvoirs de décision à des agents ou organismes locaux qui lui restent soumis.

Défenseur des droits : autorité administrative indépendante chargée de veiller au respect des droits et des libertés par l'État.

État d'urgence : état d'exception conférant aux autorités administratives le droit de prendre des mesures de restriction des libertés qui sont normalement du ressort de la justice.

QPC (question prioritaire de constitutionnalité) : procédure permettant de saisir le Conseil constitutionnel pour qu'il contrôle la constitutionnalité des lois déjà promulguées.

RGPP (Révision générale des politiques publiques) : politique d'inspiration néolibérale de rationalisation et d'économies des dépenses de l'État, à laquelle succède en 2012 la MAP (Modernisation de l'action publique).

Personnage clé

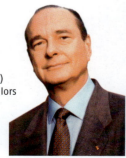

Jacques Chirac (1932-2019)
Premier ministre de Valéry Giscard d'Estaing (1974-1976) puis de François Mitterrand lors de la cohabitation (1986-1988), maire de Paris (1977-1995), il est président de la République de 1995 à 2007.

2 L'entrée de l'environnement dans le préambule de la Constitution

« Art. 1er. Chacun a le droit de vivre dans un environnement équilibré et respectueux de la santé.
Art. 2. Toute personne a le devoir de prendre part à la préservation et à l'amélioration de l'environnement. [...]
Art. 4. Toute personne doit contribuer à la réparation des dommages qu'elle cause à l'environnement, dans les conditions définies par la loi.
Art. 5. Lorsque la réalisation d'un dommage, bien qu'incertaine en l'état des connaissances scientifiques, pourrait affecter de manière grave et irréversible l'environnement, les autorités publiques veillent, par l'application du principe de précaution [...], à la mise en œuvre de procédures d'évaluation des risques et à l'adoption de mesures provisoires et proportionnées afin de parer à la réalisation du dommage.
Art. 6. Les politiques publiques doivent promouvoir un développement durable. À cet effet, elles concilient la protection et la mise en valeur de l'environnement, le développement économique et le progrès social. [...]
Art. 8. L'éducation et la formation à l'environnement doivent contribuer à l'exercice des droits et devoirs définis par la présente Charte. [...]
Art. 10. La présente Charte inspire l'action européenne et internationale de la France. »

Charte de l'environnement (2004), intégrée au préambule de la Constitution par la révision constitutionnelle de 2005.

▶ Quels sont les droits et devoirs définis par la charte ?

3 Le choc du 21 avril 2002

Une de La Nouvelle République du Centre-Ouest, 22 avril 2002.

La qualification surprise de Jean-Marie Le Pen (Front national) au second tour de l'élection présidentielle provoque une mobilisation républicaine dans la rue puis dans les isoloirs. Le 5 mai 2002, Jacques Chirac est réélu avec plus de 82 % des suffrages.

▶ Comment ce journal traduit-il la surprise occasionnée par les résultats ?

4 La fin du septennat et de la cohabitation

L'instauration du quinquennat place l'élection présidentielle la même année que les législatives. Le Premier ministre propose alors de modifier le calendrier électoral pour faire en sorte que l'élection présidentielle précède les élections législatives.

« L'année 2000 aura été une année importante pour nos institutions [...]. Le 24 septembre dernier, le peuple français a approuvé par référendum la révision constitutionnelle instaurant le quinquennat que le Parlement avait au préalable votée. [...] En l'état actuel du calendrier, les élections législatives devraient se tenir les 10 et 17 mars, suivies de l'élection présidentielle les 21 avril et 5 mai 2002. [...] Nombreux sont ceux qui pensent qu'une telle séquence, sans précédent, fait peu de cas de la logique de nos institutions, qu'elle est contraire au bon sens [...]. Il a donc été proposé de rétablir le calendrier normal [...]. Il y va de la cohérence entre l'exécutif et le législatif. Puisque notre système institutionnel est à la fois présidentiel et parlementaire, il est préférable d'avoir une cohésion entre la majorité présidentielle et la majorité parlementaire. [...] La cohérence entre la majorité parlementaire, le gouvernement et le président reste une garantie d'efficacité. La cohabitation peut toujours survenir si les Français la provoquent, mais elle doit être conçue comme une parenthèse. [...] La dynamique de la cohérence sera plus forte si l'élection présidentielle précède les législatives, rendant ainsi moins probable le risque de cohabitation. »

Lionel Jospin, intervention à l'Assemblée nationale lors du débat relatif à l'avenir des institutions, 19 décembre 2000.

▶ Pourquoi l'instauration du quinquennat et la modification du calendrier électoral rendent-elles improbable une nouvelle cohabitation ?

5 L'essor du vote contestataire

Résultats du premier tour des élections présidentielles de 1988 à 2017.

▶ Quel type de vote protestataire progresse le plus depuis 1988 ?

Suffrages exprimés (en %)

Année	Extrême gauche	Extrême droite	Total
1988	2,4 %	14,4 %	16,8 %
1995	5,3 %	15 %	20,3 %
2002	10,4 %	19,2 %	29,6 %
2007	7,6 %	10,4 %	18 %
2012	12,8 %	17,9 %	30,7 %
2017	21,4 %	21,3 %	42,7 %

ANALYSER UN DISCOURS POLITIQUE

Présentez le document 4 puis analysez la façon dont Lionel Jospin conçoit le rapport entre le président, le gouvernement et le Parlement.

POINT DE PASSAGE

L'approfondissement de la décentralisation

Le transfert de compétences politiques et administratives de l'État vers les collectivités locales, initié par les lois Defferre de 1982 et 1983, connaît un net approfondissement au début du XXIe siècle. La décentralisation est inscrite dans la Constitution, les régions métropolitaines sont ramenées en 2016 de 22 à 13 et dotées de pouvoirs accrus, tandis que sont créées les métropoles et que les communes sont obligatoirement regroupées en intercommunalités. L'organisation territoriale de la France est ainsi profondément modifiée.

▶ **Par quoi se traduit le renforcement de la décentralisation ?**

Dates clés

1982-1983	Lois Defferre
1999	Généralisation des communautés d'agglomération et des communautés urbaines
2003	Inscription dans la Constitution de l'organisation décentralisée de la République et des régions. La Guadeloupe, la Martinique, la Guyane et La Réunion deviennent des départements et régions d'outre-mer (DROM)
2004	Lois relatives aux libertés et responsabilités locales et à l'autonomie financière des collectivités territoriales
2011	Mayotte devient un DROM (département et région d'outre-mer)
2014	Loi de modernisation de l'action publique territoriale et d'affirmation des métropoles (MAPTAM)
2015	Loi portant nouvelle organisation de la République (NOTRe)

1 2003 : L'acte II de la décentralisation

La révision constitutionnelle du 28 mars 2003 institue un droit à des référendums locaux, reconnaît l'autonomie financière des collectivités locales et le statut particulier des collectivités d'outre-mer. La loi relative aux libertés et responsabilités locales de 2004 transfère de nombreuses compétences aux régions et aux départements.

« Pour soutenir le développement local, nous devons donner à chaque territoire les clés de son avenir. C'est le sens de la réforme constitutionnelle que j'ai souhaitée [...]. Par la voie de leurs représentants ou par celle du référendum local, les Français pourront participer davantage aux décisions qui les concernent, par exemple en matière de solidarité, d'initiative économique, de projets d'infrastructures et d'équipement ou d'organisation des services publics locaux. [...] Avant l'été, une nouvelle loi de décentralisation transférera de nouvelles compétences aux communes, aux départements et aux régions en fixant précisément le rôle de chacun.
Désormais reconnues par la Constitution, les régions seront garantes de la cohérence des politiques de développement ainsi que de l'offre de formation professionnelle. Au département, il reviendra d'organiser et de renforcer la cohésion sociale et les solidarités territoriales. [...] Donner toute leur force aux libertés locales ne met pas en cause l'indivisibilité de la République. [...] C'est pourquoi les inégalités de ressources entre collectivités territoriales seront corrigées par la loi, à travers une péréquation[1] qui tiendra compte des évolutions démographiques et du devoir de solidarité envers les plus démunis. »

Jacques Chirac, discours à l'occasion du 40e anniversaire de la DATAR, Paris, 13 février 2003.

1. Mécanisme de redistribution des ressources.

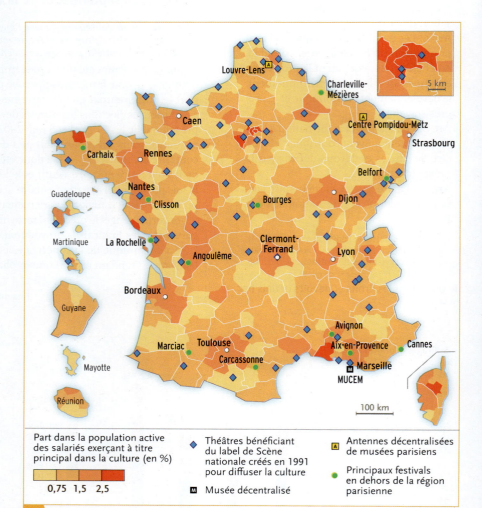

2 La décentralisation culturelle

La culture est le domaine dans lequel l'approfondissement de la décentralisation est le plus visible.

3 2014-2015 : l'acte III de la décentralisation

Dessin de Deligne, publié dans *La Montagne*, 5 mai 2011.

La loi dite MAPTAM du 27 janvier 2014 crée les métropoles, tandis que la loi du 16 janvier 2015 redécoupe les régions et que la loi dite NOTRe du 7 août 2015 renforce les compétences des régions et rend obligatoire le rattachement des communes à un ensemble intercommunal.

4 La crainte d'une fracture territoriale

« Il n'existe pas de démocratie sans contre-pouvoirs. Or, il n'y a pas d'équilibre des pouvoirs au niveau local, il n'y a pas de grands organes d'opinion indépendants à Marseille, Lyon, Lille ou Strasbourg comme vous en auriez en Allemagne ou en Italie. La décentralisation n'est pas démocratique ! Le modèle reste celui du potentat qui ne rend compte à personne, sauf ses électeurs une fois de temps en temps. C'est là que se situe l'écueil fondamental de la décentralisation française.

Cela entraîne la remise en cause de tout le personnel politique local, droite et gauche confondues, et encourage l'appel à la restauration d'un État unitaire et autoritaire. Marine Le Pen a très bien compris ce besoin politique, la nécessité d'inscrire les libertés des individus dans un cadre collectif, sécurisé et stable. L'État a un bel avenir devant lui ! La demande de sécurité physique mais surtout économique se renforce dans un monde globalisé en perpétuel changement. C'est une espèce de théorème inévitable, et c'est d'ailleurs le créneau d'action du Front national. La montée de l'extrême droite n'est pas anodine. [...]

[Ce besoin d'État est exprimé par] la France des "invisibles", celle des "oubliés de la République", tous ces Français qui vivent dans des territoires en marge de la France officielle et ne comprennent plus le langage des élites. [...] Se démenant pour vivre à la marge de l'État social mais se retrouvant plus vulnérables que les bénéficiaires de l'État social, [ces populations] en tirent un fort ressenti d'une injustice d'un genre nouveau. C'est ce sentiment qui alimente leur attitude politique anti-système. »

Marcel Gauchet, entretien publié par LaGazette.fr, 5 janvier 2015.

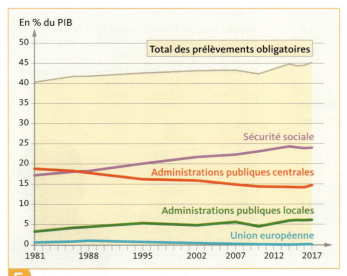

5 Le poids croissant des administrations locales

Répartition des prélèvements obligatoires en % du PIB. Source : INSEE.

PROCÉDER À L'ANALYSE CRITIQUE DES DOCUMENTS

PARCOURS A

▶ **Lire, comprendre et analyser les documents**

1. À quelles avancées correspondent les actes II et III de la décentralisation ? [doc. 1, 3]
2. Quelles sont les conséquences concrètes de la décentralisation ? [doc. 2, 3, 5]
3. Quelles limites la décentralisation rencontre-t-elle ? [doc. 4, 5]

▶ **Synthétiser**

Montrez par quoi se traduit l'approfondissement de la décentralisation, en considérant d'abord ses principes puis ses applications et ses limites.

PARCOURS B

▶ **Analyser une carte** [Voir Méthode, p. 274]

Présentez le document 3 puis identifiez les régions qui ont le plus bénéficié de la décentralisation culturelle. Relativisez ensuite celle-ci en considérant le poids culturel de Paris.

COURS 2 — La République face aux évolutions de la société

Comment la République répond-elle aux mutations sociales ?

A La réaffirmation de la laïcité

● À partir de la fin des années 1980, le débat sur la laïcité est ravivé en France par le réveil des religions et l'expression croissante de l'islam dans l'espace public. La République entreprend alors de réaffirmer la laïcité. En 2004, une loi interdit les signes religieux à l'école [ÉTUDE p. 314] et en 2010, une loi visant le voile intégral interdit de dissimuler son visage dans l'espace public.

● La République s'efforce aussi de faire une plus grande place à l'islam. Des collectivités territoriales financent la construction de mosquées, et des aumôneries musulmanes sont créées dans l'armée (1995), dans les prisons (2005) et dans les hôpitaux (2013). À partir de 2007, le président Sarkozy défend une conception plus « ouverte » de la laïcité [doc. 3].

● L'État crée également des instances représentatives de l'islam : le Conseil français du culte musulman (2003), et la Fondation de l'islam de France (2016), qui a pour objectif de favoriser l'affirmation d'un islam de France respectueux des valeurs et des principes de la République.

B De nouveaux droits pour les femmes

● Dans les années 1990, le militantisme féministe a pour principale revendication la parité, inscrite dans la Constitution en 1999 [POINT DE PASSAGE p. 312]. Il se mobilise depuis contre le sexisme, les violences faites aux femmes et les stéréotypes de genre, au sein d'associations comme les Chiennes de garde (1999), Ni Putes ni soumises (2003) ou Osons le féminisme (2009).

● Le débat sur la place des femmes dans la société est ravivé en 1991 par la nomination d'Édith Cresson au poste de Premier ministre [doc. 2], en 2007 par l'accès de Ségolène Royal* au second tour de la présidentielle, en 2013 par la loi imposant la parité aux élections départementales, et en 2014 par l'adoption d'une loi sur l'égalité réelle entre les femmes et les hommes.

● Toutefois, la France conserve jusqu'en 2020 l'un des taux de féminisation de la vie politique les plus faibles en Europe. Les inégalités hommes-femmes demeurent particulièrement importantes en termes d'accès aux postes supérieurs [doc. 4] et de salaires.

C Une société divisée

● L'application de la parité ou la mise en œuvre de mesures de discrimination positive en faveur de Français issus de l'immigration ont heurté les tenants de l'universalisme républicain, qui redoutent l'essor du communautarisme.

● La réduction du temps de travail par la loi Aubry sur les 35 heures [EX. 3 p. 323], et les évolutions de la famille [doc. 1] et du mariage [ÉTUDE p. 315], divisent l'opinion publique par-delà les clivages politiques traditionnels. La loi sur le mariage pour tous (2013), défendue par Christiane Taubira, et l'extension de la procréation médicalement assistée (PMA) à toutes les femmes (2020) suscitent des manifestations et de vifs débats sur la composition de la famille.

● La France connaît depuis les années 2000 des heurts communautaires, des émeutes urbaines (2005) et une recrudescence des actes racistes, antisémites et antimusulmans. En 2018 débute le mouvement des Gilets jaunes [doc. 5], qui révèle de nouvelles fractures de la société française.

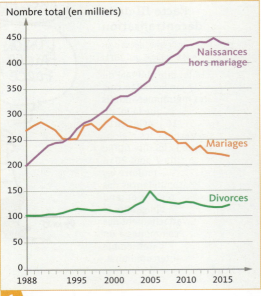

1 L'évolution de la famille

Source : INED.

▶ Comment évoluent les structures familiales ?

Mots clés

CFCM (Conseil français du culte musulman) : instance représentative de l'islam de France fondée en 2003.

Discrimination positive : fait de favoriser des personnes issues de groupes victimes de discriminations systématiques afin de rétablir l'égalité des chances.

Féminisme : mouvement qui préconise de nouveaux droits pour les femmes et vise à modifier les hiérarchies sociales, culturelles et politiques instaurant ou légitimant une domination masculine.

Genre : concept définissant le masculin et le féminin comme une construction sociale et culturelle qui se fait principalement à travers la famille, l'éducation ou la religion.

Parité : principe visant à mettre fin à la sous-représentation des femmes par rapport aux hommes dans les instances de décision.

Universalisme républicain : principe selon lequel tous les citoyens sont égaux devant la loi sans distinction d'origine ou de religion.

Personnage clé

Christiane Taubira (Née en 1952)

Née en Guyane, députée (1993-2012) à l'origine de la loi tendant à la reconnaissance de la traite et de l'esclavage en tant que crime contre l'humanité, candidate à l'élection présidentielle (Parti radical de gauche) en 2002, elle défend en tant que garde des Sceaux le projet de loi sur le mariage pour tous.

3 La « laïcité positive » selon Nicolas Sarkozy

Depuis son élection en 2007, le président Nicolas Sarkozy prône une « laïcité positive », qui repose sur le dialogue avec les religions.

« Ma conception de la laïcité est simple. [...]
Une République laïque assure à chacun, dans le respect d'une neutralité absolue, le droit de pratiquer sa foi, le droit de croire, le droit de ne pas croire. Une République laïque assure à chaque culte et à chaque fidèle la sécurité sans laquelle il lui est impossible de vivre pleinement sa foi. Une République laïque entretient un dialogue permanent avec les religions pratiquées sur son sol de façon à les entendre, et parfois, pourquoi pas, à les écouter. [...]
La République n'intervient que lorsque des pratiques, présentées souvent à tort d'ailleurs comme religieuses, portent atteinte à d'autres principes démocratiques comme la simple dignité humaine et celle des femmes en particulier. Dignité, égalité hommes-femmes, principes sur lesquels nous ne transigerons jamais.
La République ne peut pas accepter qu'une religion investisse l'espace public sans son autorisation ; mais dans le même temps, la République implique qu'elle tienne ses promesses en permettant que chacun puisse prier dans des lieux dignes. La République protège de ses lois et de son autorité les religions et l'exercice des cultes mais là encore soyons très clairs, la République ne laissera jamais aucune religion, quelle qu'elle soit, lui imposer sa loi. »

Nicolas Sarkozy, vœux aux autorités religieuses, palais de l'Élysée, 7 janvier 2011.

▶ Sur quels principes repose la laïcité selon Nicolas Sarkozy ?

2 Une femme Premier ministre

Couverture de *Paris Match*, 30 mai 1991.

Plusieurs fois ministre depuis 1981, Édith Cresson est la première femme à accéder au poste de Premier ministre.

▶ Comment est traitée par ce journal la nomination d'Édith Cresson ?

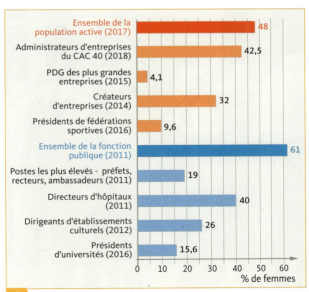

4 La persistance d'un « plafond de verre »

Source : Haut conseil à l'égalité entre les hommes et les femmes.

▶ Que montre ce graphique en matière d'inégal accès à l'emploi ?

5 Le mouvement des Gilets jaunes vu de l'étranger

« La France frappée par des violences », dessin de Valott, *24 Heures* (quotidien suisse), 8-9 décembre 2019.

Le 1er décembre 2018, la 3e manifestation des Gilets jaunes à Paris donne lieu à un déchaînement de violence. Plusieurs dizaines de manifestants vandalisent l'Arc de Triomphe, endommageant le moulage de *La Marseillaise* de François Rude réalisé au XIXe siècle.

▶ Que suggère ce dessin du rapport entre la République et la société ?

CONFRONTER DEUX DOCUMENTS

Montrez ce que les documents 2 et 4 révèlent des difficultés pour les femmes à accéder aux plus hautes responsabilités de l'État.

CHAPITRE 11 La République française 311

POINT DE PASSAGE

La parité : du principe aux applications

La République s'identifie depuis le XIXe siècle à l'allégorie féminine de Marianne, mais fait peu de place aux femmes, qui ont pourtant le droit de vote et d'éligibilité depuis 1944. À partir de 1993, des voix se font entendre en faveur d'un principe nouveau, la parité en politique. En 2000, la France est le premier pays à se doter d'une loi pour réaliser la parité entre femmes et hommes aux fonctions électives. Toutefois, elle ne devient que progressivement et partiellement une réalité.

▶ **Comment le principe de la parité s'est-il progressivement imposé ?**

Dates clés

1991	Édith Cresson première femme Premier ministre
1993	Manifeste des 577 (289 femmes et 288 hommes) en faveur de la parité aux législatives publié dans *Le Monde*
1996	Manifeste pour la parité publié dans *L'Express*
1997	Élisabeth Guigou*, première femme ministre de la Justice
1999	Inscription du principe de la parité dans la Constitution
2000	Loi tendant à favoriser l'égal accès des femmes et des hommes aux fonctions électives
2007	Première femme au second tour de l'élection présidentielle. Loi prévoyant la parité pour l'élection des adjoints aux maires
2012	Premier gouvernement paritaire
2013	Loi imposant la parité aux élections départementales et pour la composition des listes dans les communes de plus de 1 000 habitants aux élections municipales

1 La revendication d'un droit nouveau

Le concept de parité en politique, théorisé par la journaliste Claude Servan-Schreiber, est popularisé en 1992 par le livre que cette dernière publie avec la femme politique Françoise Gaspard et l'écrivaine et juriste féministe Anne Le Gall.*

« Les chiffres parlent d'eux-mêmes, la démocratie est misogyne : 95 parlementaires sur 100 sont, en France, des hommes. [...] S'interroger sur la mise à l'écart des femmes de la représentation populaire touche aux fondements même de ce que nous appelons démocratie. Car cette démarche conduit nécessairement à reconsidérer la manière dont nous fabriquons le droit. [...] Voilà pourquoi nous préconisons la reconnaissance d'un droit nouveau, celui de la parité des sexes. Nous proposons qu'il prenne, dans la loi, la forme suivante : les assemblées élues, au niveau territorial comme au niveau national, sont composées d'autant de femmes que d'hommes. Cette proposition provoquera peut-être l'incrédulité ou la dérision. Ce fut toujours le sort des revendications de justice, parfaitement légitimes, concernant les femmes. [...] Cette proposition risque également, et c'est plus sérieux, de se heurter à l'indifférence [...]. Parce que nous revendiquons un droit nouveau pour les femmes, un droit dont l'application exige la création de ce concept institutionnel nouveau, lui aussi, qu'est la parité. »

Françoise Gaspard, Claude Servan-Schreiber, Anne Le Gall, *Au pouvoir citoyennes !*, Seuil, 1992.

2 La mésaventure des femmes du premier gouvernement Juppé

Premier Conseil des ministres du gouvernement Juppé, 20 mai 1995. Au premier plan (de g. à d.) : Nicole Ameline, Françoise de Veyrinas, Corinne Lepage, Margie Sudre, Anne-Marie Couderc, Françoise Hostalier et Colette Codaccioni. Au second plan (de g. à d.) : Anne-Marie Idrac, Christine Chauvet, Élisabeth Hubert, Françoise de Panafieu, Élisabeth Dufourcq.

En 1995, 12 femmes font leur entrée au gouvernement d'Alain Juppé et sont rapidement surnommées par la presse les « Juppettes ». Huit d'entre elles ne sont pas reconduites six mois plus tard.

4 La mise en œuvre du principe de parité

En 1997, Lionel Jospin s'engage en faveur de la parité. Sa mise en œuvre requiert d'abord une révision de la Constitution (1999), pour y inscrire que « la loi favorise l'égal accès des femmes et des hommes aux mandats électoraux et aux fonctions électives ».

« En France, plusieurs initiatives ont été prises pour inscrire la parité dans la Constitution. [...] Elle implique en premier lieu que la répartition des hommes et des femmes dans les instances politiques reflète leur répartition dans la population. Elle doit donc être égale ou équilibrée. L'égalité visée par la parité est donc incontestablement une égalité de situation. La parité politique exige en deuxième lieu d'atteindre cette répartition équilibrée dans le champ politique, notamment dans le rapport entre l'électorat et la représentation nationale. Enfin, le terme de parité [...] signifie non un état que l'on veut atteindre mais un objectif que l'on cherche à réaliser. L'idée de parité va donc bien au-delà d'une égalité en droits pour viser une égalité concrète de situation. [...]

Pour les uns, voire les unes, l'idée de parité remettrait en cause l'idée traditionnelle d'égalité entre citoyens, conçue abstraitement sans considération de race, de religion, d'opinion ou de catégorie. Avec la parité, nous introduisons dans notre Constitution l'idée de discrimination positive pour certains groupes ; nous reconnaîtrions l'existence de minorités, ce qui pourrait conduire à une dérive communautariste. [...]

À ceux qui craignent une dérive communautariste, je dirai que les femmes ne constituent ni un groupe, ni une communauté, ni une catégorie, ni une minorité. Elles sont tout simplement la moitié de l'humanité. »

Élisabeth Guigou, garde des Sceaux, intervention lors de la discussion du projet de loi constitutionnelle relatif à l'égalité entre les femmes et les hommes, Assemblée nationale, 15 décembre 1998.

3 L'engagement des femmes politiques pour la parité

Couverture de *L'Express*, 6 juin 1996. Au premier plan (de g. à d.) : Catherine Tasca, Michèle Barzach, Yvette Roudy, Catherine Lalumière, Frédérique Bredin. Au second plan (de g. à d.) : Véronique Neiertz, Monique Pelletier, Simone Veil, Édith Cresson, Hélène Gisserot.

En 1996, dix anciennes ministres et femmes politiques de droite et de gauche revendiquent que le financement des partis politiques dépende du respect de la parité de leurs instances dirigeantes et de leurs élus, et que soient introduites dans la constitution des « discriminations positives ».

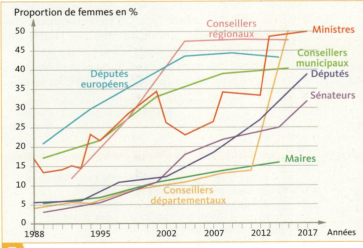

5 Les effets contrastés des lois sur la parité

La loi sur la parité du 6 juin 2000, qui prévoit des sanctions financières contre les partis qui présentent plus d'hommes que de femmes aux élections, est modifiée en 2007 et 2008 dans un sens plus contraignant.

PROCÉDER À L'ANALYSE CRITIQUE DES DOCUMENTS

PARCOURS A

Lire, comprendre et analyser les documents

1. En quoi consiste le principe de parité politique ? [doc. 1, 3]
2. Comment ce principe s'est-il imposé dans le débat public ? [doc. 1, 2, 3]
3. Quelles sont les conséquences de l'application de la parité ? [doc. 4, 5]
4. Pourquoi des inégalités persistent-elles ? [doc. 2, 5]

Synthétiser

Décrivez comment la parité passe du principe à son application puis analysez ses conséquences en soulignant ses limites.

PARCOURS B

Confronter et critiquer deux documents
[Voir Méthode, p. 39]

Présentez et décrivez les documents 2 et 3, analysez leurs différences, puis montrez ce que ces documents révèlent de la représentation des femmes dans la vie politique.

ÉTUDE
L'interdiction des signes religieux dans les écoles

À la fin des années 1980, la question du port du voile à l'école relance les débats sur la laïcité. En 2004, l'État réaffirme la laïcité en interdisant le port de signes religieux ostensibles en milieu scolaire au nom du respect de la liberté de conscience des élèves mineurs.

▶ **Comment la laïcité est-elle réaffirmée ?**

Dates clés

Sept. 1989	Affaire dite du « foulard islamique » à Creil
Déc. 2003	Rapport de la commission Stasi sur l'application du principe de laïcité dans la République
15 mars 2004	Loi interdisant aux élèves de l'enseignement primaire et secondaire le port de signes ou de tenues manifestant une appartenance religieuse

1 L'exclusion d'élèves voilées
Le principal du collège Gabriel-Havez, Ernest Chénière, devant deux élèves voilées, Creil, septembre 1989.

En octobre 1989, l'expulsion de trois élèves qui refusent de retirer leur voile provoque un vif débat dans la presse, dans la société et le monde politique, jusqu'à ce que les élèves retirent leur voile en décembre. En 1994, Ernest Chénière, devenu député, relance le débat en déposant une proposition de loi pour interdire le voile à l'école.

Principales propositions de la commission	Concrétisation
Interdire les tenues et les signes manifestant une appartenance religieuse ou politique	Loi interdisant le port de signes religieux à l'école (2004)
Adopter une charte de la laïcité	Affichage d'une charte de la laïcité à l'école (2015)
Faire des fêtes religieuses de Kippour et de l'Aïd el-Kebir des jours fériés dans toutes les écoles de la République	Autorisations d'absence pour les élèves et les professeurs (2004)
Inviter les administrations à prévoir des mets de substitution dans les cantines publiques	Loi agriculture et alimentation (EGALIM) imposant à titre expérimental un menu végétarien par semaine dans tous les établissements scolaires (2018)

3 Les mesures prises pour réaffirmer la laïcité
En 2003, la commission de réflexion sur l'application du principe de laïcité, présidée par le médiateur de la République Bernard Stasi, rend un rapport qui énonce une série de propositions pour réaffirmer la laïcité.

2 Des féministes laïques contre le voile

« La question du voile islamique qui réapparaît dans le débat inquiète depuis longtemps les féministes. Les jeunes filles ou femmes le portent au nom d'une liberté, celle d'exercer leur religion. Le port du voile n'est pas qu'un signe d'appartenance à une religion. Il symbolise la place de la femme dans l'islam tel que le lit l'islamisme. Cette place est dans l'ombre, la relégation, la soumission à l'homme. Que des femmes le revendiquent ne change rien au sens qui l'affecte. Il n'est plus à prouver que les dominé(e)s sont les plus fervents supporters de leur mise sous tutelle. Il n'est plus sûre oppression que l'auto-oppression. [...] Tant que le port du voile restait dans la sphère de l'intime conviction personnelle, il ne contrevenait pas aux principes qui gouvernent la France. Chacun, chacune est libre en effet de croire en son for intérieur en un dieu, de penser que les femmes seraient des êtres inférieurs qu'il faut voiler pour éviter la tentation, qu'on peut marier de force, lapider si elles sont adultères. [...] C'est cela aussi, la liberté de pensée. Afficher ce symbole dans l'espace public, régi par les principes de laïcité et d'égalité des sexes, marque une remise en cause de ces principes. [...] Là où commence la violence sociale, morale ou physique contre les femmes qui ne portent pas le voile, doit s'arrêter la liberté de le porter. [...] Les religions doivent être soumises à la loi, donc au principe de l'égalité des sexes. »

Anne Vigerie, Anne Zelansky, « "Laïcardes", puisque féministes », *Le Monde*, 29 mai 2003.

ANALYSER LES DOCUMENTS

1. Décrivez les conséquences de l'introduction du voile à l'école. [doc. 1, 2]
2. Expliquez sur quels arguments Anne Vigerie et Anne Zelansky s'appuient pour critiquer le port du voile. [doc. 2]
3. Analysez comment et à quel rythme les propositions de la commission Stasi ont été concrétisées et montrez ce que l'on peut en déduire. [doc. 3]

ÉTUDE — De l'union civile au mariage pour tous

Longtemps prérogative exclusive de l'Église, le mariage est devenu civil pendant la Révolution française. Considéré comme un contrat par les uns, comme une institution associée à la filiation par les autres, son évolution reflète les transformations de la société, de la famille et des mœurs.

▶ **Comment évolue le mariage depuis les années 1990 ?**

Dates clés
- **1999** Adoption du Pacte civil de solidarité (PACS)
- **2007** Annulation par la Cour de cassation d'un mariage entre deux hommes, célébré par le maire de Bègles Noël Mamère
- **2013** Adoption du mariage pour tous

1 Le PACS, une réponse aux combats pour l'égalité

Manifestation de la Gay Pride, dont le mot d'ordre est « Pour le PACS et contre l'homophobie », Paris, 26 juin 1999.

Le 15 novembre 1999 est promulguée la loi établissant le PACS, qui accorde un statut juridique aux couples non mariés, de sexe différent ou de même sexe. Adoptée à l'Assemblée en troisième lecture le 15 juin 1999, elle avait été rejetée sans examen par le Sénat.

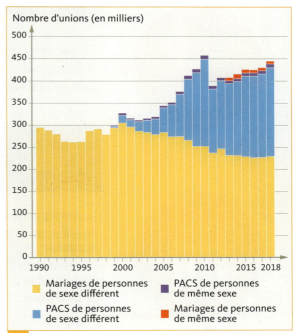

2 Le mariage, entre déclin et renouveau

Mariages et PACS de 1990 à 2018. Source : INSEE.

3 Le mariage pour tous, un débat de société

Manifestation de militants de La Manif pour tous, métro Sèvres-Babylone, Paris, 17 avril 2013.

En 2013 est adoptée, au terme d'un long débat, la loi sur le mariage pour tous, qui ouvre le mariage et l'adoption aux couples de même sexe. La principale opposition à la loi est venue de La Manif pour tous (LMPT), un collectif d'associations qui a organisé le 13 janvier 2013 à Paris une manifestation réunissant plusieurs centaines de milliers de personnes.

Analyser les documents

1. Expliquez les modifications juridiques apportées au mariage depuis 1999. [doc. 1, 3]
2. Analysez les enjeux de société posés par l'union de même sexe, tant du point de vue de ses partisans que de ses opposants. [doc. 1, 3]
3. Montrez quel impact le PACS puis le mariage pour tous ont eu sur l'évolution du nombre et du type d'unions. [doc. 2]

Construire et vérifier des hypothèses sur une situation historique

Menez une recherche sur l'obligation faite en France de se marier civilement avant de se marier religieusement et rédigez un paragraphe expliquant pourquoi le mariage est aussi un sujet de laïcité.

FAIRE LE POINT
La République française

RETENIR L'ESSENTIEL

	LA SITUATION AU DÉBUT DE LA PÉRIODE (1988)	FACTEURS D'ÉVOLUTION	LA SITUATION À LA FIN DE LA PÉRIODE (2020)
LA CINQUIÈME RÉPUBLIQUE	• Un régime semi-présidentiel • De fréquentes cohabitations • Un État partiellement décentralisé	• Renforcement du rôle de l'exécutif • Réduction du mandat présidentiel à 5 ans et inversion du calendrier des élections (2000) • Approfondissement de la décentralisation en 2003-2004 et 2015	• Un régime davantage présidentiel • La cohabitation désormais improbable • Un État fortement décentralisé
LA SOCIÉTÉ FRANÇAISE	• La laïcité mise en tension • Pas de droits pour les couples de même sexe • Faible représentation des femmes dans la vie politique et sociale • Un taux de chômage élevé	• Réaffirmation du principe de laïcité, interdiction des signes religieux à l'école (2004) • Évolution du mariage et de la parentalité : PACS (1999), mariage pour tous (2013), PMA (2019) • Mise en œuvre de la parité en politique (1999-2000) • Réforme des 35 heures (1998)	• Une laïcité toujours sous tension • Des droits pour les couples de même sexe, qui font débat • Une meilleure représentation des femmes dans le monde politique mais une inégalité qui perdure • Un taux de chômage toujours important

ÉVÉNEMENTS CLÉS

● **2000 : la loi sur la parité.** Adoptée à la suite d'une révision constitutionnelle, elle vise à favoriser l'égal accès des femmes et des hommes aux fonctions électives en contraignant les partis politiques à présenter un nombre d'hommes et de femmes égal aux élections.

● **2003-2004 : l'approfondissement de la décentralisation.** Après l'inscription dans la Constitution de l'organisation décentralisée de la République en 2003, deux lois adoptées en 2004 renforcent l'autonomie des collectivités territoriales.

PERSONNAGES CLÉS

● **Jacques Chirac (1932-2019) :** Premier ministre de Valéry Giscard d'Estaing (1974-1976) puis de François Mitterrand lors de la cohabitation (1986-1988), maire de Paris (1977-1995), il est président de la République de 1995 à 2007.

● **Ségolène Royal (née en 1953) :** ministre de l'Environnement (1992-1993 et 2014-2017), elle remporte la première primaire du Parti socialiste pour l'investiture à l'élection présidentielle. Première femme à accéder au second tour de cette élection, elle est battue par Nicolas Sarkozy en 2007.

NE PAS CONFONDRE

● **Décentralisation :** politique par laquelle l'État transfère à des collectivités locales (régions, départements, intercommunalités, communes) des pouvoirs de décision, des compétences ou des financements.

● **Déconcentration :** délégation par l'État de certains pouvoirs de décision à des agents ou organismes locaux qui lui restent soumis, comme les préfets ou les recteurs.

RÉVISER AUTREMENT

Compléter un tableau

Objectif : Identifier les compétences respectives des collectivités et de l'État

ÉTAPE 1
Indiquez de qui relève la compétence de chaque mesure indiquée en cochant la (ou les) case(s) correspondante(s).

ÉTAPE 2
N'oubliez pas qu'une même compétence peut être partagée par plusieurs acteurs.

	État	Région	Département	Métropole ou agglomération	Communauté de communes
Réformer le mariage					
Interdire les signes religieux					
Développement économique					
Action sociale					
Appliquer la parité					
Lutter contre les discriminations					

VÉRIFIER SES CONNAISSANCES

1 Notions clés à relier

Reliez chaque notion clé à sa définition.

1. Cour de justice de la République (CJR)
2. QPC
3. Universalisme républicain
4. RGPP
5. Discrimination positive
6. Parité

a. Principe visant à mettre fin à la sous-représentation des femmes par rapport aux hommes dans les instances de décision.
b. Fait de favoriser des personnes issues de groupes victimes de discriminations systématiques afin de rétablir l'égalité des chances.
c. Procédure permettant de saisir le Conseil constitutionnel pour qu'il contrôle la constitutionnalité de lois déjà promulguées.
d. Principe selon lequel tous les citoyens sont égaux devant la loi sans distinction d'origine ou de religion.
e. Politique de rationalisation et d'économies des dépenses de l'État, à laquelle succède en 2012 la MAP (Modernisation de l'action publique).
f. Juridiction créée en 1993 pour juger les membres du gouvernement des crimes ou délits commis dans l'exercice de leurs fonctions.

2 Dirigeants politiques et réformes à relier

Reliez chaque dirigeant(e) politique à la (ou les) réforme(s) dont il (ou elle) a pris l'initiative.

1. François Hollande
2. Emmanuel Macron
3. Jacques Chirac
4. Martine Aubry
5. Lionel Jospin
6. François Mitterrand
7. Christiane Taubira

a. Loi sur le mariage pour tous
b. Cour de justice de la République
c. Quinquennat
d. Loi sur la parité
e. Réduction du temps de travail (RTT)
f. Loi de sécurité intérieure et de lutte contre le terrorisme
g. Instauration de l'état d'urgence

CHAPITRE 11 La République française

BAC Méthode
Analyser la Une d'un journal

Analyse de document
Sujet : L'entre-deux-tours de l'élection présidentielle de 2002

Consigne : Décrivez cette Une en la situant dans son contexte, puis montrez ce qu'elle révèle de l'engagement du journal et du choc provoqué par le 21 avril 2002.

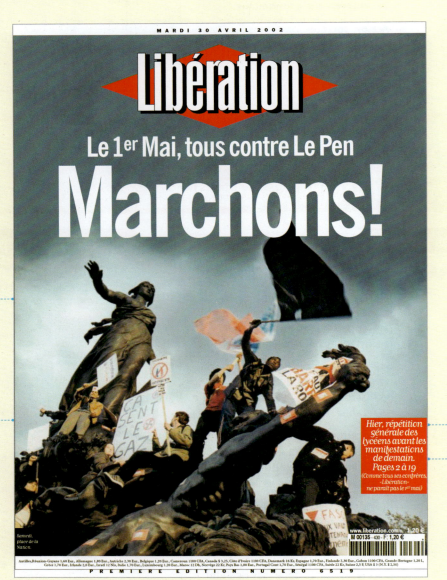

Un appel à manifester contre Jean-Marie Le Pen
Une du quotidien *Libération*, 30 avril 2002.

- Photographie prise le 29 avril, place de la République à Paris par Guillaume Herbaut

- Jeu de mots qui fait allusion à des propos de Jean-Marie Le Pen qualifiant en 1987 les chambres à gaz de « détail de l'histoire »

- Journal quotidien de centre gauche paraissant le matin et diffusé en moyenne à 160 000 exemplaires en 2002

- Le 29 avril, plusieurs dizaines de milliers de lycéens et d'étudiants manifestent dans les rues de Paris, avec pour principal slogan « Première, deuxième, troisième génération, nous sommes tous des enfants d'immigrés ».

- Le 1er mai 2002, plus d'un million de personnes manifestent à Paris et en région à l'appel des syndicats pour « faire barrage par leur vote à Jean-Marie Le Pen ».

- Le 21 avril 2002, Lionel Jospin (Parti socialiste) est éliminé au premier tour de l'élection présidentielle. Le second tour opposant Jacques Chirac (RPR) à Jean-Marie Le Pen (Front national) a lieu le dimanche 5 mai.

FICHE MÉTHODE

ÉTAPE 1 — Identifier et présenter la Une

→ **Identifier le journal :** son titre, son propriétaire, sa catégorie (presse d'information, d'opinion, de loisirs, etc.).
→ **Indiquer son orientation politique éventuelle.**

❶ Indiquez s'il s'agit d'un journal d'information ou d'opinion.
CONSEIL Prenez en considération la ligne politique du journal.

ÉTAPE 2 — Analyser le contenu de la Une

→ **Étudier la mise en pages,** en relevant la place (et notamment la surface) accordée aux différents éléments, qui détermine leur hiérarchie.
→ **Prélever les informations** en repérant les mots mis en valeur et en analysant de façon critique l'angle de traitement de l'information et la fiabilité des informations.

❷ Décrivez la Une et l'intention recherchée par ses auteurs.
CONSEIL Analysez le rapport entre le titre et l'image.

ÉTAPE 3 — Dégager les apports et les limites du document

→ **Replacer les événements** abordés dans un contexte plus large.
→ **Montrer l'apport** de cette Une à la connaissance du thème auquel elle se rapporte.

❸ Montrez ce que ce document révèle du choc provoqué par le 21 avril 2002.
CONSEIL Vous pouvez comparer cette Une au doc. 3 p. 307.

S'entraîner

Sujet : Les revendications des homosexuels vues par un magazine

Consigne : Replacez cette Une dans son contexte, puis analysez l'angle sous lequel sont représentés les combats des homosexuels pour l'égalité, en montrant ce qui indique que le magazine y est favorable.

La place des homosexuels dans la société

Couverture du *Nouvel Observateur*, 13 juin 1996.

L'hebdomadaire de gauche consacre en 1996 un dossier à la place des homosexuels dans la société française, qui évoque leur demande d'égalité dans la vie et devant la loi, en matière de droits sociaux, d'héritage et d'adoption.

CHAPITRE 11 La République française · 319

BAC Méthode — Rédiger la conclusion

Question problématisée

Sujet : Comment évolue la vie politique en France depuis 1988 ?

FICHE MÉTHODE

Rappel

- → **Bien comprendre le sujet.** Voir Méthode, p. 38
- → **Reformuler la problématique.** Voir Méthode, p. 134
- → **Choisir un plan adapté au sujet.** Voir Méthode, p. 162
- → **Élaborer le plan.** Voir Méthode, p. 188

Délimitez chronologiquement le sujet.
CONSEIL Expliquez à quoi correspond 1988 et indiquez une césure de fin.

Expliquez ce qu'implique ce sujet pour la République.
CONSEIL Considérez la capacité de la République à s'adapter aux évolutions de la société.

Indiquez le type de plan choisi.
CONSEIL Justifiez le type de plan retenu par le type de sujet.

Formulez les idées principales du sujet.
CONSEIL Vous pouvez par exemple distinguer la stabilité de la République de ses évolutions institutionnelles et politiques.

ÉTAPE 1 — Apporter des éléments de réponse à la question posée

- → **Reformuler en quelques phrases** les acquis du devoir.
- → **Montrer en même temps** comment la démonstration a répondu à la problématique.

❶ Caractérisez les évolutions de la vie politique.
CONSEIL Vous pouvez mentionner la décentralisation, la parité et le poids de l'exécutif.

ÉTAPE 2 — Rédiger une ouverture

- → **Formuler une mise en perspective du sujet.**
- → **Choisir** entre un élargissement du cadre chronologique (les conséquences du phénomène étudié) ou du cadre géographique.

❷ Identifiez les facteurs d'évolution de la vie politique.
CONSEIL Considérez par exemple l'essor des partis contestataires.

BAC
Méthode

Confronter deux points de vue

▶ Capacités et méthodes

Sujet **La cohabitation**

Consigne : Présentez et confrontez ces textes et analysez les points de vue de leurs auteurs, avant de montrer leur intérêt pour l'analyse des institutions de la Vᵉ République.

1 Le point de vue du président François Mitterrand

« Pour la première fois, la majorité parlementaire relève de tendances politiques différentes de celles qui s'étaient rassemblées lors de l'élection présidentielle, ce que la composition du gouvernement exprime, comme il se doit.

Devant un tel état de chose, [...] beaucoup de nos concitoyens se posent la question de savoir comment fonctionneront les pouvoirs publics. [...] Je rappellerai seulement que la Constitution attribue au chef de l'État des pouvoirs que ne peut en rien affecter une consultation électorale où sa fonction n'est pas en cause. Fonctionnement régulier des pouvoirs publics, continuité de l'État, intégrité du territoire, respect des traités, l'article 5 [de la Constitution] désigne de la sorte [...] les domaines où s'exercent son autorité ou bien son arbitrage. [...] Le gouvernement, de son côté, a pour charge, aux termes de l'article 20, de déterminer et de conduire la politique de la nation. [...] Cela étant clairement établi, président et gouvernement ont à rechercher, en toutes circonstances, les moyens qui leur permettront de servir aux mieux et d'un commun accord les intérêts du pays. »

François Mitterrand, message au Parlement, 8 avril 1986.

2 Le point de vue du Premier ministre Édouard Balladur

« Lorsque la majorité au Parlement a la même orientation politique que le président de la République, c'est celui-ci qui, en fait, supervise et gouverne l'ensemble de la politique du pays ; c'est clair. Lorsque, en revanche, comme aujourd'hui, la majorité parlementaire a une orientation différente, alors là on se trouve dans une situation particulière. Orientation différente, pourquoi ? Parce que le président de la République actuel se dit socialiste, et que moi-même, je suis à la tête d'une majorité qui est composée de gaullistes, de libéraux et de démocrates-chrétiens, *grosso modo*, donc, qui n'a pas la même orientation. [...]

À partir de là, c'est un principe qui a été arrêté entre le président et moi-même le jour où il m'a confié la fonction de Premier ministre : l'ensemble de la politique économique, sociale, intérieure, dans tous les domaines du pays, est de la responsabilité de la nouvelle majorité. Dans le domaine de la politique extérieure et de la politique de défense, notre Constitution, un peu compliquée à appliquer [...], institue une sorte de partage : c'est ce qu'on appelle aujourd'hui le "domaine partagé". »

Édouard Balladur, intervention télévisée à l'émission La Marche du siècle, *France 3, 2 juin 1993.*

FICHE MÉTHODE

ÉTAPE 1 Identifier et présenter les documents

→ **Identifier chaque document :** son auteur, son commanditaire éventuel, sa nature, son ou ses destinataires, son mode de diffusion.
→ **Replacer les documents dans leur contexte historique.**

1 Rappelez dans quel contexte s'inscrit chacun de ces documents.

CONSEIL Évoquez le contexte précis tout en montrant que la situation est comparable.

ÉTAPE 2 Analyser le point de vue présenté dans chaque document

→ **Analyser le contenu de chaque document :** son thème, son style, sa structure, les références aux personnages, aux événements, aux institutions, les symboles.
→ **Identifier ce qui rapproche ou au contraire éloigne les points de vue :** il peut s'agir aussi bien de l'objectif recherché par l'auteur, du contenu politique ou idéologique présenté, que de la façon dont les événements sont relatés.

2 Montrez que ces documents présentent deux conceptions différentes du rôle du président et du Premier ministre.

CONSEIL Confrontez en particulier les notions d'« arbitrage » et de « domaine partagé ».

ÉTAPE 3 Dégager de façon critique les apports des documents

→ **Analyser l'impact et la portée des deux points de vue présentés** en les replaçant dans un contexte plus large.

3 Expliquez dans quelle mesure ces documents illustrent la souplesse des institutions de la Vᵉ République.

CONSEIL Mentionnez la réforme constitutionnelle qui rend improbable une nouvelle cohabitation.

CHAPITRE 11 La République française **321**

EXERCiCES

1 Le débat sur l'interdiction du voile à l'école

PROCÉDER À L'ANALYSE CRITIQUE D'UN DOCUMENT
Voir Méthode, p. 101

Consigne : Replacez le document dans son contexte puis présentez de façon critique les principaux arguments avancés par l'auteur.

Un historien de la laïcité contre l'interdiction du voile

En 2005, Jean Baubérot, qui a fait partie de la commission Stasi, prend publiquement ses distances par rapport à la loi interdisant le voile à l'école.

« La loi du 15 mars 2004 a été une sorte d'"orgasme républicain". Elle partait d'une idée assez magique et pas très rationnelle [...] en faisant une loi, on allait résoudre tous les problèmes. [...] Au lieu de se poser l'éternelle question de la compatibilité de l'islam et de la laïcité, on ferait mieux de se demander si la France vit de manière réelle les valeurs républicaines. Le vrai enjeu [...] est celui de la diversité culturelle. Celle-ci n'est pas forcément synonyme de communautarisme. [...] Croire que la France serait le seul État laïque est une aberration. En confrontant notre modèle à d'autres, on s'aperçoit que certains éléments de notre législation ne sont pas laïques. Ainsi, les subventions aux écoles privées n'existent pas en Italie. Aucun pays ne peut prétendre à une laïcité absolue. Il est important de revenir aux fondamentaux de la laïcité : la non-domination des religions sur l'État et sur la société civile ; la liberté de conscience, de culte, de religion et de convictions. Et puis l'égalité entre religions et convictions. »

Jean Baubérot, interview parue dans Le Monde, 5 janvier 2005.

2 Les affiches publicitaires sexistes

S'APPROPRIER UN QUESTIONNEMENT HISTORIQUE
Voir Méthode, p. 277

Consigne : Décrivez la réaction que suscitent les affiches publicitaires sexistes et analysez l'absence de législation ou de réglementation, en insistant sur ce que cela révèle du rôle respectif de l'État et des collectivités territoriales.

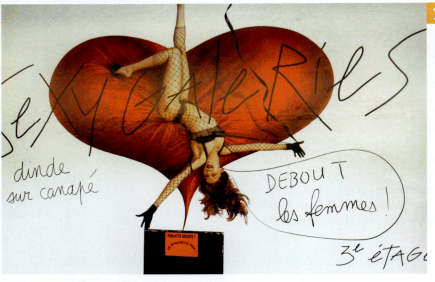

1 2003 : Le combat des féministes contre les affiches sexistes

Action de l'association La Meute contre la publicité sexiste, station de métro Opéra, Paris, 8 novembre 2003.

À la différence des publicités télévisées, qui depuis 1992 doivent être exemptes de toute forme de discrimination, le contenu des affiches ne fait l'objet ni d'une réglementation ni d'un contrôle par l'État. En 2000, des militantes féministes publient un manifeste « Non à la publicité sexiste ! ».

2 2017 : la première interdiction par une collectivité locale

« Le réseau municipal d'affichage ne devra comporter aucune publicité sexiste ou discriminatoire, a décidé, mardi 28 mars, le Conseil de Paris, à l'occasion du vote attribuant au groupe JC Decaux, seul candidat, le marché du mobilier urbain d'information.
"Le nouveau contrat prévoit que le concessionnaire s'engage à s'assurer qu'aucune publicité à caractère sexiste ou discriminatoire ne puisse être diffusée sur le réseau municipal d'affichage", selon la ville, qui a voté cette décision sur proposition du groupe communiste.
"Aux côtés de villes comme Londres et Genève, qui ont déjà mis en place des dispositifs de contrôle comparables, Paris montre la voie en décidant d'actionner tous les leviers en sa possession pour empêcher la diffusion, la promotion et la valorisation d'images dégradantes pour certaines catégories de citoyens", écrit la maire, Anne Hidalgo, dans un communiqué. [...]
"En attendant une loi qui s'appliquerait sur l'ensemble du territoire national, Paris fait le choix de bannir définitivement ce genre de campagne", a applaudi Hélène Bidard, adjointe PCF chargée de la lutte contre les discriminations. »

« La ville de Paris interdit les pubs sexistes et discriminatoires », Le Monde (avec l'AFP), 29 mars 2017.

3 Les évolutions du temps de travail

CONFRONTER ET CRITIQUER DEUX DOCUMENTS
Voir Méthode, p. 39

Consigne : Montrez comment la réforme des 35 heures s'est traduite en termes de temps de travail et de taux de chômage, en veillant à distinguer la situation des femmes de celle des hommes.

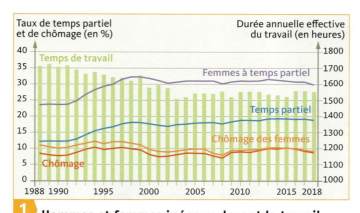

1 Hommes et femmes inégaux devant le travail
Source : INSEE.

2 L'instauration des 35 heures
Affiche du ministère de l'Emploi et de la Solidarité, 1998.

En 1998, Martine Aubry*, ministre du gouvernement de Lionel Jospin, mène une politique de réduction du temps de travail (RTT) visant à créer des emplois et lutter contre le chômage par le partage du travail. La loi fixe à 35 heures la durée légale du temps de travail à temps plein, en contrepartie d'une plus grande flexibilité des horaires.

4 L'appel à une VIe République

CONSTRUIRE UNE ARGUMENTATION HISTORIQUE
Voir Méthode, p. 247

Consigne : À partir des documents et de vos connaissances, décrivez les critiques adressées à la Ve République en montrant que, malgré sa stabilité, elle est de plus en plus contestée.

1 Une revendication qui s'inscrit dans la durée

« Pour une VIe République sociale », slogan en faveur d'une VIe République lors d'une manifestation organisée par le Front de gauche, Paris, 18 mars 2012.

Outre Arnaud Montebourg, l'idée d'une VIe République a été soutenue par Jean-Marie Le Pen en 1995, Jean-Luc Mélenchon en 2012 et 2017 (Front de gauche puis France insoumise), Benoît Hamon, candidat socialiste en 2017, et de nombreux Gilets jaunes depuis 2018. Marine Le Pen, en revanche s'y est opposée en 2017.

2 Une vision critique de la Ve République

Arnaud Montebourg député socialiste de Saône-et-Loire et fondateur en 2001 de l'association Convention pour la Sixième République (C6R), milite pour la rédaction d'une nouvelle constitution dans laquelle les pouvoirs du président de la République seraient limités.

« Sous la Ve République, le président de la République est dans une position institutionnelle d'irresponsabilité, car disposant des pouvoirs d'arbitrage et de la légitimité de son élection. [...] Transférer au président de la République davantage de pouvoirs de gouvernement est une faute grave contre les principes de responsabilité et de séparation des pouvoirs, car toute prérogative nouvelle de gouvernement offerte au président de la République ne pourrait faire l'objet du moindre contrôle parlementaire, puisque le président ne peut être renversé ni censuré par l'Assemblée nationale. [...]
Si le président accroît ses pouvoirs, se place hors d'atteinte du Parlement en réduisant à un figurant le Premier ministre, tout en conservant le droit de dissolution et [...] le moyen de tenir en laisse le Parlement et les parlementaires, élus de la nation, nous ne pourrons plus éviter la malheureuse conclusion que les portes du pouvoir personnel absolu seraient dès lors ouvertes. »

Arnaud Montebourg et François Colcombet (C6R), mémorandum en faveur d'une juste réforme de nos institutions politiques, 2007.

BAC Sujets EC ÉVALUATIONS COMMUNES

> ## ▶ Question problématisée

Sujet **D'un monde bipolaire à un monde unipolaire (1991–2003)?**

> **AIDE** **Définir et délimiter le sujet :** Expliquez à quoi correspondent les dates mentionnées dans le sujet, en analysant le sens de la date de fin.
>
> **Reformuler la problématique :** Demandez-vous si la disparition de l'URSS conduit à une domination mondiale des États-Unis.

> ## ▶ Analyse de documents

Sujet **Le déclenchement de la guerre d'Irak (2003)**

Consigne : Confrontez les deux textes en montrant quelle réponse apporte la France aux arguments avancés par les États-Unis, avant d'analyser le type de gouvernance mondiale auquel correspond chaque discours.

1 Le réquisitoire américain contre l'Irak

« Les faits et le comportement de l'Irak montrent que Saddam Hussein et son régime n'ont pas fait le moindre effort pour désarmer conformément aux exigences de la communauté internationale. En réalité, les faits et le comportement de l'Irak montrent que Saddam Hussein et son gouvernement dissimulent leurs activités visant à produire davantage d'armes de destruction massive. [...] L'Irak s'est mis en danger de subir les graves conséquences prévues par la résolution 1441 de l'ONU [qui soumet l'Irak à l'inspection de l'ONU]. Et cette institution risque de ne plus avoir de raison d'être si elle laisse l'Irak continuer à défier sa volonté sans réagir efficacement et immédiatement. [...] Saddam Hussein a des armes chimiques. [...] Nous n'avons aucune preuve que Saddam Hussein ait à aucun moment abandonné son programme d'armes nucléaires. [...] Les milieux officiels irakiens nient les accusations de liens avec Al-Qaïda. Mais ces démentis ne sont absolument pas crédibles. [...]

Lorsque nous faisons face à un gouvernement qui nourrit une ambition de domination régionale, qui cache des armes de destruction massive et qui donne un asile et un soutien actif aux terroristes, nous ne faisons pas face au passé, mais au présent. Et si nous n'agissons pas, nous aurons à faire face à un avenir encore plus effrayant. »

Colin Powell, secrétaire d'État américain, discours sur l'Irak au Conseil de sécurité de l'ONU, 5 février 2003.

2 Pourquoi la France s'oppose à la guerre

« Il y a deux options : l'option de la guerre peut apparaître a priori la plus rapide. Mais n'oublions pas qu'après avoir gagné la guerre, il faut construire la paix. [...] Il y a une autre option offerte par les inspections, qui permet d'avancer de jour en jour dans la voie d'un désarmement efficace et pacifique de l'Irak. Au bout du compte, ce choix-là n'est-il pas le plus sûr et le plus rapide ? [...]

L'autorité de notre action repose aussi sur l'unité de la communauté internationale. Une intervention militaire prématurée remettrait en cause cette unité, ce qui lui enlèverait sa légitimité et, dans la durée, son efficacité. Elle pourrait avoir des conséquences incalculables pour la stabilité de cette région meurtrie et fragile. Elle renforcerait le sentiment d'injustice, aggraverait les tensions et risquerait d'ouvrir la voie à d'autres conflits. [...]

M. Powell a évoqué des liens supposés entre Al-Qaïda et le régime de Bagdad. [...] Rien ne nous permet d'établir de tels liens. En revanche, [...] une telle intervention ne risquerait-elle pas d'aggraver les fractures entre les sociétés, entre les cultures, entre les peuples, fractures dont se nourrit le terrorisme ? »

Dominique de Villepin, ministre français des Affaires étrangères, discours au Conseil de sécurité de l'ONU, 14 février 2003.

> **AIDE** **Analyser un discours politique :** Identifiez les principaux arguments avancés par Colin Powell en faveur d'une intervention en Irak.
>
> **Confronter et critiquer deux documents :** Confrontez à chaque argument américain la réponse apportée par Dominique de Villepin.

324 LE MONDE, L'EUROPE ET LA FRANCE DEPUIS LES ANNÉES 1990, ENTRE COOPÉRATIONS ET CONFLITS

Question problématisée

Sujet : Quelle gouvernance mondiale depuis 1991 ?

> **AIDE** **Définir et délimiter le sujet :** Considérez non seulement les enjeux économiques, mais aussi la question de l'environnement et la justice internationale.
>
> **Comprendre les enjeux du sujet :** Identifiez et décrivez les limites de la gouvernance mondiale.

Analyse de document

Sujet : La dénonciation de l'apartheid

Consigne : Analysez la façon dont cette œuvre d'art illustre la critique de l'apartheid puis montrez ce qu'elle révèle de l'engagement des artistes.

Un artiste engagé contre l'apartheid
Keith Haring, *Libérez l'Afrique du Sud*, lithographie, 80 × 100 cm, 1985.

> **AIDE** **Analyser une allégorie :** Montrez comment l'artiste représente de façon allégorique la lutte contre l'apartheid.
>
> **Dégager la portée du document :** Expliquez l'intérêt et les limites du document pour appréhender la fin de l'apartheid.

LE MONDE, L'EUROPE ET LA FRANCE DEPUIS LES ANNÉES 1990, ENTRE COOPÉRATIONS ET CONFLITS

BAC Sujets EC ÉVALUATIONS COMMUNES

▶ Question problématisée

Sujet Dans quelle mesure peut-on parler d'un approfondissement de la construction européenne depuis 1993 ?

AIDE **Définir et délimiter le sujet :** Donnez la définition de l'approfondissement et indiquez les principales réformes qui s'y rapportent depuis l'entrée en vigueur du traité de Maastricht.

Comprendre les enjeux du sujet : Analysez le rapport entre élargissement et approfondissement de la construction européenne.

▶ Analyse de document

Sujet Les institutions de la Ve République vues par Jacques Chirac

Consigne : Analysez le discours de Jacques Chirac en montrant ce qu'il révèle de la souplesse des institutions de la Ve République, en même temps que de l'aspiration du candidat à des réformes constitutionnelles d'ampleur.

Pour un rééquilibrage des institutions

« Nous avons des institutions très remarquables, de mon point de vue. Elles nous ont été données par le général de Gaulle, elles ont de la souplesse et de l'efficacité. Mais naturellement les textes sont les textes et la manière de les interpréter peut varier. Et nous avons assisté, au fil des temps, à une dérive monarchique des institutions, c'est-à-dire que de plus en plus le président de la République, au lieu d'être ce qu'il doit être, c'est-à-dire un arbitre, l'homme qui est le porteur d'une vision de l'avenir, l'homme qui donne l'impulsion aux choses, est devenu une sorte de super Premier ministre, assumant l'ensemble des responsabilités. À partir de là, les institutions se sont modifiées, et petit à petit le politique a réellement perdu son pouvoir. Cela a été vrai pour le gouvernement et le Parlement. Alors que faut-il faire ? Je crois qu'il faut d'abord rééquilibrer les institutions et c'est ce à quoi je m'engage, c'est-à-dire faire en sorte que le président de la République assume les fonctions de président qui sont les siennes. [...] Nous sommes dans un régime parlementaire, nous ne sommes pas dans un régime présidentiel. Le gouvernement doit gouverner, c'est-à-dire assumer lui-même la responsabilité et les décisions, et cela suppose que l'administration soit à la place qui doit être la sienne. Nous avons une administration admirable, mais elle ne doit pas se substituer au politique. [...] Le Parlement doit pouvoir légiférer, il doit pouvoir contrôler normalement l'action du gouvernement. [...] Enfin, il faut un peu plus de démocratie : c'est l'élargissement du champ du référendum ; c'est également la possibilité pour les minorités d'obtenir le droit d'avoir une mission d'enquête. »

Jacques Chirac, intervention lors du débat télévisé de l'entre-deux-tours de l'élection présidentielle, 2 mai 1995.

AIDE **Analyser un discours politique :** Expliquez pourquoi ce candidat à la fonction présidentielle préconise de donner plus de pouvoir au Parlement et au gouvernement.

Dégager la portée du document : Rappelez quelles réformes constitutionnelles ont été adoptées sous la présidence de Jacques Chirac et à l'initiative de qui.

326 LE MONDE, L'EUROPE ET LA FRANCE DEPUIS LES ANNÉES 1990, ENTRE COOPÉRATIONS ET CONFLITS

Question problématisée

Sujet Comment la République contribue-t-elle à l'amélioration de la condition des femmes depuis 1988 ?

> **AIDE Définir et délimiter le sujet :** Considérez leur condition politique aussi bien qu'économique et sociale.
>
> **Comprendre les enjeux du sujet :** Montrez qu'il s'agit d'étudier aussi bien les mesures prises par la République en faveur des femmes que la place nouvelle qu'elles acquièrent.

Analyse de document

Sujet L'essor de l'euroscepticisme

Consigne : Montrez ce que ce document révèle de l'essor de l'euroscepticisme et de son impact sur le devenir de la construction européenne.

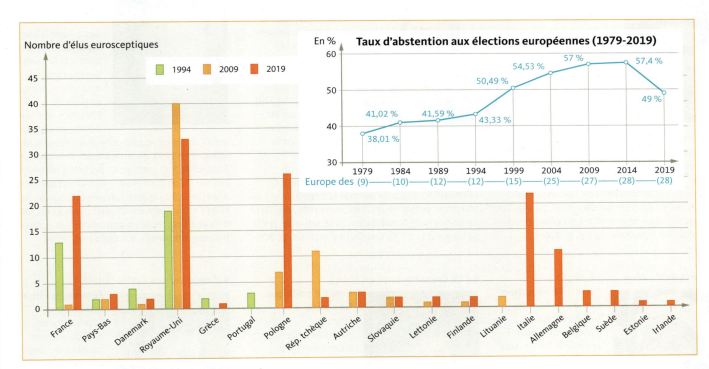

L'euroscepticisme au Parlement européen

Le courant eurosceptique est représenté au Parlement par trois courants : les souverainistes, qui prônent la primauté de la souveraineté nationale sur l'intégration européenne, regroupés dans le groupe parlementaire Identité et démocratie ; les extrêmes de droite et de gauche ; certains partis régionalistes.

> **AIDE Analyser un graphique :** Identifiez les pays dans lesquels le vote eurosceptique est le plus profondément ancré.
>
> **Dégager la portée du document :** Montrez ce que révèle la confrontation des chiffres de l'abstention et ceux des élus eurosceptiques.

Biographies

Martine Aubry (née en 1950)

Femme politique française
Énarque et haut-fonctionnaire, elle est ministre du Travail et des Affaires sociales (1991-1993) puis ministre de l'Emploi et de la Solidarité (1997-2000). En 1998, la loi de réduction du temps de travail, qui porte son nom, fixe à 35 heures la durée de travail hebdomadaire. Elle instaure également la couverture maladie universelle et les emplois jeunes. Élue maire de Lille en 2001, elle devient en 2008 la première femme à exercer la fonction de première secrétaire du Parti socialiste, mais échoue en 2011 à la primaire socialiste face à François Hollande. **p. 323**

William Beveridge (1879-1963)

Économiste et homme politique britannique
Défenseur de l'idée que l'État doit intervenir pour garantir la justice sociale, il rédige en 1942 un rapport sur la Sécurité sociale et théorise un système public prenant en charge chacun « du berceau à la tombe », par le biais de prestations gratuites ou d'aides. Il considère en effet que l'État a pour rôle de lutter contre la misère, le chômage et la maladie. Il complète son plan en 1944 par un ouvrage intitulé *Du travail pour tous dans une société libre*. C'est l'État-providence, mis en place dans toutes les démocraties européennes après 1945. **p. 114**

Deng Xiaoping (1904-1997)

Homme d'État chinois
Longtemps proche de Mao, il s'en éloigne dans les années 1960, incarnant une frange modérée du parti communiste. Plusieurs fois chassé du pouvoir, il prend la tête du pays en 1978, deux ans après la mort de Mao, et lance une politique de réformes, les « quatre modernisations » (agriculture, industrie, technologie, défense). Au pouvoir jusqu'à sa mort, il encourage un « socialisme de marché » et ouvre la Chine au monde tout en dirigeant le pays d'une main de fer, comme le montre la répression sanglante du « printemps de Pékin » en juin 1989. **p. 208**

Simone de Beauvoir (1908-1986)

Romancière et essayiste française
Reçue à l'agrégation de philosophie en 1929, elle quitte l'enseignement de la philosophie en 1943. Elle théorise le féminisme avec *Le Deuxième Sexe*, paru en 1949, dans lequel elle établit la « structure ontologique commune » entre les hommes et les femmes et affirme qu'« on ne naît pas femme : on le devient ». Elle participe activement au Mouvement de libération des femmes (MLF) dans les années 1970. Sa vie et sa pensée sont liées à celles du philosophe existentialiste Jean-Paul Sartre. **p. 230**

Jacques Chirac (1932-2019)

Homme d'État français
Député gaulliste de la Corrèze, ministre de 1968 à 1974, il soutient Valéry Giscard d'Estaing qui le nomme Premier ministre (1974-1976). Il démissionne en 1976 et transforme le parti gaulliste en Rassemblement pour la République (RPR). Maire de Paris de 1977 à 1995, il est Premier ministre de François Mitterrand lors de la première cohabitation (1986-1988). Élu président de la République à sa troisième tentative en 1995, il est réélu en 2002 après 5 ans de cohabitation. Il se retire de la vie politique à la fin de son second mandat. **p. 306**

Dwight Eisenhower (1890-1969)

Général et président des États-Unis
Commandant en chef des armées alliées sur le front occidental durant la Seconde Guerre mondiale, il est l'un des principaux artisans de la libération de l'Europe. Il entre en politique sous l'étiquette républicaine et accède à la Maison Blanche en 1953, devenant le 34e président des États-Unis. Son prestige lui permet d'obtenir un second mandat en 1956. Il doit alors faire face à la crise cubaine avec l'arrivée au pouvoir de Fidel Castro. Dans son dernier discours en 1961, il dénonce la montée en puissance d'un « complexe militaro-industriel » aux États-Unis. **p. 74**

Oussama Ben Laden (1957-2011)

Terroriste saoudien
Issu d'une famille très fortunée d'Arabie saoudite, il se rallie à l'islamisme lors de l'invasion soviétique en Afghanistan où il joue un rôle important dans l'organisation de la résistance contre les Soviétiques. Il fonde le réseau terroriste Al-Qaïda, implanté au Soudan, puis en Afghanistan. Il est le commanditaire des attentats du 11 septembre 2001. À l'issue de dix années de traque, il est exécuté par un commando américain en mai 2011, au Pakistan où il se cachait. **p. 260**

Édith Cresson (née en 1934)

Femme politique française
Députée socialiste, elle est successivement ministre de l'Agriculture (1981-1983), du Commerce extérieur et du Tourisme (1983-1984), du Redéploiement industriel et du Commerce extérieur (1984-1986) et des Affaires européennes (1988-1990). En mai 1991, elle devient la première femme chef d'un gouvernement en France (mai 1991-avril 1992). Elle est le Premier ministre dont le mandat est le plus court de la Ve République. **p. 310**

Solange Fernex (1936-2006)

Femme politique française
Suppléante en 1973 du premier candidat écologiste aux élections législatives, elle mène en 1979 la liste « Europe écologie » aux élections européennes (4,39 % des voix), puis participe en 1984 à la création des Verts. Députée européenne de 1989 à 1995, elle est à l'origine de mesures contre la surpêche et en faveur de l'agriculture biologique. Féministe et pacifiste, elle milite notamment pour le désarmement nucléaire et contre l'intervention de l'OTAN en Serbie en 1999. **p. 233**

Françoise Gaspard (née en 1945)

Femme politique française
Agrégée d'histoire, énarque, militante socialiste, elle est élue au premier tour maire de Dreux en 1977, députée européenne en 1979 et députée en 1981. Seule femme politique française à revendiquer ouvertement son homosexualité, elle milite pour les droits des homosexuels et cofonde le réseau Demain la parité, à l'origine en 1993 du Manifeste des 577 en faveur de la parité aux législatives. En août 2013, elle annonce dans le journal *Le Monde* son mariage avec la journaliste Claude Servan-Schreiber, qui est à l'origine du concept de parité en politique. **p. 312**

Mikhaïl Gorbatchev (né en 1931)

Homme d'État soviétique
Entré à l'âge de 21 ans au parti communiste, il en gravit un à un les échelons. En 1971, il entre au comité central où il incarne la ligne réformatrice.
En mars 1985, il est élu secrétaire général. Il lance un ambitieux programme de réformes, connu sous le nom de *Perestroïka*, et relance le dialogue Est-Ouest. Ses réformes lui valent une grande popularité en Occident, tandis qu'en Russie, la montée des oppositions et les conséquences du putsch d'août 1991 le contraignent à la démission en décembre 1991. **p. 213**

Adolf Hitler (1889-1945)

Dictateur allemand
Né en Autriche, fondateur du NSDAP (parti nazi allemand), Hitler dévoile son projet politique dans *Mein Kampf* (« Mon Combat »). Nommé chancelier en 1933, il gouverne l'Allemagne avec une violence sans précédent contre les Juifs et les opposants, et mène une politique d'annexions qui aboutit à la Seconde Guerre mondiale. Pendant le conflit, il cherche à établir en Europe un « ordre nouveau » devant favoriser la domination de la « race germanique ». Après les premiers revers de ses armées, il jette l'Allemagne tout entière dans la guerre. Il se suicide le 30 avril 1945 dans son bunker à Berlin. **p. 54**

Charles de Gaulle (1890-1970)

Homme d'État français
Général ayant refusé l'armistice en juin 1940, il dirige depuis Londres la France Libre et la Résistance pendant la Seconde Guerre mondiale. Il entre triomphalement dans Paris le 25 août 1944, puis démissionne en janvier 1946 du Gouvernement provisoire de la République, en désaccord avec le projet de Constitution de la IVe République. Rappelé en 1958, il est le dernier président du Conseil de la IVe République, le fondateur de la Ve République en 1958 et son premier président de 1959 à 1969. **p. 88**

Élisabeth Guigou (née en 1946)

Femme politique française
Ministre déléguée aux Affaires européennes (1990-1993), puis députée européenne (1994-1997), elle devient en 1997 la première femme à être nommée garde des Sceaux. Elle fait adopter en 1998 la loi sur la nationalité, dite « loi Guigou », qui supprime l'obligation faite depuis 1993 aux mineurs nés en France de parents étrangers de faire une demande afin d'obtenir la nationalité française. Ministre de l'Emploi et des Solidarités (2000-2002), puis députée, elle préside de 2012 à 2017 la commission des Affaires étrangères de l'Assemblée nationale. **p. 312**

John Maynard Keynes (1883-1946)

Économiste britannique
Délégué britannique à la Conférence de la paix (1919), il en démissionne pour marquer son opposition aux dispositions du traité de Versailles imposant des réparations à l'Allemagne. En 1936, il publie la *Théorie générale de l'emploi, de l'intérêt et de la monnaie*. Ses théories sur les limites de la régulation par le marché et la nécessité de l'intervention de l'État inspirent la politique de sortie de crise du président américain F. D. Roosevelt, puis de la plupart des États occidentaux après 1945. **p. 24**

Valéry Giscard d'Estaing (né en 1926)

Homme d'État français
Polytechnicien, député de centre droit, il devient ministre de l'Économie et des Finances de Charles de Gaulle (1962-1966) puis de Georges Pompidou (1969-1974). En 1974, il est le premier non gaulliste à être élu président de la Ve République. Au cours de son mandat, il fait adopter des réformes de société et joue un rôle important dans la création du G6, du Conseil européen et du Système monétaire européen (SME). Il est battu par François Mitterrand en 1981. **p. 228**

Gisèle Halimi (née en 1927)

Avocate et femme politique franco-tunisienne
Née en Tunisie, elle milite pour l'indépendance de son pays natal puis de l'Algérie, avant de s'engager en faveur de la candidature de François Mitterrand en 1965. Avocate et féministe, elle obtient au procès de Bobigny la relaxe pour une jeune fille qui avait avorté après un viol, puis elle fonde avec Simone de Beauvoir l'association Choisir qui milite pour la dépénalisation de l'avortement et de la contraception. Députée de 1981 à 1984, elle participe en 1998 à la création d'ATTAC. **p. 230**

Rouhollah Khomeiny (1902-1989)

Chef religieux et homme politique iranien
Théologien chiite, il accède en 1961 au titre d'ayatollah, c'est-à-dire de dignitaire religieux chiite de premier rang considéré comme un expert de l'islam. Opposant au régime occidentalisé du shah, il est exilé en Irak, en Turquie puis en France, d'où il lance la révolution qui le conduit au pouvoir en 1979. Il fait alors de l'Iran une théocratie qu'il dirige jusqu'à sa mort avec le titre de « Guide spirituel de la Révolution ». Hostile aux États-Unis et à Israël, il soutient les mouvements islamistes. **p. 210**

Biographies

Nikita Khrouchtchev (1894-1971)

Homme d'État soviétique
Ouvrier d'usine et mineur, il fait carrière dans l'appareil du PCUS. Pendant la Seconde Guerre mondiale, il participe à la défense de Stalingrad. Il écarte ses adversaires après la mort de Staline (1953) et s'empare de la direction du parti. Il mène alors une politique de déstalinisation et théorise la « coexistence pacifique ». Son conflit idéologique avec le Parti communiste chinois et son échec dans la crise de Cuba (1962) lui sont reprochés par une partie des dirigeants soviétiques. Il est poussé à la démission en 1964. **p. 142**

Nelson Mandela (1918-2013)

Homme d'État sud-africain
Chef historique du Congrès national africain (ANC), il dirige la lutte contre l'apartheid et est emprisonné de 1962 à 1990. Libéré peu avant l'abolition de l'apartheid (1991), il devient président de l'ANC et négocie un accord prévoyant des élections multiraciales. Il obtient le prix Nobel de la paix en 1993 et est élu président de l'Afrique du Sud en 1994. Il quitte le pouvoir en 1999 et s'implique dans plusieurs associations de lutte contre la pauvreté ou le sida. **p. 262**

Mao Zedong (1893-1976)

Homme d'État chinois
D'origine paysanne, il participe en 1921 à la création du Parti communiste chinois (PCC) sur lequel il règne en despote à partir de 1942. Suite à sa victoire contre les nationalistes, il fonde la République populaire de Chine le 1er octobre 1950. Après avoir établi une alliance avec l'URSS, il promeut à la fin des années 1950 un communisme « chinois » comme voie de redressement national et comme modèle pour les pays du tiers-monde. En 1966, il lance contre ses opposants modérés la Révolution culturelle et devient le « Grand Timonier », chef incontesté de la Chine jusqu'à sa mort. **p. 152**

Pierre Mendès France (1907-1982)

Homme politique français
Député radical-socialiste sous la IIIe République, sous-secrétaire d'État au Trésor en 1938, il entre dans la Résistance et devient ministre de l'Économie à la Libération. Président du Conseil de juin 1954 à février 1955, il fait la paix en Indochine. Ministre en 1956 dans le gouvernement Guy Mollet, il démissionne en raison d'un désaccord sur la politique algérienne. Il vote contre l'investiture du général de Gaulle en 1958 et incarne jusqu'à sa mort, à gauche, une conception exigeante de la politique. **p. 178**

François Mitterrand (1916-1996)

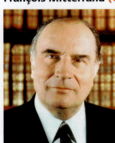

Homme d'État français
Il travaille à Vichy avant d'entrer dans la Résistance et de mener une carrière politique sous la IVe République. De nombreuses fois ministre, il s'oppose au général de Gaulle à partir de 1958. À la tête du parti socialiste en 1971, il élabore un programme commun avec le PCF et devient président de la République en 1981. Pendant deux mandats (1981-1995), il engage la France dans la construction européenne et convertit la gauche de gouvernement à la « rigueur » économique. **p. 234**

Jean Monnet (1888-1979)

Haut fonctionnaire français
Pendant la guerre, il participe à la coordination de l'effort allié et soutient le général de Gaulle. Nommé commissaire général au Plan en 1946, il supervise la reconstruction et la relance de l'économie. Il est à l'origine du plan Schuman et du plan Pleven, puis il préside de 1952 à 1955 la Haute autorité de la CECA, dont il démissionne après l'échec de la CED pour fonder le Comité d'action pour les États-Unis d'Europe. Il a donné son nom à une méthode communautaire conciliant les logiques supranationale et intergouvernementale. **p. 174**

Jean Moulin (1899-1943)

Résistant français
Préfet de Chartres, il se distingue, dès le 17 juin 1940, par son refus d'obéir aux ordres de l'occupant. Révoqué par Vichy, il entre en clandestinité puis rejoint Londres en 1941. Missionné par de Gaulle en métropole en janvier 1942, il joue un rôle essentiel dans l'unification de la Résistance en étant nommé président du Conseil national de la Résistance. Arrêté à Caluire en 1943 à la suite d'une trahison, il est torturé et meurt pendant son transfert en Allemagne. Ses cendres sont transférées en 1964 au Panthéon. **p. 88**

Benito Mussolini (1883-1945)

Dictateur italien
Il est l'un des leaders du Parti socialiste italien avant de rompre avec lui en 1914, car il fait campagne pour l'entrée en guerre de son pays. Ultranationaliste, fondateur du mouvement fasciste en 1919, il est nommé chef du gouvernement en 1922 et impose la fascisation de l'État. Opposé aux ambitions allemandes jusqu'en 1935, il s'allie ensuite avec Hitler qui l'appuie dans ses projets expansionnistes. Il est exécuté le 28 avril 1945 par des résistants italiens. **p. 50**

Gamal Abdel Nasser (1918-1970)

Homme d'État égyptien
Officier nationaliste, il participe au coup d'État qui renverse la monarchie pro-britannique du roi Farouk en 1952 puis devient Raïs (« chef ») en 1954 et dirige seul son pays jusqu'en 1973. Il nationalise le canal de Suez (1956), tenant en échec les anciennes puissances coloniales, et tente d'unir l'Égypte, la Syrie et la Libye, ce qui lui donne un grand prestige dans le monde arabe. D'abord leader des non-alignés, il finit par se rapprocher de l'URSS. Il conserve jusqu'à sa mort un grand prestige en dépit de son échec à unifier le monde arabe et de sa défaite face à Israël en 1957. **p. 148**

Ronald Reagan (1911-2004)

Président des États-Unis
Acteur de cinéma puis gouverneur républicain de Californie (1967-1975), Ronald Reagan est président des États-Unis de 1981 à 1989. Il mène une politique néolibérale qui s'attaque à l'État-providence, tout en augmentant fortement le budget militaire. Sa politique extérieure très antisoviétique correspond à un retour à l'interventionnisme américain, au moment où l'URSS entre en crise profonde. À partir de 1986, il saisit la main tendue par Mikhaïl Gorbatchev pour négocier avec lui la fin de la guerre froide. Il signe en 1987 le premier traité de réduction des armements stratégiques. **p. 208**

Ségolène Royal (née en 1953)

Femme politique française
Membre du Parti socialiste, elle est députée (1988-1992, 1993-1997, 2002-2007) et deux fois ministre de l'Environnement (1992-1993 et 2004-2017). De 2004 à 2014, elle préside le conseil régional de Poitou-Charentes. En 2006, elle remporte la première primaire du Parti socialiste pour l'investiture à l'élection présidentielle de 2007. Première femme à accéder au second tour de cette élection, elle est battue par Nicolas Sarkozy. De 2017 à 2020, elle est ambassadrice chargée de la négociation internationale pour les pôles arctique et antarctique. **p. 310**

Margaret Thatcher (1925-2013)

Femme politique britannique
Leader du Parti conservateur britannique puis Première ministre du Royaume-Uni de 1979 à 1990, Margaret Thatcher conduit une politique économique libérale pour affronter le déclin économique du pays. Surnommée la « Dame de fer » en raison de son intransigeance face aux syndicats, elle incarne avec Ronald Reagan le virage néolibéral des gouvernements occidentaux. Au sein de la Communauté économique européenne, elle défend à la fois les intérêts de la Grande-Bretagne et la conception d'une Europe réduite à sa fonction de zone de libre-échange. Elle démissionne en 1990. **p. 206**

Franklin Delano Roosevelt (1882-1945)

Président des États-Unis
Sénateur démocrate, il est élu président en 1932 en pleine crise économique, à laquelle il répond par le *New Deal*, une politique qui rompt avec l'orthodoxie libérale. Réélu en 1936, 1940 et 1944, il s'affranchit de l'isolationnisme américain, signe en 1941 la Charte de l'Atlantique et fait accepter à l'opinion publique américaine l'intervention des États-Unis dans le conflit. Il pose en 1945 les fondements d'un nouvel ordre mondial avec la conférence de Bretton Woods et la création de l'ONU. **p. 28**

Staline (1878-1953)

Dictateur soviétique
Né en Géorgie, Joseph Djougachvili choisit, en 1912, Staline (« l'homme d'acier ») comme pseudonyme. S'il joue un rôle mineur durant la révolution d'Octobre, il occupe plusieurs postes dans le régime bolchevique. Succédant à Lénine, il devient, de 1922 à sa mort, le premier secrétaire du Parti communiste d'URSS. À partir de 1928, il impose un régime autoritaire, le stalinisme. La victoire de l'URSS sur l'Allemagne nazie en 1945 renforce son autorité. Jusqu'à sa mort, il incarne le camp communiste. **p. 46**

Harry Truman (1884-1972)

Président des États-Unis
Homme politique américain, démocrate, il devient en 1944 vice-président de Franklin D. Roosevelt, auquel il succède à sa mort en avril 1945. Il joue un rôle essentiel dans la fin du conflit mondial et décide de recourir à la bombe atomique contre le Japon. Il adopte progressivement une attitude de fermeté face à l'URSS, élabore la politique du *Containment* pour limiter l'expansion du communisme et engage les États-Unis dans la guerre froide. Réélu en 1948, il fait intervenir les troupes américaines en Corée en 1950. **p. 122**

Yvette Roudy (née en 1929)

Femme politique française
Féministe et militante socialiste, députée européenne (1979-1981), Yvette Roudy, entrée dans la vie professionnelle à 17 ans, est ministre des Droits de la femme de 1981 à 1986. Elle est à l'origine d'une loi sur le remboursement de l'IVG (1982) et une loi sur l'égalité entre les femmes et les hommes qui travaillent en entreprise (1983). Elle ne parvient cependant pas à faire adopter une loi contre le sexisme en 1983 face à l'opposition des publicitaires. Elle est ensuite élue députée et maire de Lisieux, et soutient la candidature de Ségolène Royal à l'élection présidentielle en 2007. **p. 234**

Christiane Taubira (née en 1952)

Femme politique française
Professeure de sciences économiques, elle commence sa carrière politique comme militante indépendantiste guyanaise. Élue en 1993 comme députée non inscrite, elle rejoint le groupe socialiste après sa réélection en 1997. Elle est à l'origine de la loi de 2001 tendant à la reconnaissance de la traite et de l'esclavage en tant que crime contre l'humanité. Candidate du Parti radical de gauche à l'élection présidentielle de 2002, elle remporte 2,32 % des suffrages exprimés. En tant que ministre de la Justice (2012-2016), elle porte le projet de loi sur le mariage pour tous. **p. 310**

Simone Veil (1927-2017)

Femme politique française
Déportée à Auschwitz pendant la Seconde Guerre mondiale, magistrate, elle devient la première femme secrétaire générale du Conseil supérieur de la magistrature en 1970. Ministre de la Santé (1974-1979), elle fait adopter en 1975 la loi autorisant l'interruption volontaire de grossesse. Présidente du Parlement européen (1979-1982), elle a ensuite été ministre des Affaires sociales, de la Santé et de la Ville (1993-1995), puis membre du Conseil constitutionnel (1998-2007). Elle est élue en 2010 à l'Académie française. **p. 228**

Lexique

Acte unique : signé par les 12 États-membres de la CEE en février 1986, entré en vigueur en juillet 1987, l'Acte unique européen modifie le traité de Rome de 1957 et ouvre la voie à la réalisation du marché unique le 1er janvier 1993 en associant des dispositions supranationales et intergouvernementales. **p. 210**

Al-Qaïda (« la base ») : mouvance islamiste et terroriste internationale fondée en 1987 par Oussama Ben Laden, responsable notamment des attentats du 11 septembre 2001. **p. 260**

American Way of Life : mode de vie américain dont la publicité et le cinéma vantent le confort et la modernité (pavillon individuel, électroménager et automobile). **p. 142**

Antiparlementarisme : opinion politique favorable à une restriction des pouvoirs du Parlement au profit d'un pouvoir exécutif renforcé. **p. 24**

Approfondissement : renforcement des institutions ou des politiques communautaires européennes, soit dans un sens supranational, soit dans un sens intergouvernemental. **p. 284**

ASEAN : Association des nations du Sud-Est asiatique, fondée par cinq États de la région en 1967. **p. 206**

Atlantisme : doctrine politique plaçant l'Europe de l'Ouest sous la protection et la conduite des États-Unis. **p. 170**

Austérité : politique économique visant à réduire les dépenses de l'État et à restreindre la consommation par la restriction du crédit ou la hausse des impôts. **p. 228**

Balkanisation : éclatement en plusieurs petits États d'un territoire jusqu'alors uni politiquement, à l'image de la péninsule balkanique avant la Première Guerre mondiale. **p. 260**

BIRD (Banque internationale pour la reconstruction et le développement) : banque fondée en 1945 pour aider à la reconstruction d'après-guerre et venir en aide aux pays les moins développés. **p. 114**

Blitzkrieg : stratégie militaire offensive consistant à rompre le système défensif ennemi en concentrant ses forces en un point précis (*Schwerpunkt*) puis en avançant le plus loin possible par unités blindées et motorisées appuyées par l'aviation. **p. 74**

Bloc monétaire : ensemble de pays qui lient leur monnaie à une monnaie plus forte afin de lutter contre la crise. **p. 24**

Bolchevisme : doctrine adoptée par les membres du Parti social-démocrate russe dirigé par Lénine, qui ont pris le pouvoir en octobre 1917 lors de la révolution russe. **p. 46**

Bombardements stratégiques : bombardements massifs d'industries de guerre, d'axes de transport et de villes, visant à épuiser économiquement et moralement l'adversaire. **p. 74**

Brutalisation : théorie de l'historien américain George Mosse selon laquelle, dans les sociétés italienne et allemande, les pratiques guerrières se maintiennent dans l'entre-deux-guerres. **p. 50**

Bulle spéculative : hausse artificielle des cours des actions, sans lien avec l'état réel de l'économie. **p. 20**

Camp de concentration : camp créé pour enfermer les opposants politiques et « ennemis » du régime nazi. La mortalité y est très élevée. **p. 54**

Capitalisme : système économique fondé sur la propriété privée des moyens de production, les échanges et la recherche du profit. **p. 206**

CECA (Communauté européenne du charbon et de l'acier) : organisation internationale fondée en 1952 pour établir entre la France, l'Italie, la RFA et le Benelux, un marché commun de l'acier et du charbon, placé sous le contrôle d'une assemblée de 78 parlementaires et d'une Haute autorité présidée à sa fondation par Jean Monnet. **p. 170**

CEE (Communauté économique européenne) : organisation créée en 1957 pour intégrer économiquement et politiquement ses pays membres, qui sont 12 lorsque la CEE intègre l'Union européenne. **p. 170**

Centres de mise à mort : lieux vers lesquels les Juifs sont déportés afin d'être immédiatement assassinés. **p. 80**

CFCM (Conseil français du culte musulman) : instance représentative de l'islam de France fondée en 2003. **p. 310**

Choc pétrolier : baisse de la production de pétrole qui entraîne une forte et rapide hausse de son prix. **p. 202**

Citoyenneté européenne : créée par le traité de Maastricht, la citoyenneté de l'UE ne se substitue pas à la citoyenneté nationale, mais la complète par de nouveaux droits accordés à toute personne ayant la nationalité d'un État de l'Union. **p. 290**

CJR (Cour de justice de la République) : juridiction créée en 1993 pour juger les membres du gouvernement des crimes ou délits commis dans l'exercice de leurs fonctions. **p. 306**

CNR (Conseil national de la Résistance) : organisation créée en France en 1943 dans la clandestinité et présidée jusqu'à son arrestation par Jean Moulin. Le CNR réunit les différents mouvements de la Résistance française, les syndicats et des partis politiques, et contribue par sa charte à la refondation de la République. **p. 116**

Cohabitation : période au cours de laquelle le président de la République est contraint de gouverner avec un gouvernement et une majorité relevant d'une tendance politique opposée à la sienne. **p. 234**

Collaboration : sous l'Occupation, politique de coopération administrative, économique, culturelle, militaire et judiciaire menée par l'État français et les partis collaborationnistes avec l'Allemagne nazie. **p. 88**

Collectivisation : abolition de la propriété privée, transférée à l'État ou à des organismes collectifs (coopératives, syndicats, etc.). **p. 46**

Collectivités territoriales : structures administratives locales détenant des compétences, un personnel et un budget qui leur sont propres. **p. 306**

Communauté : régime d'association politique entre la France et ses colonies, qui acquièrent en 1958 le statut d'États tout en restant sous la tutelle de la métropole. **p. 176**

Containment : doctrine de relations internationales en vertu de laquelle les États-Unis, qui se considèrent comme les champions du « monde libre », entreprennent de lutter contre l'extension du communisme. **p. 122**

Coopération : politique de soutien au développement économique et culturel des anciennes colonies. **p. 176**

COP (*Conference of Parties*) : la Conférence des États signataires est l'organe suprême de la Convention – cadre des Nations unies sur les changements climatiques, qui se tient chaque année depuis 1995. **p. 268**

Coup d'État : renversement illégal du pouvoir, le plus souvent par la force. **p. 24**

Crime contre l'humanité : chef d'accusation créé pour le procès de Nuremberg et désignant l'assassinat, l'extermination, la réduction en esclavage, la déportation et tout acte inhumain commis contre les populations civiles ainsi que les persécutions pour des motifs politiques, raciaux ou religieux. **p. 114**

Culture populaire : forme de culture produite ou appréciée par le plus grand nombre, par opposition à une culture élitiste ou avant-gardiste. **p. 234**

DATAR (Délégation à l'aménagement du territoire et à l'attractivité régionale) : administration interministérielle française chargée de concevoir et de mettre en œuvre la politique d'aménagement et de développement du territoire. **p. 176**

Décentralisation : politique par laquelle l'État confie à des collectivités locales des compétences et des financements. **p. 306**

Décolonisation : processus par lequel les pays colonisés sortent de la tutelle des puissances coloniales et deviennent indépendants. **p. 170**

Déconcentration : délégation par l'État de certains pouvoirs de décision à des agents ou organismes locaux qui lui restent soumis. **p. 306**

Défenseur des droits : autorité administrative indépendante chargée de veiller au respect des droits et des libertés par l'État. **p. 306**

Déflation : se dit d'une politique de réduction des dépenses publiques, des prix et des salaires afin de maintenir la valeur d'une monnaie. **p. 20**

Démocratie libérale : régime qui défend les libertés individuelles sur le plan politique, la liberté d'entreprendre et la propriété privée sur le plan économique. **p. 142**

Démocratie populaire : régime dictatorial dont le pouvoir est exercé par un parti unique, le parti communiste, et où l'économie est dirigée par l'État. Les pays d'Europe de l'Est se qualifient ainsi pour marquer leur différence avec les démocraties jugées « bourgeoises » de l'Ouest. **p. 142**

Démocratisation : fait de mettre l'enseignement à la portée de toutes les classes de la société, en développant des systèmes d'aides sociales ou des dispositifs d'éducation prioritaire ou d'égalité des chances. **p. 234**

Dérégulation : suppression de la régulation d'un secteur économique, généralement dans le but d'encourager la concurrence et le libre marché. On parle aussi de déréglementation. **p. 206**

Désindustrialisation : diminution de la part de l'industrie dans la population active et le PIB. **p. 202**

Détente : phase de la guerre froide caractérisée par une volonté de dialogue entre les deux superpuissances. Elle dure de 1962 à la fin des années 1970. **p. 142**

Dévaluation : baisse de la valeur d'une monnaie afin de relancer l'économie d'un État en rendant les exportations plus compétitives. **p. 20**

Développement : processus économique et social permettant une meilleure satisfaction des besoins humains. **p. 148**

Discrimination positive : fait de favoriser des personnes issues de groupes victimes de discriminations systématiques afin de rétablir l'égalité des chances. **p. 310**

Doctrine Jdanov : doctrine formulée en septembre 1947 par Andreï Jdanov, dirigeant soviétique proche de Staline, selon laquelle le monde est désormais divisé en deux camps irréconciliables, l'URSS étant considérée comme le chef de file de la paix et de la démocratie. **p. 122**

Droit d'ingérence : droit conféré à un ou plusieurs États, par une organisation internationale, de violer la souveraineté nationale d'un autre État pour répondre à des urgences humanitaires. **p. 260**

« Drôle de guerre » : période sans engagement militaire majeur sur le front occidental, entre septembre 1939 et mai 1940. **p. 74**

Einsatzgruppen : « groupes d'intervention » composés de SS et de policiers chargés du maintien de l'ordre et qui procèdent en URSS aux fusillades massives des Juifs. **p. 80**

Élargissement : adhésion de nouveaux États à l'Union européenne (UE). L'Europe a connu sept élargissements depuis la création de la Communauté économique européenne (CEE) en 1957. **p. 284**

Embargo : mesure interdisant la libre circulation d'une marchandise et des navires la transportant. **p. 144**

Embrigadement : dans les régimes totalitaires, se dit de la mobilisation de la société dans des organisations afin de la faire adhérer aux grandes valeurs du régime. Les principales organisations sont le parti unique, les organisations de jeunesse, le syndicat unique et l'armée. **p. 53**

Entente : alliance rassemblant pendant la Première Guerre mondiale la France, la Russie et l'Angleterre. **p. 50**

« Espace vital » : selon la théorie nazie, les territoires de l'Est constituent un espace indispensable au développement de la « race aryenne ». **p. 54**

Étalon-or : système mondial de change fixe dans lequel les monnaies ont un cours fixe défini en or. Les banques centrales doivent détenir des réserves en or. **p. 20**

État d'urgence : état d'exception conférant aux autorités administratives le droit de prendre des mesures de restriction des libertés qui sont normalement du ressort de la justice. **p. 306**

État-providence : État qui garantit à ses citoyens des droits sociaux et une certaine redistribution des richesses économiques du pays. **p. 114**

Eugénisme : ensemble des méthodes et pratiques visant à modifier le patrimoine génétique de l'espèce humaine. **p. 54**

Euroscepticisme : attitude ou parti pris hostile, méfiant ou pessimiste envers la construction européenne. En majorité, les eurosceptiques mettent en avant la primauté de l'État-nation. **p. 290**

Fascisme : mouvement des faisceaux italiens de combat, les groupes paramilitaires fondés par Mussolini. Mais le terme désigne aussi le régime italien, puis à partir des années 1930, les régimes d'extrême droite, italien et allemand. **p. 50**

Fédéralisme : courant de pensée favorable à une fédération au sein de laquelle les États renoncent à une large part de leur souveraineté au profit d'une autorité politique supranationale. **p. 284**

Féminisme : mouvement qui préconise de nouveaux droits pour les femmes et vise à modifier les hiérarchies sociales, culturelles et politiques instaurant ou légitimant une domination masculine. **p. 310**

FFL (Forces françaises libres) : troupes rassemblées par le général de Gaulle dès 1940 et qui participent aux combats aux côtés des Alliés. **p. 70**

FMI (Fonds monétaire international) : organisme créé en 1945 pour assurer la stabilité économique et financière du monde et venir en aide aux États en difficulté. **p. 114**

Fordisme : modèle d'organisation d'entreprise inventé aux États-Unis par Henry Ford en 1908, fondé sur la spécialisation des tâches et le travail à la chaîne. **p. 20**

France Combattante : nom donné à partir du 14 juillet 1942 à la France Libre, organisation de résistance extérieure fondée par Charles de Gaulle à la suite de l'appel du 18 Juin, pour montrer l'union en cours avec la Résistance intérieure. **p. 88**

G6 : groupe de discussion et de partenariat économique des pays économiquement les plus puissants. Créé en 1975, il devient le **G7** en 1976 lorsque le Canada le rejoint. **p. 205**

G8 : nom pris par le G7 lorsque la Russie le rejoint, de 1997 à 2014. **p. 268**

GATT (General Agreement on Tariffs and Trade) : Accord général sur les tarifs douaniers et le commerce, signé par 23 pays en 1947 et approfondi ensuite au cours de plusieurs cycles de négociations jusqu'à la création de l'Organisation mondiale du commerce (OMC) en 1995. **p. 206**

Génocide : politique d'assassinat systématique et programmé d'une population ciblée sur des critères ethniques, nationaux, religieux ou raciaux. **p. 80**

Genre : concept définissant le masculin et le féminin comme une construction sociale et culturelle qui se fait principalement à travers la famille, l'éducation ou la religion. **p. 310**

Géopolitique : étude des rapports qui existent entre les données géographiques et la politique des États et, plus largement, de l'espace comme enjeu de rivalités et de conflits entre des acteurs dont le mode d'action est l'usage direct ou indirect de la violence organisée. **p. 58**

Gestapo (Geheime Staatspolizei) : police politique du régime nazi, créée en 1933. **p. 54**

Glasnost (« transparence ») : libéralisation de l'information visant à susciter l'adhésion aux réformes. **p. 210**

Gold Exchange Standard : système de l'étalon de change qui permet à chaque pays de garantir et d'émettre de la monnaie en fonction de son stock d'or et des monnaies convertibles en or. **p. 121**

Goulag : système concentrationnaire soviétique caractérisé par le travail forcé poussé jusqu'à l'épuisement et, très souvent, jusqu'à la mort. **p. 46**

Gouvernance : capacité d'une institution à assurer son bon fonctionnement. La gouvernance économique désigne celle des États à prendre des décisions et à s'entendre entre eux pour gérer les problèmes économiques. **p. 206**

Grande Alliance : nom donné aux Alliés de la Seconde Guerre mondiale, et plus particulièrement à l'alliance entre les États-Unis et l'URSS. **p. 122**

Grande Dépression : nom donné à la plus importante crise économique du XXe siècle, qui affecte le monde de 1929 à la Seconde Guerre mondiale. **p. 18**

Guerre asymétrique : type de conflit opposant deux forces inégales dans leurs moyens et leurs tactiques militaires, généralement un État et un mouvement terroriste ou de guérilla. **p. 260**

Guerre civile internationalisée : type de conflit civil dans lequel les armées d'un État extérieur soutiennent l'un des belligérants. **p. 260**

Guerre hybride : type de conflit alliant des opérations de guerre asymétrique, de guerre conventionnelle et de cyberguerre. **p. 268**

Guerre totale : type de conflit qui mobilise toutes les ressources disponibles des belligérants, aussi bien humaines que militaires, économiques, scientifiques et culturelles. **p. 74**

Hamas : mouvement islamiste sunnite fondé en 1987 qui prône la destruction de l'État d'Israël et l'instauration d'un État islamique palestinien. **p. 210**

Hezbollah (« parti de Dieu ») : mouvement islamiste chiite soutenu par l'Iran, créé en 1982 et reconnu comme une organisation terroriste par de nombreux États. **p. 210**

Idéologie : ensemble d'idées, de croyances ou de doctrines propres à une époque, une société ou à un groupe social dont il oriente l'action. **p. 50**

Immigration : entrée de personnes étrangères dans un pays en vue d'y résider. **p. 228**

333

Lexique

Indépendance nationale : politique visant à assurer à un pays les moyens de mener sa propre politique sans dépendre d'un État plus puissant. **p. 170**

Industrialisation : processus de longue durée au cours duquel l'industrie devient la principale activité économique et le moteur de la croissance. L'industrialisation s'accompagne de transformations des marchés, des techniques, des communications et des sociétés. **p. 20**

Initiative citoyenne européenne : droit d'initiative politique accordé à tout rassemblement d'au moins un million de citoyens de l'UE provenant d'au moins un quart des pays membres. La Commission peut donner suite à l'initiative citoyenne, mais n'y est pas contrainte. **p. 290**

Intégration : processus de mise en relation et de rapprochement des immigrés avec la société d'accueil. **p. 228**

Islamisme : idéologie politique et religieuse affirmant la primauté de l'islam, le rejet de l'Occident, et revendiquant l'application partout de la loi coranique (charia). **p. 210**

Kominform : organisation de liaison des partis communistes, à l'Est comme à l'Ouest de l'Europe, pour coordonner leur action sous l'égide et au profit de l'URSS. **p. 122**

Koulaks : paysans riches et indépendants. Par extension, tous ceux qui s'opposent à la collectivisation des terres dans les années 1930. **p. 46**

Libéralisation : dans le domaine économique, désigne l'action de rendre libre l'accès d'un secteur économique aux différents agents économiques, le plus souvent par la fin du monopole de l'État. **p. 206**

Ligue arabe : organisation régionale fondée en mars 1945 par l'Arabie saoudite, l'Égypte, l'Irak, le Liban, la Syrie, la Transjordanie et le Yémen, pour affirmer l'unité de la nation arabe et l'indépendance de ses membres. **p. 122**

Loi-cadre Defferre : adoptée en 1956 à l'initiative de Gaston Defferre, ministre de l'Outre-mer, et de Félix Houphouët-Boigny, membre du gouvernement et futur premier président de la Côte d'Ivoire, elle habilite le gouvernement à mettre en œuvre des réformes visant à favoriser une plus grande autonomie des colonies. **p. 170**

Lois fascistissimes : ensemble de lois datant de 1925-1926 qui limitent les libertés individuelles et instaurent le régime fasciste. **p. 50**

Majorité qualifiée : procédure de vote attribuant à chaque État membre un nombre de voix proportionnel à sa population au Conseil de l'UE. **p. 284**

Mandat : administration de tutelle établie sur d'anciennes colonies afin de faciliter leur développement comme États indépendants. **p. 124**

Marché unique : espace économique doté de frontières douanières communes à l'intérieur duquel est organisé le libre-échange des marchandises, des services, des capitaux et des personnes. **p. 284**

Marxisme : courant d'idées né en Allemagne, reposant sur les travaux de Karl Marx (1818-1883), et insistant sur la nécessité de la lutte des classes et de l'organisation du prolétariat en vue d'établir le socialisme. **p. 46**

Massification : désigne le fait de donner une dimension de masse à une activité (comme l'enseignement ou la culture) autrefois réservée à une élite. **p. 234**

MERCOSUR : Marché commun de l'Amérique du Sud (*Mercado del sur* en espagnol). C'est un espace de libre-échange créé par le traité d'Asunción de 1991. **p. 206**

Milice : corps paramilitaire formé par le régime de Vichy pour soutenir les Allemands dans leur répression de la Résistance entre 1943 et 1944. **p. 88**

Modernisation : action de moderniser, par la mise en œuvre de nouvelles méthodes ou de nouveaux équipements. **p. 176**

Mondialisation : processus de mise en relation des territoires éloignés qui se traduit par la croissance rapide des échanges et des marchés à l'échelle globale. **p. 202**

Nazisme : idéologie du parti NSDAP d'extrême droite, caractérisée par une hiérarchie des races et l'antisémitisme. Le terme désigne aussi la dictature totalitaire d'Hitler. **p. 54**

Néoclassique (économie) : école de pensée économique apparue au XXᵉ siècle qui applique à l'analyse des prix, de la production et de la distribution des revenus sur un marché, l'hypothèse de maximisation de l'utilité marginale selon l'offre et la demande. **p. 24**

Néocolonialisme : nouvelle forme de domination, souvent économique et culturelle, exercée par les pays riches sur les anciennes colonies. **p. 148**

Néoconservateurs : aux États-Unis, partisans (surnommés « les faucons ») d'interventions extérieures au nom des valeurs traditionnelles américaines et de la promotion de la démocratie. **p. 268**

Nettoyage ethnique : pratique consistant à rendre une zone ethniquement homogène en en faisant disparaître des personnes appartenant à des groupes déterminés par le recours à la force ou à l'intimidation. **p. 260**

Non-alignement : refus des États issus de la décolonisation de prendre parti en faveur de l'un ou l'autre des deux Grands pendant la guerre froide. On parle aussi de neutralisme. **p. 148**

OAS (Organisation armée secrète) : organisation clandestine créée en 1961, qui regroupe d'anciens militaires et des Français d'Algérie prêts à tout, y compris au terrorisme, pour conserver l'Algérie. **p. 195**

ONU (Organisation des Nations unies) : institution internationale créée pour maintenir la paix dans le monde et promouvoir les valeurs démocratiques. **p. 114**

OPEP (Organisation des pays exportateurs de pétrole) : fondée en 1960, cette organisation intergouvernementale regroupe les principaux pays producteurs de pétrole, majoritairement situés au Moyen-Orient. **p. 202**

ORTF (Office de radiodiffusion-télévision française) : fondé en 1964 en remplacement de la Radiodiffusion-télévision française (RTF), il regroupe toutes les chaînes audiovisuelles publiques, alors réunies au sein de la Maison de la Radio. **p. 176**

Pacifisme : refus de la guerre et engagement politique actif en faveur de la paix. **p.114**

Panafricanisme : mouvement politique prônant l'union entre Africains. Il échoue à unir le continent dans un État fédéral, mais donne naissance en 1963 à l'Organisation de l'unité africaine (OUA), qui favorise le dialogue entre chefs d'État africains. **p. 153**

Panarabisme : idéologie et mouvement politique qui vise à unir au sein d'une même nation tous les pays de langue arabe. **p. 148**

Parité : principe visant à mettre fin à la sous-représentation des femmes par rapport aux hommes dans les instances de décision. **p. 310**

Partisans : résistants contre les forces allemandes à l'Est après l'opération Barbarossa. Il s'agit de soldats de l'Armée rouge piégés par l'avancée allemande et de civils, dont de nombreux Juifs. **p. 80**

Perestroïka (« restructuration ») : mouvement de réformes économiques encourageant les investissements étrangers. **p. 210**

Planification : modalité d'organisation de l'économie selon un « plan » qui fixe autoritairement des objectifs de production. **p. 46**

Plan Marshall : programme d'aide à la reconstruction de l'Europe, d'un montant de 13 milliards de dollars, présenté le 5 juin 1947 par le secrétaire d'État des États-Unis, George Marshall. **p. 122**

Pogrom : nom d'origine russe désignant une attaque à l'encontre de Juifs par des non-Juifs accompagnée de pillages et d'assassinats. **p. 54**

Pôle de conversion : espace concerné par le dispositif mis en place en 1984 dans le but d'aider à la conversion de territoires fortement désindustrialisés. **p. 227**

Politique de relance : se dit d'une politique économique de relance de la consommation en augmentant les salaires ou en procurant de l'aide sociale aux plus démunis. **p. 24**

Politique de substitution aux importations : politique menée pendant la crise qui vise à diminuer les importations de biens et à les remplacer par une production nationale, grâce à des mesures protectionnistes. **p. 24**

Politique restrictive : politique menée par de nombreux États après le krach, qui vise à retrouver un équilibre budgétaire et monétaire en suscitant une baisse des salaires, des prix et de la production. **p. 24**

Politiques communes : politiques mises en œuvre par l'UE. La principale est la politique agricole commune (PAC). **p. 284**

Privatisation : transfert total ou partiel de la propriété du capital d'une entreprise publique vers le secteur privé. **p. 234**

Prolifération nucléaire : multiplication de missiles nucléaires (prolifération verticale) ou de

pays détenteurs de l'arme atomique (prolifération horizontale). **p. 268**

Propagande : type de communication qui vise à influencer les attitudes et les comportements des masses afin le plus souvent de susciter l'adhésion ou le consentement. **p. 44**

Protectionnisme : politique de hausse des droits de douane afin d'empêcher la concurrence étrangère. **p. 24**

Protectorat : État officiellement indépendant mais contrôlé par une puissance coloniale représentée par un résident général. **p. 168**

Puissance : faculté ou capacité d'un État de produire un effet, ou d'empêcher un effet de se produire, qui repose d'une part sur le pouvoir militaire et économique (*hard power*), et d'autre part sur sa culture et ses valeurs (*soft power*). **p. 170**

QPC (question prioritaire de constitutionnalité) : procédure permettant de saisir le Conseil constitutionnel pour qu'il contrôle la constitutionnalité des lois déjà promulguées. **p. 306**

Recapitalisation bancaire : investissement en capital d'un État dans une banque pour éviter sa faillite. **p. 20**

Récession : diminution temporaire du PIB. **p. 202**

Régime autoritaire : régime politique reposant sur un pouvoir sans limites légales, gouvernant par la force sans tenir compte de l'opinion du peuple. **p. 26**

Régime parlementaire : système politique dans lequel le gouvernement est responsable devant le Parlement, qui a la prééminence sur les autres institutions. **p. 176**

Régime semi-présidentiel : système politique dans lequel le président joue un rôle important mais où le gouvernement reste responsable devant le Parlement. **p. 176**

Résistance (organisations de) : mouvements (spécialisés dans la lutte contre la propagande officielle) ou réseaux (spécialisés dans le renseignement, le sabotage, les évasions) clandestins qui se structurent et se coordonnent progressivement sous l'Occupation. **p. 88**

Résistance passive : manifestations de non-adhésion à l'idéologie d'un régime. **p. 54**

RGPP (Révision générale des politiques publiques) : politique d'inspiration néolibérale de rationalisation et d'économies des dépenses de l'État, à laquelle succède en 2012 la MAP (Modernisation de l'action publique). **p. 306**

RPR (Rassemblement pour la République) : parti politique se réclamant du gaullisme fondé et présidé en 1976 par Jacques Chirac, qui est en conflit jusqu'en 1981 avec le président Giscard d'Estaing. **p. 228**

SA (*Sturmabteilung* ou Section d'assaut) : organisation paramilitaire du NSDAP qui a contribué à l'accession au pouvoir d'Hitler avant d'être éliminée en 1934. **p. 54**

Saint-Germain-en-Laye (traité de) : traité de paix signé le 10 septembre 1919 entre les pays vainqueurs de la Première Guerre mondiale et l'Autriche. **p. 55**

SDN : organisation internationale créée, sur une proposition du président Wilson par le traité de Versailles. Constituée de tous les pays vainqueurs, sa mission est de garantir le maintien de la paix. **p. 54**

Sécurité sociale : système de protection des individus contre les conséquences des risques sociaux (maladie, accidents du travail, handicap). **p. 114**

Shoah : terme hébreu signifiant « catastrophe » utilisé pendant la guerre pour désigner les persécutions puis l'anéantissement systématique des Juifs par le régime nazi. **p. 80**

Sionisme : mouvement et courant idéologique nationaliste fondé à Vienne en 1896 par Theodor Herzl en réaction à l'antisémitisme et visant à créer un État juif en Palestine. Son nom fait référence à Sion, nom biblique qui désigne Jérusalem et son peuple. **p. 122**

Société des loisirs : société encourageant les services de loisirs, qu'il s'agisse d'activités culturelles, touristiques ou sportives, dans l'espoir de stimuler l'activité économique. **p. 228**

« Solution finale de la question juive » : euphémisme désignant à partir de la conférence de Wannsee en janvier 1942 la politique de destruction de la population juive. **p. 80**

Sonderkommandos : commandos spéciaux composés de prisonniers des camps d'extermination forcés par les nazis à participer au processus d'extermination. **p. 86**

Spartakisme : la Ligue spartakiste est un mouvement marxiste révolutionnaire à l'origine du Parti communiste d'Allemagne (KPD) en 1918 et d'un soulèvement contre la République de Weimar. **p. 54**

Squadristes : forces paramilitaires luttant contre les mouvements sociaux au début des années 1920. Elles sont récupérées par le fascisme. **p. 50**

SS (*Schutzstaffel* ou Escadron de protection) : groupe paramilitaire proche d'Hitler qui a des fonctions de répression et de surveillance. **p. 54**

Stagflation : combinaison inédite dans les années 1970 d'une forte inflation (une hausse des prix) et d'une faible croissance du produit intérieur brut (PIB). **p. 202**

Supranational : caractère de ce qui se place au-dessus des nations ou des États. **p. 176**

Tchéka : police politique créée en décembre 1917. Elle devient Guépéou, puis est intégrée au NKVD en 1934. **p. 46**

Terres irrédentes : ensemble de territoires (Dalmatie, Istrie, Trentin) peuplés majoritairement d'Italiens mais appartenant à une puissance étrangère et dont l'Italie revendique l'annexion. **p. 50**

Terrorisme : ensemble des actes de violence qu'une organisation exécute dans le but de désorganiser une société et de favoriser ses projets politiques par le développement d'un climat de terreur. **p. 260**

Tiers-monde : créé en 1952 par le démographe français Alfred Sauvy pour désigner les pays les moins développés, ce concept est repris à partir de 1955 par les nouveaux États indépendants d'Afrique et d'Asie pour affirmer leur solidarité sur la scène internationale. **p. 148**

Totalitarisme : type de régime politique dictatorial, caractérisé par le culte du chef, un parti unique, la terreur de masse et la volonté de créer un homme nouveau, ce qui le distingue du régime autoritaire qui cherche simplement à imposer la soumission des habitants. **p. 46**

TPIY (Tribunal pénal international pour l'ex-Yougoslavie) : juridiction pénale internationale chargée de juger les individus soupçonnés de violations graves du droit international humanitaire durant les guerres de Croatie, de Bosnie-Herzégovine et du Kosovo. **p. 268**

Trente Glorieuses : l'expression désigne les trente années qui suivent la fin de la Seconde Guerre mondiale, marquées par une vive croissance économique et de profondes transformations sociales. **p. 202**

UDF (Union pour la démocratie française) : parti politique fondé en 1978 par des proches de Valéry Giscard d'Estaing pour fédérer différents partis de droite et de centre-droit non gaullistes. **p. 228**

UEO (Union de l'Europe occidentale) : organisation de défense créée en 1954 regroupant les signataires du pacte de Bruxelles auxquels se joignent la RFA et l'Italie après l'échec de la CED. **p. 170**

Unilatéralisme : fait pour un État d'agir seul, sans se préoccuper des règles internationales ni des intérêts des autres États. **p. 268**

Unionisme : courant de pensée favorable à une union d'États indépendants et souverains (confédération), voire à une simple coopération intergouvernementale. **p. 284**

Universalisme républicain : principe selon lequel tous les citoyens sont égaux devant la loi sans distinction d'origine ou de religion. **p. 310**

Versailles (traité de) : traité de paix signé le 28 juin 1919 entre les Alliés et l'Allemagne, qui est amputée d'une partie de son territoire et de ses colonies et astreinte à des sanctions économiques et des restrictions militaires. **p. 54**

Zones d'occupation : de 1940 à 1944, territoires placés sous domination militaire allemande ou italienne. **p. 88**

Crédits

Couverture: Michel Le Tac/*Paris Match*/ Scoop

14: Gamma-Rapho/Keystone • 16: Archives Belin Éducation • 17: Gamma-Rapho/Keystone • 18: Aurimages/20th Century Fox Film Corp. All rights reserved./courtesy Everett Collection • 20: Library of Congress/ Prints & Photographs Division LC-USZ62-24155/Underwood and Underwood Studios • 21: Aurimages/P12/The Granger Coll NY • 22: Ford foundation • 23: Edmund Gale/*Los Angeles Times* • 24: Gamma-Rapho/Keystone • 25: Library of Congress / Prints & Photographs Division LC-USZ62-31111/ Underwood and Underwood Studios • 27g: Bridgeman Images/Tallandier • 27d: DR • 28h et b: Aurimages • 29: Bridgeman Images/Granger • 30: AFP • 31: Roger-Viollet/Ville de Paris/Bibliothèque Fornay • 32b: Bridgeman Images/Peter Newark American Pictures • 32hd: Rondal Partridge • 33h: Library of Congress/ Prints & Photographs Division LC-DIG-fsa-8b29516/U.S. Farm Security Administration/Office of War/Dorothea Lange • 33b: Library of Congress • 39: CIRIP/Alain Gesgon • 40: National Library of Australia • 41h: Photo12/Alamy © ADAGP, Paris 2020 • 41b: Ina.fr • 42: Akg-images • 43: Akg-images/Picture alliance/Wissen Media • 44h: Bridgeman Images/Leemage/Aisa © Succession Picasso 2020 • 44b: Getty Images/Ullstein Bild • 46h: Photo12/Archives Snark • 46b: Bridgeman Images/Tallandier • 47: Akg-images • 49: DR • 50h: Bridgeman Images/Leemage/Fototeca • 50b: Akg-images/WHA/World History Archive • 51g: Vittorio Pisani/Coll. part. • 51d: Bridgeman Images/Leemage/Luisa Ricciarini • 52d: Bridgeman Images/Mary Evans • 52g: Bridgeman Images/Leemage/De Agostini © ADAGP, Paris 2020 • 53: DR • 54h: Bridgeman Images/Mary Evans • 54b: Akg-images • 55: Archiv der sozialen Demokratie der Friedrich-Ebert-Stiftung • 57g: Siegerländer Heimat und Geschichtsverein eV, Siegen • 57d: Akg-images • 59h: Akg-images/WHA/World History Archive • 59b: Akg-images/Pictures From History • 60h: Photo12/Alamy/ITAR-TASS News Agency • 60bg: Akg-images/Sputnik • 60bd: Akg-images © ADAGP, Paris 2020 • 61: Bridgeman Images/Leemage/FineArtImages: 64: Akg-images/Pictures From History • 65: Bridgeman Images/Tallandier • 67: Akg-images • 68h: Roger-Viollet/Albert Harlingue • 68b: Aurimages/Everett collection • 69hg: Akg-images • 69hg: Akg-images © ADAGP, Paris 2020 • 69hd: Bridgeman Images/Mary Evans • 69b: lumni.fr • 70: Bridgeman Images/Leemage/Heritage images • 71: Akg-images • 74h: Akg-images • 74b: Library of Congress/Prints & Photographs Division • 75hg: Bridgeman Images/Leemage/Photo Josse • 75hd: Archives Belin Éducation • 75b: Bridgeman Images/Pictures from History • 77: Dite/Usis • 78: Bridgeman Images/Granger • 79g: Akg-images • 79b: Hiroshima Peace Memorial Museum • 80h: Archives Belin Éducation • 80b: Gamma-Rapho/Keystone • 83g: Gettyimages/Ullstein Bild • 83d: Narodni archiv, Prague/Gustav Hille • 84: Bernhardt Walter/Ernst Hofmann - United States Holocaust Memorial Museum, courtesy of Yad Vashem • 85: Panstwowe Muzeum na Majdanku, Lublin • 86h: Witness Images of Auschwitz by Alexander Oler 1998-WestWind Press-DR • 86b: Olère/Klarsfeld • 87h: David Olère, Museum of Jewish Heritage, Memorial to the Holocaust • 87b: Olère/Klarsfeld • 88h: Archives départementales de l'Allier, (cote: 20 : J 17, page 10) • 88b: RMN-Grand Palais/Studio Harcourt/Ministère de la Culture - Médiathèque de l'architecture et du patrimoine • 89h: DR • 89b: Bridgeman Images/Tallandier • 91g: Bridgeman Images/Tallandier • 91d: Fondation Charles De Gaulle • 92: Musée de la Résistance nationale/Champigny • 93: Bridgeman Images/Tallandier • 94hd: DR • 94bg: Fondation de la Résistance/Archives nationales-Fond Défense de la France • 94bd: Fondation de la Résistance/Archives nationales-Fond Défense de la France (don de Jean-Marie Delabre) • 95hd: DR • 95g: ECPAD • 98: Magnum photos/Robert Capa © International Center of Magnum • 99: Bridgeman Images/Leemage/Underwood archives • 102: Museum Auschwitz-Birkenau in Oswiecim/The archival collection • 103h: Bridgeman Images • 103b: Ina.fr • 104: Gamma-Rapho/Succession Willy Ronis • 105: Coll. part. • 106: Successió Miró/Adagp, Paris, 2020 • 107: Bridgeman Images/Leemage • 108: *Les Années Mao* de Jean Yves Bajon-Éditions du Pacifique • 110: Dite/Usis • 111: CIRIP/Alain Gesgon • 112: Dumont-Berlin 1945-Berlinica.com • 114: Aurimages • 115h: Bridgeman Images/Pictures from History • 115b: Photo12/*L'Illustration* • 117h: AFP • 117b: Kharbine-Tapabor • 118: Getty Images/Universal Images Group • 119: Bridgeman Images/Usis/Dite • 120: CIRIP/Alain Gesgon • 121: Getty Images/Bettman • 122h: Getty Images/UniversalImagesGroup • 122b: Aurimages • 123: Bridgeman Images • 124: Photo12/Alamy/World History Archive • 125: Getty Images/Bettman • 126h: David Scherman/The LIFE Picture Collection via Getty Images • 126: et 127: Magnum photos/Robert Capa © International Center of Magnum • 128: Gamma-Rapho/Keystone • 129: Poster Plakat.com • 132: Bridgeman Images • 133: Bridgeman Images/Archives Charmet • 135: Kharbine-Tapabor/Coll. Mieczysław Berman-National Museum in Wroclaw • 137h: Gilbert Illingworth-Daily Mail • 137b: CIRIP/Alain Gesgon • 138: CIRIP/Alain Gesgon • 139: Syfia international • 140: Photo12/Age-fotostock/Philippe Clément • 142: Gamma-Rapho/Keystone • 143g et d: Bridgeman Images/Archives Charmet • 144 HeKo • 145g: Getty Images • 145d: AFP • 147: Getty Images/Larry Burrows/The LIFE picture collection • 148: Gamma/Raphael Tarnowski • 149: CIRIP/Alain Gesgon • 150: Coll. part. • 151: Magnum photos/Micha Bar-Am • 152: *Les années Mao* de Jean-Yves Bajon-Éditions du Pacifique • 153: Plantu • 155h: Reuters/Libor Hajsky • 155b: Getty Images/Hulton archives • 156h: Lincoln Cushing • 156bg: Akg-images/Fototeca Gilardi • 156bd: Age-fotostock/Egon Bömsch/imageBROKER • 157: octobre1917.net • 160: Tate modern gallery, Londres/Adagp, Paris, 2020 • 161: Coll. part./Adagp, Paris, 2020 • 164: NASA • 165: Bridgeman Images/Allan Gamborg • 166: Bridgeman Images/Tallandier • 167: Gamma-Rapho/Keystone • 168h: DR • 168b: Bridgeman Images /Leemage/Dite-Usis • 170h: Bridgeman Images/DHM • 170b: Gamma/Rapho/Reporters associés • 171h: ECPAD/Défense_Pierre Ferrari • 171b: Bridgeman Images/AGIP • 173: Gamma-Rapho/Poli • 174hd: Gamma-Rapho/Camera pressYousuf Karsh • 174bg: Fondation Jean Monnet-Lausanne • 174bd: Pinatel • 175: Bridgeman Images/Leemage © ADAGP, Paris 2020 • 176h: Massacrier • 176b: AFP • 177: Krokodil • 179g: Bridgeman Images/Leemage • 179d: AFP • 181hg: Bridgeman Images/Leemage. Jean Jacques Allevi • 181hd: Bridgeman Images • 181b: Kharbine-Tapabor/ Coll. Dixmier © ADAGP, Paris 2020 • 182: AFP • 183h: Gamma-Rapho/Reporters associés • 183b: Kharbine-Tapabor/Coll. Jonas © ADAGP, Paris 2020 • 189: Kharbine-Tapabor/Coll. Jonas © Adagp, Paris 2020 • 190: Larbi Louafi • 191h: Magnum photos/Henri Cartier-Bresson • 191b: CIRIP/Alain Gesgon • 192g: Gamma-Rapho/Keystone • 192d: Kharbine-Tapabor/Coll. Dixmier • 193: Bridgeman Images © Paul Colin/Adagp, Paris, 2020 • 194: Pol Ferjac • 195: Coll. part. • 196: Sipa/Manoocher • 198: Getty Images/Corbis/Henri Bureau • 199: Gamma-Rapho/Patrick Piel • 200: AFP/Gérard Malie • 202: Gamma-Rapho/Jean-Claude Francolon • 203h: AFP • 203b: Gamma-Rapho/Jacob Sutton • 205: Gamma-Rapho/Keystone • 206: Gamma-Rapho/Jean Guichard • 207h: Peter Leger-Stiftung Haus der Geschichte der Bundesrepublik Deutschland, Bonn • 207b: Getty Images/Cynthia Johnson • 208g: Getty Images/David Hume Kennerly • 208d: Herb Block foundation-A 1984: Herblock Cartoons • 209: CFP • 210h: Getty Images/Kaveh Kazemi • 210b: Photo12/Age-fotostock/Peter Probst • 211: Getty Images/Corbis/Sygma/Jacques Pavlosky • 212c: Union européenne • 212g: Hanel • 213: Sergeï Veprev • 214: Magnum photos/Stuart Franklin • 215: AFP/Ruszcz Wojteic • 221: Fritz Behrendt • 222: Sipa/Charles Cole • 223g: Niels Ackermann/Lundi13 • 223d: WDR/X-Filme/Coll. part. • 224: Bridgeman Images • 225: Gamma-Rapho/Pool investiture • 226: Gamma-Rapho/Keystone • 228h: CIRIP/Alain Gesgon • 228b: Gamma-Rapho/Jean-Pierre Bonnotte • 229: AFP • 230: Kharbine-Tapabor/Coll. Dixmier • 231h: Kharbine-Tapabor • 231b: Kharbine-Tapabor/Coll. Dixmier • 233g: *L'Express* • 233d: Kharbine-Tapabor/Coll. Dixmier • 234h: Plantu • 234b: Gamma-Rapho/Keystone • 235: AFP/Michel Clément • 236: Coll. © Fondation Folon/Adagp, Paris, 2020 • 237h: Plantu • 237b: Gamma-Rapho/Patrick Siccoli • 238: *L'Express* • 239h: AFP • 239b: Keith Haring foundation • 240: Getty Images/Corbis/Sygma/Richard Melloul • 241: Tomi Ungerer/Coll. part. • 248: Kharbine-Tapabor/Coll. Bib. M. Durand • 249hg: Coll. part. • 249hd: Akg-images/Jacques Boissay • 249b: La Collection/Artothek-Paris-Christie's/2020: 2020 Niki Charitable Art Foundation/Adagp, Paris • 250: CIRIP/Alain Gesgon • 251: Getty Images/James Andamson • 253: Coll. part. • 254: ECPAD/Défense-Marine nationale • 256: Christopher Morris • 257: AFP • 258h: AFP/Wendy Sue Lamm • 258b: Sipa/AP/Rodrigo Abd • 260: Reuters/Stringer • 261: AFP/Hocine Zaourar • 262: Getty Images/Mirrorpix • 263: AFP/Trevor Samson • 265: Getty Images/Scott Peterson • 266: Sipa/*Paris Match* 2001/Liaison • 267h: Getty Images/AFP/Thomas Franklin • 267b: Chappatte • 268: Photo12/Alamy/World History Archive • 269h: Itsvan Bielik • 269b: Chine Nouvelle • 270h: AFP/Zhong yang/Imaginechina • 270bg: Photo12/Alamy/Sam Valadi • 270bd: *The Economist* • 271: AFP/Eurasia Press/Photononstop • 278hg: Allan Tannenbaum/Polaris • 278hd: Anadolu agency/Mustafa Hossana • 278bg: Reuters/Thomas Peter • 279g: Sipa/AP/Ross Setford • 279d: Aurimages/The Kobal collection • 280: MaxPPP/maxnewsworlds • 281: AFP/John D. McHugh • 282: Gamma-Rapho/Photonews/Wim Robberechts • 284: Commission européenne/Chistian Lambiotte • 285h: Union européenne • 285b: Plantu • 286g: Bridgeman Images/Leemage/Selva • 286d: Gamma-Rapho/AP • 288: Reuters/Yannis Behrakis • 289: Sipa/AP/Timur Nisametdinov • 290: AFP/Aris Oikonomou • 291: REA/Pascal Sittler • 292: Reuters/Pascal Rossignol • 293: Oli • 296: Iconovox/Philippe Tastet • 297: Pierre Kroll • 299g: Cartoon Movement/Elchicotriste • 299d: Cartoon Movement/Talal Nayer • 301h: Carlo Schneider • 301b: CVCE.EU • 302: Reuters/Stéphane Mahé • 303: Elysée.fr • 306: La Documentation française/Bettina Rheims • 307: MaxPPP/*La Nouvelle République* • 309: Iconovox/Deligne • 310: Reuters/Phillipe Wojazer • 311h: Scoop/*Paris Match*/Azoulay • 311b: Valott • 312: Maxppp/*Le Parisien*/Olivier Boitet • 313: *L'Express* • 314: Roger-Viollet/Jean-Paul Guilloteau • 315h: AFP/Philippe Desmazes • 315b: AFP/Eric Fenerger • 318: *Libération* • 319: *Nouvel Observateur* • 322: Sipa/Sichov • 323h: AFP/Kenzo Tribouillard • 323b: Coll. part. • 325: Keith Haring foundation • 328hg: Gamma/Daniel Simon • 328hm: Aurimages • 328hd: AFP/Zhang Guiyu/Xinhua News Agency • 328mg: Bridgeman Images/René Saint-Paul • 328mm: La Documentation française/Bettina Rheims • 328md: Library of Congress • 328bg: Photo12/Age-fotostock/Peter Probst • 328bm: Gamma-Rapho/François Ducasse • 328bd: Gamma-Rapho/Laurent Maous • 329hg: Gamma-Rapho/Louis Monier • 329hm: AFP/Armand Vitali • 329hd: Akg-images • 329mg: La Documentation française/Jean-Marie Marcel • 329mm: Gamma-Rapho/Micheline Pelletier • 329md: Gamma-Rapho/Keystone • 329bg: La Documentation française/Jacques-Henri Lartigue • 329bm: Bridgeman Images/Leemage/Opale/Jean Pol Stercq • 329bd: Photo12/Age-fotostock/Peter Probst • 330hg: Gamma-Rapho/Keystone • 330hm: Gamma-Rapho/Jean-Philippe Charbonnier • 330hd: RMN-Grand Palais/Studio Harcourt/Ministère de la Culture - Médiathèque de l'architecture et du patrimoine • 330mg: Roger-Viollet/PA archive • 330mm: La Documentation française/Gisèle Freund • 330md: Akg-images/WHA/World History Archive • 330bg: AFP/Chine Nouvelle • 330bm: Gamma-Rapho/Camera press/Yousuf Karsh • 330bd: Gamma/Raphael Tarnowski • 331hg: AFP/Consolited news pictures • 331hm: AFP/Eric Feberger • 331hd: Gamma-Rapho/Jean Guichard • 331mg: Aurimages • 331mm: Bridgeman Images/Tallandier • 331md: Aurimages • 331bg: Gamma-Rapho/Keystone • 331bm: Reuters/Phillippe Wojazer et 331bd: Gamma-Rapho/Jean-Pierre Bonnotte.

Responsable des sciences humaines: Céline Martin
Équipe éditoriale: Florence Coquinot, Antoine Moreau
Couverture: Studio Humensis
Conception de la maquette intérieure: Marie-Laure Ader
Coordination et direction artistique: Audrey Hette
Réalisation: Nathalie Fatou
Cartographie: Allix Piot
Infographies: Mathilde Boucher
Iconographie: Véronique Cardineau
Photogravure et prépresse: Euroscan et Damien Noirot
Fabrication: Marianne Sigogne et Zoé Farre-Vilalta

Toutes les références à des sites Internet présentées dans cet ouvrage ont été vérifiées attentivement à la date d'impression. Compte tenu de la volatilité des sites et du détournement possible de leur adresse, les éditions Belin ne peuvent en aucun cas être tenues pour responsables de leur évolution. Nous appelons donc chaque utilisateur à rester vigilant quant à leur utilisation.

Le code de la propriété intellectuelle n'autorise que « les copies ou reproductions strictement réservées à l'usage privé du copiste et non destinées à une utilisation collective» [article L. 122-5]; il autorise également les courtes citations effectuées dans un but d'exemple ou d'illustration. En revanche «toute représentation ou reproduction intégrale ou partielle, sans le consentement de l'auteur ou de ses ayants droit ou ayants cause, est illicite» [article L. 122-4]. La loi 95-4 du 3 janvier 1994 a confié au C.F.C. (Centre français de l'exploitation du droit de copie, 20, rue des Grands-Augustins, 75006 Paris), l'exclusivité de la gestion du droit de reprographie. Toute photocopie d'œuvres protégées, exécutée sans son accord préalable, constitue une contrefaçon sanctionnée par les articles 425 et suivants du Code pénal.

Écoresponsabilité : faisons toujours mieux

Belin Éducation, initiateur des opérations gratuites et civiques de recyclage des manuels scolaires, est engagé dans une démarche écologique pour leur fabrication

belin-education.com/ecoresponsabilite.com

La pâte à papier utilisée pour la fabrication du papier de cet ouvrage provient de forêts certifiées et gérées durablement.

Imprimé en Espagne par Indice
N° d'édition : 03580917-04/Oct2020
Dépôt légal : avril 2020